Design web : utiliser les standards 2e édition

CSS et XHTML

CHEZ LE MÊME ÉDITEUR

M. Nebra. – **Créer son site web en XHTML et CSS** (Accès libre).
N°11948, 2006, 306 pages.

J. Engels. – **XHTML et CSS.** *Cours et exercices.*
N°11637, 2006, 508 pages.

R. Goetter. – **Mémento XHTML**.
N°11955, 2006, 14 pages.

R. Goetter et S. Blondeel. – **CSS 2**. *Pratique du design web.*
N°11570, 2005, 324 pages.

R. Goetter. – **Mémento CSS.**
N°11726, 2006, 14 pages.

A. Gougeon, T. Templier. – **JavaScript pour le Web 2.0**.
N°12009, 400 pages environ, à paraître.

C. Porteneuve. – **Bien publier pour le Web 2.0**.
N°12028, 450 pages environ, à paraître.

M. Plasse. – **Développer en Ajax**.
N°11965, 2006, 314 pages.

E. Daspet et C. Pierre de Geyer. – **PHP 5 avancé**.
N°12004, 3e édition 2006, 800 pages.

G. Ponçon. – **Best practices PHP** (Architecte logiciel).
N°11676, 2005, 490 pages.

J.-M. Defrance. – **PHP/MySQL avec Flash 8**.
N°11971, 2006, 752 pages.

J.-M. Defrance. – **PHP/MySQL avec Dreamweaver 8**.
N°11771, 2006, 632 pages.

C. Bergé. – **Je crée mon site Internet avec Dreamweaver 8 et Flash 8**.
N°11977, 2006, 144 pages + CD-Rom vidéo.

D. Tardiveau. – **120 scripts pour Flash 8**.
N°11749, 2006, 462 pages.

A. Caouissin. – **Dreamweaver 8**.
N°11914, 2006, 648 pages.

S. Bordage. – **Conduite de projet Web**.
N°11911, 3e édition 2006, 394 pages.

N. Chu. – **Réussir un projet de site Web (4e édition)**.
N°11974, 2006, 244 pages.

K. Goto et E. Cotler. – **Redesign web 2.0**.
N°11579, 2005, 294 pages.

Design web : utiliser les standards 2e édition

CSS et XHTML

Préface à l'édition française
par Tristan Nitot
et Laurent Denis

Jeffrey Zeldman

EYROLLES

ÉDITIONS EYROLLES
61, bd Saint-Germain
75240 Paris Cedex 05
www.editions-eyrolles.com

Adapté de l'anglais par Sébastien Blondeel
Avec la collaboration de Virginie Maréchal

Table des matières

CHAPITRE 8

XHTML par l'exemple : une mise en page hybride (première partie)

CHAPITRE 9

Introduction à CSS

À Ava

Remerciements

Erin Kissane a corrigé chaque mot de ce manuscrit – à l'exception des remerciements. Aucune éditrice ne lui arrive à la cheville. Mademoiselle Erin, je vous remercie.

Le relecteur technique Ethan Marcotte a élégamment comblé les manques de mes raisonnements. Mille mercis.

Eric A. Meyer et J. David Eisenberg, relecteurs techniques de la première édition, sont en grande partie responsables de sa forme finale. Leurs points de vue et leurs conseils résonnent encore dans cette deuxième édition. Je leur suis redevable.

Sans Michael Nolan, aucune des deux éditions n'aurait vu le jour. Merci pour ton amitié.

Joe Clark et Tantek Çelik ont encore bien des choses à m'apprendre.

Fahrner, laisse tomber les vélos. Le Web a besoin de toi.

Chers clients et collègues de Happy Cog, ce livre est responsable de mon manque d'attention lors de nos réunions.

Chers lecteurs et rédacteurs du magazine *A List Apart*, recevez ma gratitude et mon respect les plus sincères.

Je m'adresse maintenant à tous ceux qui ont calmement ou passionnément plaidé la cause des standards du Web et de l'accessibilité auprès de clients indifférents, de chefs autocrates et de collègues qui leur mettaient des bâtons dans les roues. Le monde entier vous dit merci, l'auteur vous en sait gré, et cet ouvrage bien modeste vous est destiné.

À Carrie, créatrice de l'Univers, et à Ava, la lumière.

À propos de l'auteur

Jeffrey Zeldman, l'un des premiers designers web, a énormément influencé la profession et le secteur. En 1995, cet ancien publicitaire et directeur artistique a lancé un site web personnel parmi les plus influents de l'époque — peu existaient alors. Sur www.zeldman.com, il a commencé à publier des didacticiels, méthodes et principes de design web qui ont rencontré un beau succès.

En 1998, il co-fonde le Web Standards Project (www.webstandards.org), coalition indépendante qui réussit à persuader Microsoft et Netscape de prendre en charge les mêmes technologies dans leurs navigateurs. La même année, il commence à diffuser le magazine *A List Apart* (www.alistapart.com), « pour ceux qui créent des sites web ». Cette publication est devenue depuis l'une des plus respectées et des plus influentes du domaine.

Il est aussi le fondateur et directeur artistique de Happy Cog (www.happycog.com), une agence de design web qui rassemble des spécialistes en ergonomie. Auteur de nombreux articles et de deux livres, dont *Design web : utiliser les standards*, il fait régulièrement des présentations dans le monde entier. En 2005, en coopération avec Eric Meyer, il a fondé An Event Apart (www.aneventapart.com), une conférence itinérante consacrée au design et au code.

À propos des contributeurs techniques

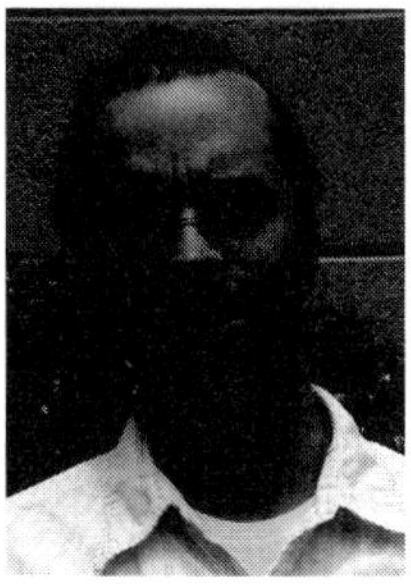

Ethan Marcotte (relecteur technique de la 2e édition) a beau développer et créer des designs sur le Web depuis bientôt dix ans, il ne cesse de s'émerveiller devant la quantité de choses qu'il lui reste à apprendre. Il est le cofondateur et chef du design de Vertua Studios (www.vertua.com), un studio de design travaillant dans le respect des standards et produisant des sites web accessibles et faciles à utiliser.

Il est aujourd'hui une figure respectée en matière de design web dans le respect des standards. Conférencier invité par Southwest Interactive à Web Design World and the South (le monde du design web et les pays du Sud), il tient le weblog sidesh0w.com, aussi populaire qu'irrégulier dans ses mises à jour. Il a travaillé pour le New York Magazine, l'université de Harvard, Disney et la banque State Street.

Quand il sera grand, il veut être un robot ninja invincible.

J. David Eisenberg (relecteur technique de la 1ère édition) habite à San José, en Californie, avec ses chats Marco et Big Tony. Il enseigne le HTML, le XML, Perl, et le JavaScript à Evergreen Valley College, et il aime écrire des didacticiels en ligne. Il est l'auteur de *SVG* (éditions O'Reilly) et d'OASIS OpenDocument Essentials (Friends of OpenDocument, Inc.).

Ancien étudiant de l'université d'Illinois, il a collaboré au projet PLATO d'enseignement assisté par ordinateur. Il a également travaillé chez Burroughs et pour Apple.

Expert internationalement reconnu dans le domaine des feuilles de style et de l'utilisation des standards, Eric Meyer (relecteur technique de la 1ère édition) travaille sur le Web depuis fin 1993. Il est l'auteur le plus vendu et l'autorité la plus reconnue en matière de CSS dans le monde. Ses six livres, traduits en six langues, se sont vendus à des centaines de milliers d'exemplaires.

Il dirige actuellement la société Complex Spiral Consulting (www.complexspiral.com), qui aide ses clients à utiliser les standards pour réduire les coûts de développement et proposer des sites web plus ergonomiques. Dans ce contexte, il a travaillé pour des universités, des laboratoires gouvernementaux, et des entreprises parmi les 500 plus riches des États-Unis d'Amérique. Citons notamment America On-Line, Apple Computer, Macromedia, Sandia National Laboratory et la banque Wells Fargo.

Préface à l'édition française

> « Durant des années, l'idée d'un web accessible à tous a ressemblé plus à un rêve d'opiomane qu'à la réalité. Puis en l'an 2000, Microsoft, Netscape et Opera ont commencé à livrer de bons produits. Aujourd'hui, nous pouvons récompenser leurs efforts en utilisant ces standards sur nos sites. Nous encourageons les autres à faire de même. »

Jeffrey Zeldman, « Envoyons paître les mauvais navigateurs », *A List Apart*, 16 février 2001

Ces mots publiés dans un webzine ont été, pour quelques utopistes, la première invite à faire des standards du Web une réalité, et non plus un rêve que nous caressions. Pour leur auteur, Jeffrey Zeldman, le parcours avait en fait commencé bien avant ; disons-le franchement : au siècle précédent.

1998

Revenons en arrière, en pleine bulle Internet, en 1998. Lorsque Zeldman fonde *A List Apart* (une liste de diffusion devenue ensuite un site, www.alistapart.com), puis initie la même année le *Web Standards Project* (www.webstandards.org), il ne peut guère passer que pour un idéaliste forcené aux yeux de la plus grande majorité des développeurs. L'adoption des standards du Web n'est pas d'actualité.

Cette année-là, en effet, voit s'achever la première guerre des navigateurs entre Microsoft et Netscape, avec le déclin irréversible de ce dernier. En privilégiant les innovations rivales au détriment du respect d'indispensables normes communes, les deux adversaires ont multiplié les implémentations propriétaires et contraint les développeurs à jongler avec des navigateurs devenus largement incompatibles. Pour une partie des auteurs web, ce sont les coûts de développement qui s'alourdissent s'ils choisissent de maintenir deux versions différentes de leur site. Les autres choisissent de multiplier les tristement célèbres « Site optimisé pour... ».

Zeldman, lui, sait que cette méthode de fonctionnement n'est pas viable sur le long terme, car la prise en charge des versions concurrentes d'un site peut atteindre 25 % des coûts de développement. Pourtant, cette vision à long terme d'un Web utilisant les standards est alors largement ignorée par des développeurs qui la jugent totalement coupée de leur réalité immédiate. Zeldman est alors un utopiste largement ignoré.

2003

Cinq ans plus tard, lorsque Jeffrey Zeldman commence à écrire *Design web : utiliser les standards*, le contexte est bien différent : la bulle Internet a explosé depuis belle lurette. La surabondance de budgets qui permettait de refaire les sites tous les six mois à chaque sortie de navigateur incompatible est bel et bien finie. Pourtant, la majorité des développeurs s'osbtine encore à produire des sites comme au siècle précédent. Zeldman les invite alors à tourner le dos à un Web qu'il n'hésite pas à qualifier d'obsolète à plus de 99 % (chapitre 1) :

> « Analysez n'importe quel site commercial majeur, comme Amazon.com ou eBay.com. Que constatez-vous ? Balisage alambiqué et non standard, ActiveX et JavaScript propriétaires (avec souvent des scripts de détection qui ne fonctionnent pas), utilisation impropre de CSS – si tant est qu'ils y aient recours. Que de tels sites fonctionnent sur tous les navigateurs tient du miracle ! Si ces sites fonctionnent sur les principaux navigateurs du passé, c'est que les quatre ou cinq premières générations de navigateurs de Netscape Navigator et Microsoft Internet Explorer ne se sont pas contentées de tolérer les balisages non standards et les codes propriétaires. En réalité, elles les ont encouragés, dans le contexte d'une illusoire conquête du marché.. »

Une difficile prise de conscience est en effet possible, car le paysage des navigateurs a commencé à changer : même si Microsoft semble exercer un quasi-monopole de fait avec Internet Explorer, un renouveau est en cours. En effet, des navigateurs alternatifs voient le jour et semblent donner raison à ceux qui croient possible le retour à l'interopérabilité du Web. Timidement amorcée en 2000 avec Mozilla 0.6, Opera 4 et même Internet Explorer 5, l'adoption progressive par les navigateurs des standards HTML 4, XHTML 1, CSS, ECMAScript (la version standard du JavaScript) et DOM s'est avérée une nécessité après les excès de la période précédente.

Mais bien peu de développeurs réagissent enfin. Ce sont les navigateurs alors qualifiés d'alternatifs qui vont franchir un pas décisif. Sans doute fallait il être quelque peu visionnaire pour y croire, comme Zeldman y invitait.

2006

Aujourd'hui, cette vision s'est réalisée, et une page de l'histoire des navigateurs se tourne sous nos yeux. Internet Explorer 6.0, qui porte ses cinq ans d'âge, est un monopole en perte de vitesse, tandis qu'IE 7 n'est disponible que pour une minorité d'utilisateurs de Windows (ceux sous XP Service Pack 2 ct Vista). Netscape, repris par AOL, poursuit un développement incertain, au ralenti. Mais surtout, les navigateurs alternatifs d'hier sont devenus des navigateurs modernes, dynamiques et innovants, et représentent aujourd'hui plus de 20 % de parts de marché en Europe :

- Apple produit Safari, maintenant en version 2, pour son système OS X.
- Opera Software fournit Opera 9, un navigateur rapide et léger pour un nombre impressionnant de systèmes d'exploitation et de plates-formes (PC, mobiles, assistants... ou console de jeux).
- Le projet Mozilla propose Firefox 2 pour Windows, Mac OS X et GNU/Linux, en plus d'autres navigateurs comme Camino (pour OS X) et SeaMonkey. Firefox a connu un succès inédit avec 230 millions de téléchargements en deux ans et 70 millions d'utilisateurs actifs.

Est-ce à dire qu'il faudrait à présent, à l'ancienne, coder des sites pour six navigateurs au lieu de deux ? Non, bien au contraire : tous ces nouveaux navigateurs ont en effet en commun un très grand respect des standards (en plus d'une reconnaissance croissante du marché et d'une sécurité avancée). Autrement dit, en réalisant des sites respectueux des standards, on s'assure de la compatibilité avec toute la palette des navigateurs modernes. Quant à Internet Explorer 6.0, il n'offre, certes, qu'une prise en charge plus limitée de ces standards. Mais celle-ci est suffisante pour que cette démarche soit non seulement possible, mais immédiatement rentable. Cédant aux pressions multiples du marché, IE 7 a enfin apporté de notables (mais encore partielles) améliorations de sa prise en charge du support du standard CSS 2.1.

En plus de la réduction des budgets déjà évoquée, il faut en outre tenir compte d'autres faits nouveaux qui modifient plus encore l'environnement du développeur web :

- De concept, l'accessibilité web (possibilité d'utilisation des sites par des personnes handicapées) est devenue obligation. En France, par exemple, la loi dite de « l'égalité des droits et des chances » a été adoptée début 2005. Elle oblige un grand nombre de sites à devenir accessibles, ce qui revient à changer leur conception. Or, les standards sont une des clés d'un site accessible, car ils ont été conçus en tenant compte de cet objectif.
- Le Web sur téléphone mobile et autres périphériques nomades est une promesse en cours d'être tenue. Comment s'assurer que les sites conçus aujourd'hui seront compatibles avec ces futurs usages ? Les standards, parce qu'ils permettent de séparer la structure d'un document de sa présentation, parce qu'ils facilitent ainsi l'adaptation du contenu à des médias aux exigences variées, sont d'une grande aide face à ce défi.
- Les grands sites passent peu à peu aux standards. En effet, cela leur apporte un avantage compétitif, en particulier en termes de rapidité de chargement des pages, de facilité de maintenance et de qualité de référencement, critères importants quand on sait que sur le Web, la concurrence est à porté de clic d'un internaute !

Les standards ne sont donc plus une vision lointaine, et encore moins une utopie. Ils sont une réponse aux enjeux bien réels du Web actuel. La démonstration qu'en fait Zeldman dans la première partie de *Design web : utiliser les standards* est bel et bien probante.

Mais la tâche n'est pas aisée pour qui veut abandonner les méthodes de conception anciennes. C'est pourquoi, dans la suite de son ouvrage, Zeldman nous explique, d'une manière très pragmatique, comment tirer progressivement parti des standards. Loin de proposer de faire table rase des compétences anciennes, il nous montre comment exploiter cette expérience, avec un remarquable sens de la pédagogie.

Nul mieux que Zeldman, visionnaire, pédagogue et praticien, ne pouvait guider les auteurs web dans cette démarche passionnante qu'est celle des standards.

Tristan Nitot

Laurent Denis

Paris, octobre 2006

Tristan Nitot est cofondateur du collectif OpenWeb (http://openweb.eu.org), site pédagogique francophone pour la promotion des standards, et président de Mozilla Europe (http://www.mozilla-europe.org).

Laurent Denis est rédacteur en chef du collectif OpenWeb « Pour les standards du Web » (http://openweb.eu.org).

Introduction

Il n'y a pas si longtemps, beaucoup d'automobilistes ne voyaient rien de mal à jeter leurs canettes vides par la portière. Des années plus tard, ces mêmes citoyens ont pris conscience que se débarrasser ainsi de ses ordures n'était pas acceptable. La communauté du design web connaît actuellement un changement d'attitude similaire, au cœur duquel se trouvent les standards du Web.

L'histoire du Web est marquée par cette tendance à résoudre les problèmes d'aujourd'hui au détriment de l'avenir. Cet ouvrage montrera que la méthode du « développer aujourd'hui, payer plus tard » n'est plus ni productive ni nécessaire, et qu'il est possible de résoudre les problèmes qui se posent sans hypothéquer l'avenir. Il tordra aussi le coup à l'idée reçue qui veut que concevoir un site web dans le respect des standards suppose de laisser certains utilisateurs sur le bas-côté. En réalité, c'est très souvent l'inverse que l'on observe.

Une taille unique ne convient pas à tous

Dans cet ouvrage, nous verrons comment les standards peuvent résoudre des problèmes courants de design web et de production. Aucun livre ne peut prétendre à l'exhaustivité, de même qu'un autre auteur optera peut-être pour une approche radicalement différente de celle que vous me verrez adopter ici. D'ailleurs, depuis que la première édition a ouvert la voie, on voit pratiquement sortir un nouveau manuel traitant des « standards du Web » chaque semaine[1]. Pour beaucoup, ces titres abondent dans le sens de l'auteur ; d'autres le contredisent parfois. À chacun sa manière de régler certains problèmes.

Le parti pris de cet ouvrage est de répondre à des besoins concrets et immédiats tout en anticipant des exigences futures. Les techniques présentées ici ont été testées et approuvées dans le cadre de mon agence de design et de conseil. Ces idées, ou des variantes, ont été mises en œuvre sur des milliers de sites innovants. Les designers les embrassant peu à peu, des techniques inédites se répandent – et certaines sont meilleures que celles qui les ont précédées. Cette deuxième édition tâchera notamment de trier le bon grain de l'ivraie parmi ces nouveautés.

1. N.D.T. : sur le marché anglophone.

Les idées présentées ici ne profiteront pas toutes à chaque lecteur immédiatement. Pour réaliser des sites très visuels et à la mise en forme originale et variée, on n'utilisera peut-être jamais un balisage entièrement sémantique. Cependant, en intégrant ces principes dans les habitudes de conception, on aura l'heureuse surprise de voir les moteurs de recherche mieux évaluer les sites concernés, même s'ils sont lourds du point de vue des graphiques. Quand le cahier des charges impose que le site ait pratiquement la même allure dans les navigateurs 4.0 que dans les navigateurs modernes – et s'il n'est pas envisageable de démissionner ou de virer le client – les techniques de mise en forme hybrides (CSS et tableaux) présentées aux chapitres 8 à 10 s'avéreront sans doute intéressantes. Elles ne concerneront toutefois qu'une fraction du lectorat – et les designers subissant de telles contraintes sont bien moins nombreux que lors de la première édition de cet ouvrage, ce dont on ne peut que se féliciter.

Tout designer, développeur, ou propriétaire de site adoptera après réflexion les idées générales développées ici. Quel que soit le média, en effet, les standards sont indispensables. Comme les logiciels d'accès au Web finiront par suivre ces standards, il est essentiel de se familiariser avec eux et d'apprendre à les mettre en œuvre. Vous y gagnerez du temps et de l'argent, diminuerez vos frais généraux, allongerez la durée de vie de vos sites, et améliorerez l'accès à vos contenus. Ce dernier point parlera à quiconque préférera toucher un large public, surtout avec le développement des moyens d'accès non traditionnels à Internet. Il a également des implications légales, dans la mesure où un nombre sans cesse croissant d'états américains et de pays commencent à légiférer sur l'accessibilité web. Les standards du web vous aideront à respecter ces nouvelles règles.

D'après les designers qui se sont jetés à l'eau, c'est surtout le premier pas qui coûte. Une fois que vous vous êtes familiarisé avec cette nouvelle vision des choses, la maîtrise du balisage sémantique et de la mise en forme CSS permet de travailler plus efficacement et plus rapidement. En ce nouvel âge qui organise toujours davantage les informations, les contenus mis en forme dans le respect des standards sont plus faciles à trouver. Ce paramètre est d'autant plus important que l'image d'Épinal du visiteur classique de site web, cliquant docilement dans un navigateur graphique, est peu à peu dépassée. Désormais, les utilisateurs sont nomades, travaillent sans fil, et collaborent au sein d'un environnement qu'ils contribuent à créer. Pour reprendre le jargon du métier, un design reposant sur les standards, moins gourmand en main-d'œuvre, accroît la portabilité des contenus tout en réduisant la bande passante. En termes plus prosaïques, c'est tout bénéf'.

En somme, respecter les standards du Web apportera quelque chose à tous – notamment aux utilisateurs. Cela explique sans doute que les idées simples exposées ici, pourtant révolutionnaires lors de leur première impression, ont depuis rapidement séduit et convaincu le marché.

La théorie face à la pratique

Certaines idées et techniques spécifiques avancées dans cet ouvrage sont évidemment sujettes à débat. Si vous ne jurez que par les standards, vous serez peut-être réticent à l'idée de recourir à XHTML tant que tous les navigateurs ne prendront pas correctement en charge l'envoi de documents XHTML sous la forme `application/xhtml+xml` au lieu de `text/html`. Pour en savoir plus, lisez l'article en anglais de Ian Hickson « Sending XHTML as Text/HTML Considered Harmful » à l'adresse www.hixie.ch/advocacy/xhtml.

Si vous partagez l'avis de Ian Hickson, vous pourrez temporairement opter pour HTML 4.01 jusqu'à la sortie d'Internet Explorer 7, encore en version bêta à l'heure où nous écrivons ces lignes. Cela suppose toutefois qu'IE 7 saura enfin gérer correctement les problèmes de MIME. Vous pourrez aussi configurer votre serveur web de sorte qu'il envoie `application/xhtml+xml` aux navigateurs qui le comprennent et `text/html` aux autres (lists.w3.org/Archives/Public/www-archive/2002Dec/0005.html). J'ai préféré éviter ce type de débat dans cet ouvrage ; mon point de vue quelque peu partial sur le sujet me fait toujours privilégier une solution pragmatique face aux problèmes et contraintes, un point de vue qui est, je le crois, partagé par la plupart des lecteurs de ce livre.

Un continuum, pas un ensemble de règles strictes

Les standards du Web – j'insisterai beaucoup sur ce point dans cet ouvrage – sont un continuum, et non un ensemble de règles inflexibles. En faisant le choix des standards, vous ne parviendrez peut-être pas à séparer complètement la structure de la présentation dans vos premiers sites (chapitre 2). Vos premiers efforts en matière d'accessibilité (chapitre 14) se limiteront sans doute au minimum requis par ce qui est énoncé comme priorité n° 1 par la Web Accessibility Initiative (www.w3.org/WAI), et il se peut que vous fassiez des erreurs. Quoi qu'il en soit, vous serez bien accompagné : les experts à l'origine des spécifications du WAI se sont eux-mêmes trompés et finalisent une version 2.0 de leur spécification à l'heure où nous mettons sous presse.

Peu importe : l'essentiel est de se lancer. La crainte de l'imperfection paralysera ceux qui n'y prennent pas garde de la même manière que la honte de nos corps mous nous éloigne parfois des salles de sport. Mais ce n'est qu'aux premiers efforts physiques, aussi maladroits soient-ils, que l'on commence à perdre son surpoids. De la même manière, nos sites ne présenteront jamais une compatibilité descendante si l'on ne décide pas, à un moment donné, de s'y mettre. On pourra commencer, par exemple, par supprimer les balises de police `<font>`. Ou remplacer le balisage non sémantique par des éléments `<h...>` et `<p>` pertinents. Ce sont d'excellents points de départ, raison pour laquelle cet ouvrage traitera pour une large part du balisage moderne et de XHTML.

Montrez, ne cherchez pas à vendre

Les designers ont parfois des difficultés dès lors qu'il s'agit de « vendre » les standards à leurs clients. Au fil des ans, je ne compte plus les courriers dans lesquels ils se plaignent de la frilosité de leurs clients en matière de standards. Si ceux-ci forment un continuum, comment un client peut-il s'opposer à une mise en œuvre à dose homéopathique ? Même un site utilisant des tableaux dans sa mise en forme pourra par exemple se conformer à HTML 4.01 ou

XHTML 1.0 Transitional, et suivre les lignes directrices de la première priorité d'accessibilité de la WAI. Aucun client ne s'opposera au développement d'un site accessible et sans erreurs.

En fait, dans ces courriers, les designers déplorent surtout de ne pouvoir aller aussi loin qu'ils le voudraient dans la mise en œuvre des standards sur un projet donné. Certes, l'utilisation par leur client (ou leur patron) de Netscape 4 ou Internet Explorer 5 leur interdit, par exemple, une mise en page en pur CSS, mais elle ne prohibe en rien l'utilisation de balises valides, de feuilles de style CSS correctes et de la méthode à deux feuilles de style (voir le chapitre 9) pour livrer une interface et une ergonomie acceptables avec la plupart des versions de navigateurs. Mon agence prône les standards du Web et l'accessibilité sans en faire un dogme : elle reste ouverte à toutes les méthodes, quelle que soit leur position sur ce continuum imaginaire de la pureté des standards. Nous retenons la méthode la plus adaptée à chaque projet. Pour convaincre le client, nous suivons deux pistes :

- Nous explicitons dans nos propositions les technologies qui seront employées, en les décrivant de manière simple et directe. Par exemple, « Les balises seront écrites en XHTML 1.0 Transitional, l'un des standards actuels ». Quand le client accepte la proposition et signe le contrat, il donne par là même son aval pour le standard indiqué, et il n'est donc plus nécessaire de batailler sur la technologie employée. Dans la proposition que nous remettons au client, nous explicitons également tout choix ayant un impact visuel dans d'anciennes versions de navigateurs.
- Lors du développement, et lors des présentations intermédiaires, nous limitons autant que faire se peut les discussions techniques – même si le client est féru de technologie. Lorsqu'au terme du projet, nous livrons un site ne monopolisant qu'un tiers de la bande passante de la version précédente sans pour autant sacrifier la mise en page (aussi complexe soit-elle), et ce quel que soit le nombre de modifications ou de mises à jour, nous ne disons pas « C'est grâce à l'emploi de CSS », mais « Nous avons mis en place un système qui protège le formatage et ne nécessite que peu de bande passante ». Si le client, impressionné par notre talent, nous propose d'autres contrats, où est le mal ?

Laissez votre travail convaincre

Quand Hillman Curtis, Inc. et Happy Cog ont collaboré sur la refonte du site de Fox Searchlight Pictures, notre premier contact chez le client était un designer web qui se trouvait être également un développeur expérimenté. Malgré tout, il ne connaissait pas certaines des méthodes hybrides que nous avons utilisées, associant CSS et tableaux. Il ne cessait de s'enthousiasmer de la rapidité du site, enthousiasme que nous n'avons d'ailleurs nullement cherché à modérer. Lors de la livraison finale, nous avons naturellement fourni un guide de style qui détaillait les aspects techniques du site. Toutefois, à ce stade, il n'était plus nécessaire de vendre notre travail, sa qualité ayant parlé d'elle-même.

À mesure que vous serez connus pour ce type de compétences, de nouveaux clients s'adresseront à vous sur cette seule base, et vous n'aurez plus à vous soucier de les convaincre du bien-fondé des standards. Nous avons même trouvé plus facile d'effectuer certaines opérations préparatoires en CSS plutôt qu'en Photoshop, car cela nous faisait gagner du temps et des étapes.

Un projet récent pour notre client Clear Channel Entertainment nécessitait plusieurs variantes, comme c'est initialement le cas de la plupart des projets. « À propos, ce sont des mises en page CSS », avons-nous dit à notre client. « Oh, je sais », a-t-il simplement répondu. À mesure que ces méthodes deviennent peu à peu la norme, elles s'imposeront bientôt d'elles-mêmes – au même titre que GIF ou JPEG pour les formats d'image.

Prophète dans son propre pays

J'ai décrit ce qui se passe dans une agence web, mais les mêmes mécanismes sont à l'œuvre pour les projets menés en interne. Tâchez d'éviter les débats sans fin sur les versions des navigateurs ou tout autre sujet dépassé. Optez pour des spécifications appropriées, décrivez-les brièvement dans la documentation destinée à votre responsable, et mettez-vous au travail.

Voici quelques années, j'ai tenu une conférence devant une assemblée de développeurs web d'une grande organisation gouvernementale des États-Unis. Les standards du Web les intéressaient, mais ils déploraient l'utilisation par l'agence d'un vieux navigateur incompatible (Netscape 4, pour ne pas le nommer) qui empêchait, pensaient-ils, toute mise en œuvre des standards en interne. Cette croyance était erronée ; souvenez-vous : les standards du Web forment un continuum. Alors que j'écrivais la première édition, je suis à nouveau intervenu dans cette agence, et j'ai pu y observer que le vent avait tourné. La plupart des ordinateurs étaient équipés de Netscape 7. Certains utilisateurs restaient sous Netscape 4, car des applications maison exploitaient `document.layers`, moteur du DHTML propriétaire de Netscape 4, et ces programmes semblaient essentiels à quelques membres de l'équipe. Au lieu de baisser les bras, les participants au colloque souhaitaient discuter de la manière de migrer ces applications sous le modèle de document objet (DOM) du W3C.

Aujourd'hui, ils sont probablement passés à Mozilla Firefox, navigateur libre et célèbre petit frère de Netscape 7. Quant aux applications maison, si elles n'ont pas su s'adapter aux standards du Web, elles ont probablement péri.

Comme un parfum de changement

De tels changements se produisent partout, plus ou moins rapidement. Ils interviendront à chaque fois que des personnes auront à créer ou à mettre à jour des contenus sur le Web. Notre compréhension commune du Web et de la manière dont il devrait être construit connaît actuellement une métamorphose profonde et continue, même si elle passe presque inaperçue. Les standards du Web seront bientôt autant étudiés et discutés que le design, l'ergonomie, et l'architecture des informations, et avec le même degré d'importance – car ils sont effectivement indispensables au bon fonctionnement des sites et à celui de ce média.

Beaucoup de soin a été apporté à la création de cet ouvrage. En dépit de son nombre de pages conséquent, il ne fait qu'effleurer la question des standards et du Web. Le sujet est loin d'être épuisé : il y a bien plus à dire sur CSS, le balisage structuré, et surtout DOM, que ce que vous trouverez dans cet ouvrage ou dans un autre. Et, comme nous l'avons déjà signalé, il existe d'autres points de vue sur ces questions que celui de l'auteur. Mettez deux designers dans une même pièce et vous obtiendrez trois avis différents. Deux designers choisis au hasard ne s'entendront pas sur la typographie, la mise en avant de la marque, la mise en forme, et les couleurs. Il en va de même pour les standards, pour lesquels il existe davantage d'avis divergents que de praticiens et de théoriciens. Aucun livre ne peut prétendre à l'exhaustivité ni convenir à tout le monde. Celui que vous tenez dans les mains fait office de panneau indicateur au cours d'un voyage dont vous devez vous-même définir l'itinéraire. Cet ouvrage aura rempli son rôle s'il vous aide à comprendre la manière dont les technologies des standards peuvent s'associer pour créer des sites ouverts et compatibles – et il vous donne au passage quelques conseils pour y parvenir.

J'ai commencé à étudier la question des standards du Web après avoir conçu pendant trois ans des sites suivant la méthode classique, et il m'a fallu huit autres années pour les maîtriser suffisamment et écrire ce livre. Vous ne serez peut-être pas d'accord avec tout ou partie de ce que je souhaite exprimer ; il se peut d'ailleurs que je revienne moi aussi sur certaines idées énoncées dans six mois ou dans deux ans. L'important est de ne pas bloquer sur des divergences de détail ni de rejeter le tout si vous avez des doutes ou des hésitations sur certains aspects. L'objectif est de commencer à mettre en place des changements qui permettront à vos projets d'atteindre une cible plus large, le plus longtemps possible, et au moindre coût.

Si ce n'est pas maintenant, quand ? Si ce n'est pas vous, qui ?

Partie 1

Houston, nous avons un problème

Avant de commencer

Ce livre est à l'attention des designers, des développeurs, des propriétaires et des responsables de sites qui souhaitent réduire les coûts de maintenance et de redesign, améliorer la performance de leurs sites et en accroître la fréquentation, et ce, non seulement dans les navigateurs, lecteurs et périphériques mobiles d'aujourd'hui, mais aussi dans les outils de demain, de l'année prochaine, et au-delà. Nous avons presque tous été confrontés au problème de l'obsolescence, sorte de pendant aux rapides avancées technologiques du Web. Chaque nouvelle version de navigateur ou nouveau périphérique Internet qui vient occuper le devant de la scène semble détruire comme un château de cartes le site qu'on vient de terminer (ou de financer).

On ne construit que pour reconstruire. Trop souvent, les refontes de sites sont motivées non pas par l'ajout de fonctionnalités utilisateur ou l'amélioration de l'ergonomie, mais par la nécessité de rester en phase avec les navigateurs et les périphériques qui, invariablement, conservent une coûteuse longueur d'avance sur nos cycles prévisionnels et de développement. Même dans les rares occasions où un nouveau navigateur ou périphérique a pitié de notre site et le laisse en l'état, les techniques de « compatibilité descendante » que nous mettons en œuvre pour garantir une unité de présentation et de fonctionnement de nos sites dans tous les navigateurs exigent un lourd tribut en termes de ressources humaines et financières. Ces expériences sont si fréquentes qu'elles nous semblent la norme – en quelque sorte le prix à payer pour être présent sur le Web. C'est un coût que, pour la plupart, nous ne pouvons plus nous permettre (si tant est que nous ayons pu le supporter un jour).

Les coûts montent en flèche, les retours fondent

Le code spaghetti, les présentations à l'aide de tableaux imbriqués, les balises `<font>` et autres redondances doublent ou triplent la bande passante nécessaire aux sites les plus simples. Nos visiteurs en paient le prix fort : le téléchargement interminable des pages. (Ils se lassent parfois – qui les en blâmerait ? –, et vont voir ailleurs. D'autres patientent pour finalement se rendre compte que le site, une fois téléchargé, ne leur est pas accessible.) Nos serveurs souffrent aussi avec 60 Ko par page vue – là où 20 Ko pourraient suffire. Nous aussi, d'ailleurs, en augmentant les budgets alloués à l'hébergement (ou nos budgets informatiques) pour de la bande passante gâchée par des pages mal conçues. Plus nous attirons de visiteurs, plus les prix grimpent. Pour répondre aux besoins de ces interfaces sophistiquées, nos bases de données émettent plus de requêtes que nécessaire, ce qui gonfle encore la facture. Finalement, il nous faut acquérir ou louer des serveurs supplémentaires pour répondre à la demande – qui n'est pas liée à un accroissement du nombre de visiteurs, mais simplement à la prolifération de balises et de code.

Pendant ce temps, les salaires des programmeurs que nous employons à coder nos sites de six manières différentes (sans compter le code nécessaire à l'affichage des pages dans la version appropriée) peuvent grever à ce point le budget de développement que les fonds manquent. C'est alors qu'un nouveau navigateur ou périphérique sans fil est lancé, et en l'absence du budget nécessaire au développement de la version correspondante du site, on entre à nouveau dans un cycle d'obsolescence.

Combien sommes-nous à avoir fait l'expérience saisissante de consulter un site avec un nouveau navigateur et d'obtenir un message expliquant que le site nécessite un client « moderne »... en fait plus ancien que le nôtre. Les propriétaires et les développeurs du site n'en sont pas pour autant stupides ou négligents : ils sont peut-être arrivés aux limites de leur budget de « mise à jour perpétuelle » et ne peuvent plus prendre en charge la moindre ligne de code. Dans d'autres cas, ce n'est pas l'absence de budget qui est problématique, mais un manque de connaissance ou de bon sens quant au meilleur retour sur investissement. Connected Earth – dont le slogan est « Les communications façonnent le monde » – aurait, il y a quelques années, acquitté un million de livres sterling (environ un million et demi d'euros) pour un nouveau design de son site web. Malgré les sommes colossales englouties dans ce projet, ce site était incompatible avec la plupart des navigateurs modernes existants. Son accès était refusé aux utilisateurs de Mozilla (figure I-1), Netscape 6/7, et Opera (figure I-2). Ce site étant également incompatible avec les autres systèmes d'exploitation que Windows, les utilisateurs employant un navigateur sur plate-forme Macintosh (y compris Internet Explorer) n'étaient pas plus chanceux.

Bonne nouvelle : récemment relooké en respectant les standards présentés dans ce manuel, le site web de Connected Earth fonctionne désormais pour des millions d'utilisateurs qui en étaient auparavant exclus. Mauvaise nouvelle : cette entreprise a gaspillé un million de livres sterling avant de prendre conscience de l'intérêt des standards du Web.

Figure I-1

*Malgré un budget de développement colossal, Connected Earth est incompatible avec la plupart des navigateurs modernes, dont Mozilla, Netscape 6/7, Opera (toutes plates-formes) et Internet Explorer ou tout autre navigateur sur Mac OS (*www.connected-earth.com*).*

Figure I-2

Voici le même site, vu (ou plus précisément, impossible à voir) sous Opera 7 dans sa version Windows XP. Connected Earth aurait pu éviter tous ces problèmes techniques en suivant les méthodes décrites dans ce livre, conseils que cette société a désormais pris à cœur de suivre.

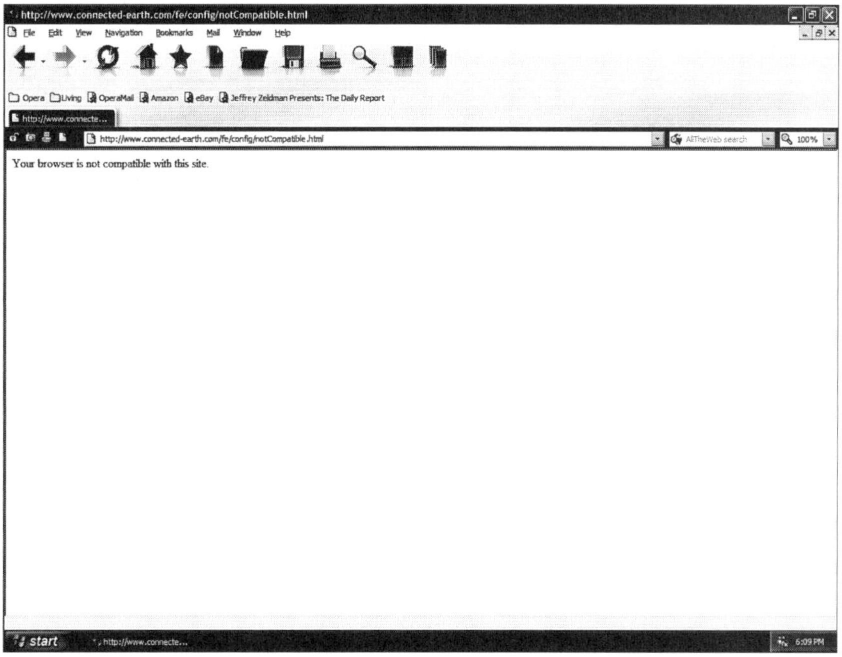

Qu'un site soit devenu obsolète en raison du coût exponentiel des reprogrammations perpétuelles, ou qu'il soit né obsolète à cause de spécifications dépassées, le résultat est le même : la perte d'un nombre toujours plus élevé de consommateurs potentiels. Après tout, que vous dépensiez mille ou un million de dollars, l'objectif est d'accroître le nombre de visiteurs et non d'en refuser. Heureusement, il existe une solution.

Casser le cycle de l'obsolescence

Les technologies mises au point par le W3C (voir l'encadré « Qu'est-ce que le W3C ? ») et d'autres organismes normalisateurs sont prises en charge par la plupart des navigateurs et périphériques modernes. Il est donc possible de concevoir des sites qui continueront de fonctionner malgré l'évolution des standards et des navigateurs. Les professionnels aguerris se montreront sans doute sceptiques face à une telle affirmation, mais ce livre démontrera que c'est possible. Cet ouvrage vous apprendra à sortir du cercle infernal « développer, défaire, refaire », et à développer des sites pour le Web présent et à venir, visibles à la fois sur un ordinateur de bureau et sur d'autres périphériques, sans exclure de visiteurs potentiels ni gaspiller des ressources aussi rares que le temps et l'argent en « solutions » propriétaires myopes qui renferment les germes de leur propre obsolescence.

Ce livre n'est pas pour les théoriciens ni les puristes, mais pour les gens pragmatiques qui ont un travail à mener à bien. Il cible les professionnels et les créateurs qui cherchent des conseils judicieux et un ensemble de techniques éprouvées afin de modifier leurs compétences et leur manière de voir, et de créer des sites web qui accueilleront un nombre croissant de visiteurs et de clients.

À l'aide de cet ouvrage, les designers et les développeurs seront en mesure de modifier leur pratique et de créer des sites web qui pourront être consultés sur de nombreux navigateurs et périphériques, tout en évitant le piège de l'obsolescence liée aux techniques propriétaires de balisage et de programmation. À la lecture de ce livre, les propriétaires et les responsables de sites arrêteront d'investir sur des spécifications qui ne font que perpétuer ce cercle vicieux. Ils sauront élaborer des cahiers des charges favorisant la compatibilité ascendante des sites.

Qu'est-ce que le W3C ?

Fondé en 1994, le World Wide Web Consortium (W3C, www.w3.org) a pour rôle de forger des spécifications et des directives visant à promouvoir l'évolution du Web et l'interopérabilité des technologies web. Il compte environ 500 organisations membres. Son directeur, Tim Berners-Lee (www.w3.org/People/Berners-Lee), a inventé le Web en 1989. Le W3C a développé de nombreuses spécifications, au nombre desquelles HTML (hé oui !), CSS, XML, XHTML, et le modèle objet de document DOM (Document Object Model).

Qu'est-ce que le W3C ? (*suite*)

Pendant des années, le W3C a qualifié ces spécifications de « recommandations », ce qui a peut-être eu l'effet pervers de limiter leur mise en œuvre par des sociétés membres comme Netscape ou Microsoft. Lors de son démarrage en 1998, le Web Standards Project (www.webstandards.org) a rebaptisé « standards du Web » les recommandations clés du W3C, cette opération marketing permettant de redonner à ces spécifications le rôle essentiel qu'elles auraient toujours dû avoir (voir aussi l'encadré « Qu'est-ce que le Web Standards Project ? »).

L'ECMA (European Computer Manufacturers Association) est un autre organisme normalisateur, en charge du langage ECMAScript, plus communément appelé « JavaScript standard ».

Qu'est-ce que la compatibilité ascendante ?

Cet ouvrage mentionnera parfois l'expression « compatibilité ascendante » (*forward compatibility* en anglais). Qu'entendons-nous exactement par là ? Ce concept signifie que tout document publié sur le Web, pour peu qu'il soit bien conçu et élaboré, sera fonctionnel sur de nombreux navigateurs, systèmes d'exploitation et périphériques Internet – et continuera à l'être sur les navigateurs et périphériques futurs grâce aux standards ouverts. Faisant d'une pierre deux coups, le design web dans le respect des standards limite les coûts de production et de maintenance des sites, tout en améliorant l'accessibilité pour ceux qui ont des besoins spécifiques. En d'autres termes, ils touchent plus de monde pour moins cher, véhiculent une meilleure image de marque, et réduisent les risques de litiges pour site non accessible. Qu'entendons-nous par « standards du Web » ? La même chose que le Web Standards Project : il s'agit simplement des langages structurels comme le XHTML et le XML, des langages de présentation comme CSS, des modèles objets à l'image du DOM du W3C, et des langages de script comme ECMAScript. Tous (et d'autres encore) seront présentés dans cet ouvrage.

Promues par des comités d'experts organisés en groupes de travail, ces technologies sont soigneusement mises au point dans le but d'apporter un maximum d'avantages au plus grand nombre d'utilisateurs du Web. Rassemblées, elles forment un schéma de développement web accessible, sophistiqué et rentable. (Propriétaires et responsables de sites : ne vous préoccupez pas des chapitres techniques de cet ouvrage. Assurez-vous simplement que vos collaborateurs ou sous-traitants les comprennent.)

Qu'entendons-nous par « navigateurs respectueux des standards » ? Il s'agit de logiciels comme Mozilla Firefox, Opera d'Opera Software, Safari d'Apple, mais aussi Microsoft Internet Explorer (IE) à partir de sa version 5 sur Macintosh, ou IE à partir de la version 6. Tous interprètent correctement et comprennent une proportion importante de XHTML, CSS, ECMAScript et DOM. Cette prise en charge est-elle parfaite ? Bien sûr que non. Aucun logiciel développé à ce jour n'est exempt de bogues. Qui plus est, les standards sont eux-mêmes sophistiqués et interagissent de manières complexes les uns avec les autres.

Tous ces navigateurs sont-ils équivalents en matière de respect des standards ? Chaque développeur web connaît bien la réponse à cette question. À l'heure où nous mettons sous presse, Internet Explorer 6 est moins conforme que Firefox, Opera, ou Safari. Cependant, et presque cinq ans après avoir crié victoire en présentant un produit pourtant très perfectible, Microsoft s'apprête à sortir un Internet Explorer d'une nouvelle génération, comprenant mieux les standards. Quand vous lirez ces lignes, IE 7 sera peut-être déjà sorti et installé sur votre ordinateur.

Même si vos utilisateurs en sont restés à IE 5.5, les navigateurs sortis depuis l'an 2000 sont suffisamment robustes pour nous permettre de jeter les anciennes méthodes aux orties et de travailler plus intelligemment, en satisfaisant un plus grand nombre d'utilisateurs grâce aux méthodes de design respectueuses des standards. Les standards n'excluant rien par nature, nous pourrons même prendre en compte ceux qui utilisent de plus anciens navigateurs et périphériques – mais d'une manière compatible avec l'avenir ou « ascendante ».

Ni règles, ni dogme

Ce livre n'est pas un ensemble de dogmes. Il n'existe pas une méthode infaillible, meilleure que les autres, pour concevoir un site web, ni une seule façon correcte d'incorporer les standards dans vos processus. Nous ne ferons pas l'apologie d'une conformité stricte aux standards aux dépens d'approches transitionnelles, parfois plus adaptées à certains sites ou travaux particuliers. Nous ne vanterons pas les standards du Web au point de prétendre que les recommandations du W3C sont toutes parfaites. Pour être franc, l'auteur n'est pas entièrement convaincu par certains des standards émergents. Cet ouvrage vous donnera toutes les informations nécessaires pour contourner les problèmes de compatibilité qui se posent parfois avec Internet Explorer et d'autres navigateurs modernes. Vous aurez également tous les éléments pour prendre en charge les vieilles versions de navigateurs, y compris celle utilisée par cette tête de mule au bout du couloir.

Vous ne trouverez pas non plus de langue de bois dans cet ouvrage. Certaines normes sont parfois incroyablement vagues, ce qui explique qu'on trouve des pratiques contradictoires mais aussi justifiables. Ce flou encourage aussi les équipes de développement à proposer des navigateurs gérant mal les standards. La version 2.1 de CSS, si impatiemment attendue en 2002, au moment de la première édition, est toujours inachevée en 2006 alors que nous en sommes déjà à la deuxième édition. Elle devrait enfin clarifier les portions de CSS 2 qui en ont bien besoin. De même, cet ouvrage explorera les avantages de XHTML et du balisage sémantique, sans toutefois prétendre que la moindre balise de chaque page, sur le moindre site, doit toujours avoir un rôle structurel. Et il ne vous dira pas qu'il faut basculer immédiatement les sites en XHTML – bien que nous espérions que les avantages de ce dernier vous inciteront à faire cette transformation dès que possible.

Cela fait un bon moment que l'auteur se fait remarquer par ses prises de position en faveur des feuilles de style CSS pour la présentation des pages, en lieu et place des classiques tableaux HTML partout où c'est possible (et pour tous les publics qui rendent possible une telle mise en œuvre). Ce standard résout de nombreux problèmes, tant pour les développeurs que pour les visiteurs du Web. Marginale lors de la première édition du présent ouvrage, la mise en forme par CSS est désormais largement répandue. On la retrouve sur des sites mille fois plus fréquentés que tous ceux dont vous et moi pouvons nous réclamer (figure I–3) ; elle n'est plus limitée au weblog du petit neveu.

Les présentations en tableaux sont loin d'appartenir au passé et elles conviendront peut-être à certaines tâches de design. Bien que non balisés sémantiquement, les tableaux peuvent présenter un contenu respectant cette contrainte, et de telles pages pourront être conformes aux standards. Les avantages des mises en page CSS soient sans conteste attrayants, mais il s'agit de votre site et la décision vous revient. Certains puristes pensent que les technologies propriétaires populaires telles que Flash et QuickTime n'ont rien à faire sur le Web. Peut-être. Quoi qu'il en soit, pour ceux d'entre nous qui devons concrètement mener à bien des projets, ce point de vue théorique n'est pas recevable, et des outils tels que Flash et QuickTime sont parfois les plus appropriés. Si, dans ce livre, nous traiterons peu de ces solutions en dehors de leurs liens avec le balisage et l'accessibilité, ce n'est pas par mépris, mais uniquement parce qu'elles sortent du cadre de cet ouvrage.

Peut-être avez-vous aussi rencontré des adeptes des standards du Web qui déconseillent l'utilisation du format propriétaire GIF, ou vous taxent d'hérésie si vous définissez vos titres en images GIF au lieu de recourir à du XHTML stylé en CSS. L'utilisation du XHTML pour les titres est une bonne idée, et c'est souvent la meilleure solution. Mais dans la pratique, les marques ont leur importance. Une police avec une bonne approche de caractères et rendue au format GIF (ou PNG, non propriétaire) peut s'avérer un meilleur choix qu'une récupération via CSS des polices Arial, Verdana ou Georgia à partir des répertoires système de vos visiteurs. Mais il s'agit de votre site, et donc de vos règles du jeu.

Du concret, pas de théorie

Nous n'avons rien, bien au contraire, contre les puristes dont la passion anime l'élaboration des standards. Ils nous ont beaucoup appris. Nous leur vouons une sincère admiration et avons la chance d'en compter parmi nos amis. Toutefois, ce livre n'est pas pour eux, mais pour les designers, les développeurs professionnels, ainsi que les clients et les employeurs qui rémunèrent leur expertise. Nous explorerons les standards du Web avec une approche où s'articulent les problématiques de design, de contenu, et de marketing, avec comme objectif de vous guider dans le monde des standards du Web et de vous aider à prendre vos propres décisions, les seules qui pourront satisfaire pleinement un designer ou un client.

Si cet ouvrage ne devait énoncer qu'un seul commandement, une seule règle rigide, ce serait celle-ci : le coût du design web à l'ancienne est trop élevé. Plus personne ne peut se permettre de concevoir des sites web de cette façon. Ces techniques avaient quelque raison d'être lorsque les standards n'existaient pas ou étaient mal pris en charge dans les navigateurs principaux. Mais cette époque est révolue. De même, le développement d'un site dans toutes ses

Figure I-3

Servant dix millions de visiteurs différents tous les jours, ESPN.com ne peut se permettre de bricoler avec des techniques de design expérimentales. C'est pourquoi ce site suit les recommandations ci-après exposées et fait le choix d'une mise en forme par CSS (www.espn.com)*.*

variantes pouvait paraître raisonnable à l'apogée de la bulle Internet et des budgets gonflés au point d'en être grotesques. Mais cette bulle a elle aussi éclaté depuis longtemps.

XHTML, XML, CSS, ECMAScript et DOM ont de beaux jours devant eux. Ce ne sont pas des fins en soi, mais des composants d'une solution rationnelle pour traiter les problèmes qui ont empoisonné les propriétaires et les constructeurs de sites depuis l'apparition de la balise de clignotement `<blink>`.

Qu'est-ce que le Web Standards Project ?

Fondé en 1998, le Web Standards Project (WaSP[1], projet des standards du Web) est une coalition indépendante de designers et développeurs web. Il vise à promouvoir les spécifications (ou « standards ») facilitant la création de sites, réduisant ainsi le coût de ces derniers, sans exclure aucun utilisateur. Ce groupe a contribué à mettre un terme à la guerre des navigateurs en persuadant Netscape, Microsoft et d'autres de prendre en charge les standards, complètement et correctement. Grâce à ces efforts, chaque navigateur est désormais conforme – la question ne se pose plus.

Le groupe a également collaboré avec les fabricants d'outils de développement (par exemple l'équipe à l'origine de Dreamweaver), ainsi qu'avec les propriétaires et designers de sites web. Bien que souvent consulté, le WaSP n'a pas un but lucratif et ne se fait jamais payer. L'auteur, co-fondateur du projet, l'a dirigé pendant plusieurs années avant de s'effacer. Désormais dépourvu d'un leader officiel, ce groupe suit dans la pratique la vision de Molly Holzschlag. Cette dernière a écrit de nombreux livres intéressants, dont *Le zen des CSS* (éditions Eyrolles), en collaboration avec Dave Shea. À l'heure où nous mettons sous presse, le WaSP travaille avec les ingénieurs de Microsoft pour trouver et corriger les bogues CSS dans Internet Explorer 7, dont la sortie est prévue en 2007.

Faut-il vraiment entreprendre ce voyage ?

Pour créer une nouvelle génération de sites débarrassés des maux du passé, les designers et les développeurs doivent apprendre à utiliser les standards du Web. De leur côté, les propriétaires et les gestionnaires de sites doivent être informés de l'intérêt commercial qu'ils peuvent en tirer. Cette prise de conscience ne se fera pas d'elle-même. Et j'imagine peu d'hommes d'affaires parcourir les documents abscons du W3C et comprendre de façon intuitive les implications en termes de rentabilité quand ils lisent des sigles aussi sibyllins que XHTML ou CSS. De même, les designers et les développeurs, submergés par le travail et les échéances à respecter, ont peu de temps à consacrer à des recherches de documentation et de tutoriels sur les mutations technologiques du Web.

Ce livre est nécessaire à la promotion des standards du Web. Et cette tâche m'incombait, en ma qualité de co-fondateur du Web Standards Project. Vous préféreriez sans doute lire un livre traitant du design graphique, de l'architecture des informations, ou d'ergonomie, plutôt qu'un ouvrage abordant la mutation des fondations technologiques du Web. Ce sont des thèmes que, moi aussi, je préférerais aborder. Mais tous nos efforts en matière de design, d'architecture, et d'ergonomie seront réduits à néant si nos sites cessent de fonctionner avec le navigateur X ou le périphérique Y. Le cinéma n'existerait pas si tout le monde ne s'était pas accordé sur un nombre d'images par seconde, sur les projecteurs, et sur les techniques d'enregistrement du son. De même, la bonne santé du design et du développement web repose sur l'adoption des standards. Sans eux, aucune véritable ergonomie n'est envisageable, aucun design cohérent n'est concevable.

---

1. N.D.T. : acronyme a priori étonnant, mais sans doute choisi pour être facile à prononcer. C'est aussi un jeu de mots avec l'acronyme WASP, White Anglo-Saxon Protestant, qui désigne les blancs anglo-saxons de confession protestante. Ce substantif désigne également une guêpe en anglais, ce qui explique leur logo.

Le Web a été adopté plus rapidement qu'aucun autre média avant lui. Mais son succès a précédé le développement de standards professionnels, ce qui nous a tous mis dans la difficile position de créer des produits (les sites web) rendus obsolètes par le développement continu de navigateurs propriétaires ou de nouveaux matériels. Nous étions si absorbés par notre travail que nous n'avions plus le temps de remettre en question nos méthodes de travail. Aujourd'hui, si nous voulons continuer à travailler et à produire des sites, il nous faut prendre le temps de la réflexion et changer ces méthodes. Les standards du Web sont les outils avec lesquels nous pouvons tous concevoir et construire des sites beaux et sophistiqués, qui continueront de fonctionner demain. Dans ce livre, j'explique le rôle de chaque standard et comment tous s'allient pour mettre en place des sites compatibles avec l'avenir. Le reste dépend de vous.

1

99,9 % des sites web sont encore et toujours obsolètes

Un syndrome frappe sans discrimination tous les sites du Web, des pages personnelles les plus modestes aux « monstres » des multinationales de la World Company. Fourbe et insidieuse, cette maladie passerait presque inaperçue, car son virus repose sur les normes de l'industrie. Cette vérité n'est peut-être pas connue des propriétaires et des responsables de sites ; pourtant, 99,9 % des sites web sont obsolètes. Certes, la plupart du temps, ces sites s'affichent correctement dans les navigateurs principaux, sur ordinateur de bureau. Mais en dehors de ces environnements protégés, les premiers signes de la maladie ont fait leur apparition.

Sur les versions modernes de Microsoft Internet Explorer, du navigateur Opera d'Opera Software, Safari d'Apple, et Mozilla (le navigateur libre fondé sur Gecko et dont le code est à la base de Firefox, Camino, et Netscape Navigator), des mises en page sophistiquées ont commencé à tomber en pièces, et des comportements développés à grands renforts de dollars ont cessé de fonctionner. Et les performances de ces sites ne cessent de se détériorer avec l'évolution des navigateurs principaux. Sans compter que nombre de ces sites n'ont jamais fonctionné et/ou sont encore inaccessibles sur les navigateurs dits « alternatifs », les lecteurs d'écran employés par les personnes souffrant de handicaps, les périphériques dont le succès ne cesse de croître comme les assistants numériques personnels (PDA) ou les téléphones portables avec option Web (qui connaissent eux aussi une popularité croissante). D'autres fonctionnent à peine. Suivant leurs besoins et leur budget, les propriétaires et les développeurs de sites ont ignoré ces navigateurs et périphériques ou, au contraire, ont choisi de les prendre en charge en les détectant, puis en leur passant des balises et du code personnalisés, comme avec les navigateurs « classiques ».

Pour comprendre le manque de professionnalisme de ces pratiques d'un autre temps et observer la manière dont elles grèvent en permanence les coûts et la complexité du développement web sans jamais atteindre le but fixé, il nous faut examiner les navigateurs modernes et ce en quoi ils diffèrent des modèles non compatibles du passé.

Les navigateurs modernes et les standards du Web

Dans cet ouvrage, nous désignerons par le terme « navigateurs modernes » ou « navigateurs respectueux des standards » des logiciels qui comprennent et prennent en charge HTML et XHTML, CSS (les feuilles de style en cascade), ECMAScript, et DOM, le modèle objet de document du W3C. Pris ensemble, ils constituent les standards qui nous permettront de dépasser les balisages de présentation, les langages de script incompatibles, et l'obsolescence perpétuelle qui en résulte.

Cette famille est composée du navigateur libre Firefox (à partir de sa version 1.5), qui a gagné des récompenses – et inspiré un petit frère propriétaire, Netscape Navigator 8, sans grand intérêt toutefois. Signalons encore, sur systèmes Windows, Microsoft Internet Explorer à partir de sa version 6 ; sur systèmes Macintosh OS X, Safari d'Apple, à partir de sa version 2.0. On y trouve également le navigateur Opera, d'Opera Software à partir de sa version 8.5. Si cette liste ne mentionne pas votre navigateur conforme aux standards préféré, ne vous en offusquez pas : toute tentative de citer tous ces logiciels serait vaine car très rapidement obsolète. Ne soyez pas non plus trompé par l'expression « conforme aux standards » : comme nous l'avons signalé dans l'avant-propos intitulé « Avant de commencer », aucun navigateur ne respecte ni ne peut respecter parfaitement ce cahier des charges.

Cependant, l'imperfection des navigateurs ne justifie pas d'éviter les standards. Des millions de personnes emploient encore Internet Explorer pour Windows, versions 5 ou 5.5. Pourtant, ces logiciels respectent moins les standards qu'IE pour Windows à partir de sa version 6, ou encore Firefox, Opera et Safari. Si parmi les visiteurs de votre site se trouve un grand nombre d'utilisateurs d'IE 5, devez-vous pour autant faire l'impasse sur les standards du Web ? Pour ces utilisateurs, n'y a-t-il point de salut en dehors d'une mise à niveau ? Bien sûr que non. Un développement respectueux des standards n'implique en aucune façon qu'il faille se limiter aux navigateurs les plus récents.

De la même manière, la mise en œuvre de XHTML et de CSS ne signifie pas qu'il faille envoyer promener les utilisateurs de Netscape 4. Toutefois, un site correctement conçu et construit à l'aide des standards ne sera probablement pas identique au pixel près sous Netscape 4 et sous des navigateurs plus compatibles. En réalité, et selon le design retenu, il pourra avoir une allure complètement différente. Mais cela n'est probablement pas trop grave, comme nous l'expliquerons dans la deuxième partie de cet ouvrage.

L'étrange cas d'IE 5 sur Macintosh

Internet Explorer 5 Macintosh Edition, adoré autant que méprisé par les designers s'intéressant aux standards, occupe une place à part dans l'histoire de ces normes. Dans les années 1990, Tantek Çelik était l'ingénieur qui représentait Microsoft dans les groupes de travail CSS et HTML du W3C. Quand ses supérieurs lui ont confié la tête de l'équipe développant IE 5 pour Macintosh, Tantek s'est jeté à corps perdu dans ce projet en y insufflant sa connaissance et sa passion des standards du Web. Il a même collaboré avec des membres éminents du Web Standards Project pour tester les mises en forme CSS en une colonne, alors à la pointe de la technologie. Il a également inspiré des améliorations de l'interface utilisateur visant à rendre les pages web plus accessibles. Résultat : un produit plus respectueux des standards et interprétant ceux-ci plus correctement que tous ceux qui l'avaient précédé. Sorti en 2000 sous les ovations des spécialistes, IE 5 pour Macintosh était le premier navigateur conforme.

Malheureusement pour Tantek, cette réussite soulignait les limitations d'IE pour Windows, le grand frère faisant désormais bien piètre figure. Çelik fut remercié en étant écarté du projet par Microsoft, ce qui eut pour conséquence de geler les bogues de son produit. Ces derniers ne furent remarqués qu'avec l'arrivée sur le marché d'autres navigateurs conformes aux standards, lesquels incitaient les designers web à tester CSS de plus en plus assidûment. Comme on pouvait s'y attendre, il n'a pas été difficile pour les programmes concurrents de dépasser IE 5 pour Macintosh, lequel fut condamné à faire du sur-place. Ses utilisateurs l'ont donc peu à peu délaissé, et Microsoft a officiellement mis fin au projet en janvier 2006.

Les designers d'aujourd'hui sont plus susceptibles de reprocher à ce logiciel son incapacité à représenter des mises en forme CSS complexes qu'à lui savoir gré de son rôle de pionnier. En guise d'hommage posthume, signalons que la conformité aux standards d'IE 5 pour Macintosh a mis la pression sur Microsoft, l'obligeant à améliorer sur ce point les performances de son navigateur pour Windows. Sans cet épisode, nous en serions peut-être tous encore réduits à bricoler des mises en forme par tableaux. D'autre part, les innovations apportées par ce projet (telles que le zoom sur le texte) se sont désormais frayé un chemin dans Firefox et Safari, ainsi que dans la plupart des autres navigateurs modernes. Malheureusement, Microsoft n'a pas encore jugé utile d'intégrer cette fonctionnalité à IE pour Windows.

Nouveau code, nouvelle tâche

Les navigateurs modernes ne sont pas de simples mises à jour des versions précédentes ; ils diffèrent radicalement de leurs prédécesseurs. Ils ont souvent été entièrement redéveloppés. Ainsi, Mozilla Firefox, Camino, Netscape versions 6/7 et les navigateurs reposant sur Gecko ne sont pas de simples mises à jour de Netscape 4. De la même manière, IE pour Macintosh, versions 5 et ultérieures, n'était pas une mise à jour de IE pour Macintosh version 4. Opera 7 ne repose pas non plus sur le même code que les versions précédentes de ce navigateur. À nouveau code, nouvelle tâche : respecter aussi parfaitement que possible les standards du Web présentés dans cet ouvrage. Par contraste, les navigateurs des années 1990 mettaient l'accent sur des technologies propriétaires (propres à Netscape ou à Microsoft) et faisaient peu de cas des standards. Ils en ignoraient d'ailleurs complètement certains, sans que cela ne semble gêner le développement. Si, par exemple, les navigateurs ne reconnaissaient pas le standard graphique PNG (Portable Network Graphic), il suffisait pour les développeurs de faire l'impasse sur les images PNG. Aucun problème. Toutefois, l'ambiguïté de ces anciens navigateurs était qu'ils ne reconnaissaient que partiellement et incorrectement ces standards. La prise en charge à la va-vite de standards aussi fondamentaux que HTML fut la cause de la mise en place d'un environnement de publication sur le Web dont les méthodes de production étaient inapplicables sur la durée.

Quand une appendicite se déclare, un chirurgien qualifié procède à une appendicectomie. Normal. Que faire dans les situations où aucun spécialiste n'est disponible ? Imaginez qu'il soit remplacé par un interne alcoolique qui n'ôterait que la moitié de l'appendice, trancherait dans quelques autres organes au hasard, et oublierait de recoudre son patient. Nous déplorons cette métaphore peu ragoûtante, mais c'est l'image que donnait la prise en charge des standards dans les premiers navigateurs : dangereusement inapte, et nuisible à la santé du Web. Avec Netscape 4 qui ignorait les règles CSS appliquées à l'élément `<body>` et ajoutait des espaces aléatoires à chaque élément structurel, sans oublier IE 4 qui traitait correctement `<body>` mais appliquait le remplissage (padding) n'importe comment, quel type de CSS pouvait-on utiliser ? Certains développeurs préférèrent dès lors faire l'impasse sur CSS. D'autres mirent au point deux feuilles de style, l'une pour corriger les défauts d'IE 4, l'autre pour ceux de Netscape 4. Pour compenser les différences de polices et d'interface utilisateur entre plates-formes, les développeurs élaborèrent parfois plusieurs feuilles de style, qui s'appliquaient en fonction du système d'exploitation du visiteur (Windows ou Macintosh). Tant pis pour lui s'il travaillait sous GNU/Linux... Comparés au reste, les problèmes avec CSS n'étaient qu'une peccadille, et de loin. Les navigateurs n'arrivaient pas à s'accorder sur HTML, sur le rendu des tableaux, ni sur les langages de script permettant de rendre les pages interactives. Il n'existait pas de méthode unique et infaillible pour structurer le contenu d'une page (enfin, si, mais aucun navigateur ne la prenait en charge). Aucune méthode exacte d'en concevoir le design (idem) ni d'ajouter des comportements sophistiqués (un procédé fut finalement mis au point, mais il n'était pris en charge dans aucune ancienne version de ces navigateurs).

Face à ces incompatibilités sans cesse croissantes, les designers et les développeurs prirent l'habitude de créer un balisage et du code personnalisés (c'est-à-dire non standards) pour chaque type de navigateur déficient que l'on pouvait trouver. C'était la seule chose intelligente à faire, dès lors que l'on souhaitait créer des sites fonctionnels sur plusieurs navigateurs ou systèmes d'exploitation. Aujourd'hui, cette approche est inappropriée, dans la mesure où les navigateurs modernes prennent tous en charge les mêmes standards ouverts. Et pourtant, cette pratique persiste, véritable gouffre pour de trop rares ressources, fragmentant le Web, conduisant à des sites aussi inaccessibles qu'inutilisables, et qui sont plus coûteux et moins fonctionnels qu'ils ne le devraient.

Le problème des versions

La création de nombreuses versions de balisage et de code non standards, répondant chacune aux spécificités de tel ou tel navigateur, est la source de l'obsolescence perpétuelle qui affecte la plupart des sites et leurs propriétaires. Les filets des buts se dérobent sans cesse, et les règles du jeu changent en permanence. Bien qu'elle soit coûteuse, futile, et impossible à suivre, cette habitude persiste même quand elle est totalement inutile. Face à un navigateur respectant les standards du Web, de nombreux développeurs continuent d'agir comme s'il n'était pas compatible. C'est ainsi qu'ils écrivent des scripts de détection pour IE 6 et lui passent du code ne fonctionnant que sur Microsoft, alors même que ce logiciel est capable de gérer l'ECMAScript standard et le DOM. Dès lors, en suivant leur logique, il devient nécessaire d'écrire des scripts de détection (et du code spécifique) pour les navigateurs récents reposant sur Mozilla, pourtant parfaitement à même de prendre en charge ces standards. Comme cet exemple le prouve, il n'est plus nécessaire, dans le climat actuel favorable aux standards, de multiplier les détections de navigateur ou de périphérique et de développer des versions personnalisées. Pire : même avec une mise à jour continuelle – que tous les propriétaires de sites ne peuvent s'offrir –, ces scripts de détection échouent souvent.

C'est ainsi que sous Windows et Macintosh, le navigateur Opera se fait passer pour Internet Explorer, évitant ainsi d'être bloqué sur les sites (notamment bancaires) qui se réservent à ce produit. Mais les scripts écrits spécifiquement pour IE échoueront probablement dans le navigateur Opera. D'innombrables problèmes surviennent avec des scripts développés pour IE lorsque Opera s'identifie en tant que IE (paramètre par défaut à l'installation). Certes, les utilisateurs ont la possibilité de modifier leur chaîne d'identifiant `User Agent` (UA), afin d'éviter qu'Opera s'identifie en tant que IE, mais rares sont ceux qui ont connaissance de cette possibilité, et cela ne devrait pas être leur problème. Non contents d'écrire des scripts propriétaires, les développeurs mettent au point du balisage de présentation qui double la bande passante requise pour consulter ou servir une page, tout en rendant celle-ci moins accessible aux moteurs de recherche ainsi qu'aux navigateurs ou périphériques non traditionnels (de cette manière, les contenus sont également plus difficiles à trouver pour les clients potentiels). Ces stratégies entraînent trop souvent les problèmes qu'elles espéraient justement résoudre : un rendu incohérent d'un navigateur à l'autre (figures 1-1 et 1-2).

La multiplicité des versions entraîne des coûts supplémentaires et des casse-tête insolubles. Les sites écrits en DHTML, développés en suivant les spécifications propriétaires (et incompatibles) de scripts pour Netscape 4 et IE 4, ne fonctionnent pas sur les navigateurs modernes. Dès lors, que doit faire leur propriétaire ? Remettre de l'argent sur la table, et financer une cinquième ou une sixième version du site ? Si l'argent vient à manquer, de nombreux utilisateurs se verront refuser l'accès. De la même manière, que faire si des développeurs consacrent un temps et des ressources énormes à la création d'une version du site pour les périphériques sans fil, et qu'ils constatent que le langage de balisage utilisé est devenu obsolète, ou que cette version sans fil est inexploitable sur le dernier périphérique à la mode ? Certains opteront pour la création d'une énième nouvelle version du site ; d'autres communiqueront en annonçant la prise en charge prochaine du nouveau périphérique. Même quand ils adoptent des technologies standards du Web comme le XHTML et CSS, les designers et les développeurs de l'ancienne école passent à côté de l'essentiel. Au lieu de se servir des standards pour éviter de multiplier les versions, ils sont nombreux à écrire un nombre incalculable de fichiers CSS, pour chaque navigateur et chaque plate-forme, et aboutissent au résultat qu'ils souhaitaient éviter (figures 1-1 et 1-2). Que de gâchis en termes de temps et d'argent. Pire, ces habitudes onéreuses ne résolvent en aucune façon les problèmes. Les sites continuent de ne pas fonctionner et les utilisateurs s'en voient toujours refuser l'accès.

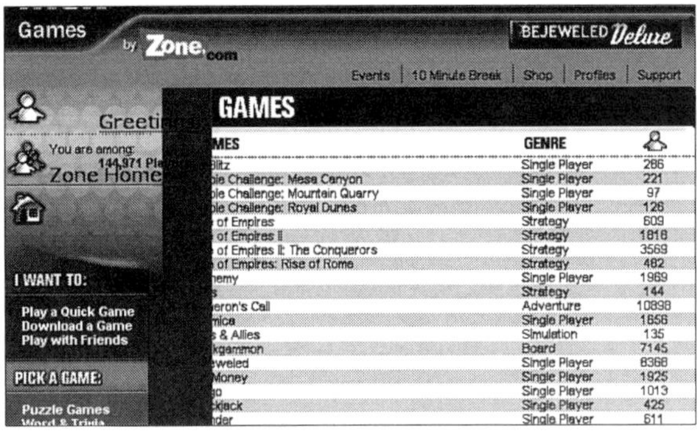

Figure 1-1
*En 2002, la MSN Game Zone (*zone.msn.com/blog.asp*), malgré ses sept feuilles de style externes, était incapable de s'afficher correctement dans la plupart des navigateurs modernes. Ce site vantait également ses 14 scripts (dont la plupart étaient en ligne), l'un d'entre eux permettant une détection robuste de navigateur. Et pourtant, il ne fonctionnait pas. La multiplication des implémentations résout rarement un problème.*

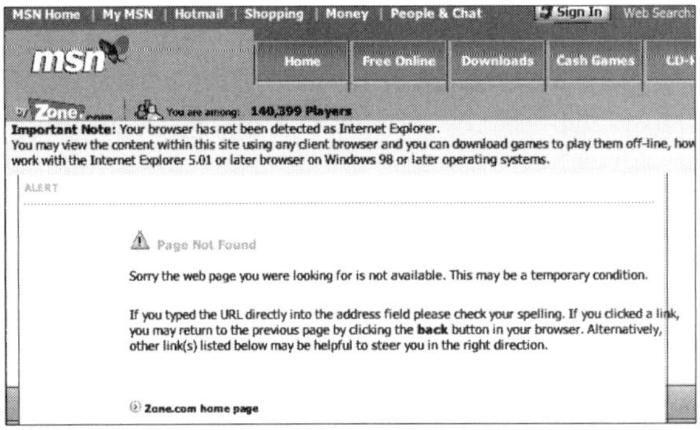

Figure 1-2
Il convient de signaler que la copie d'écran précédente est vieille de quatre ans. Cette page web est pire aujourd'hui, car elle intègre encore plus de code. Six ans après que Microsoft a sorti le premier navigateur conforme aux standards, certaines portions de son site web ignorent encore tout de cette question.

Des idées dépassées

Analysez n'importe quel site commercial majeur, comme Amazon.com ou eBay.com. Que constatez-vous ? Balisage alambiqué et non standard, ActiveX et JavaScript propriétaires (avec souvent des scripts de détection qui ne fonctionnent pas), utilisation impropre de CSS – si tant est qu'ils y aient recours. Que de tels sites fonctionnent sur tous les navigateurs tient du miracle ! Si ces sites fonctionnent sur les principaux navigateurs du passé, c'est que les quatre ou cinq premières générations des navigateurs Netscape Navigator et Microsoft Internet

Explorer ne se sont pas contentées de tolérer les balisages non standards et les codes propriétaires. En réalité, elles les ont encouragés, dans le contexte d'une illusoire conquête du marché.

Souvent, les sites non respectueux des standards fonctionnent sur les navigateurs du passé parce que leurs propriétaires ont lourdement investi dans des outils de publication qui gèrent les différences entre programmes en développant des versions appropriées à chaque navigateur et plate-forme, c'est-à-dire des versions non compatibles et non standards (voir la section précédente).

L'auteur connaît plusieurs sociétés qui ont claqué plus d'un million de dollars sur des systèmes de gestion des contenus (Content Management Systems, ou CMS) démesurément complexes et guère utilisables. Les responsables de ces mammouths justifient partiellement leurs coûts prohibitifs en signalant leur capacité à cracher de nombreuses versions de balisages non standards. Non contents de dépenser des quantités écœurantes de fric, ces projets ajoutent donc l'insulte à l'injure en noyant les contenus significatifs dans une mer de balises non sémantiques (figure 1-3). Le pire : c'est abuser de la patience des utilisateurs connectés par modem, et gaspiller le plus clair de leur bande passante en duplications de code, imbrications de tableaux, pixels d'espacement et autres bidouillages sur les images, ainsi qu'en balises et attributs dépassés ou non valides.

Figure 1-3

*Question de rapidité : retrouvez vite la « personne de l'année » selon Yahoo dans ce balisage HTML aussi tordu que non structurel datant de 2001. Note : si vous avez du mal, il en ira de même des autres visiteurs, ainsi que des moteurs de recherche (*Yahoo.com*).*

```
<map name=m><area alt="My Yahoo!" coords="44,0,106,47" href=r/i1><area
alt=Finance coords="121,0,170,47" href=r/f1><area alt=Shop
coords="192,0,241,47" href=r/xm><area alt=Email coords="493,0,542,47"
href=r/m1><area alt=Messenger coords="558,0,618,47" href=r/p1><area
alt=HotJobs coords="634,0,683,47" href=r/hj><area alt=Help
coords="699,0,739,14" href=r/hw></map><img width=740 height=48 border=0
usemap="#m" src=http://us.i1.yimg.com/us.yimg.com/i/ww/m6v8x.gif
alt="Yahoo!"><table border=0 cellspacing=0 cellpadding=12><tr><td
align=center nowrap><font face=arial size=-1><table border=0
cellspacing=0 cellpadding=0><tr><td nowrap><font size=-1
face=arial><b><a href=s/46341>Build a Web Site</a></b> - <a
href=s/46342>Open a store</a>, <a
href=s/46343>More...</a></font></td><td align=center
width=21> </td><td bgcolor=cccccc width=1><spacer type=block
width=1 height=16></td><td align=center width=20> </td><td
width=18><img
src="http://us.i1.yimg.com/us.yimg.com/i/mntl/sh/16/giftbox.gif"
alt="Gift
Box" width=16 height=16 border=0></td><td nowrap><font size=-1
face=arial> <b><a href=s/46741>Last Minute Gifts</a></b> - <a
href=s/46345>Computers</a>, <a href=s/46346>Toys</a>, <a
href=s/46347>More...</a></font></td></tr></table></font></td></tr></table><tal
cellspacing=0 cellpadding=0 border=0><tr><td><form name=f
style="margin-bottom:0"
action="r/sx/*-http://search.yahoo.com/bin/search"><table cellpadding=0
cellspacing=0 border=0><tr><td><input type=text size=40
name=p> <input type=submit value=Search>  </td><td><font
face=arial size=-2>&#149; <a href=r/so>advanced search</a><br>&#149; <a
href=r/z1>most popular</a></font></td></tr></table></form><span
style="margin-top:-1em"></span></td></tr></table><table width=100%
cellpadding=0 cellspacing=0 border=0><tr><td
height=8></td></tr></table><table cellpadding=0 cellspacing=0
border=0><tr valign=top><td><table width=100% cellspacing=0
border=0><tr><td colspan=3><table width=100% cellpadding=0 cellspacing=0
border=0 bgcolor=eeeeee><tr><td height=1><table cellpadding=0
cellspacing=0 border=0><tr><td
height=1></td></tr></table></td></tr></table></td></tr><tr><td
colspan=3></td></tr><tr valign=top><td nowrap><font color=ff6600
face=arial size=-1><b>New!</b></font></td><td colspan=2><font face=arial
size=-1><a href=s/44801><b>Vote for the Yahoo! Person of the
Year</b></a></font></td></tr><tr><td colspan=3><table cellpadding=0
cellspacing=0 border=0><tr><td
height=2></td></tr></table></td></tr><tr><td colspan=3><table width=100%
cellpadding=0 cellspacing=0 border=0 bgcolor=eeeeee><tr><td
height=1><table cellpadding=0 cellspacing=0 border=0><tr><td
height=1></td></tr></table></td></tr></table></td></tr><tr><td
colspan=3></td></tr><tr valign=top><td nowrap><font face=arial
size=-1><b>Shop</b></font></td><td colspan=2><font face=arial size=-1>
```

Qu'est-ce que la duplication de code (*code forking*) ?

Le terme générique « code » désigne tous les programmes mis au point par les développeurs travaillant sur des logiciels, des systèmes d'exploitation, ou de manière générale quasiment tout ce qui relève du monde numérique. Quand plusieurs équipes de développeurs travaillent sur un projet, il existe un risque que le code soit dupliqué, c'est-à-dire développé en plusieurs versions incompatibles, surtout si chaque équipe traite d'un problème particulier ou suit des directives différentes. On voit généralement d'un mauvais œil cette incohérence et cette absence de centralisation. Dans ce livre, la « duplication de code » désigne la pratique consistant à produire plusieurs versions de code incompatibles dans le but de satisfaire les besoins de navigateurs incapables de prendre en charge les standards ECMAScript et DOM (voir plus haut la section « Le problème des versions »).

Toutes ces versions accroissent la bande passante dans des proportions astronomiques. Plus le site est gros et plus son trafic est volumineux, plus des sommes considérables sont ainsi gaspillées en appels au serveur, redondances, bidouillages d'images, codes et balisages inutilement compliqués. De telles sommes sont difficiles à chiffrer, mais en général, un site réduisant le poids de ses balises de 35 % réduira d'autant ses coûts de bande passante. Une entreprise y consacrant 2 500 dollars par an économisera ainsi 875 dollars, et une autre acquittant une facture annuelle de 160 000 dollars la verra fondre de 56 000 dollars.

La page d'accueil de Yahoo (figure 1-4) est servie plusieurs millions de fois par jour. Chaque octet gâché en bidouillages HTML dépassés est donc multiplié par le nombre astronomique de fois où la page est téléchargée, ce qui représente des giga-octets de trafic grevant les serveurs et alourdissant les charges fixes de l'entreprise de coûts dignes du Pentagone. Si l'entreprise Yahoo se contentait se remplacer ses balises `<font>`, dépassées et voraces en bande passante (figures 1-3 et 1-5), par du CSS plus respectueux de celle-ci, elle réduirait grandement le coût de chaque page, et augmenterait en conséquence ses bénéfices. Pourquoi diable n'a-t-elle pas franchi ce pas ?

Seule hypothèse plausible : Yahoo souhaite que son site ait exactement la même apparence dans les navigateurs de 1995, ignorants de CSS, que dans les navigateurs modernes, capables de le prendre en charge. Quelle ironie, car presque personne en dehors des managers de Yahoo ne se soucie de l'apparence du site ! Son succès continu est dû à la qualité des services fournis, et non pas à ses pages au design inexistant. Que cette entreprise, par ailleurs brillante, gaspille tant de bande passante pour fournir une interface que personne n'admire vraiment trahit l'entêtement de développeurs qui se soucient davantage de la compatibilité descendante que de la logique, de l'ergonomie ou de leurs propres bénéfices.

Balisage dépassé : le montant de la facture

Considérons une page web développée « à l'ancienne » dont le code et le balisage pèsent 60 Ko. Supposons qu'en remplaçant ses balises `<font>` obsolètes et tout son bric-à-brac propriétaire et de présentation par un balisage propre, structuré, et quelques règles CSS, on ramène la même page à 30 Ko (d'expérience, mon agence ramène plus souvent 60 Ko

Figure 1-4
*Ce à quoi Yahoo (*www.yahoo.com*) ressemble, brut de décoffrage.*

à 22 Ko ou moins, mais conservons cette modeste évaluation, qui correspond à une économie de bande passante de 50 %). Imaginons maintenant deux scénarios classiques.

Terminator T1

Scénario : Le site web hébergé en propre par une PME ou une petite administration sert un flux continu de visiteurs ; ils sont en permanence plusieurs centaines. En réduisant le volume de sa page de moitié après abandon du balisage de présentation et passage à un XHTML propre, net, et structuré, cette entité économise 1 500 dollars par mois.

Comment ça marche : Pour répondre au trafic, ce site auto-hébergé nécessitait deux lignes T1, d'un montant mensuel de 1 500 dollars chacune (prix du marché pour une ligne T1 de 1 544 Mb/s). Après avoir réduit de moitié la taille des fichiers, cette entreprise constate qu'une seule ligne T1 peut désormais suffire, économisant ainsi 1 500 dollars par mois de

Source of http://www.yahoo.com/

```
<!DOCTYPE HTML PUBLIC "-//W3C//DTD HTML 4.01 Transitional//EN">
<html><head>
<!-- SpaceID=2716149 loc=HR001 noad -->
<script language=javascript>
var now=new Date,t1=0,t2=0,t3=0,t4=0,t5=0,t6=0,cc='',ylp='';t1=now.getTime();
</script>
<title>Yahoo!</title>
<meta http-equiv="Content-Type" content="text/html; charset=UTF-8">
<meta http-equiv="PICS-Label" content='(PICS-1.1 "http://www.icra.org/ratingsv02.html" l r (cz 1 lz 1 nz 1 oz 1 vz 1) gen true for "http://
www.yahoo.com" r (cz 1 lz 1 nz 1 oz 1 vz 1) "http://www.rsac.org/ratingsv01.html" l r (n 0 s 0 v 0 l 0) gen true for "http://www.yahoo.com"
r (n 0 s 0 v 0 l 0))'>
<script language=javascript>var YLH='_ylh=X3oDMTFmcGY2N2Y1BF9TAzI3MTYxNDkEcGlkAzExMzkyNjU2MjcEdGVzdAMwBHRtcGwDaW5kZXgtY3Nz'; var
PID='1139265627'; document.write('<base href="http://www.yahoo.com/" target=_top>');</script> <noscript><base href="http://www.yahoo.com/
_ylh=X3oDMTFmcGY2N2Y1BF9TAzI3MTYxNDkEcGlkAzExMzkyNjU2MjcEdGVzdAMwBHRtcGwDaW5kZXgtY3Nz/" target=_top></noscript>
<script language=javascript><!--
lck='',sss=1139266603,ylp='p.gif?t=1139266603&_ylp=A0SOxU8r10dDH9IAoQb1cSkA',_lcs='';
--></script><script language=javascript>
var cook_domain='.yahoo.com';
if (typeof(YLH)!='undefined' && YLH!='') document.cookie='D='+YLH+';path=/'+';domain='+cook_domain;
</script>
<script language=javascript>
var _phppl="";function plinks(){
this.openPlink="";
this.plinkList=[];
}
var _plinks=new plinks();
function yg_cookie(){
this.get=function(n){var s,e,v='',c=' '+document.cookie+';';if((s=c.indexOf((' '+n+'=')))>=0){if((e=c.indexOf(';',s))==-1)e=c.length;s
+=n.length+2;v=unescape(c.substring(s, e));}return (v);}
this.set=function(n,v){var a=arguments,al=a.length;document.cookie=n+"="+escape(v)+((al>2&&a[2]!="")?(";expires="+(new Date(a[2]
*1000)).toGMTString()):"")+";path="+((al>3&&a[3]!="")?a[3]:"/")+";domain="+((al>4&&a[4]!="")?a[4]:"www.yahoo.com");}
}
var _yc = new yg_cookie();
var b,d,l='',n='0',r,s,y;
y=' '+document.cookie+';';
if ((b=y.indexOf(' Y=v'))>=0) {
y=y.substring(b,y.indexOf(';',b))+'&';
if ((b=y.indexOf('l='))>=0) {
l=y.substring(b+2,y.indexOf('&',b));
if((b=y.indexOf('n='))>=0)n=y.substring(b+2,y.indexOf('&',b));
}
}
d=new Date();
s=Math.round(d.getTime()/1000);
r=Math.round(parseInt(n,32)%1021);
if (lck!=l||_yc.get("FPPL")!=_phppl) {
document.write('<meta http-equiv="Expires" content="-1">');
```

Figure 1-5

Le code source de Yahoo correspondant à cette page simple en apparence est incroyablement obscur et alambiqué. Même si Yahoo s'est enfin décidé à faire ses premiers pas en CSS, sa manière de procéder gaspille d'effroyables quantités de bande passante – et le site conserve malgré tout des balises `<font>` *!*

charges. Le budget matériel suivra lui aussi l'exemple de la bande passante. Plus le balisage est léger, plus vite il est transmis à l'utilisateur, moins le site web est occupé – et moins il faut acheter, maintenir et remplacer de serveurs. C'est surtout vrai pour les serveurs devant fournir des contenus dynamiques et issus de bases de données – ce qui est le cas de tous les sites modernes proposant des contenus (y compris les weblogs).

Des méga-octets au compte-gouttes

Scénario : Un site hébergé chez un professionnel connaît un accroissement considérable de son trafic, et ses propriétaires doivent acquitter chaque mois une pénalité de dépassement de transfert de fichiers qui peut s'élever à plusieurs centaines, voire plusieurs milliers de dollars. Une réduction de moitié de la taille des fichiers ramènera la facture mensuelle à un montant raisonnable qui pourra être provisionné.

Comment ça marche : De nombreux hébergeurs accordent chaque mois à leurs utilisateurs une certaine quantité de bande passante « gratuite » pour leurs transferts de fichiers – 3 Go par exemple. En dessous de ce seuil, ils ne déboursent que l'abonnement mensuel habituel. Au-delà, leur facture risque de s'emballer et d'atteindre des montants faramineux.

Dans une affaire restée tristement célèbre, une société d'hébergement a facturé à Al Sacui, designer indépendant, 16 000 dollars de frais supplémentaires après que son site non commercial, Nosepilot.com, a dépassé son quota mensuel de transfert de fichiers. C'est un cas extrême, et Sacui a pu éviter de payer cette somme en prouvant, au prix d'une longue bataille juridique, que son hébergeur avait unilatéralement modifié les conditions de service sans en avertir ses clients. L'alternative – factures monstrueuses ou poursuites juridiques – n'est guère attrayante. Évidemment, tous les hébergeurs ne facturent pas autant les transferts hors quota. Actuellement, Pair.com facture par exemple près de 5 USD chaque giga-octet supplémentaire. Ainsi, un petit site web hébergé par Pair.com et générant peu de trafic n'économisera qu'environ 200 dollars par an. Ce sont les sites plus importants et brassant davantage de connexions qui ont le plus à gagner à réduire la taille de leurs fichiers. Quelles que soient la taille et la fréquentation du site (millions de visiteurs ou poignée de membres d'une petite communauté), une réduction de la taille des fichiers entraînera une diminution de la bande passante et les risques d'enflammer les coûts de transfert de l'hébergeur. Il est d'ailleurs préférable d'opter pour un hébergeur autorisant des transferts de fichiers illimités, plutôt que de signer chez une société pénalisant la popularité des sites.

Balisage condensé et balisage compressé

Après avoir donné une conférence sur les standards du Web, l'auteur a été pris à parti par un développeur présent dans la salle. Celui-ci prétendait que les économies réalisées par un balisage propre et bien structuré étaient insignifiantes pour des entreprises compressant leur code HTML. En plus de *condenser* le balisage au moyen d'un code propre et net (privilégiant les structures sémantiques aux méthodes obsolètes de « design HTML »), il est également possible de compresser le balisage dans certains environnements serveur. Ainsi, le serveur web Apache propose un module dénommé `mod_gzip`[1] permettant de compresser le HTML côté serveur, le HTML étant ensuite décompressé dans le navigateur de l'utilisateur.

Ce développeur m'a donné l'exemple suivant : si Amazon gaspille 40 Ko en balises `<font>` et autres éléments similaires, mais recourt à `mod_gzip` pour ramener cette taille à 20 Ko, son balisage redondant aura beaucoup moins de conséquences que ce que ma conférence (et le présent ouvrage) ne le prétendent. En réalité, Amazon n'emploie pas `mod_gzip`. Rares sont les sites web commerciaux qui recourent à cet outil, probablement à cause de la surcharge engendrée par la compression des pages à la volée. Même si l'on néglige ce détail, un fichier plus petit se compressera mieux. Si vous réalisez des économies en ramenant par compression une page de 80 Ko à 40 Ko, elles n'en seront que plus grandes sur une page de 40 Ko ramenée à 20 Ko. Si les gains par session vous semblent négligeables, n'oubliez pas qu'ils se cumulent. Avec le temps, ils pourront réduire les charges de façon significative et vous éviter des dépenses supplémentaires (la liaison de nouvelles lignes T1, par exemple).

Ces gains de bande passante ne sont que l'un des avantages d'un balisage propre et bien structuré, mais c'est un bénéfice que les comptables et les clients apprécient particulièrement. Et ils valent tout autant pour ceux qui compressent leur HTML que pour nous autres.

Compatibilité descendante

Qu'entend-on exactement par « compatibilité descendante » ? Les développeurs interrogés vous répondront : « prendre en charge tous les utilisateurs ». Voilà un bien noble sentiment.

1. N.D.T. : sur Apache 2, `mod_gzip` a été remplacé par `mod_deflate`.

Dans la pratique, cependant, cela sous-tend de recourir à un balisage et un code non standards, propriétaires (ou obsolètes) qui seuls peuvent garantir une uniformité de présentation, sous IE 2 comme sous Firefox 8.5. Présentée comme le Saint Graal du développement professionnel, la compatibilité descendante semble formidable... sur le papier. Mais son coût est très élevé et sa mise en œuvre repose toujours sur un mensonge.

Il n'existe pas de vraie compatibilité descendante : elle a toujours une limite. Par exemple, ni Mosaic (le premier navigateur graphique) ni Netscape 1.0 ne sont capables de rendre les mises en page réalisées à l'aide de tableaux. Par définition, les utilisateurs de ces très anciens navigateurs ne pourront en aucune manière partager l'expérience de ceux qui ont opté pour des logiciels un peu plus récents, comme Netscape 1.1 ou IE 2. Les développeurs et les clients qui s'évertuent à rechercher une compatibilité descendante s'accordent tous sur un navigateur de base, Netscape 3 par exemple, qu'ils signalent comme étant la plus ancienne version qu'ils peuvent prendre en charge (et tant pis pour les utilisateurs de Netscape 2). Pour respecter cet engagement de prise en charge d'un navigateur de base, les développeurs doivent en quelque sorte ruser dans leur balisage et incorporer une multitude d'éléments non standards, propres à chaque navigateur, qui viennent alourdir chaque page. Parallèlement, les développeurs multiplient les scripts pour assurer une prise en charge dans les navigateurs qu'ils ont choisi de reconnaître et recourent à la détection de navigateur pour fournir à chacun le code correspondant. Les pages ne cessent de s'alourdir, augmentant la charge sur les serveurs. Cette fuite en avant ne semble devoir cesser qu'avec le déclin de leur budget ou le dépôt de bilan.

Écarter certains utilisateurs : une mauvaise stratégie commerciale

Alors que certaines entreprises réduisent leurs marges pour tenter d'assurer la prise en charge des versions de navigateurs les plus anciennes, d'autres n'ont créé leur site que pour un seul navigateur. Dans une tentative maladroite de réduire leurs dépenses, de plus en plus de sites sont conçus pour ne fonctionner qu'avec Internet Explorer ; parfois, ils exigent même Windows ! De tels sites se privent de 15 à 25 % de visiteurs et de clients potentiels (figures 1-6 à 1-11).

Nous n'avons pas la prétention de comprendre la stratégie d'une entreprise qui se priverait ainsi délibérément d'un quart de ses clients potentiels. Le nombre effarant de visiteurs déboutés par cette approche myope devrait pourtant atterrer tout entrepreneur rationnel ou toute entité non commerciale dont la mission est de servir le public. Selon les études Internet réalisées par NUA, (www.nua.ie/surveys), plus de 650 millions de personnes utilisaient le Web en septembre 2002. Faites le calcul...

Imaginons que vous vous souciiez peu de perdre jusqu'à 25 % des visiteurs de votre site. Même dans ce cas, l'approche « IE ou rien » n'a toujours aucun sens ; rien ne garantit en effet qu'IE (ni même la catégorie des navigateurs de bureau) conservera sa position dominante sur le Web. D'une part, Firefox continue à grignoter des parts de marché à IE alors que l'auteur écrit ces lignes. D'autre part, un nombre croissant d'utilisateurs reçoit sa dose d'Internet par des périphériques mobiles. Aux États-Unis, la navigation sur ordinateur représente encore le

Figure 1-6

*La page d'accueil de KPMG (*www.kpmg.com*) telle qu'elle apparaissait sous Navigator autour de 2003. Ou plutôt, telle qu'elle n'apparaissait pas sous Navigator, grâce à un code propre à IE.*

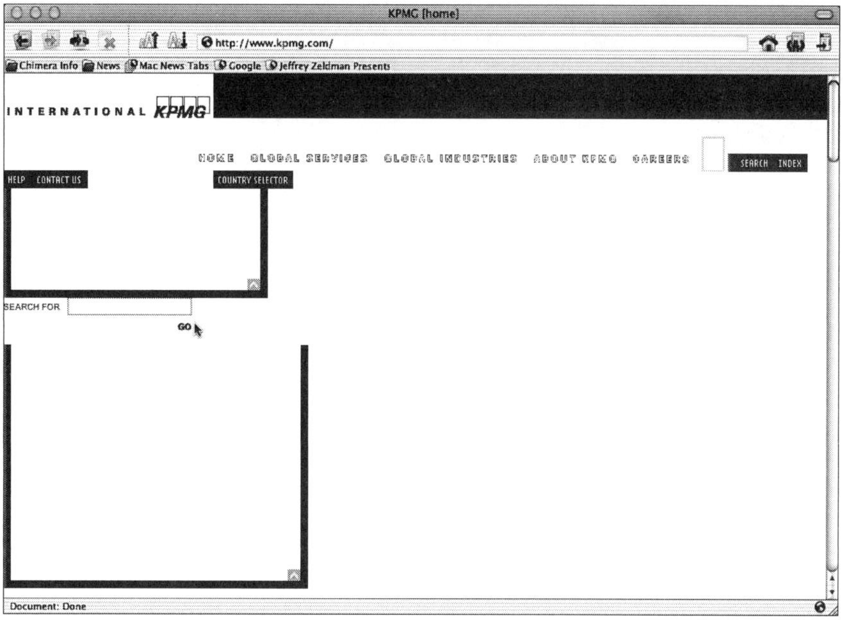

Figure 1-7

Le site n'était pas plus exploitable sous Netscape 7.

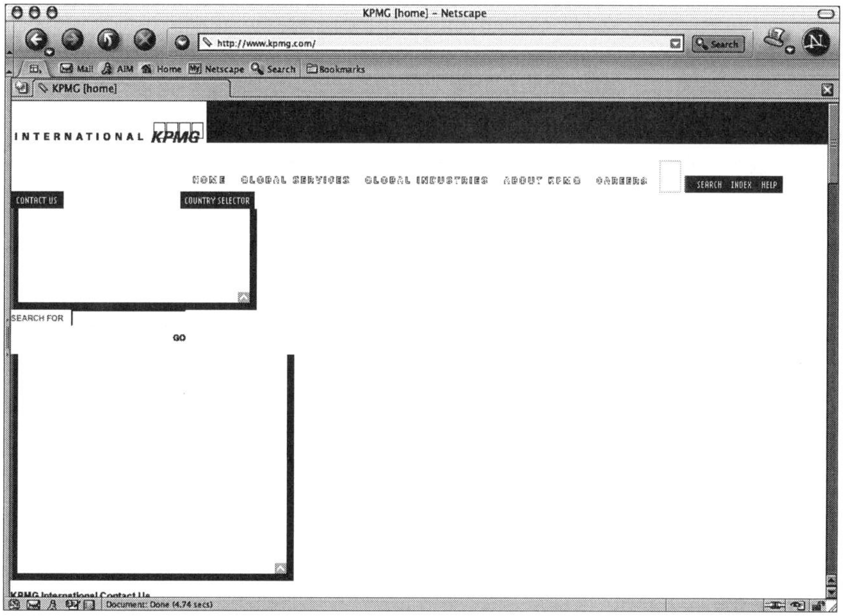

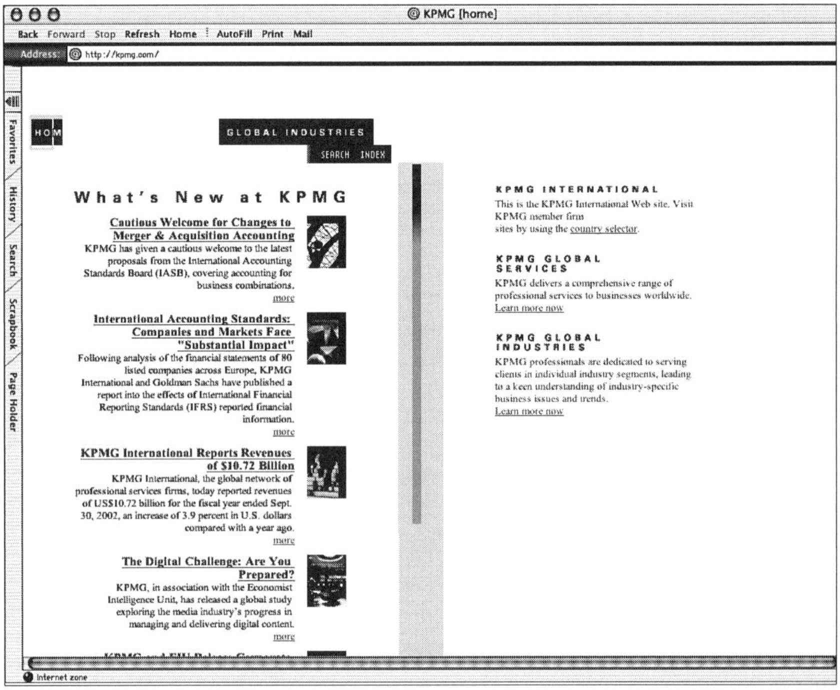

Figure 1-8

Ce site étant « optimisé » pour le seul navigateur IE, comment se comportait-il avec IE 5 pour Macintosh ? Très mal, apparemment.

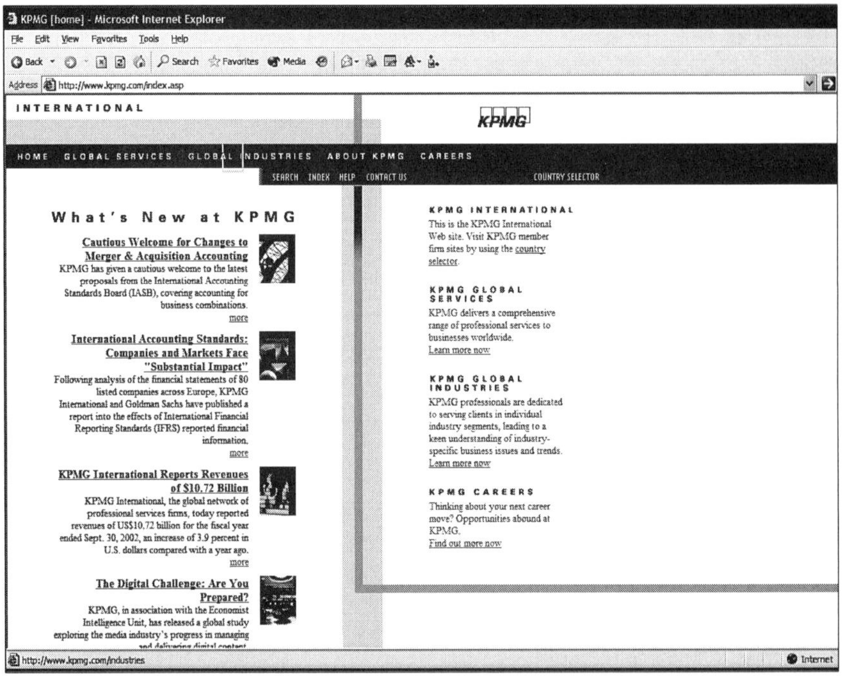

Figure 1-9

Le même site, tel qu'il daignait enfin apparaître sous IE 6 sous Windows.

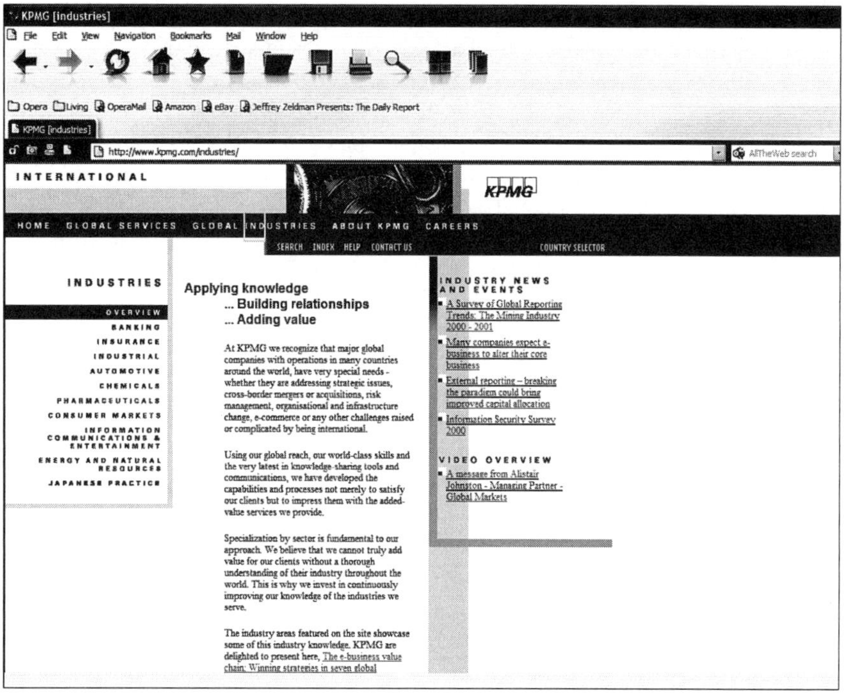

Figure 1-10

Pour être honnête, il faut signaler que ce site s'affichait à peu près bien sous Opera 7 pour Windows lorsque ce navigateur se faisait passer pour IE (mais échouait lorsqu'il se présentait en tant qu'Opera).

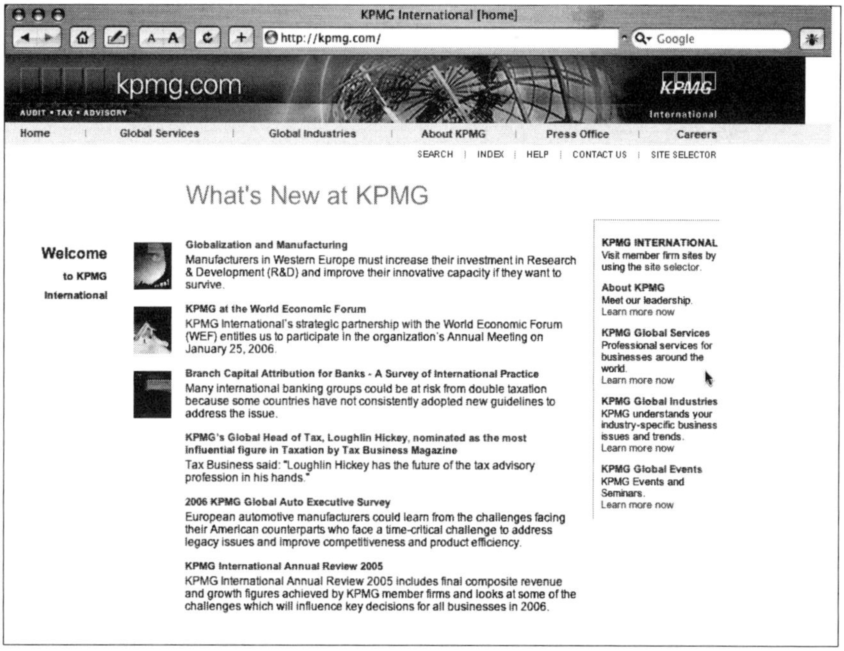

Figure 1-11

Depuis son nouveau design, le site de KPMG fonctionne désormais correctement et présente une apparence acceptable sur de nombreux navigateurs et systèmes d'exploitation. Un balisage mis à jour et non spécifique à IE fait toute la différence.

plus gros du marché – toutefois ce n'est déjà plus le cas au Japon. Les statistiques évoluent en permanence, mais la tendance est aux machines nomades (www.gotomobile.com). Avec le développement de l'accès au Web sans fil et les nouveaux marchés qui émergent ainsi, l'idée de développer un site en le limitant aux caprices de tel ou tel navigateur pour ordinateur semble bel et bien dépassée. Cette approche digne du siècle dernier n'est plus du tout pertinente. Qui plus est, et comme nous le verrons dans ce livre, les standards permettent de concevoir un site fonctionnant dans tous les navigateurs et périphériques aussi facilement et rapidement que pour un seul d'entre eux. Entre l'escalade des coûts liés au maintien de la compatibilité descendante et la myopie d'un développement mononavigateur, les standards du Web représentent la seule alternative sensée. Aucune des deux autres stratégies ne permettra aux sites actuels de fonctionner sur les navigateurs de demain, ni de se positionner dans ce monde du post-ordinateur de bureau qui s'ébauche. Si ces pratiques subsistent, les coûts et la complexité atteindront un stade où seules les plus grosses entreprises pourront s'offrir des sites web.

Dans nos efforts pour fournir la même interface dans tous les environnements de navigation incompatibles – et donner au Web l'aspect d'un livre et le comportement d'un logiciel de bureau – nous avons perdu de vue son véritable potentiel : celui d'un média riche et varié, accessible à tous. Nous l'avons perdu de vue lors de l'éphémère bulle Internet, lorsque les designers et les développeurs, dans cette course effrénée pour répondre à la demande, ont commencé à créer des versions de sites non standards, conçues pour les différents navigateurs, nous faisant entrer de fait dans le cycle que nous connaissons aujourd'hui, celui de l'obsolescence. Mais cette période de l'obsolescence prend fin alors que vous lisez ces lignes, et d'innombrables sites périssent avec elle. Si vous possédez, gérez ou construisez des sites web, c'est aussi pour vous que sonne ce glas.

Sur la route d'Idiotieville

Début 1997, il était fréquent d'écrire du JavaScript pour les navigateurs de Netscape et du JScript (un langage proche de JavaScript) pour les navigateurs de Microsoft. Il était également usuel de recourir à du JavaScript (qui ne fonctionnait alors que sous Netscape) et à de l'ActiveX (propre à IE pour Windows) pour envoyer à chaque navigateur le code qu'il lui fallait. C'est ainsi que l'on procédait pour les navigateurs de la génération 3.0. Ces pratiques n'ont pas favorisé les navigateurs alternatifs comme Opera, et elles ne donnaient pas de bons résultats pour les utilisateurs d'Internet Explorer sur plate-forme Macintosh. Mais elles convenaient à la « majorité » des utilisateurs du Web, et s'imposèrent dès lors comme norme. Ceux qui souhaitaient créer des pages web actives, et pas uniquement belles et figées, n'avaient guère d'autre choix que de suivre ces procédures.

Fin 1997 furent commercialisées les versions 4.0 des navigateurs de Netscape et de Microsoft. Toutes deux vantaient leurs puissantes fonctionnalités de DHTML (HTML dynamique), lesquelles étaient absolument incompatibles, comme vous l'aurez peut-être deviné. Elles n'étaient pas non plus compatibles avec les versions antérieures de ces mêmes navigateurs (ce qui fonctionnait dans Netscape 4 n'était pas pris en charge sous Netscape 3), et elles étaient totalement incomprises par les navigateurs alternatifs qui se contentaient de respecter humblement les spécifications de base telles que HTML au lieu d'inventer leurs propres langages et attributs. Était-ce une bonne stratégie ? C'est en tout cas ce que pensaient Netscape et Microsoft, suivis sur ce point par de nombreux designers et développeurs. Les francs-tireurs n'avaient guère d'autre choix que de serrer les dents et de se démener pour sortir les versions nécessaires à la mise en place d'un site suffisamment professionnel.

Le site tu développeras — Inventaire des possibilités

Il existait donc un DHTML pour Netscape 4. Ainsi qu'un DHTML pour Internet Explorer 4, qui ne fonctionnait quasiment que sous Windows, incompatible avec celui pour Netscape. Il existait également le JavaScript non DHTML pour Netscape 3 et du code Microsoft non DHTML pour IE 3. Vous pouviez aussi trouver du code spécial destiné aux navigateurs alternatifs ou plus anciens. En somme, le code de chaque page web, aussi ennuyeuse soit-elle, comptait plus de fourches que la campagne du siècle dernier. Certains développeurs se limitaient à deux versions majeures (IE 4 et Netscape 4) ; les visiteurs n'avaient plus qu'à se procurer l'une et l'autre s'ils voulaient accéder à ces sites. D'autres, au budget plus réduit encore, misaient sur un seul navigateur, au risque d'y perdre des plumes, voire leur chemise.

D'après le Web Standards Project, créé après la commercialisation des navigateurs 4.0, la multiplication des versions (quatre ou plus) de chaque fonction alourdissait d'au moins 25 % les coûts de design et de développement de tout site web ; surcoût généralement supporté par le client. Certains développeurs firent peu de cas de ces études. Le Web était en plein essor, les clients en demandaient toujours plus ; pourquoi, dès lors, se soucier du coût élevé lié à la multiplication des versions de code et de balisage ? Lors de l'éclatement de la bulle, les budgets web se rétrécirent comme peau de chagrin, voire furent complètement gelés, et les agences commencèrent à licencier et à boire la tasse. Les fourches caudines de la réalité économique avaient rattrapé les fourches de code, que désormais plus personne ne pouvait se payer.

Alors que l'industrie vacillait sous l'effet des plans sociaux et des dépôts de bilan, une nouvelle génération de navigateurs voyait le jour. Tous prenaient en charge un modèle de document (DOM) commun, celui mis au point par le W3C. Qu'est-ce que ce développement impliquait ? L'ère des versions touchait à sa fin, pour laisser enfin place aux designs et aux développements fondés sur les standards. Comment l'industrie, rappelée à l'ordre par les contingences économiques, a-t-elle réagi ? En poursuivant les duplications de code, les développements pris en charge exclusivement sous IE pour Windows, ou en passant à Macromedia Flash (Macromedia a été rachetée depuis par Adobe). Pour une prétendue activité de visionnaires, l'industrie du Web semble parfois bien myope...

Les bonnes fortunes des mauvais balisages

Lors de leurs études, les informaticiens apprennent très tôt la formule Garbage In, Garbage Out, soit littéralement « Erreur en entrée, erreur en sortie » ou, plus librement, « la qualité ne sort pas du néant ». Des langages comme le C ou Java ne se contentent pas d'encourager les bonnes pratiques de programmation : ils les exigent. De leur côté, les graphistes apprennent également que la qualité des éléments source détermine celle du produit fini. Si l'on part d'une photographie de bonne qualité en haute résolution, l'impression ou l'image web que l'on en tirera sera satisfaisante. Ceux qui s'appuient sur des photos ou des images de mauvaise qualité ou en basse résolution n'obtiendront que des résultats médiocres. Il est possible de transformer un fichier EPS de qualité professionnelle en logo optimisé pour une page web, mais on ne convertira pas une image GIF basse résolution en pictogramme de haute qualité utilisable sur le web, sur une affiche ou à la télévision.

Toutefois, le fonctionnement des navigateurs principaux est autre. D'un laxisme confinant à l'absurdité, ils ingurgitent sans hoqueter des balisages cassés et des liens incorrects vers des fichiers de code JavaScript, en s'arrangeant pour que cela ne porte pas à conséquence sur le plan de l'affichage. Ce laxisme a encouragé les designers et les développeurs d'éléments frontaux à prendre de mauvaises habitudes sans même s'en rendre compte. Il a aussi donné aux développeurs de middleware et d'éléments de back-office une image archaïque des technologies telles que le XHTML et CSS.

Un outil non respecté a peu de chances d'être employé correctement. Considérons l'extrait de code suivant, concernant l'onéreux site de commerce électronique d'une entreprise luttant sur un marché difficile, et reproduit ici dans toute sa pustuleuse splendeur :

```
<td width="100%"><ont face="verdana,helvetica,arial" size="+1"
color="#CCCC66"><span class="header"><b>Join now!</b></span>
</ont></td>
```

La stupide balise `<ont>` n'est que la balise `<font>` mal orthographiée (dont l'utilisation est désormais déconseillée), et répétée ainsi plusieurs milliers de fois sur le site grâce à un outil de publication d'une efficacité redoutable. Cette erreur mise à part, ce balisage pourra vous sembler familier, voire ressembler à celui de votre propre site. Il pourrait toutefois être allégé de ses éléments inutiles et se résumer à :

```
<h3>Join now!</h3>
```

Associé à une règle appropriée dans une feuille de style, ce balisage plus simple et sémantique aura exactement l'effet produit par le charabia maladroit, non standard et non valide qui précède. Il ménagera aussi la bande passante du serveur et du visiteur, et facilitera la transition vers un site écrit en balisage XML, bien plus souple. Sur le même site de commerce électronique, on trouvait encore le lien JavaScript cassé suivant :

```
<script language=JavaScript1.1src=
"http://foo.com/Params.richmedia=yes&etc"></script>
```

Entre autres problèmes, l'attribut de langage (`<language>`), non protégé par des apostrophes, fusionne avec l'attribut de source (`<src>`). En d'autres termes, ces instructions indiquent au navigateur d'utiliser le langage de script `JavaScript1.1src` qui n'existe pas.

Dans un monde rationnel, ce site devrait planter, ce qui alerterait les développeurs et les inciterait à corriger leurs erreurs séance tenante. Pourtant, et encore récemment, le JavaScript de ce site fonctionnait sur les navigateurs principaux, contribuant de ce fait à perpétuer le cycle déjà décrit. Rien d'étonnant, dès lors, à ce que les programmeurs les plus doués considèrent les développements frontaux comme une sorte de poudre aux yeux ne méritant ni égards ni respect.

Un balisage mal conçu nuit gravement à la santé de votre site

Les nouveaux navigateurs qui respectent les standards du Web sont plus rigoureux dans ce qu'ils attendent des designers et des développeurs, et tolèrent de moins en moins les codes et les balisages cassés. Le concept de Garbage In, Garbage Out commence à se répandre dans le monde des navigateurs, rendant nécessaire l'apprentissage des standards du Web à quiconque souhaite créer ou produire des sites.

Il est possible de concevoir et de construire des sites web de manière à les faire fonctionner sur de nombreux navigateurs, systèmes et périphériques mobiles émergents, et d'apporter ainsi une réponse à la problématique de l'obsolescence perpétuelle et de l'exclusion des utilisateurs en ouvrant la voie à un Web plus accessible, plus puissant, et développé de manière plus rationnelle. Le remède se trouve dans les standards du Web. En apprenant à concevoir et à programmer dans le cadre de ces standards, il est possible de garantir la compatibilité ascendante des sites ainsi créés.

La promesse des standards du Web, « Écrire une fois, publier partout » n'est pas un vœu pieux : elle devient réalité aujourd'hui grâce aux méthodes que nous explorerons dans cet ouvrage. Bien que les navigateurs principaux prennent désormais en charge ces standards et ces méthodes, le message n'est pas encore passé auprès de nombreux designers et développeurs, et de nouveaux sites voient encore le jour alors qu'ils sont bâtis sur des sables mouvants de code et de balisage non standards. Nous espérons changer cela avec ce livre.

Le traitement

Après une longue lutte qui a opposé les designers et les développeurs aux éditeurs des principaux navigateurs, il est désormais possible d'employer les techniques garantissant l'apparence et le comportement de nos sites sur tous les navigateurs, et plus seulement sur ceux d'un seul éditeur.

Créées par les membres du W3C et d'autres organismes normalisateurs, prises en charge dans tous les navigateurs sortis après l'an 2000, les technologies comme CSS, XHTML, ECMAScript (version standard de JavaScript) et le DOM du W3C offrent aux designers les avantages suivants :

- Un contrôle plus précis de la mise en page, du positionnement et de la typographie dans les navigateurs de bureau, tout en autorisant des modifications de présentation par les utilisateurs.
- Le développement de comportements sophistiqués qui fonctionnent sur de nombreux navigateurs et systèmes d'exploitation.
- Le respect des lois et des directives relatives à l'accessibilité sans y sacrifier beauté, performances ni sophistication.
- Des refontes de sites réalisables en quelques heures et non plus en quelques jours ou semaines, la réduction des coûts et la fin des tâches sans valeur ajoutée.
- La prise en charge de plusieurs navigateurs, sans les problèmes ni les coûts liés aux versions multiples.
- La prise en charge de périphériques non traditionnels ou émergents, qu'il s'agisse de gadgets sans fil, de téléphones portables Internet qu'affectionnent les ados et les cadres, de lecteurs braille ou de lecteurs d'écran utilisés par les personnes handicapées – là encore sans les casse-tête ni les coûts des développements multiples.
- La possibilité de proposer, quasiment pour chaque page, une version imprimable complexe, sans avoir à créer de versions imprimables distinctes ni recourir à de coûteux systèmes de publication propriétaires.
- La séparation entre le style d'un côté, et la structure et le comportement de l'autre, et la réalisation de mises en page créatives qui pourront être réutilisées au sein de systèmes de publication ou systèmes documentaires complexes.
- La transition entre le HTML, langage du passé, et un balisage performant fondé sur XML, représentant le présent et l'avenir.
- La garantie que les sites ainsi conçus et construits fonctionnent correctement dans les navigateurs actuels, respectueux des standards, et de manière acceptable (avec des différences et des variations) dans les anciens navigateurs.
- La garantie que les sites ainsi conçus continueront à fonctionner dans les navigateurs et périphériques de demain, y compris dans ceux qui n'ont pas encore été construits, voire imaginés. C'est ce que promet la compatibilité ascendante.
- ... et plus encore, comme nous le verrons dans ce livre.

Avant de voir de quelle manière les standards atteignent ces objectifs, il nous faut examiner les méthodes anciennes qu'ils se proposent de remplacer. Nous verrons ainsi exactement comment ces dernières perpétuent le cycle de l'obsolescence. Tous ces éléments se trouvent dans le chapitre 2.

2

Concevoir et construire avec les standards

Comment les designers et les développeurs concevaient-ils des sites avant la création des standards et leur prise en charge par les navigateurs ? Comme ils pouvaient. Prenons le désormais défunt Suck, l'un des premiers périodiques satiriques indépendants du Web (figure 2-1). Avec son style au vitriol, Suck affichait aussi son contenu directement en page d'accueil, de sorte que les lecteurs ne pouvaient le manquer. Pratique courante aujourd'hui, à une époque où tout le monde dispose d'un weblog présentant en permanence les derniers billets en page d'accueil, mais au milieu des années 1990, le contenu éditorial était généralement enterré derrière de multiples écrans de démarrage, pages d'accueil, déclarations d'intention, et autres tables des matières peu claires.

Cette mise en avant délibérée du texte était rafraîchissante à une époque où la plupart des sites commerciaux enveloppaient leur contenu dans des métaphores littéraires tarabiscotées (« Veuillez avancer jusqu'à notre guichet de vente », « Pénétrez dans l'antre de la déesse du Web »). De la même manière, son interface et son ergonomie sobres et minimalistes contrastaient dans ces temps où de nombreux sites pratiquaient la surenchère en matière de design hi-tech. Des administrateurs système et des autodidactes du HTML affectionnaient particulièrement les présentations gothiques et créaient des sites faits de bric et de broc. La plupart des auteurs de sites utilisaient alors chacune des fonctionnalités primitives que Netscape 1.1 offrait aux apprentis designers, du titre répété en arrière-plan à la balise propriétaire `<center>` ; certaines pages web d'ailleurs font toujours étalage de telles techniques (figure 2-2). Dans un Web où la surenchère était la règle, Suck sortait du lot en prônant la sobriété. Pour aboutir à ce résultat articulé autour de la mise en avant des contenus, Carl Steadman et Joey Anuff, co-créateurs de Suck, durent faire preuve d'ingéniosité. Le HTML manquait alors d'outils de design, et ce pour une bonne raison : Tim Berners-Lee, le physicien inventeur du Web, avait conçu le HTML comme un langage de balisage structuré (www.w3.org/MarkUp/html-spec) dérivé de SGML, et non comme un langage de design à l'image du PostScript d'Adobe ou du standard des feuilles de style en cascade. (Le standard CSS devait encore être approuvé en tant que recommandation par le W3C, suite à quoi quatre longues années seraient encore nécessaires avant qu'il soit pris en charge par les navigateurs de façon suffisamment rigoureuse.)

Comment Steadman et Anuff ont-ils procédé pour la présentation de leur site ? Ils ont fait preuve de créativité, d'invention, et recouru à de nombreux trombones et agrafes numériques.

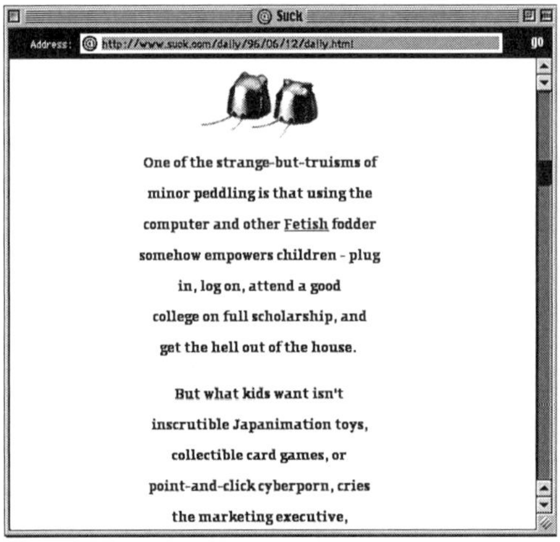

Figure 2-1
Suck, justement, ne craignait pas[1]*. Un site décidément brillant datant des débuts du Web commercial (*www.suck.com*).*

Effacer les obstacles avec astuce

Pour la présentation de Suck, Steadman et Anuff ont écrit un script Perl qui comptait le nombre de caractères du texte, et insérait une balise de paragraphe `<p>` jouant le rôle de retour à la ligne chaque fois qu'il avait dépassé un certain nombre de signes :

```
<p>One of the strange-but-truisms of
<p>minor peddling is that using the
<p>computer and other Fetish fodder
<p>somehow empowers children - plug
<p>in, log on, attend a good
<p>college on full scholarship, and
<p>get the hell out of the house.
```

1. N.D.T. : « it sucks » : expression familière pouvant être rendue par « ça craint ».

Figure 2-2
*Le tutoriel Ulead Glow Frame de Moon Designs (*moonsdesigns.com/tutorials/frames/glow.html*) est représentatif du design du milieu des années 1990. Il centre son contenu dans un tableau HTML, lui-même centré. Une mosaïque d'arrière-plan répétée est appliquée au tableau, et une autre à la page qui le contient.*

L'ensemble du texte était entouré de balises « machine à écrire » `<tt>` pour forcer les premiers navigateurs graphiques (principalement Netscape 1.1) à représenter ce texte dans une police à chasse fixe telle que Courier ou Monaco. Ces éléments permettaient un contrôle rudimentaire de la typographie. En 1995, ces bidouillages HTML étaient la seule manière de créer des effets. (La figure 2-1 illustre le site Suck en 1996 – après une refonte plutôt graphique, même si l'ensemble reste assez minimaliste. Le design originel a sombré dans l'oubli, comme bien des choses éphémères sur Internet.)

Des méthodes tout aussi créatives visant à forcer des effets de mise en page avec un HTML non conçu pour cela étaient largement employées par les designers web, et enseignées dans les premières bibles du design Web par des auteurs comme Lynda Weinman et David Siegel – pionniers auxquels tous les designers web sont encore redevables. Les créateurs de HTML s'étranglaient devant cette déformation généralisée du langage, mais les designers, qui avaient affaire aux exigences des clients en matière de présentation, n'avaient pas le choix. Ces pratiques sont encore courantes, et de nombreux ouvrages s'entêtent à enseigner ces techniques dépassées – et contreproductives – sur le Web d'aujourd'hui. Un ouvrage de design web récent, excellent par ailleurs, conseillait le plus sérieusement du monde à ses lecteurs de contrôler la typographie avec des balises `<font>` et des « scripts HTML ». Les balises `<font>` sont depuis longtemps caduques (euphémisme du W3C signifiant « veuillez ne pas utiliser ces vieilleries »), et HTML n'est pas un langage de scripts. Pourtant, de tels conseils, mauvais ou ineptes, apparaissent encore dans des tomes de design web situés en tête des ventes, perpétuant folie et ignorance.

Les coûts du design avant les standards

En manipulant le HTML de manière créative, Suck était parvenu à créer une présentation distinctive, mais à un coût élevé : le site excluait certains lecteurs, et il était difficile à mettre à jour. Dans les premiers lecteurs d'écran Mom-and-Pop (navigateurs audio pour les malvoyants), la voix qui lisait le texte de Suck marquait une pause systématique tous les quatre ou cinq mots, à l'emplacement des balises de paragraphe, ce qui hachait la lecture des éditoriaux brillamment argumentés de Suck :

> One of the strange-but-truisms of ... [pause gênante]
>
> minor peddling is that using the ... [pause gênante]
>
> computer and other Fetish fodder ... [pause gênante]
>
> somehow empowers children plug ... [pause gênante]
>
> in, log on, attend a good ... [pause gênante]
>
> college on full scholarship, and ... [pause gênante]
>
> get the hell out of the house.

Déjà difficiles à comprendre dans des conditions idéales, les structures alambiquées des phrases de Suck, interrompues par des balises de paragraphe ne jouant aucun rôle sémantique, dégénéraient en hermétisme zen. Ces hoquets de la bande son constituaient une barrière de compréhension insurmontable, excluant du site les utilisateurs de lecteurs d'écran.

Si les astuces HTML permettant la prise en charge du site dans les navigateurs graphiques écartaient de facto un nombre inconnu de lecteurs, elles posaient également des problèmes aux auteurs de Suck lors de la mise à jour du site. Le design reposant sur des bidouillages Perl et HTML, il était impossible à automatiser au moyen de gabarits. Chaque jour, plusieurs heures de travail étaient nécessaires à la mise en ligne du contenu. À mesure que la popularité du site s'est accrue au point de le faire racheter par une grosse entreprise, ses créateurs durent engager des rédacteurs supplémentaires, mais aussi toute une équipe de techniciens. Les opérations manuelles nécessaires à la sortie de Suck étaient incompatibles avec les contingences d'une publication quotidienne.

Dans un monde plus parfait, ces difficultés auraient été l'apanage de l'époque qui les a vues naître. Elles ne seraient que des anecdotes des premiers développements commerciaux du Web. Tout en saluant l'ingéniosité de ces pionniers du design, nous devrions sourire à l'évocation de telles pratiques. Toutefois, en dépit de l'émergence des standards, la production commerciale dans sa grande majorité repose toujours sur ce type de bidouillages étrangement chronophages et souffre encore des problèmes engendrés par ces méthodes. Ces pratiques sont si largement répandues que de nombreux designers et développeurs ne les ont même jamais remises en question.

À site moderne, pratiques anciennes

Faisons un saut dans le temps, de 1995 à 2001, et examinons la trace laissée sur le Web par le Gilmore Keyboard Festival (www.thegilmore.com), (figure 2-3). C'était un beau site, développé à l'aide de structures de tableaux complexes, assez lourdes à mettre en place, et qui avaient longtemps été la norme.

Figure 2-3
Le site web du Gilmore Keyboard Festival (www.thegilmore.com), vers 2001. Beau, oui, mais laborieux à maintenir ou à mettre à jour.

> **À la décharge de Gilmore**
>
> Quelqu'un a lu ce livre ! Depuis la publication et le commentaire de ces captures d'écran dans la première édition, le Gilmore a été relooké et sa nouvelle maquette intègre de nombreuses idées exposées dans *Design web : utiliser les standards.* Ce site est désormais accessible aux lecteurs d'écran et fonctionne correctement dans les navigateurs en mode texte tels que Lynx.

Outre la configuration requise par le site (taille du moniteur et de la fenêtre du navigateur du visiteur), quels sont les problèmes visibles sur cette illustration ? Du point de vue de son propriétaire, quelques bémols étaient à introduire :

- **Coût additionnel des modifications** – À la moindre modification du festival (l'ajout d'un récital par exemple), il était impossible de mettre le site à jour à l'aide d'un simple lien textuel. Les designers ne pouvaient pas non plus ajouter facilement d'autres liens au texte d'une image map (zone sensible) GIF qui sert de menu de navigation sur tout le site. Le tableau HTML qui regroupe les diverses portions d'image en leur donnant l'apparence d'un tout (figure 2-4) aurait éclaté si la taille de l'une de ses composantes était venue à changer.

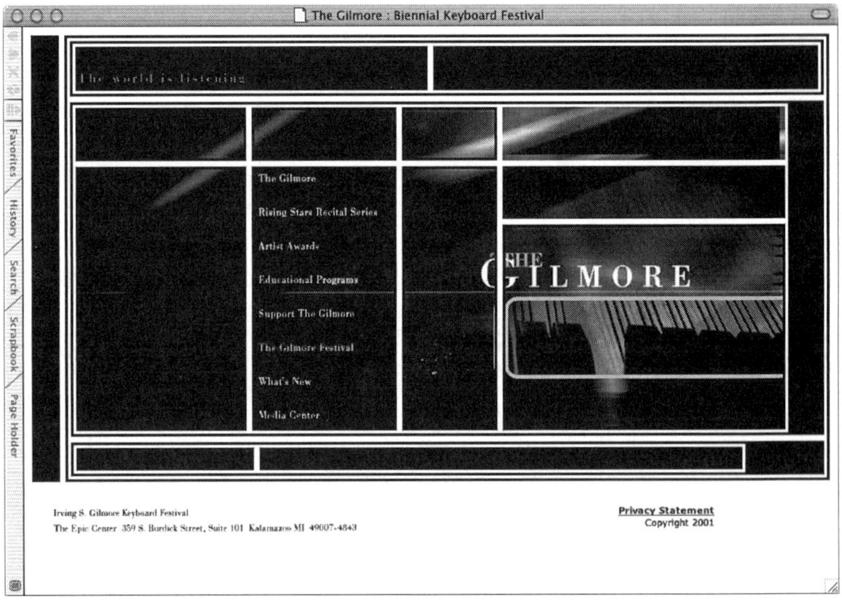

Figure 2-4
Le même site, auquel on a ajouté des marges et des bordures CSS pour mettre en lumière sa structure (et suggérer les potentiels casse-tête lors de la maintenance).

L'impact financier de la moindre modification du site serait donc significatif. Un travail conséquent serait nécessaire sur les images : refonte, redécoupage, optimisation, réécriture du balisage du tableau et celui de l'image map, et reprogrammation du code JavaScript. Quand une tâche aussi simple que l'ajout d'un lien nécessite plusieurs heures de travail, on peut s'interroger sur la pertinence du maintien de ces méthodes de production.

- **Exclusion de nombreux visiteurs potentiels** – Moins évident, mais tout aussi important : le site tel qu'implémenté était inaccessible aux utilisateurs de lecteurs d'écran, de navigateurs texte, de Palm Pilots, de téléphones mobiles Internet, ainsi qu'à ceux qui choisissaient de désactiver le chargement des images sur leurs navigateurs classiques. Ces visiteurs n'étaient pas récompensés de leur peine, ce qui signifiait ventes manquées ou pire encore. Dans un environnement de navigation non graphique (comme celui de la figure 2-5), cette page prenait l'allure suivante :

```
[INLINE]
[INLINE] [INLINE]
[INLINE] [INLINE] [INLINE]
[INLINE] [USEMAP] [INLINE]
[INLINE]
Contact Us
[INLINE] Privacy Statement
Copyright 2001
```

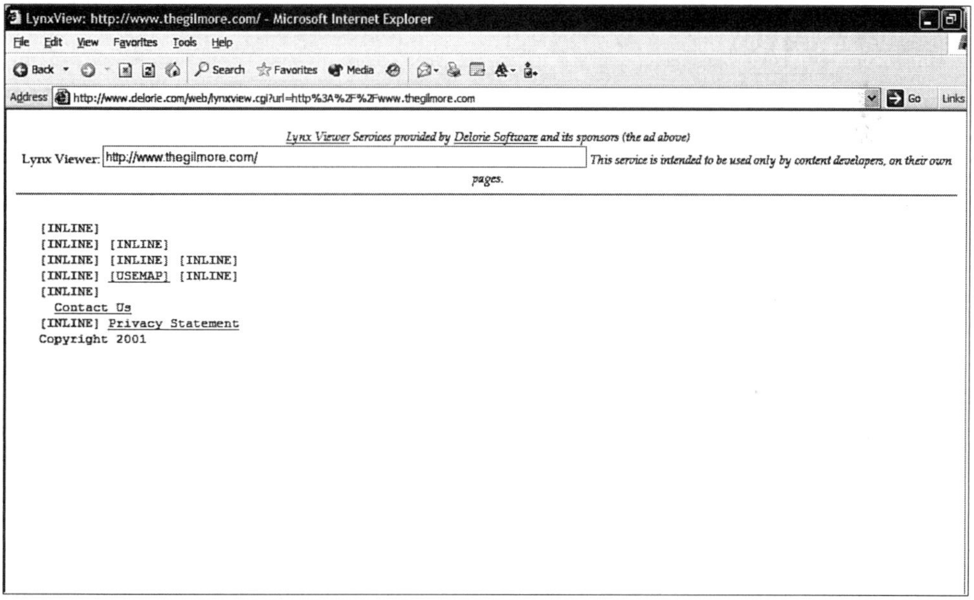

Figure 2-5

*Dans un navigateur en mode texte comme Lynx (*lynx.browser.org*), le site de Gilmore ne fournissait aucune information. Pour voir comment vos pages web apparaissent dans un environnement non graphique, testez-les dans Lynx, dans un émulateur de Lynx, ou dans un lecteur d'écran tel que JAWS. Il existe un émulateur gratuit de Lynx (*www.delorie.com/web/lynxview.html*), mais il ne peut être employé que sur les sites dont vous êtes le webmestre.*

Les concepteurs du Gilmore Keyboard Festival souhaitaient-ils vraiment faire passer le message `INLINE INLINE INLINE` ? Nous en doutons. Cela présentait-il le moindre intérêt aux yeux des visiteurs potentiels ? Certainement pas.

Nous ne sous-entendons nullement que les images ou l'esthétique sont nuisibles. Au contraire, les images sont vitales, la beauté nécessaire, et les créateurs du Gilmore Keyboard

Festival ont fait un joli et original travail créatif, vers 2001. Mais cette création n'avait pas à rester inaccessible. On aurait pu conserver la même mise en page tout en la présentant à tous les visiteurs. C'est depuis chose faite.

Bien qu'au-dessus du lot sur le plan esthétique, le site du Gilmore de 2001 était très représentatif des méthodes de design et de construction d'alors. En 2006, de nombreux sites sont encore conçus en suivant exactement ces méthodes (voir ci-après, « Le royaume tragique »). On peut en dire autant des problèmes que ces méthodes posent aux utilisateurs et propriétaires d'un site. Nous avons presque tous fait l'expérience de ces présentations en tableaux qui sont rompues à la moindre modification demandée par le client. Nous le facturons alors, ou en supportons le coût. En cas de sévères restrictions budgétaires – comme lors d'une crise économique – le client pourrait opter pour des solutions vite faites mal faites, qui ruineraient l'élégance et la clarté de la présentation. Dans l'exemple du site du Gilmore, l'ajout de trois liens hypertexte bruts en haut ou en bas de la page d'accueil permettrait par exemple aux visiteurs d'accéder aux dernières sections créées sur le site, mais ne manquerait pas de les perturber. Pourquoi, se demanderaient-ils, ces liens sont-ils séparés des autres ? Sont-ils plus importants que les autres liens de la page ? Moins cruciaux ? Au lieu de plonger dans les contenus proposés par le site, le visiteur réfléchirait alors aux problèmes posés par son architecture – c'est un peu ce qui se passe quand une erreur de réalisation attire l'attention du spectateur sur les techniques de production d'un film, au détriment de son histoire. Ce type de lien détruirait également une esthétique soigneusement pensée, nuisant à la renommée du festival, tout en diminuant la valeur du site en tant qu'outil marketing performant.

Le royaume tragique

Projetons-nous un peu plus tard, en novembre 2005 (figure 2-6), pour constater que le Disney Store UK (www.disneystore.co.uk) commet toujours les mêmes impairs. La fée Clochette surnage péniblement sur un balisage aussi fouillis qu'incompréhensible. Pratiquement dix ans après les débuts de CSS, et cinq ans depuis l'apparition des premiers navigateurs conformes aux standards, ce site relooké repose toujours sur des mises en forme non sémantiques par tableaux, des balises `<font>` obsolètes, des images GIF d'espacement datant de 1995 – et bien d'autres astuces depuis longtemps périmées. Ce balisage non structurel ne gaspillant pas suffisamment de bande passante, toutes les pages intègrent d'énormes programmes JavaScript (auxquels elles pourraient se contenter de tirer des liens), afin de bien exagérer l'obésité excessive du site et pour ralentir au maximum l'affichage de ses pages. Pire encore : les contenus sont inaccessibles aux handicapés aimant Disney... dont certains sont des enfants.

Il a beau concentrer les pires pratiques que l'on puisse trouver, le Disney Store UK n'est pas un cas isolé. Dans le cyber-espace, on trouve de nombreux dinosaures tout aussi énormes et ridicules, et beaucoup naissent encore chaque jour (figure 2-7). Dans ces conditions, pourquoi se focaliser sur Disney ? C'est qu'avant sa nouvelle maquette de novembre 2005, il s'agissait d'un site modèle, accessible, avec un design reposant sur les standards. Peu chargé et rapide, il était l'ami des moteurs de recherche et de nombreux types de navigateurs et périphériques

Figure 2-6
*Le Disney Store UK (*www.disneystore.co.uk*), qui fut un temps un exemple de design accessible et reposant sur les standards, a régressé en novembre 2005 pour revenir vers d'écœurantes mises en page inaccessibles et par tableaux. Désolé, les enfants.*

Internet. Il remplissait les critères de la loi contre la discrimination des handicapés du Royaume-Uni (Disability Discrimination Act, www.direct.gov.uk). Son architecture n'avait rien à envier aux sites les plus modernes. C'est alors que quelqu'un a eu la brillante idée de tout foutre en l'air. Joe Clark, défenseur des standards, appelle cela un « relookage raté », et il a lancé une campagne web dans le but de limiter ces expériences malheureuses (voir plus loin l'encadré « Défendez-vous ! »).

Défendez-vous !

Vous en avez assez des nouvelles maquettes dépassées, non conformes, qui rendent les sites moins ergonomiques et les standards du Web plus difficiles à vendre aux clients ? Joe Clark, expert en accessibilité et prosélyte des standards, dont nous retrouverons plusieurs fois le nom dans cet ouvrage, a lancé contre cela une campagne de protestation (blog.fawny.org/2006/01/04/failed). L'objectif est de faire prendre conscience de l'intérêt des standards tout en clouant au pilori ceux qui produisent ou relookent des sites comme si « les technologies du vingt-et-unième siècle n'avaient plus évolué depuis l'an 1999 ».

Figure 2-7

*Fièrement annoncé en février 2006, le site web immobilier du New York Observer (*therealestate.observer.com*) fonctionne avec des mises en page par tableaux et du HTML invalide (*therealestate.observer.com/2006/02/redesigned-site.html#comment-93*).*

Comme les créateurs du site du Gilmore Keyboard Festival de 2001 et les nouveaux designers du Disney Store UK, eux aussi mal inspirés, nous sommes nombreux à réaliser que nos mises en page à l'ancienne voyagent mal. Elles s'afficheront peut-être correctement dans les navigateurs les plus populaires dans des conditions « moyennes » et avec des préférences « normales ». Toutefois, hors de ce cadre normatif, nos sites risquent de ne plus fonctionner ou, tout au moins, de voir leur potentiel limité de manière significative en excluant de fait des clients éventuels. Quand ils noyaient leurs contenus dans une soupe de balises et en excluaient utilisateurs et navigateurs, ces designers et propriétaires de sites n'adoptaient pas un comportement exceptionnel ou anormal. Ils suivaient simplement des normes industrielles douloureusement encroûtées et établies depuis longtemps. Et la plupart des sites web actuels sont encore aux prises avec les problèmes qu'elles engendrent : conception articulée autour des spécificités de quelques navigateurs graphiques répandus au lieu de la recherche d'un accès universel au moyen des standards du Web, absence de séparation entre présentation et structure, et utilisation du HTML pour la réalisation de mises en page, ce qui n'est normalement pas son rôle. Heureusement, il existe une autre manière de concevoir et de construire des sites web, qui résout les problèmes posés par ces méthodes anciennes sans sacrifier l'esthétique et l'originalité qu'elles permettent : les standards du Web.

La trinité des standards du Web

La figure 2-8 montre comment les standards du Web résolvent les problèmes que nous avons évoqués en décomposant chaque page en trois éléments distincts : structure, présentation et comportement.

La structure

Un langage de balisage, ou langage à marqueurs (XHTML : www.w3.org/TR/xhtml1) contient des données textuelles mises en forme selon leur signification structurelle : titre, titre secondaire, paragraphe, liste numérotée, liste de définition, et d'autres choses.

Figure 2-8
Structure, présentation, et comportement : les trois composantes de toute page dans le monde des standards du Web.

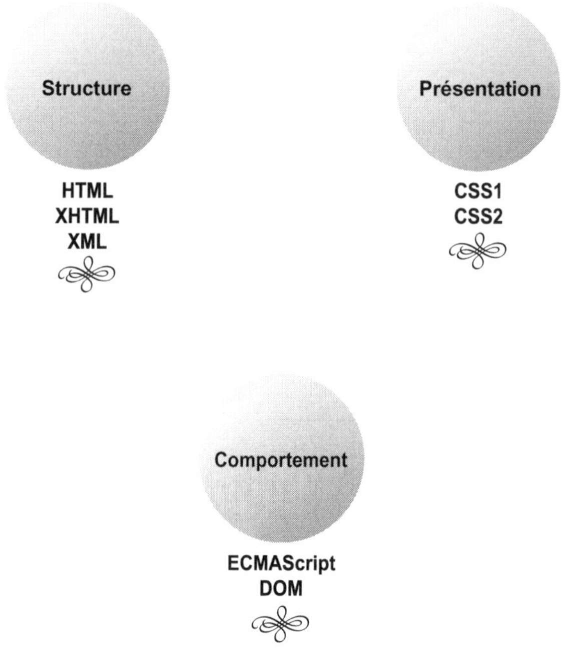

Sur le Web, le texte que vous êtes en train de lire serait sûrement imbriqué dans une liste de définition. Le sous-titre « Structure » serait balisé comme titre de définition. Et le présent paragraphe serait entouré de balises de données de définition :

```
<dl>
   <dt>
      Structure
   </dt>
   <dd>
   Un <em>langage de balisage</em>, ou langage à marqueurs
   (<a href="www.w3.org/TR/xhtml1">XHTML</a>) contient
   des données textuelles mises en forme selon leur signification
   structurelle: titre, titre secondaire, paragraphe, liste numérotée,
   liste de définition, et d&#8217;autres choses.</p>
   </dd>
   <dd>
   Sur le Web, le texte que vous êtes en train de lire serait sûrement
   imbriqué dans une liste de définition. Le sous-titre « Structure »
   serait balisé comme titre de définition. Et le présent paragraphe
   serait entouré de balises de données de définition:
   </dd>
</dl>
```

Ces deux paragraphes pourraient aussi être placés sous un seul élément `<dd>` :

```
<dl>
   <dt>
      Structure
   </dt>
   <dd>
   <p>Un <em>langage de balisage</em>, ou langage à marqueurs
   (<a href="www.w3.org/TR/xhtml1">XHTML</a>) contient
   des données textuelles mises en forme selon leur signification
   structurelle: titre, titre secondaire, paragraphe, liste numérotée,
   liste de définition, et d&#8217;autres choses.</p>
   <p>Sur le Web, le texte que vous êtes en train de lire serait sûrement
   imbriqué dans une liste de définition. Le sous-titre « Structure »
   serait balisé comme titre de définition. Et le présent paragraphe
   serait entouré de balises de données de définition:</p>
   </dd>
</dl>
```

Décodage du ’

Si vous faites partie des cinq lecteurs qui ont pris le temps de lire le texte des exemples de XHTML, vous vous interrogerez peut-être sur la signification du « `’` ». C'est tout simplement le caractère Unicode correspondant à l'apostrophe typographique correcte. Ce caractère est échappé et donné par son numéro. De même, « `“` » et « `”` » représentent respectivement les numéros Unicode des apostrophes doubles ouvrantes et fermantes typographiquement correctes, utilisées en anglais. Voir à ce sujet le chapitre 5, « Balisage moderne ».

Le XML (www.w3.org/TR/2000/REC-xml-20001006) propose des possibilités bien plus nombreuses. Dans un premier temps, nous nous limiterons à XHTML, un langage à balises transitionnel et l'actuelle « recommandation » du W3C, qui fonctionne exactement comme le HTML sur presque tous les navigateurs ou périphériques Internet. Écrit correctement (sans erreurs ni balises ou attributs invalides), le balisage XHTML est entièrement portable. Il fonctionne sur les navigateurs web, les lecteurs d'écran, les navigateurs en mode texte, les périphériques sans fil – tout ce que vous pourriez imaginer. Le balisage peut également contenir des structures supplémentaires, que le designer aura jugées nécessaires. Il est ainsi possible de marquer comme suit le contenu et le menu de navigation, en les plaçant dans des balises étiquetées de manière appropriée :

```
<div id="contenu">[Le contenu vient ici.]</div>
<div id="navigation">[Le menu de navigation vient ici.]</div>
```

En outre, le marquage peut contenir des objets tels que des images, des présentations Flash, ou des films QuickTime, accompagnés de balises et d'attributs qui en donnent des équivalents en mode texte à l'intention de ceux qui ne peuvent pas accéder à ces éléments dans leur environnement de navigation.

Valide ? Sémantique ? Je vous demande pardon ?

- Un balisage est « valide » quand il ne déclenche aucune erreur (exemple : oublier de fermer une balise avec un signe « `>` ») et ne contient aucune balise ni aucun attribut interdit (exemple : l'attribut « `height` » n'est pas autorisé pour les tableaux en XHTML). Pour savoir si une page web est valide, il suffit de consulter un programme librement disponible en ligne (validator.w3.org).
- Un code est « sémantique » quand ses balises sont choisies en fonction de ce qu'elles signifient. Exemple : placer le titre le plus important de la page dans un élément `<h1>` est une bonne pratique d'écriture sémantique. Ce n'est pas le cas de celui qui place une expression dans un élément `<h1>` pour la faire paraître « plus grosse ». Dans cet ouvrage, le terme « balisage structurel » sera plus ou moins synonyme de « balisage sémantique », et fera référence à l'idée que chaque document web est structuré selon une « table des matières ».

Valide ? Sémantique ? Je vous demande pardon ? (*suite*)

Un document peut être valide mais pas sémantique. C'est par exemple le cas d'une page web organisée en cellules de tableau mais dépourvue de toute structure. La validité n'est qu'une question de syntaxe. Elle est simplement assurée en l'absence d'erreurs dans les balises ou attributs employés. Inversement, on trouve aussi des productions sémantiques invalides. Évidemment, les professionnels du design conforme aux standards s'évertuent à produire des pages à la fois valides et sémantiques.

La présentation

Les langages de présentation (CSS 1 : www.w3.org/TR/REC-CSS1 ; brouillon de travail de CSS 2.1 : www.w3.org/TR/REC-CSS2) servent à mettre en forme la page web, en contrôlent la typographie, le positionnement, la couleur, etc. Dans de nombreux cas, les feuilles de style en cascade peuvent supplanter les mises en page en tableaux de la vieille école ; elles remplaceront toujours les balises `<font>` non standards, ainsi que les éléments bidouillés gaspilleurs de bande passante comme :

```
<td bgcolor="#FFCC00" align="left"
valign="top"><br><br><br> </td>
```

Ces instructions pourront être remplacées par une cellule de tableau toute simple ou dotée d'un attribut de classe, ou par rien du tout.

La présentation étant séparée de la structure, il est possible de modifier l'une sans avoir d'impact sur l'autre. On pourra par exemple appliquer la même présentation à de nombreuses pages, ou modifier du texte et des liens sans rompre la mise en forme. Vos clients et vous serez libres de modifier le XHTML à tout instant, sans craindre de perturber la mise en page, car le texte n'est que du texte, et ne fait pas office de langage de design. De même, vous pourrez modifier la mise en forme sans intervenir sur le balisage. Des lecteurs se sont plaints de la taille des caractères, trop petite, sur votre site ? Changez une règle de la feuille de style globale, et ces modifications seront instantanément reportées dans l'ensemble du site. Il vous faut une version imprimable ? Créez la feuille de style correspondante, et vous obtiendrez une version imprimable correcte de vos pages, indépendante de la version sur écran, dans la fenêtre du navigateur (nous reviendrons en détail sur tous ces points dans la deuxième partie de cet ouvrage).

Le comportement

Un modèle d'objet standard (comme le modèle DOM du W3C disponible à l'adresse www.w3.org/DOM/DOM) fonctionne avec CSS, XHTML, et ECMAScript 262 (www.ecma-international.org/publications/standards/Ecma-262.htm), la version standard de JavaScript. Ce modèle objet sert à implémenter des comportements et des effets complexes pris en charge sur de nombreux systèmes et navigateurs. Fini le JavaScript propre à Netscape, finis l'ActiveX et le JScript propres à IE pour Windows, comme évoqué au chapitre 1.

En fonction des objectifs du site et de son public, les designers et les développeurs peuvent exploiter toute la puissance des standards du Web en séparant complètement la structure de la présentation et du comportement. Ils peuvent aussi privilégier les sites transitionnels combinant l'ancien et le nouveau – en associant par exemple des mises en page simples XHTML en tableaux à un contrôle de la typographie par CSS : marges, interlignage, et couleurs.

Action !

Si Suck existait encore, les standards du Web tels que le XHTML et CSS permettraient à ses collaborateurs de se concentrer sur la rédaction. Un simple modèle XHTML fournirait la structure du document ; CSS en contrôlerait la présentation et l'ergonomie sans que des opérations supplémentaires de conception soient nécessaires à la publication de chaque numéro, à l'exception de la préparation des images illustrant les articles. Les balises de paragraphes seraient correctement employées pour indiquer le début et la fin des paragraphes, et non pour forcer des espacements verticaux entre les lignes de texte (CSS s'en chargerait).

Dans les navigateurs graphiques tels qu'IE, Firefox, Opera et Safari, les feuilles de style garantiraient à Suck l'apparence voulue par son designer. Le XHTML structuré fournirait le contenu à ces navigateurs ainsi qu'aux assistants personnels (PDA ou ANP), lecteurs d'écran, et navigateurs en mode texte, sans lui adjoindre de code superflu non standard. En qualité de site mettant l'accent sur le contenu, Suck serait un candidat idéal pour un redesign complet en XHTML/CSS, où contenu et mise en forme seraient véhiculés grâce aux technologies adéquates : CSS pour la mise en forme et XHTML pour le contenu structuré. Mais Suck pourrait aussi bénéficier d'une approche transitionnelle : de simples tableaux XHTML pour le positionnement des principales zones de contenu, et CSS pour le reste.

Le site du Gilmore Keyboard Festival de 2001 ne pourrait pas bénéficier des modèles – en tout cas pas sur la page d'accueil du site dans sa forme de la figure 2-4. Mais ses créateurs pourraient réaliser leur mise en page en CSS, ce qui préserverait leur bande passante tout en permettant à l'équipe de design de modifier une section du document sans devoir tout recompiler. Le site de Gilmore pourrait aussi recourir à la propriété d'arrière-plan de CSS (`background`) pour positionner son image principale sous forme d'un fichier JPEG ou PNG unique au lieu d'une dizaine (figure 2-4). Il serait possible d'y superposer facilement une ou plusieurs images de menu au moyen d'une des méthodes éprouvées de positionnement CSS – certaines fonctionnent même dans les navigateurs 4.0, qui ne prennent en charge qu'une partie de cette norme. Les créateurs du site Gilmore de 2001 pourraient également recourir à du XHTML valide et à des attributs d'accessibilité (notamment `alt`, `title`, et `longdesc`) pour assurer l'accès à tous au contenu du site, au lieu de le réserver à la majorité (figure 2-5). Les pages internes du site, moins gourmandes en images, seraient alors délivrées par des méthodes transitionnelles (CSS et tableaux) ou plus strictes (CSS pur).

Désormais, ce site fait appel à ces idées pour véhiculer ses contenus sans exclure personne (figures 2-9 et 2-10).

Figure 2-9

Le site web Gilmore, dans sa version de 2006.

Les avantages des méthodes transitionnelles

Les méthodes transitionnelles compatibles avec XHTML et CSS améliorent grandement la situation actuelle et résoudraient tous les problèmes évoqués jusqu'ici. Les techniques transitionnelles – CSS pour la typographie, la couleur, les marges, etc., et des tableaux HTML pour des mises en page simples – permettent d'améliorer l'ergonomie, l'accessibilité, l'interopérabilité, et la viabilité à long terme, au prix certes d'un surcroît de travail et de dépenses (et, dans la plupart des cas, de bande passante) comparé à une approche en pur CSS, sans tableaux.

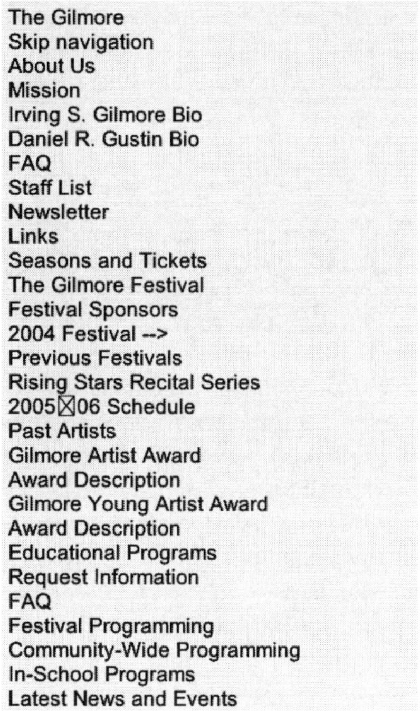

Figure 2-10
Le nouveau site du Gilmore dévoile désormais ses secrets lorsqu'on l'observe à travers un navigateur en mode texte. On voit ici ses éléments de navigation, proposant notamment un lien permettant de les sauter (Skip navigation).

Le Marine Center (www.marinecenter.com), conçu par Happy Cog en 2002, mélangeait CSS et techniques de mise en forme XHTML par tableaux. La stratégie transitionnelle retenue assurait compatibilités avec l'avenir et avec le passé et elle répondait aux exigences du public fréquentant alors le site. Mais pour récolter tous les fruits du design et de la construction avec les standards du Web, il faut modifier fondamentalement la pensée et la méthodologie. L'objectif de l'allégement de la production, qui garantit l'intégrité et la portabilité des contenus, ainsi que la mise à disposition du niveau de design approprié à des agents utilisateur aux capacités variées, n'est pas qu'une utopie. Il s'agit d'une réalité si vous concevez et construisez à l'aide des standards. La pierre angulaire de cette nouvelle approche du design est la possibilité de séparer structure, présentation et comportement. C'est ainsi que tous les sites seront bientôt conçus (à l'exception de ceux entièrement écrits en Flash), comme nous pouvons déjà l'observer sur les sites des inconditionnels des standards, et notamment sur ceux que nous présentons ici.

Le Web Standards Project, ou la portabilité en action

Le Web Standards Project (ou WaSP, présenté à la figure 2-11) fut créé en 1998 pour convaincre Netscape, Microsoft et les autres éditeurs de navigateurs de respecter scrupuleusement les standards présentés dans cet ouvrage. Pour atteindre cet objectif, du temps, de la persévérance, et une bonne dose de stratégie (c'est-à-dire cris, lamentations et plaintes) ont été nécessaires. Finalement, les éditeurs de navigateurs se sont laissés convaincre, et ont admis que l'interopérabilité à travers des standards communs était une nécessité absolue pour que le Web continue à évoluer.

> **Positions de façade ?**
>
> Ironie de la bataille pour la conformité des navigateurs, Netscape et Microsoft sont des membres du W3C qui avaient grandement contribué à la création des standards du Web. Il n'en a pas moins fallu les pousser à prendre en charge les technologies qu'ils avaient pourtant aidé à mettre au point. Allez comprendre.

Quand, en 2002, les navigateurs ont enfin commencé à reconnaître significativement les standards (voir le chapitre 3, « Le problème des standards »), le Web Standards Project a connu une seconde naissance, avec pour objectif d'encourager les designers et les développeurs à se documenter sur ces technologies performantes et à en acquérir la maîtrise. Le site web fut entièrement réécrit et son design repensé pour insister sur la nouvelle mission du groupe et son nouveau rôle de ressource éducative. Naturellement, l'apparence du site était excellente dans les navigateurs conformes aux standards (figure 2-11) et correcte dans les navigateurs plus anciens et moins conformes (figure 2-12). Mais surtout, ce site transcendait l'espace de navigation sur PC, sans nécessiter de balisage, de code ou de détection de périphérique supplémentaire ou alternatif (regarde, maman, sans les versions !)

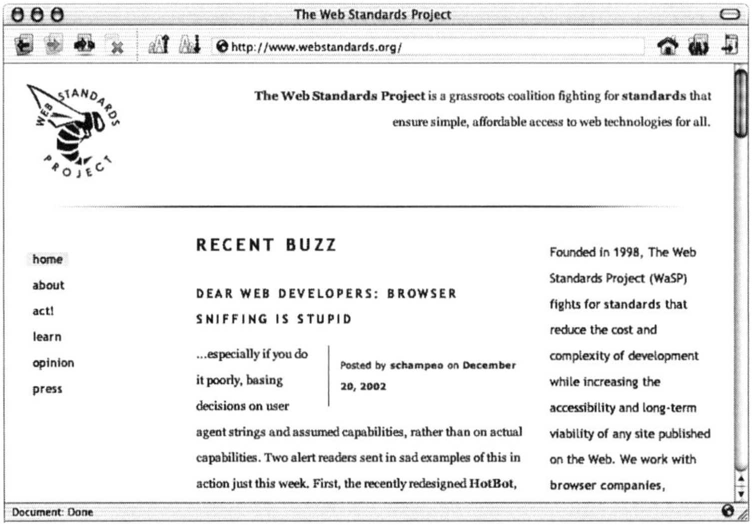

Figure 2-11

*La page d'accueil du Web Standards Project de 2002, vue dans l'une des premières versions du navigateur Camino (Mozilla) pour Mac OS X (*www.webstandards.org*).*

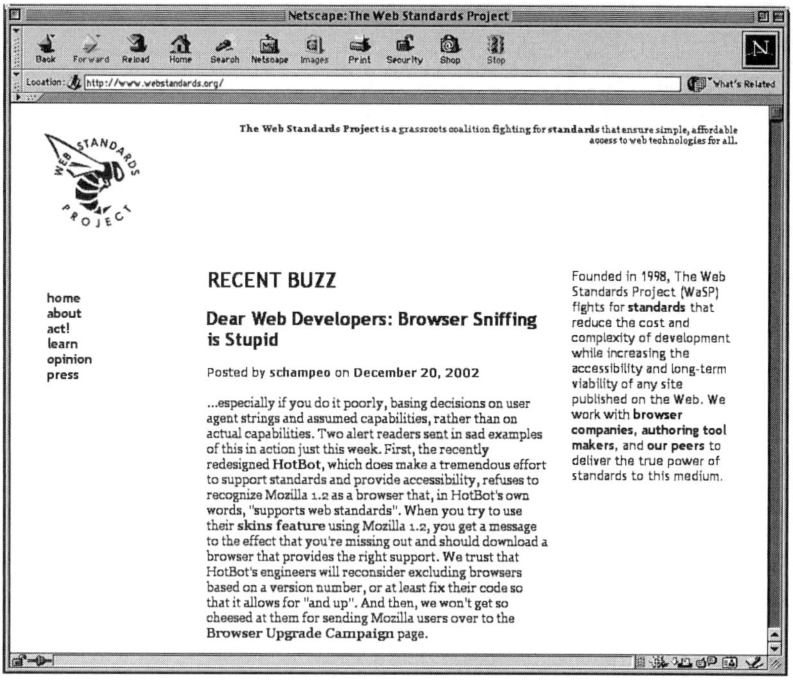

Figure 2-12

Ce même site a un rendu acceptable et fonctionne bien dans cet ancêtre de Netscape 4, notre figure de proue de la non-conformité aux standards. Aucune « version Netscape 4 » du site n'a été nécessaire.

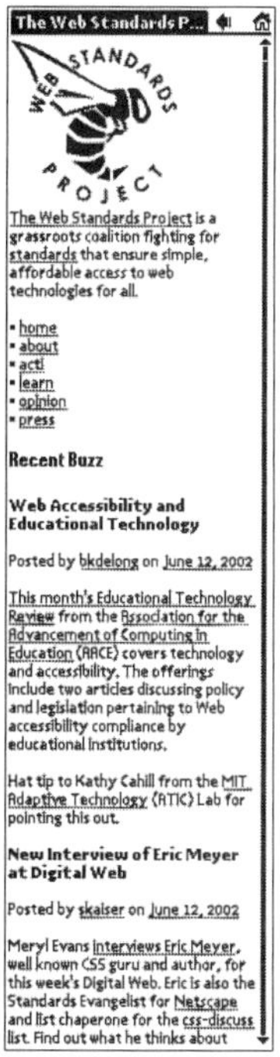

Figure 2-13

Le même site mais sous un autre jour, tel qu'il s'affiche dans un Palm Pilot. Regarde, maman, sans Wap ! Capture d'écran reproduite avec l'aimable autorisation de Porter Glendinning (www.g9g.org).

Figure 2-14

Le même site vu dans un PocketPC Microsoft. Capture d'écran reproduite avec l'aimable autorisation d'Anil Dash (www.dashes.com/anil).

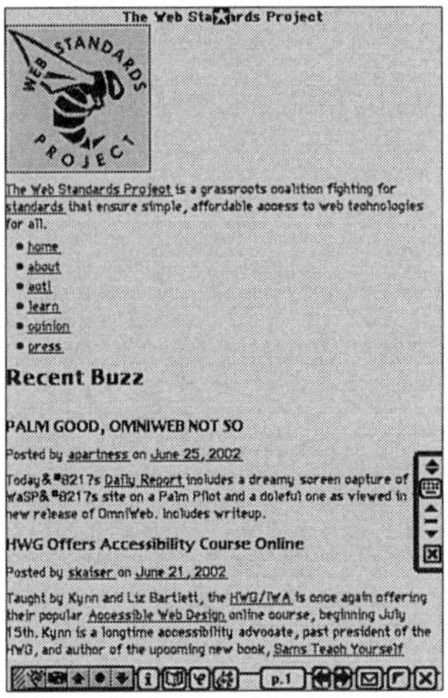

Figure 2-15
Toujours Webstandards.org, *mais cette fois dans un Newton de poche d'Apple, dont la production s'est arrêtée depuis longtemps. Capture d'écran de Grant Hutchinson (*www.splorp.com*).*

Un seul document pour tout le monde

Le site du Web Standards Project était écrit en XHTML 1.0 Strict, et recourait à CSS pour la mise en page. Il n'en existe ni variante Palm Pilot, ni variante Wap. Les versions multiples étaient inutiles : lorsque l'on conçoit et construit avec les standards, le même document suffit. La figure 2-13 montre webstandards.org tel qu'il apparaît dans un Palm Pilot. La figure 2-14 le représente dans le PocketPC de Microsoft. Plus magique encore : la figure 2-15 montre que ce site fonctionne tout aussi bien sur un Newton, l'ancêtre du Palm Pilot qu'Apple cessa de commercialiser il y a longtemps. Selon Grant Hutchinson, qui nous a transmis cette capture d'écran : « Il n'y a rien de tel que d'accéder à un site moderne à l'aide d'un navigateur poussif et avec une antiquité comme système d'exploitation ». Que cette musique devrait être douce aux oreilles de tout designer ou propriétaire de site souhaitant toucher le plus de visiteurs possibles avec un minimum d'efforts. Une implémentation stricte de la norme XHTML et l'utilisation intelligente de CSS libère designers et développeurs de la nécessité de créer des versions multiples.

Quand vous lirez ces lignes, le Web Standards Project aura encore changé de maquette, et ces captures d'écran seront donc obsolètes – mais leur valeur éducative demeurera. Il faut dire que ce projet de nouveau design devait initialement être bouclé l'été 2005...

A List Apart : une seule page, de nombreuses vues

Publication de l'agence de l'auteur remontant à 1998, *A List Apart* (www.alistapart.com) cible « ceux qui font des sites web ». Elle enseigne et promeut depuis longtemps le design dans le respect des standards. En février 2001, lors de la sortie des derniers navigateurs conformes, l'auteur et ses troupes ont converti le magazine à une mise en forme entièrement CSS tout en encourageant les designers d'autres sites à suivre leur exemple. Des dizaines de milliers se sont exécutés.

La forme et la structure de ce magazine illustrent la puissance du balisage sémantique associé à une mise en page par CSS. On peut ainsi prendre en charge d'anciens navigateurs et autres périphériques ne connaissant pas CSS sans devoir gérer plusieurs versions du site en parallèle. Les appareils comprenant les feuilles de style profitent de leur mise en forme (figure 2-16) ; les autres accèdent au contenu, que leur navigateur représente en s'inspirant de la structure du document (figure 2-17).

Certains lecteurs le préférèrent même ainsi : juste après le redesign en CSS, les statistiques d'*A List Apart* ont montré une augmentation temporaire du nombre de visiteurs équipés de Netscape 4. Ces derniers semblaient préférer une page sommaire, que leur navigateur était capable de traiter, à la mise en forme précédente dont les méandres ne faisaient que souligner les faiblesses de Netscape 4. Ceux qui prétendent que les standards font du tort aux utilisateurs d'anciens navigateurs verront peut-être en cette histoire un indice du contraire. Correctement employés, les standards profitent à tous.

Figure 2-16
A List Apart (www.alistapart.com), *« pour ceux qui font des sites web ». La belle mise en forme de 2005, que l'on doit à Jason Santa Maria, brille de tout son éclat quand on la consulte depuis un navigateur conforme aux standards.*

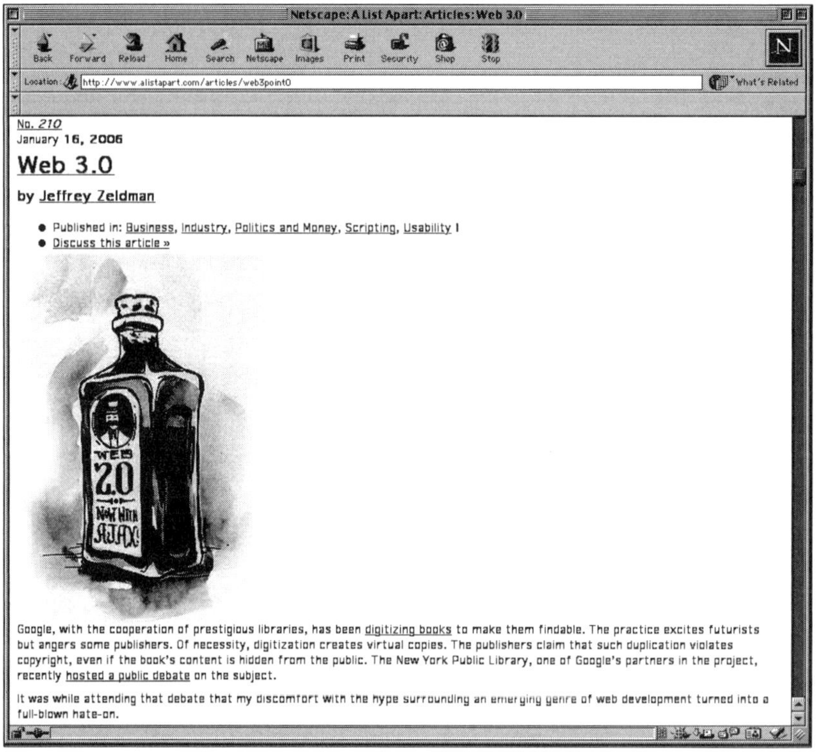

Figure 2-17
Le même site, dans un navigateur 4.0. Pas de mise en page CSS, mais cela ne pose aucun problème. Tout est lisible et utilisable : le balisage, filtré par les réglages par défaut du navigateur, fournit une mise en forme élémentaire.

De plus, combiner ainsi balisage sémantique et mise en forme par CSS évite dans la plupart des cas de mettre en place des versions « imprimables » distinctes de chaque page web (figure 2-18).

Design au-delà de l'écran

La figure 2-18 illustre l'apparence d'un article d'*A List Apart*, une fois imprimé. Vous remarquerez la disparition de la barre latérale de navigation, les lecteurs de la version papier n'ayant pas besoin de ses liens. La grosse puce arborant le numéro dans la figure 2-16 est remplacée par un simple lien. Les fontes sont optimisées pour l'impression, et l'URL de chaque lien s'affiche, qu'elle soit ou non visible dans la version sur écran. Tout cela est magiquement accompli par une feuille de style d'impression conçue par Eric Meyer, auteur de *CSS par Eric Meyer* (CampusPress, 2005) et d'une demi-douzaine d'autres chefs-d'œuvre traitant de CSS. Eric expose dans un article les raisons et techniques de mise en place d'une telle feuille de style (www.alistapart.com/articles/goingtoprint).

Pour le moment, retenez simplement qu'un seul document léger – une feuille de style d'impression – suffit à A List Apart, et que prévoir des versions imprimables distinctes pour

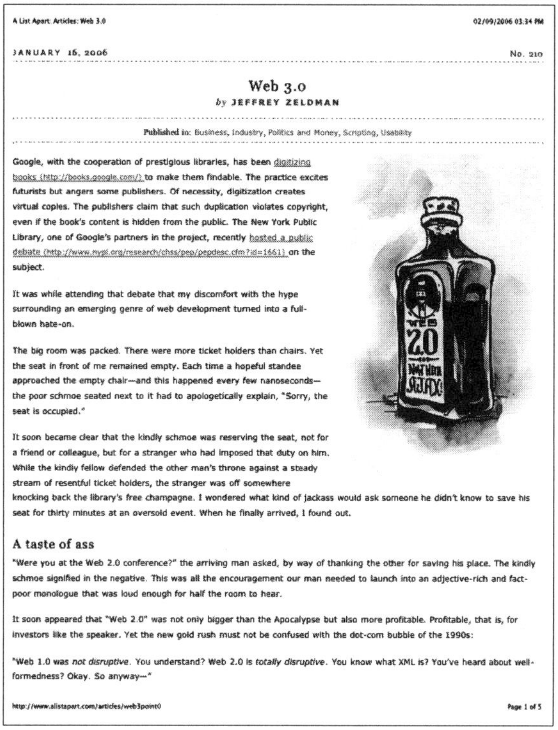

A List Apart: Articles: Web 3.0 02/09/2006 03:34 PM

JANUARY 16, 2006 No. 210

Web 3.0
by JEFFREY ZELDMAN

Published in: Business, Industry, Politics and Money, Scripting, Usability

Google, with the cooperation of prestigious libraries, has been digitizing books (http://books.google.com/) to make them findable. The practice excites futurists but angers some publishers. Of necessity, digitization creates virtual copies. The publishers claim that such duplication violates copyright, even if the book's content is hidden from the public. The New York Public Library, one of Google's partners in the project, recently hosted a public debate (http://www.nypl.org/research/chss/pep/pepdesc.cfm?id=1661) on the subject.

It was while attending that debate that my discomfort with the hype surrounding an emerging genre of web development turned into a full-blown hate-on.

The big room was packed. There were more ticket holders than chairs. Yet the seat in front of me remained empty. Each time a hopeful standee approached the empty chair—and this happened every few nanoseconds—the poor schmoe seated next to it had to apologetically explain, "Sorry, the seat is occupied."

It soon became clear that the kindly schmoe was reserving the seat, not for a friend or colleague, but for a stranger who had imposed that duty on him. While the kindly fellow defended the other man's throne against a steady stream of resentful ticket holders, the stranger was off somewhere knocking back the library's free champagne. I wondered what kind of jackass would ask someone he didn't know to save his seat for thirty minutes at an oversold event. When he finally arrived, I found out.

A taste of ass

"Were you at the Web 2.0 conference?" the arriving man asked, by way of thanking the other for saving his place. The kindly schmoe signified in the negative. This was all the encouragement our man needed to launch into an adjective-rich and fact-poor monologue that was loud enough for half the room to hear.

It soon appeared that "Web 2.0" was not only bigger than the Apocalypse but also more profitable. Profitable, that is, for investors like the speaker. Yet the new gold rush must not be confused with the dot-com bubble of the 1990s:

"Web 1.0 was *not disruptive*. You understand? Web 2.0 is *totally disruptive*. You know what XML is? You've heard about well-formedness? Okay. So anyway—"

http://www.alistapart.com/articles/web3point0 Page 1 of 5

Figure 2-18
Du Web à l'imprimante : les articles d'A List Apart s'impriment à la volée, grâce à des feuilles de style d'impression.

chaque article est inutile. Il est probable qu'il en soit de même sur vos sites. À une exception près : certains sites qui affichent leurs articles sur plusieurs pages, comme Wired (www.wired.com) ou O'Reilly Network (www.oreilly.com), devront encore recourir à une page imprimable, ne serait-ce que pour assembler chaque article en un seul document. Toutefois, eux aussi tireront avantage d'une feuille de style d'impression, qui sera utilisée avec ces pages d'articles reconstitués. Résumons maintenant les avantages glanés sur les deux sites que nous venons de présenter.

Économies de temps et d'argent ; portée accrue

Si concevoir et créer dans le respect des standards du Web n'oblige plus à prévoir des versions multiples, des économies considérables de temps et d'argent sont possibles :

- Plus de versions propres à Netscape.
- Plus de versions propres à IE.
- Plus de versions rudimentaires pour les anciens navigateurs.
- Dans de nombreux cas, plus de versions Wap ou WML.

- Dans de nombreux cas, plus de versions imprimables.
- Plus de détection de navigateur et de plate-forme, et plus de contraintes côté serveur pour collecter les divers composants optimisés pour un navigateur ou un périphérique précis.

Bien que désireuses de satisfaire les utilisateurs de sans fil et autres périphériques non traditionnels, de nombreuses entreprises ne peuvent tout simplement pas supporter le coût de création et maintenance de versions distinctes. Grâce aux standards XHTML et CSS, elles n'en ont pas besoin, et pourront toucher des légions de nouveaux lecteurs et de clients sans lever le petit doigt. Une adoption stricte des standards donne également une énorme longueur d'avance dans la résolution du problème de l'accessibilité. Si votre site fonctionne sur un Palm Pilot, il fonctionnera très certainement sur un lecteur d'écran tel que JAWS. Évidemment, il faudra le tester pour en avoir le cœur net, et parfois quelques modifications s'imposeront encore pour que le site soit vraiment accessible. Nous examinerons l'accessibilité plus en profondeur au chapitre 14, ainsi que dans d'autres sections de la deuxième partie.

Et maintenant ?

Les langages de balisage fondés sur le XML (voir le chapitre 4) relègueront le Web actuel au rang de balbutiements. Mais il est impossible de mettre en place le Web de demain en suivant les normes de design et de développement du passé. Deux voies s'ouvrent à nous : une compatibilité ascendante transitionnelle (un savoureux mélange de techniques traditionnelles et de standards) et une compatibilité ascendante stricte, reposant sur une séparation complète (ou presque) entre structure, présentation, et comportement. La compatibilité ascendante transitionnelle est bien adaptée aux projets pour lesquels la visibilité de la marque est une priorité et dont une bonne partie du public utilise encore des navigateurs non conformes. À l'heure où l'auteur écrit ces lignes, ce type de projet pose de moins en moins de problèmes à la plupart des sites, et les standards traditionnels quittent peu à peu le Web. La compatibilité ascendante stricte, comme son nom l'indique, s'approche davantage de l'esprit des standards. Il s'agit de l'option offrant le plus de compatibilité ascendante, et celle qui présente le plus grand nombre d'avantages lorsqu'elle est utilisée dans des contextes appropriés. Considérons plus attentivement les implications de ces deux approches.

Compatibilité ascendante transitionnelle

Composition

- XHTML valide pour le balisage (on peut aussi choisir le HTML 4.01).
- CSS valide pour le contrôle de la typographie, de la couleur, des marges, etc.
- Emploi limité des tableaux XHTML pour la mise en page, en évitant toute imbrication profonde (on déléguera une partie de cette tâche à CSS).

- Facultatif : application d'étiquettes (labels) structurelles aux cellules importantes des tableaux (pour faciliter la structuration CSS et la programmation des scripts, ainsi que le passage à une mise en page sans tableaux).
- JavaScript/ECMAScript fondé sur DOM, duplications de code possibles pour la prise en charge des versions 4.0 d'IE et de Navigator.
- Attributs et tests d'accessibilité.

Recommandée pour

Le design hybride est conseillé pour les sites connaissant une proportion élevée de consultations via des navigateurs 4.0 ou antérieurs, incapables de prendre correctement en charge CSS, et encore moins le DOM. La New York Public Library (figure 2-19) fait appel à un design hybride pour satisfaire une très grande base installée d'utilisateurs de Netscape 4, tout en respectant les standards XHTML et CSS. Malheureusement, le balisage de sa page d'accueil est parfois invalide. Où en est cette bibliothèque aujourd'hui ? Rendez-vous à l'adresse validator.w3.org/check?verbose=1&uri=http://nypl.org pour le savoir.

Figure 2-19
*La New York Public Library (*www.nypl.org*) a opté pour une approche transitionnelle des standards du Web : du XHTML valide avec quelques tableaux pour la mise en page. Elle satisfait la première priorité de la WAI en matière d'accessibilité, et recourt à CSS pour la typographie, les marges, et les couleurs.*

Avantages

- Compatibilité descendante rationnelle : la présentation des sites sera convenable, même dans les piteux navigateurs du passé. Elle sera toujours meilleure dans les navigateurs plus récents et plus compatibles, et ce n'est pas plus mal (on pourrait même penser que c'est plutôt bien, dans la mesure où cela pousse la queue du peloton à rattraper son retard).
- Compatibilité ascendante : les sites continueront à fonctionner dans les navigateurs et périphériques futurs.
- Anticipation d'une éventuelle transition vers un balisage en XML et une mise en page en pur CSS.
- Diminution des problèmes de maintenance dans les navigateurs actuels, avec la disparition des bidouillages de balisage et du code propriétaire.
- Accessibilité accrue : diminution des problèmes liés à l'accessibilité et de leurs conséquences en termes de pertes de clients et de risques de poursuites judiciaires.
- Restauration partielle d'une structure de documents (celle-ci n'est que partielle, dans la mesure où le balisage inclut encore quelques structures de design).
- Élégance, clarté et simplicité retrouvées du balisage, avec diminution significative de la taille des fichiers, préservation de la bande passante, et réduction des coûts de fonctionnement, de production, et de maintenance.

Inconvénients

- Maintien d'une imbrication entre structure et présentation, ce qui complique la mise à jour et la maintenance des sites, et en augmente le coût.
- Pour cette même raison, il sera plus difficile et plus onéreux d'adapter ces sites imbriquant structure et présentation aux systèmes de gestion de contenus du futur, fondés sur XML. Si les conséquences seront minimes pour les petits sites institutionnels, cette imbrication pourra constituer un point de butée pour les très gros sites de commerce et de contenus, avec leurs centaines ou milliers de pages générées dynamiquement.

Compatibilité ascendante stricte

Composition

- Séparation complète de la structure, de la présentation, et du comportement.
- CSS valide pour la mise en page. Les tableaux ne sont employés que dans leur but véritable et d'origine : la présentation de données tabulaires, comme celles que l'on trouve dans les feuilles de calcul, les carnets d'adresses, les cours de la Bourse, les calendriers d'événements, etc.
- Balisage en XHTML 1.0 Strict ou Transitional valide.

- Accent mis sur la structure. Aucun « arrangement » avec le balisage (Strict) ou le moins possible (Transitional).
- Abstraction et étiquetage structurel des éléments du design (on dira « menu » au lieu de « rectangle vert »).
- Scripts fondés sur le modèle DOM pour le comportement. Duplications de code strictement limitées aux cas inévitables.
- Attributs et tests d'accessibilité.

Recommandée pour

La compatibilité ascendante stricte – mise en forme par CSS d'un balisage valide et sémantique – est recommandée pour tous les sites connaissant une faible quantité de consultations via des navigateurs non compatibles (versions 4.0 et antérieures). Ces derniers pourront dans la plupart des cas accéder aux contenus, mais la compatibilité ascendante stricte les privera en général du design professionnel et du comportement de l'interface.

Avantages

- Compatibilité ascendante : interopérabilité accrue dans les navigateurs et les périphériques existants et futurs (y compris les périphériques sans fil).
- Transition plus marquée vers des formes plus abouties de balisage en XML.
- Portée accrue avec moins de travail.
- Pas de versions à gérer.
- Moins de problèmes d'accessibilité, voire aucun. Les contenus des sites ainsi développés seront généralement visibles par tous.
- Élégance, clarté et simplicité retrouvées du balisage.
- Structure de documents restaurée.
- Production et maintenance accélérées, facilitées, et meilleur marché. Les coûts de création et de maintenance étant plus faibles, les petits budgets ne seront plus étirés à l'extrême, et les budgets plus importants, le cas échéant, pourront être alloués à la rédaction, au design, à la programmation, à l'art, à la photographie, aux corrections, et aux tests d'ergonomie.
- Incorporation facilitée dans les systèmes dynamiques de gestion de contenus et ceux fondés sur des gabarits.
- Nouvelles possibilités offertes par la mise en page CSS comparée à une mise en page en tableaux.
- Fonctionnement des sites dans les navigateurs et périphériques futurs.

Inconvénients

- Aspect rudimentaire des sites dans les anciens navigateurs.
- Prise en charge imparfaite de CSS par les navigateurs.
- Quelques aménagements sont parfois nécessaires.
- Certaines techniques, faciles à implémenter au moyen de tableaux HTML, sont plus ardues (voire impossibles à réaliser) dans le cadre d'une mise en page CSS. Certains designs devront peut-être être repensés. Difficulté d'implémentation de certains comportements fondés sur DOM dans des navigateurs par ailleurs conformes (comme Opera avant sa version 7).
- Non prise en charge des comportements DOM dans les versions 4.0 et antérieures des navigateurs principaux, les lecteurs d'écran, les navigateurs en mode texte, et la plupart des périphériques sans fil. Il vous faudra recourir aux balises `<noscript>` et à CGI pour fournir d'autres fonctionnalités à ces navigateurs et périphériques.

La deuxième partie de cet ouvrage traite du fonctionnement des standards, tant sur le plan individuel que collectif. Elle propose aussi des astuces et des stratégies pour résoudre les problèmes de design et les problématiques d'entreprise qui se posent dans divers types de développement web. Mais avant d'y plonger, consacrons quelques instants de réflexion à l'étude de questions que vous vous êtes peut-être déjà posées. Si les standards du Web augmentent l'interopérabilité, améliorent l'accessibilité, régularisent la production et la maintenance, préservent la bande passante, et diminuent les coûts, pourquoi tous les designers et les développeurs ne les utilisent déjà pas de manière correcte et cohérente dans leurs développements ? Pourquoi les clients n'exigent-ils pas la conformité aux standards à la manière dont les détenus frappent les barreaux de leur cellule avec leurs gamelles dans les vieux films dont l'action se situe en prison quand ils protestent contre la qualité de la popote ? Pourquoi a-t-il été nécessaire que nous écrivions cet ouvrage, que vous le lisiez, et surtout que vous ayez à supplier vos clients, collègues, chefs et commerciaux de le lire ? Pourquoi a-t-il été nécessaire, trois ans plus tard, d'écrire une deuxième édition, et pourquoi voit-on encore apparaître tant de sites non conformes (ou changeant de design sans que leur situation ne s'améliore) ? Pourquoi diable les standards du Web ne sont-ils pas plus largement compris et employés ? Par une étrange coïncidence, le chapitre suivant traite précisément de cette question.

3

Le problème des standards

Les standards ont beau être la clé d'un design et d'un développement web à la fois économique et accessible, on ne le croirait pas, à voir la plupart des sites commerciaux importants. Nous explorerons dans ce chapitre certaines des raisons qui expliquent pourquoi les standards du Web ne sont pas encore la norme dans les agences web et les services web internes des entreprises, et pourquoi ils ne sont pas systématiquement imposés sur tout plan de site ou appel d'offres.

Si vous préférez lire des cas concrets d'implémentation réussie des standards, consultez le chapitre 4. Si les standards vous ont déjà convaincu et que vous êtes prêt à retrousser vos manches, passez directement au chapitre 5. Mais si vous avez besoin d'aide pour convaincre vos collègues du bien-fondé des standards, alors ce chapitre est pour vous.

Joli à regarder. Un cauchemar à coder

Mi-2002, accompagné de six autres designers de l'industrie des nouveaux médias, j'ai participé au jury des Eighth Annual Communication Arts Interactive Awards[1] (www.commarts.com), sans doute le plus prestigieux concours de design de l'industrie. Les sites et les projets en compétition comptaient parmi les plus brillants de l'année, sur le plan de la programmation comme celui du design. Le jury avait déjà passé dix semaines à examiner des milliers de sites web et de CD-ROM, pour ne retenir que quelques centaines de finalistes dont moins de 50 seraient primés. La dernière évaluation se déroula dans la baie de San Francisco, où nous fûmes tous les sept séquestrés pendant une semaine. Interdiction de partir avant

1. N.D.T. : Une compétition visant à récompenser les meilleures créations en matière d'arts et de communication interactifs.

d'avoir désigné tous les gagnants. À l'issue de cette période, ayant sélectionné 47 projets, nous pûmes enfin recouvrer notre liberté. Pour célébrer la fin de mes travaux (et ma liberté retrouvée), je dînai avec un ami de San Francisco. Cette compétition l'intriguait, puisqu'il s'y connaissait lui-même un peu en développement web. « Avez-vous pénalisé les sites non conformes aux standards ? », me demanda-t-il. En lui adressant un clin d'œil, je répondis : « Aucun n'était conforme. »

C'était un fait. Sur plusieurs milliers de sites participant au concours, pas un seul n'avait été écrit en HTML structurel et valide. De nombreux sites étaient visuellement très réussis (figure 3-1) ou brillamment programmés (figure 3-2) ; plusieurs proposaient des contenus convaincants et bien rédigés ; certains faisaient même preuve d'une surprenante originalité. Mais aucun ne semblait savoir quoi que ce soit du balisage structurel, du CSS compact, ou des scripts fondés sur les standards. Plus de la moitié des sites candidats avaient été entièrement développés en Flash. Les autres, pour la plupart, ne fonctionnaient que dans des navigateurs 4.0, seulement sous IE 4, ou uniquement dans Netscape 4. Quelques-uns n'avaient été conçus que pour Windows. Les centaines de sites finalistes, pour la plupart produits avec force moyens et dépenses, représentaient, chacun à leur manière, le meilleur de ce que l'industrie pouvait produire. Et pas un seul ne faisait le moindre usage des standards du Web.

Peu de choses ont changé depuis. Les onzièmes récompenses annuelles (www.commarts.com/CA/interactive/cai05), qui se sont déroulées en 2005, ont elles aussi vu des sites web admirablement créatifs mais toujours aussi peu conformes aux standards. C'est par exemple le cas du Borders GiftMixer 3000 (figure 3-3).

À objectifs communs, moyens partagés

Les sites web en compétition aux Eight Annual Communication Arts Interactive Awards divergent fortement quant à leurs objectifs créatifs et marketing, mais la plupart partagent certains buts, les mêmes d'ailleurs que vos sites ou les miens. Nous souhaitons tous que nos sites touchent le public visé, encouragent les retours, soient faciles à comprendre et à utiliser, et véhiculent tout ce qu'il faut sur notre entreprise, produit, ou service. Et pas seulement avec des mots, mais aussi à travers l'apparence et le fonctionnement du site. La plupart d'entre nous préférons en avoir le plus possible pour l'argent de nos budgets. Nous voulons que nos sites fonctionnent pour le plus d'utilisateurs et dans le plus d'environnements possibles. Nous espérons ne pas avoir à nous dépatouiller avec les incompatibilités entre navigateurs ou plates-formes, et garder au moins une longueur d'avance sur l'imperturbable balancier des progrès technologiques.

La plupart d'entre nous souhaitons créer un site qui continuera de fonctionner dans le futur sans les bidouillages technologiques continuels et coûteux décrits au chapitre 2. Nous préférons consacrer le peu de temps que nous avons à mettre à jour les contenus et à proposer de nouveaux services plutôt qu'à recoder nos sites à chaque sortie de navigateur ou de périphérique. Les standards sont la clé de la réalisation de ces objectifs. Pourquoi diable ne se sont-ils pas propagés comme une tornade dans la communauté du design web ?

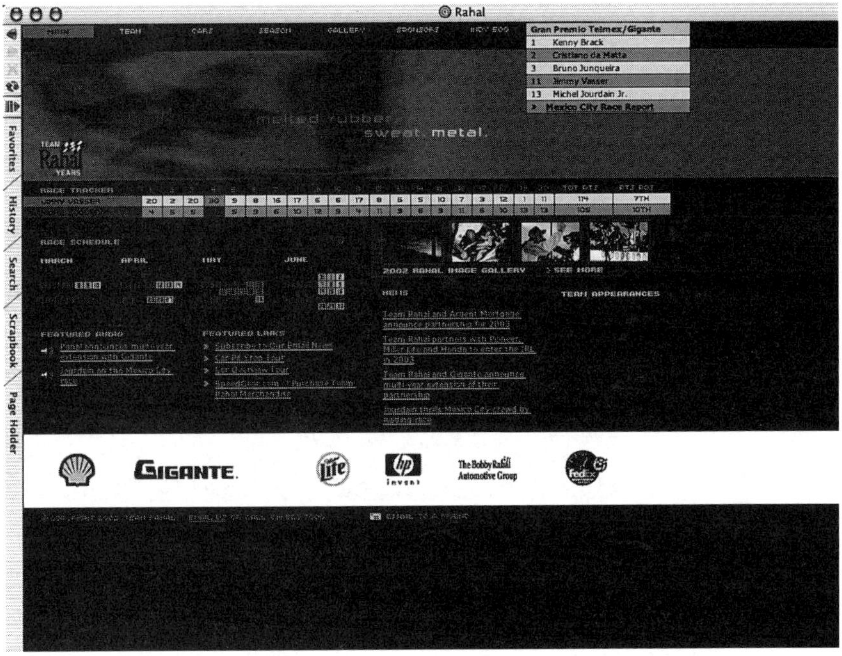

Figure 3-1
Team Rahal, Inc. (www.rahal.com), l'un des vainqueurs du Eighth Annual Communication Arts Festival, est très réussi sur le plan esthétique, impressionnant, et non conforme aux standards.

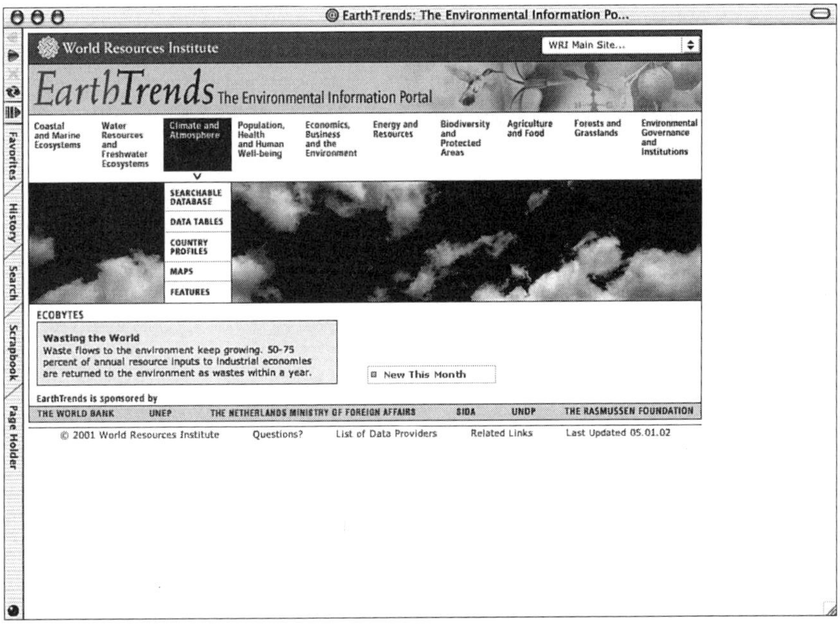

Figure 3-2
World Resources Institute (earthtrends.wri.org), autre vainqueur de la compétition, peut également se prévaloir d'un bon impact visuel et d'une programmation astucieuse. Il n'utilise pourtant presque pas, lui non plus, les standards du Web.

Figure 3-3
*Rien ne manque, pas même la voix de l'ordinateur HAL, du film 2001, l'odyssée de l'espace. Heureux récipiendaire d'une récompense, Borders GiftMixer 3000 (*www.commarts.com/ca/interactive/cai05/03_ia05.html*) propose une manière charmante d'acheter des cadeaux de Noël mais – ho, ho ho ! – en excluant malheureusement les adeptes des standards du Web.*

Perception et réalité

Tout d'abord, et comme pour l'accessibilité (voir le chapitre 14), de nombreux designers pensent à tort que les standards du Web sont plus ou moins antinomiques avec un design graphique réussi. D'autre part, les créateurs de ces standards ne font rien pour les promouvoir : les sites du W3C (figure 3-4) ou de l'ECMA (www.ecma-international.org), de présentation simple et d'architecture banale, n'inspirent guère les infographistes et les designers. Leur aspect terne et peu stylé contredit peu le mythe qui veut que les standards soient l'antithèse du design web. Seuls des sites visuellement réussis utilisant les standards (figure 3-5) pourront combattre cette idée reçue.

Par ailleurs, les designers et les développeurs qui ont pris la peine d'assimiler une multitude de méthodes de script et de conception propriétaires sont peut-être peu enclins à se lancer dans quelque chose de nouveau. À moins qu'ils aient déjà trop à faire avec JSP, ASP ou .NET pour envisager de modifier fondamentalement leurs techniques de développement d'interfaces. Ceux qui recourent à des éditeurs WYSIWYG pour leur gros-œuvre y verront une autre raison de ne pas utiliser les standards. En effet, ils dépendent de ces programmes, et à moins qu'ils n'aient la curiosité de lire de nombreux documents inhabituels dans la culture de leur milieu, ils ne savent probablement pas que les éditeurs WYSIWYG principaux prennent désormais en charge les standards. De nombreux développeurs très talentueux utilisent des outils WYSIWYG tels que Dreamweaver, mais c'est également le cas de nombreux employés à demi-compétents, qui seraient incapables de créer même la plus simple des pages web sans ces programmes. Enfin, ce n'est que dans les quelques dernières années que les navigateurs principaux ont proposé une conformité sensée aux standards. De nombreux professionnels du Web sont si habitués aux solutions drastiques qu'ils n'ont pas remarqué que les navigateurs ont changé. Commençons par examiner cette dernière explication.

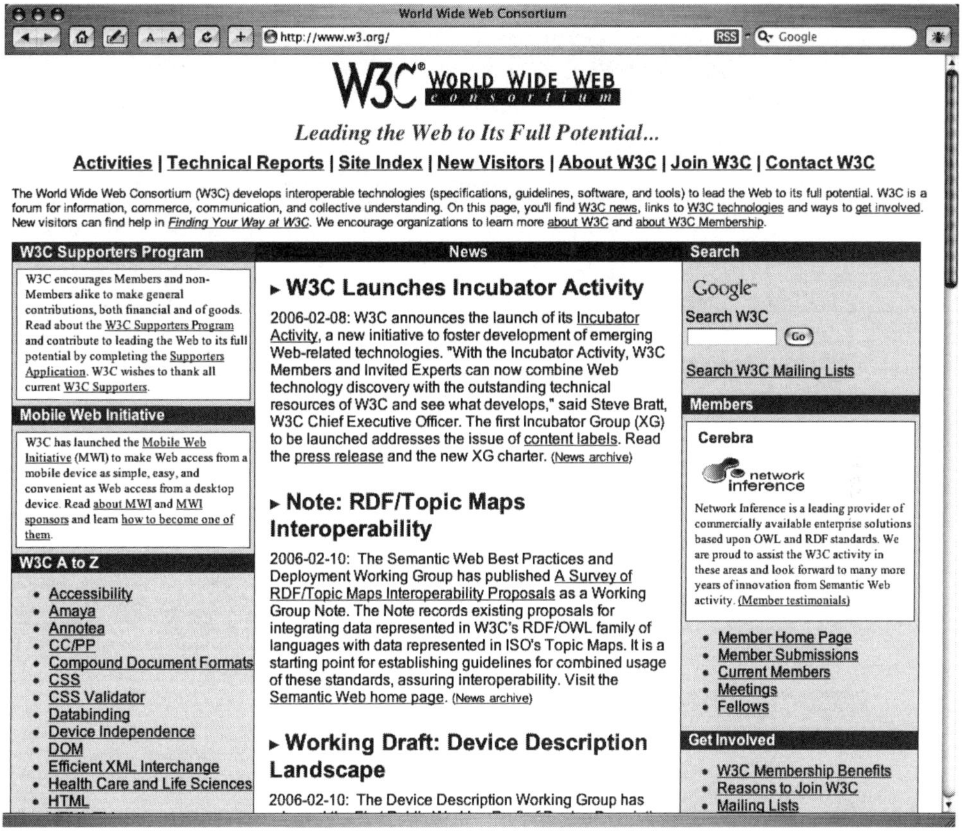

Figure 3-4

*Les trésors du W3C (*www.w3.org*) sont bien cachés sous une gangue fruste. Ce site pitoyable se contente d'aligner les mots et ne paie pas de mine ; le contraste est saisissant avec les figures 3-1, 3-2, 3-3 et 3,5, qui représentent des exemples d'interfaces que les designers et autres êtres humains apprécient.*

2000

Avec la sortie en mars 2000 d'IE 5 pour Macintosh, le monde (ou tout du moins les utilisateurs de Macintosh) a enfin pu avoir un peu plus qu'un avant-goût des standards du Web. IE 5 pour Macintosh prenait en charge XHTML, ECMAScript, la quasi-totalité de la spécification CSS 1, une bonne partie de la spécification CSS 2, et la plus grande part du modèle DOM. Par ailleurs, ce navigateur était en mesure d'afficher du XML brut, bien que l'intérêt de cette fonctionnalité ne soit pas flagrant. Visitez Bugzilla à l'adresse bugzilla.mozilla.org/showbug.cgi?id=64945 pour consulter quelques-unes des approches mises en œuvre par des super mordus du web pour afficher du XML brut dans les navigateurs.

Figure 3-5

*Kaliber 10000 est un portail de design fébrilement lu (*www.k10k.net*) et construit en XHTML valide, CSS, et avec le modèle DOM du W3C. Bien que n'étant pas un pionnier des standards, l'utilisation qu'en fait ce site démontre aux designers que les standards peuvent rimer avec un graphisme réussi.*

IE 5 pour Macintosh : bascule et zoom

IE 5 pour Macintosh était si bien en phase avec les standards qu'il ajustait son affichage et ses performances au `<!DOCTYPE>` (déclaration de type de document) spécifié au début du balisage d'une page web (cette technique, dénommée DOCTYPE switching ou « bascule sur DOCTYPE », sera traitée plus en détails dans le chapitre 11. Pour faire simple, toute page dotée du DOCTYPE correct s'afficherait et fonctionnerait comme dicté par les standards du Web. Avec un DOCTYPE ancien ou partiel (voire inexistant), la page serait rendue dans un mode de compatibilité descendante dit « mode quirk », pour éviter d'endommager les sites non conformes aux standards, c'est-à-dire pour être sympa avec 99,9 % des sites commerciaux du Web actuel (figure 3-6).

IE 5 pour Macintosh proposait également la fonctionnalité de zoom sur le texte (Text Zoom) permettant aux utilisateurs de grossir ou de réduire la taille de tout texte web (figure 3-7), y compris les tailles spécifiées en pixels au moyen de CSS, mettant ainsi fin à un très ancien problème d'accessibilité. Avant IE 5 pour Macintosh, seul Opera d'Opera Software offrait

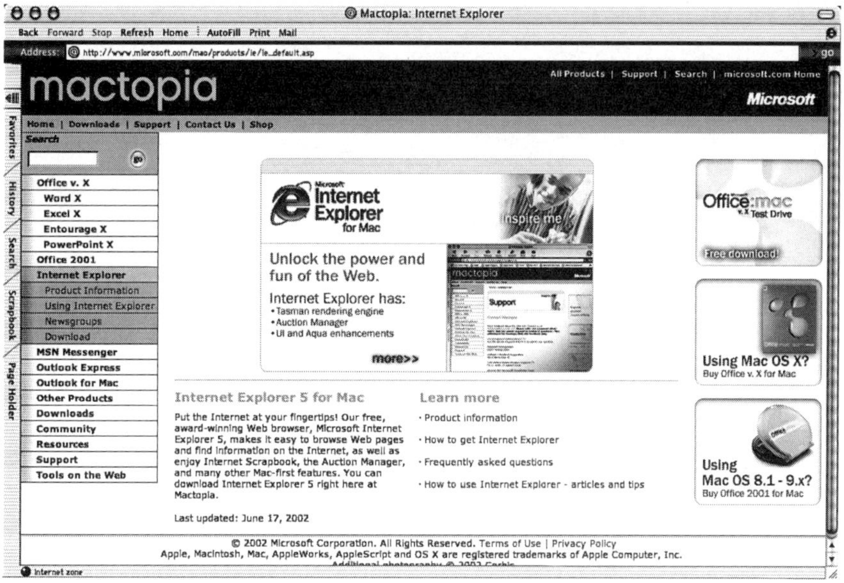

Figure 3-6

Bonjour à tous, je m'appelle IE 5 pour Macintosh, le premier navigateur conforme à la plupart des standards du Web, et dont les innovations ont été adoptées par des produits compétitifs tels que Mozilla Firefox, Netscape à partir de sa version 6, et Safari d'Apple. Certaines ont même été récupérées dans IE pour Windows. Malheureusement, pas toutes.

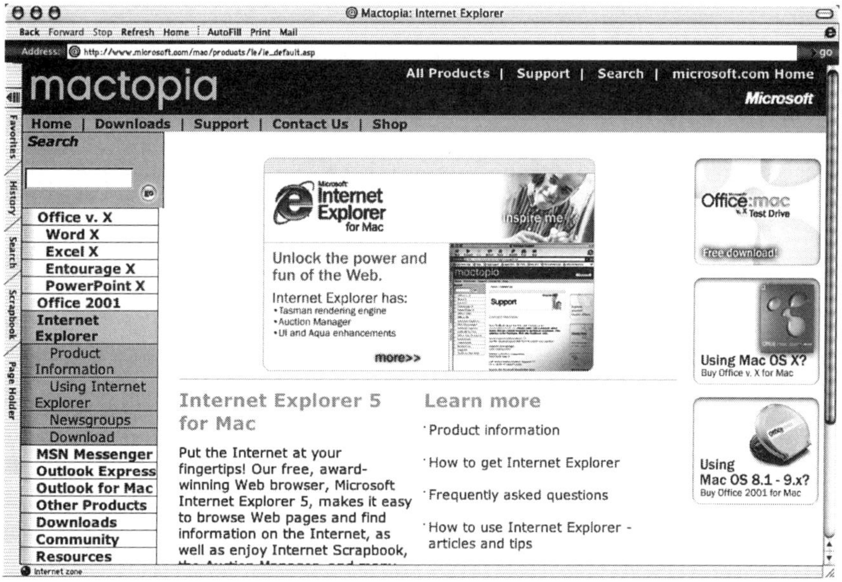

Figure 3-7

La fonction Text Zoom du désormais défunt IE 5 pour Macintosh. Au moyen d'une touche de fonction ou d'un menu contextuel, les utilisateurs pouvaient grossir (ou réduire) la taille du texte de n'importe quelle page web, qu'il soit spécifié en pixels, points, centimètres, ou toute unité relative ou absolue. Les images de la page n'étaient pas concernées – seul le texte changeait. Cette fonctionnalité fut adoptée par Firefox, Safari, et d'autres navigateurs importants et conformes aux standards – IE pour Windows excepté.

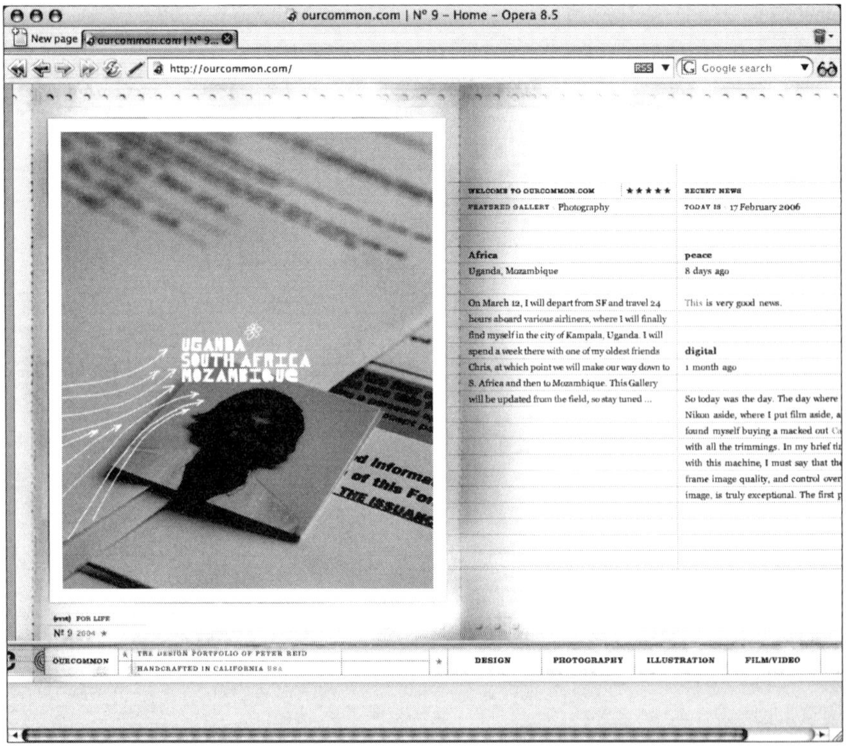

Figure 3-8
*Ourcommon (*ourcommon.com*), catalogue de designs réalisés par Peter Reid, tel qu'il apparaît en taille normale dans le navigateur Opera 7 d'Opera Software.*

cette fonctionnalité, y compris pour des textes dont la taille était spécifiée en pixels. Pour cela, Opera « zoomait » sur toute la page, y compris les images – une approche innovante pour résoudre les conflits parfois épiques opposant les désirs d'un designer aux besoins de certains utilisateurs (figures 3-8 à 3-10).

Le coup de poker de Netscape

Toute une vague de navigateurs conformes aux standards a suivi la commercialisation d'IE 5 pour Macintosh. À commencer par Netscape 6 (et son cousin open source Mozilla) qui prenait en charge XML, XHTML, CSS, ECMAScript et le DOM sur toutes les plates-formes. Lui aussi recourait à la bascule sur DOCTYPE et proposait une fonction de zoom sur le texte. Il fut conçu dès le départ pour prendre en charge intégralement les standards.

Pour être complètement conforme aux standards, et à la demande pressante du WaSP, Netscape a pris une décision hardie, celle de faire table rase de son navigateur Navigator/Communicator 4.0 et de toute portion de code héritée de ce produit, pour repartir de quelque chose de propre. Il leur a fallu bien plus longtemps pour développer un nouveau navigateur en partant de zéro qu'il ne leur en aurait fallu pour en mettre à jour un navigateur existant.

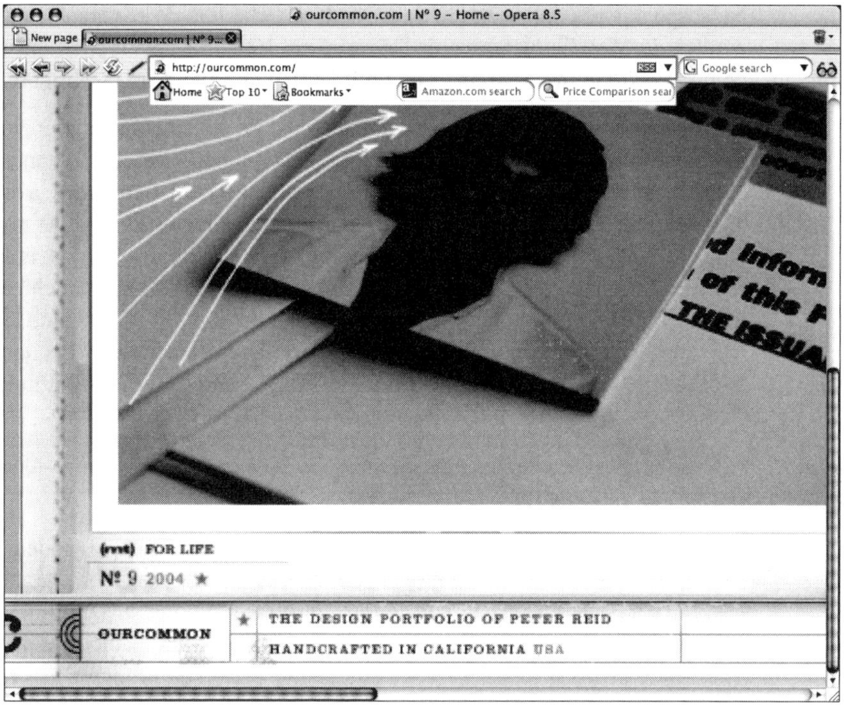

Figure 3-9
Le même site, grossi de 200 % grâce à une fonctionnalité innovante d'Opera, Page Zoom.

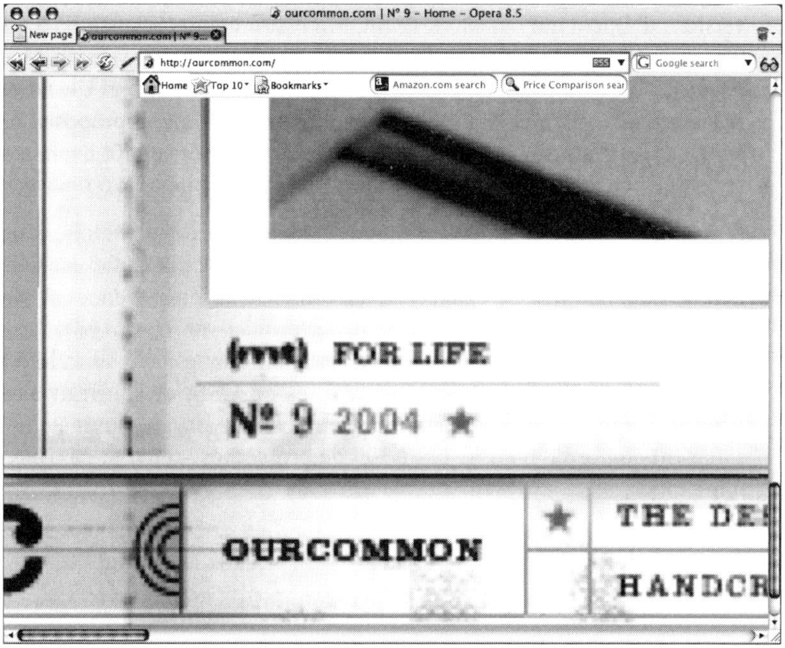

Figure 3-10
Toujours le même site, grossi de 500 % par Page Zoom. Pour les designers, cette fonctionnalité d'Opera fournit un moyen d'étudier plus précisément les éléments graphiques d'un site sans avoir à en faire des captures d'écran préalables qu'ils ouvriront dans un logiciel de retouche d'images.

travers votre chair. Sans rayons X, bonne chance ! Pour contourner ce bogue de rendu dans IE 3, il fallait placer chaque image et chaque paragraphe dans sa propre cellule de tableau, doublant ainsi la taille de la page tout en allant à l'encontre de la philosophie de CSS (contrôler la mise en page sans tableaux tout en préservant la bande passante). Les designers ont vite conclu que CSS n'était pas encore mûr, ce qui semblait sensé étant donné son absence totale de Netscape 3, alors leader du marché.

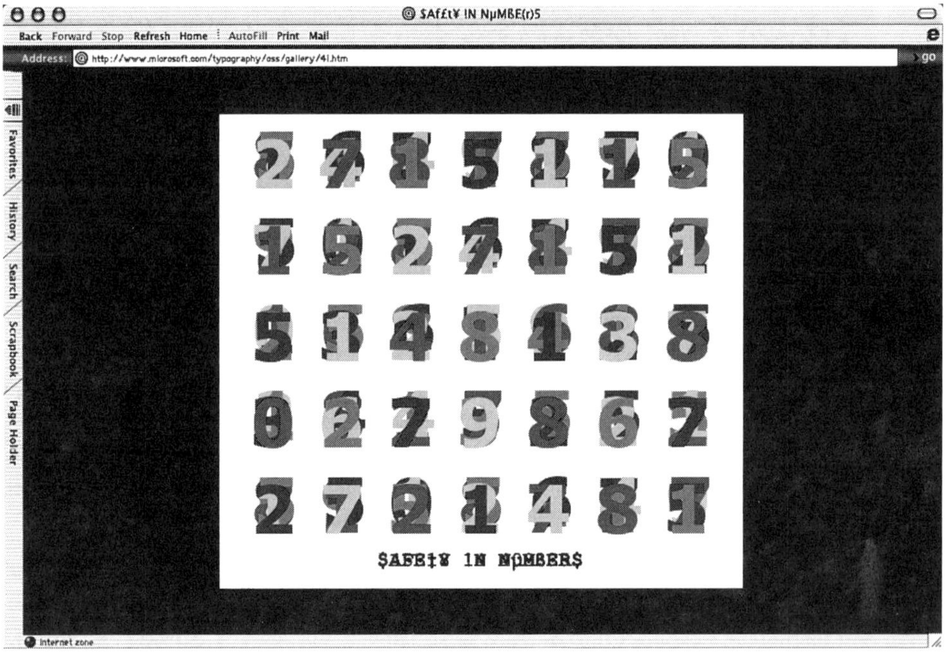

Figure 3-11

*Une page extraite de la galerie CSS de Microsoft en 1998 (*www.microsoft.com/typography/css/gallery*). Le chevauchement des lettres et les autres effets de design étaient entièrement réalisés en CSS ; pas d'images GIF ou JPG. IE 3 était capable d'afficher ces effets, pas Netscape 3 (alors leader du marché). Le CSS de cette galerie utilisait des valeurs incorrectes requises par l'imparfait moteur CSS d'IE 3. Dans son ensemble, il n'était pas du tout conforme aux standards, mais la boîte de Pandore était ouverte. Après avoir aperçu ce dont CSS était capable, nous fûmes nombreux à ne plus jamais revenir en arrière.*

À mauvais navigateurs, mauvaises pratiques

Vinrent ensuite les navigateurs 4.0. Toujours bogué et incomplet, IE 4 faisait cependant bien mieux qu'IE 3 en matière de prise en charge de CSS. Netscape 4 inaugurait ses fonctionnalités CSS, dans une implémentation de dernière minute si mauvaise qu'elle a au moins retardé de deux ans l'adoption de cette technologie. Pour être honnête, la prise en charge de CSS par Netscape 4 était bien meilleure que celle d'IE 3 ne l'avait jamais été. Mais aujourd'hui, presque plus personne n'utilise IE 3, alors que des millions d'utilisateurs sont restés fidèles à Netscape 4 ; raison pour laquelle de nombreux propriétaires de sites se sentent obligés de prendre en charge Netscape 4. Malheureusement, cette prise en charge signifie trop souvent pour eux – à tort – « comportement identique et même apparence au pixel près que sous Netscape 4 », position particulièrement dommageable pour les développeurs, contraints d'écrire du mauvais code.

La malédiction des rendus hérités

Parmi les manquements les plus flagrants dans la prise en charge de CSS par Netscape 4, figuraient les rendus hérités et l'absence d'héritage. Conçu pour séparer la présentation de la structure, CSS ne fait aucune hypothèse sur la manière dont les éléments sont censés s'afficher, ni même sur le langage de balisage employé, bien que les navigateurs et les autres clients fassent de telles hypothèses. (Certains navigateurs modernes utilisent CSS pour renforcer leurs hypothèses qui peuvent être supplantées par les feuilles de style du designer.) Dans la plupart des navigateurs, sans CSS, le titre `<h1>` s'affichera par défaut en gros caractères gras avec des marges verticales (espaces) au-dessus et en dessous. CSS permet de changer ces paramètres. Le designer qui le souhaite peut définir un `<h1>` en petits caractères italiques et sans marges. Malheureusement, ce n'est pas possible dans Netscape 4, qui surcharge toute règle CSS spécifiée par le designer de ses rendus par défaut hérités des versions antérieures. Si la feuille de style CSS spécifie l'absence d'espace sous un `<h1>`, Netscape 4 en laissera quand même un.

Quand les designers ont appliqué CSS à du balisage HTML standard, ils ont rapidement découvert qu'IE 4, dans ses grandes lignes, suivait les paramètres qu'ils définissaient, alors que Netscape 4 faisait n'importe quoi de leurs mises en page. Certains designers ont alors abandonné CSS. D'autres (et j'en faisais malheureusement partie) ont d'abord contourné le problème en évitant tout balisage structurel, pour faire appel à des constructions telles que `<div class="headline1">` au lieu de `<h1>`. Ce type d'instruction corrigeait le bogue d'affichage, aux dépens de la structure et de la sémantique du document, et privilégiait les bénéfices à court terme au lieu d'une viabilité durable, engendrant les problèmes qui nous empoisonnent aujourd'hui. J'ai depuis longtemps abandonné cette pratique de déformation structurelle des documents, mais un nombre élevé de designers et de développeurs persiste à recourir à ces bidouillages au nom d'une compatibilité descendante avec Netscape 4. Cette pratique normative, complètement biaisée, est à la source des problèmes d'accessibilité et bloque les efforts de normalisation et de rationalisation dans les processus de données.

Les systèmes de gestion de contenus, les outils de publication, et les éditeurs web visuels (dits « WYSIWYG ») développés à l'ère des navigateurs 4.0 regorgent de balises creuses sur le plan sémantique qui augmentent considérablement la difficulté et les coûts de remise en conformité avec les standards actuels, ou la préparation de ces bases de contenus pour les bases de données XML. Sur les sites importants, conçus par de nombreux designers et développeurs, chaque intervenant peut recourir à ses propres balises non standards, ce qui rend impossible toute collecte des données et un formatage plus exploitable. (Imaginez une bibliothèque municipale dans laquelle les livres ne seraient pas indexés selon une classification décimale, mais selon les inspirations de Pierre, Marie et quelques autres responsables du classement, chacun inventant ses propres règles.) Hors de la sphère des navigateurs graphiques, les balisages non structurels limitent également l'ergonomie des pages web. Pour un utilisateur de Palm Pilot, de téléphone mobile web, ou de lecteur d'écran, `<div class-"headline1">` est du texte brut, pas un titre. C'est ainsi que nous achetons ou construisons des systèmes d'information qui remplacent un ensemble de balises par un autre, là où la même famille de balises standards pourrait convenir. Nous obligeons également les utilisateurs de Palm Pilots, de téléphone mobiles web et de lecteurs d'écran à visualiser des balisages non structurels et à deviner leur signification. C'est à Netscape 4 (et à notre empressement à nous accommoder de ses limitations) que nous devons cette belle pagaille. Rien d'étonnant à ce que les ingénieurs de Netscape et Mozilla aient travaillé quatre ans sur le projet Mozilla. Ils n'avaient aucun produit à partir duquel fonder leur nouvelle version.

Hériter du vent

Autre point faible de Netscape 4, son incapacité à comprendre et à prendre en charge l'héritage, ce brillant concept qui confère toute sa puissance à CSS. CSS optimise la production et réduit la bande passante en permettant à des règles génériques de s'appliquer récursivement sur l'arborescence du document, sauf spécification contraire du développeur. Ainsi, il est possible en CSS d'appliquer une fonte, une taille de police, et une couleur au sélecteur `body`. Ces mêmes paramètres seront alors repris dans tout nœud « fils » de la balise `body`, qu'il s'agisse de `<h1>`, `<p>` ou autre, mais pas dans Netscape 4. Les développeurs bien inspirés ont su contourner les limitations du navigateur en matière d'héritage au moyen de règles redondantes :

```
body, td, h1, p {font-family: verdana, arial, helvetica, sans-serif;}
```

Dans l'exemple précédent, les sélecteurs `td`, `h1` et `p` sont redondants car tout navigateur conforme style automatiquement ces éléments fils de la même manière que leur élément père `body`. Les développeurs moins expérimentés développaient toutes leurs règles, augmentant ainsi la redondance et gaspillant encore davantage de bande passante :

```
body  {font-family: verdana, arial, helvetica, sans-serif;}
td    {font-family: verdana, arial, helvetica, sans-serif;}
h1    {font-family: verdana, arial, helvetica, sans-serif;}
p     {font-family: verdana, arial, helvetica, sans-serif;}
```

... et ainsi de suite. Ces règles étaient un gaspillage de bande passante tant côté utilisateur que côté serveur, mais elles remplissaient leur office. D'autres développeurs en conclurent plutôt que CSS ne fonctionnait pas sous Netscape 4 (ils n'avaient pas complètement tort), ou que CSS était mal conçu. Ce dernier point était faux, mais cette opinion s'est répandue. D'autres aspects de CSS étaient pris en charge de façon désastreuse dans Netscape 4 – la liste serait suffisamment longue pour remplir les Pages Jaunes d'une métropole – mais ceux que nous avons évoqués suffisent à faire un état des lieux, et ont d'ailleurs suffi à retarder l'adoption généralisée du standard CSS.

Mauvais comportements

Outre les « boulettes » relatives à la prise en charge de CSS, les premiers navigateurs n'ont pas réussi à s'accorder sur une manière commune de mettre en place des comportements sophistiqués au moyen des scripts. Chaque navigateur scriptable dispose d'un modèle objet définissant les types de comportements applicables aux objets de la page. Netscape 4 arborait un modèle propriétaire `document.layers`. IE 4 a contré avec son propre modèle propriétaire `document.all`. Aucun de ces deux navigateurs ne prenait en charge le DOM du W3C – rendons justice à Netscape et Microsoft en signalant que cette norme était alors encore en cours d'écriture. Les développeurs souhaitant appliquer à leurs sites des comportements sophistiqués (ou même simples) devaient tout coder de deux manières différentes, pour couvrir ces deux navigateurs. La prise en charge de navigateurs plus anciens (compatibilité descendante) impliquait encore plus de code et relevait du parcours d'obstacles, comme décrit au chapitre 2.

Les navigateurs précédents n'avaient pas même réussi à s'accorder sur un langage de script commun. Netscape avait inventé JavaScript et s'était engagé à le publier sous forme de standard pour permettre sa prise en charge par les autres éditeurs. En dépit de sa promesse, Netscape s'est agrippée à son secret, le considérant comme un avantage concurrentiel, avec le raisonnement suivant : si Navigator demeure le seul navigateur prenant en charge le JavaScript, qui se hasardera à développer un navigateur concurrent et moins puissant ? À leur place, Microsoft aurait certainement fait la même chose. L'entreprise ne s'en est d'ailleurs pas privée avec la technologie propriétaire ActiveX.

Pour rester compétitive avec Netscape, Microsoft procéda par rétro-ingénierie à partir de JavaScript, le modifiant au passage, effet de bord inévitable de ce type de projet. Le langage obtenu fonctionnait presque comme JavaScript, mais pas *tout à fait*. Ce nouveau langage, baptisé JScript, en différait suffisamment pour vous faire perdre votre latin. Pendant ce temps, Microsoft concocta une autre technologie baptisée ActiveX, censée proposer des fonctionnalités compatibles dans toutes les versions de son navigateur IE. En réalité, ActiveX ne fonctionnait correctement que sur la plate-forme Windows, où il est toujours utilisé pour certaines opérations, lorsque des plug-ins sont manquants, par exemple. JScript, JavaScript, ActiveX : au nom de la compatibilité internavigateur et descendante, les développeurs se sont retrouvés avec plusieurs cavalières, chacune suivant son propre tempo, et les clients payaient l'orchestre.

Ces langages de script standardisés tant attendus

Ecma finit par ratifier une version standard de JavaScript, modestement baptisée ECMAScript (www.ecma-international.org/publications/standards/Ecma-262.htm). À son tour, le W3C publia un modèle DOM standard. Netscape et Microsoft finirent par prendre en charge ces deux technologies, mais ne s'y sont résolus qu'après des années d'infernales incompatibilités qui avaient transformé de nombreux développeurs en experts ès scripts et modèles objets propriétaires et incompatibles, et persuadé beaucoup de propriétaires de sites que la balkanisation du développement web serait permanente. D'où des sites « conçus uniquement pour IE », des scripts de détection cassés, et parfois l'abandon des standards du Web au profit de solutions propriétaires telles que Flash.

Signalons au passage qu'Ecma (anciennement ECMA, pour European Computer Manufacturers Association) est un organisme de normalisation qui assume ses positions, contrairement au W3C – qui appelait depuis longtemps ses technologies des « recommandations » au lieu d'avoir l'honnêteté de parler de « standards ». Il est intéressant de remarquer que suite à la première édition de cet ouvrage, le Consortium a cessé cette pratique pour employer enfin le terme non équivoque de « standards ». Les sites peu clairs et les termes non intuitifs sèment la confusion et sont en partie responsables de la difficulté rencontrée par les standards pour s'imposer sur le Web moderne.

Sites embrouillés, appellations déconcertantes

Examinez la spécification CSS 2 telle qu'elle est présentée par le W3C (figure 3-12). CSS 2 est un langage de présentation performant, conçu pour répondre aux besoins des designers, mais rien sur cette page ne permet véritablement de le deviner. Cette présentation est à peu près aussi compréhensible que ne l'aurait été un défilé de mode en Union soviétique. Prenant votre courage à deux mains, vous entamez la lecture de cette spécification, passant outre le mouvement de rejet que cette présentation peu attrayante vous inspire. Après tout, le W3C est composé de scientifiques, pas d'infographistes. C'est le texte qui compte, pas vrai ? Après vingt minutes de ce calvaire, vous louchez, larmoyez, et accédez avec votre navigateur à un magasin informatique en ligne pour acheter Flash.

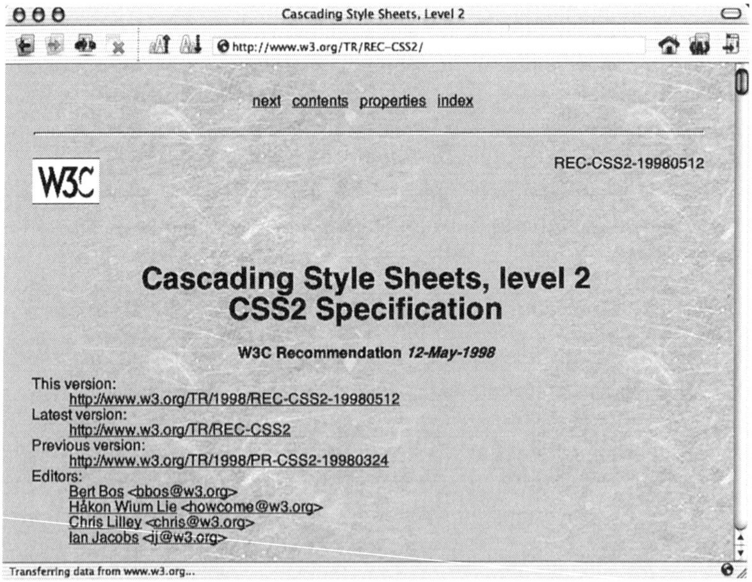

Figure 3-12
La spécification du CSS 2 mise au point par le W3C (www.w3.org/TR/REC-CSS2)*. Un langage de présentation en théorie sophistiqué, sauf ici !*

Pour être honnête, il faut reconnaître que si la spécialité du W3C n'est ni la conception graphique, ni l'ergonomie, ni l'architecture des informations, ce n'est assurément pas non plus la rédaction de tutoriels pédagogiques. Le site du W3C n'est qu'une succession de documents techniques précis, rédigés par des têtes pensantes et des experts en technologies, et il n'a jamais été autre chose.

Dans le texte *How to Read W3C Specs*[1], J. David Eisenberg, auteur O'Reilly, l'explique à sa façon : « Quand on cherche des réponses, on se tourne vers un manuel utilisateur ou un guide de référence ; on veut alors utiliser la technologie. L'objet d'une « spécification » du W3C est tout autre. Celle-ci est destinée aux programmeurs qui implémentent la technologie, et leur explique quelles fonctionnalités ils doivent utiliser et comment les implémenter. C'est la même différence qu'entre le manuel utilisateur d'une voiture et ses manuels de réparation ». Par définition, le W3C s'adresse aux ingénieurs, pas au grand public. Il n'a pas vocation à expliquer ou vendre les standards qu'il crée. À la différence d'une association professionnelle, le W3C ne perçoit aucun droit lorsque quelqu'un utilise un des standards du Web, et il décourage ses sociétés membres de breveter (www.w3.org/Consortium/Patent-Policy-20040205) ou d'exiger des royalties pour les standards du Web et leurs composants.

Savoir et économie

En dehors de la réalité économique du « je-t'absorbe-je-t'achète-je-te-coule », le W3C flotte dans un ailleurs contemplatif d'où il peut se concentrer sur le potentiel du Web plutôt que sur ses pressions concurrentielles. Ses activités sont animées par et pour des mordus de l'informatique, et son site reflète l'importance que le groupe accorde à la science plutôt qu'au style ou à l'ergonomie. Le problème, c'est que les designers, les développeurs et les propriétaires de sites accordent un intérêt élevé au style et plus encore à l'ergonomie et à la convivialité. Sur leurs propres sites, ils ne prendraient jamais l'initiative de publier des textes hermétiques qui sèmeraient le trouble chez leurs lecteurs ; jamais ils ne placeraient délibérément leurs pages les plus importantes à des emplacements où elles sont peu accessibles ; et jamais ils n'opteraient pour une présentation inesthétique et peu commerciale de leurs contenus, qui inciteraient plutôt les visiteurs à cliquer sur le bouton « Retour ».

Logiquement, ceux qui croient à la visibilité de la marque, à l'esthétique, à la clarté et à l'ergonomie et qui, jour après jour, tentent de les implémenter sur leurs sites, sont peu enclins à croire qu'un site d'allure amateur regorgeant de documents techniques obscurs puisse détenir la clé de leur avenir. À quoi font-ils donc confiance ? Aux présentations léchées des géants de l'industrie.

Les consortiums suggèrent, les entreprises vendent

Dans le monde occidental, lorsque nous sommes confrontés à une problématique professionnelle ou de création, nous la traitons au moyen d'un logiciel et nous attendons des entreprises

1. N. D. T. : Comment lire les spécifications du W3C, qu'on trouve à l'adresse www.alistapart.com/articles/readspec

leaders qu'elles nous fournissent ces produits. Les propriétaires de sites contrôlent la santé de leur entreprise en ouvrant des feuilles de calcul au format Microsoft Excel. Les designers conçoivent leurs logos sous Adobe Illustrator et leurs animations sous Flash (d'Adobe, mais anciennement Macromedia), et préparent les images et les mises en page web dans Adobe Photoshop. À chaque problème correspond une catégorie de logiciels, et à chaque catégorie, un leader (bien souvent, il s'agit d'Adobe).

Bien que les pionniers du design et du développement web aient appris à créer des pages sous Notepad et SimpleText, leurs successeurs ont fait appel à des produits d'édition visuelle (outils WYSIWYG) pour mener à bien leurs tâches de création de documents. Avec la complexité accrue amenée par les langages de script et les modèles objets incompatibles, des logiciels tels que Dreamweaver de GoLive ont permis à de nombreux pros de créer des sites fonctionnels tout en leur masquant les difficultés sous-jacentes. Comment prendre en charge plusieurs navigateurs ? Appuyez sur le bon bouton, et le logiciel s'en charge.

Désormais, GoLive 6 et surtout Dreamweaver sont bien plus conformes que les versions précédentes (voir « Les standards du Web et les outils de création » au chapitre 4), bien qu'ils exigent une expertise de la part des développeurs. Et où trouver cette connaissance ? Sur les sites de ces produits, attractifs et bien écrits, qui servent de manuels utilisateurs en ligne et favorisent le développement des communautés Dreamweaver et GoLive.

Sensibilisation aux produits et sensibilisation aux standards ?

Pendant que les entreprises s'escrimaient à proposer des solutions « pousse-bouton » aux problématiques de design frontal, on observait le même phénomène sur le back-office et le middleware. Les outils propriétaires de publication et les bases de données de grands noms comme IBM, Sun, Lotus, Microsoft, ainsi que des petites entreprises coriaces comme Allaire (rachetée plus tard par Macromedia, elle-même relevant désormais d'Adobe) offraient les fonctionnalités demandées à une époque où les standards comme XML et le DOM étaient encore en phase de développement. Vous ne construiriez pas une voiture en partant de zéro. Pourquoi le feriez-vous pour votre site web ? Signez ici, achetez maintenant, et si quelque chose fonctionne mal, nous le corrigerons dans la prochaine mise à jour. Aux oreilles des développeurs en prise avec leurs échéances, ce discours paraissait sensé, pour la même raison qu'il paraissait sensé à une époque de considérer le HTML comme un outil de design : à savoir, répondre immédiatement aux besoins du client.

C'est ainsi que, dans l'esprit de nombreux développeurs (et surtout de designers) web, la sensibilisation au produit était bien plus forte que la sensibilisation aux standards. Pour chaque designer ou développeur qui consultait les spécifications du W3C, dix se procuraient les informations dont ils avaient besoin sur les sites web de Netscape, Microsoft, Macromedia (figure 3-13), Adobe (figure 3-14), et d'autres entreprises tout aussi importantes (et intelligentes). Contrairement à w3.org, ces sites étaient conçus pour servir leurs clients (designers et développeurs professionnels), renforcer la relation qui lie l'entreprise au consommateur, et promouvoir leur image de marque. C'est pourquoi ils sont, pour la plupart, bien (ou suffisamment bien) conçus pour des yeux professionnels, et leurs tutoriels sont écrits et édités pour être facilement compris par un public professionnel.

Inutile de préciser que ces tutoriels mettent l'accent sur l'efficacité des produits maison. Quand des entreprises mentionnent les standards du Web, c'est probablement en passant ou pour signaler que leur produit les respecte mieux que celui d'un concurrent. Après tout, ces sites visent à vous rassurer vis-à-vis de votre dernière acquisition et vous inciter fortement à acheter sa prochaine mise à jour.

En somme, de nombreux professionnels du Web – designers et développeurs ainsi que leurs clients et employeurs – sont très cultivés en matière de solutions propriétaires et bien moins rompus aux standards du Web. Peu comprennent, ou alors entrevoient à peine, les implications d'une stratégie d'alignement exclusif sur une entreprise ou sur un produit : le risque d'entrer dans un cercle vicieux de dépenses, de mises à jour nécessaires aux personnalisations onéreuses, formations, conseils, etc. Mais après tout, c'est le fondement des affaires. Un produit mérite pourtant une mention spéciale, qu'il obtient juste ci-après.

Figure 3-13
Comme le W3C, Macromedia a créé des outils précieux pour les designers et les développeurs (www.macromedia.com). Contrairement au W3C, cette entreprise les a vendus et elle a travaillé dur pour développer son engagement envers la communauté du design, et parler son langage sur son site web. En 2005, Macromedia fut cependant rachetée par son rival de toujours, Adobe.

« F » comme...

De toutes les solutions propriétaires concurrentes que les entreprises ont tenté de vendre, aucune n'a réussi aussi brillamment que Flash (figure 3-15). Ce produit a humblement débuté sous la forme d'un plug-in nommé FutureSplash, qui permettait aux designers d'inclure dans leurs pages des images et des animations vectorielles.

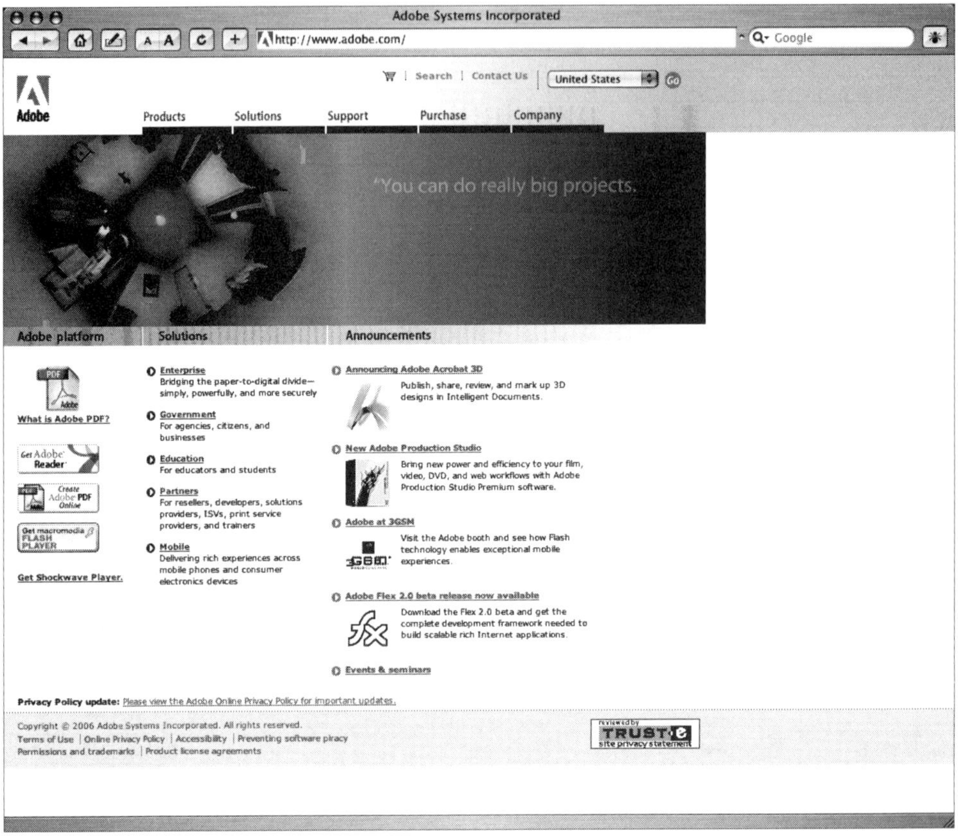

Figure 3-14

*Comme son concurrent Macromedia, Adobe (*www.adobe.com*) interagit constamment avec ses utilisateurs, s'informe de leurs souhaits et oriente ses produits en conséquence. Comme le rival qu'elle absorbera, cette entreprise s'échine à « parler le langage des designers » sur son site web. Comparez cette capture d'écran aux figures 3-4 et 3-12.*

Figure 3-15

Bienvenue sur Flash ! Cet environnement de création est riche, profond et complexe, mais ses créateurs font tout ce qu'ils peuvent pour prendre les développeurs par la main lors de leur ascension des pentes abruptes de l'apprentissage du produit.

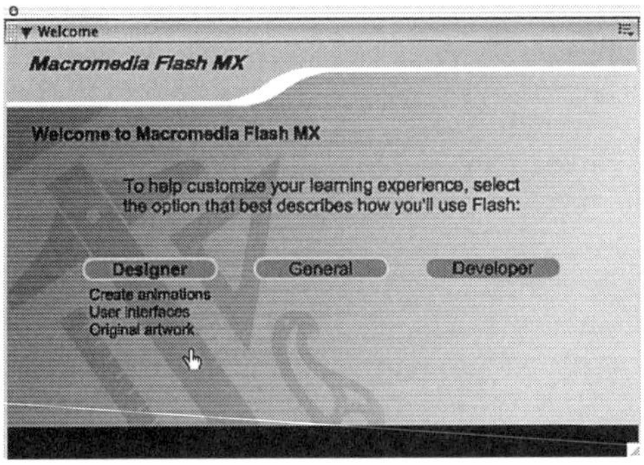

Les designers n'ont guère accordé d'attention à FutureSplash, mais Macromedia a immédiatement détecté son potentiel. Elle a racheté le plug-in et l'environnement de création associé, l'a rebaptisé Flash, et l'a transformé en environnement de création extrêmement souple, piloté par un langage de programmation à la JavaScript, dénommé ActionScript. Macromedia a également réussi à instaurer le culte du développement Flash – lequel n'a pas encore faibli. Quand Adobe racheta Macromedia en 2005, les designers se sont demandé comment les cultures de ces deux sociétés pourraient fusionner. Personne n'a jamais imaginé qu'Adobe puisse envisager un seul instant de laisser tomber Flash, et l'entreprise a confirmé cette intuition.

La valeur de Flash

Alors même que les langages de scripts incompatibles et les modèles objets des navigateurs 4.0 causaient des ravages et faisaient exploser les coûts, Flash 4 et son puissant langage de script fonctionnaient aussi bien sous Navigator, IE et Opera, et presque aussi bien sous Mac OS, GNU/Linux et Unix que sous Windows. Pour de nombreux designers, c'était *bye bye* HTML, et bonjour Flash.

Les logos tournants, les écrans fades « en cours de chargement », les « intros » non sollicitées et interminables ont d'abord donné à Flash une mauvaise image de marque auprès des utilisateurs. Mais ces erreurs de jeunesse qui abusaient de la puissance de ce nouvel outil ont finalement laissé place à des créations sophistiquées signées Second Story (figure 3-15), le Chopping Block (figure 3-16), et d'autres agences haut de gamme. Les agences moins talentueuses et innovantes se sont empressées de prendre le train en marche, produisant souvent des sites bien moins attrayants – mais peut-on tenir le marteau et les clous pour responsables d'une mauvaise charpente ? Flash dévorait le riche espace des applications de la même manière que le navigateur de Microsoft mangeait dans l'assiette de Netscape.

Approprié à de nombreux projets, Flash n'en était pas moins inadapté à d'innombrables autres, qui y recouraient quand même. Flash 4 souffrait aussi d'exécrables problèmes d'ergonomie et d'accessibilité qui gênaient considérablement les utilisateurs, sans que cela n'attire apparemment l'attention des développeurs et de leurs clients. Jakob Nielsen (www.useit.com), du Nielsen Norman Consulting Group, était alors l'un des critiques les plus virulents du produit. En 2002, Macromedia s'attela à ces problèmes en améliorant grandement les fonctionnalités d'accessibilité et d'ergonomie de son produit Flash MX, mise à jour du précédent, et en engageant Nielsen comme consultant, ce qui eut vite fait de lui faire chanter un autre air. (Si Microsoft et Netscape avaient été aussi bien inspirés et avaient embauché leurs détracteurs les plus acharnés, je me prélasserais sur une plage privée au lieu de m'escrimer sur ce livre, mais je m'égare.)

Entre de bonnes mains, Flash permet l'implémentation de riches expériences interactives qui seraient difficiles à créer à l'aide des standards du Web – bien que ces derniers (assaisonnés d'une pincée de technologie Microsoft) aient commencé à entamer la position dominante de Flash en tant qu'environnement de choix pour le développement de riches applications web (fr.wikipedia.org/wiki/AJAX). Nous y reviendrons au chapitre 4.

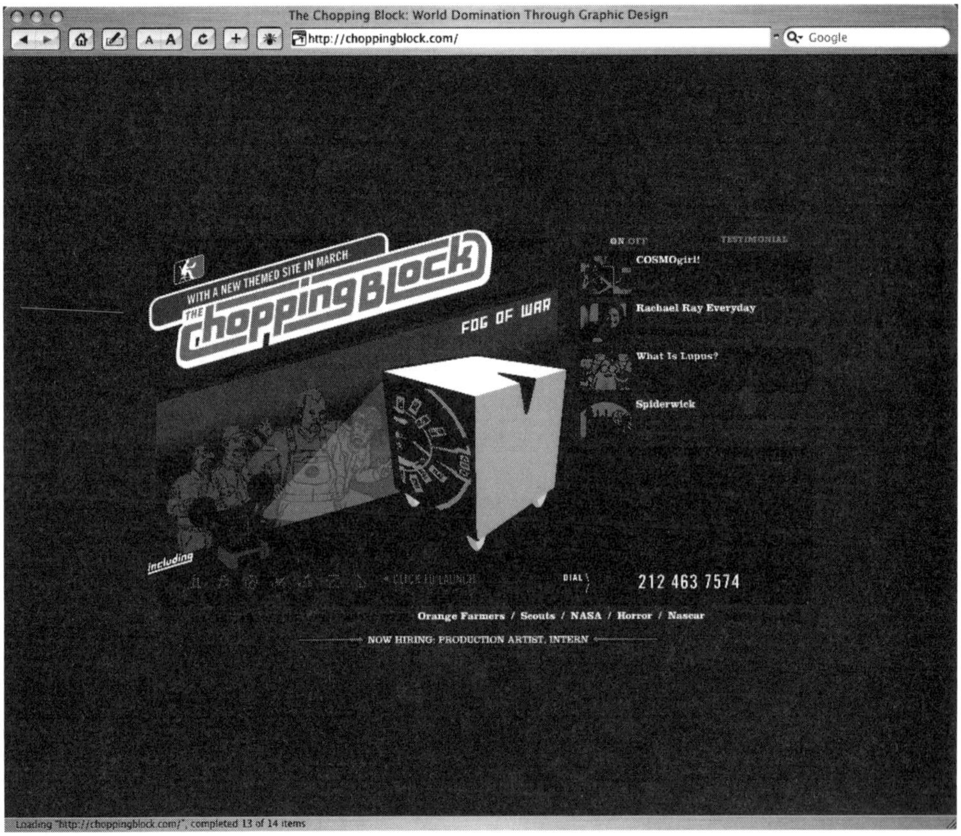

Figure 3-16

*Le Chopping Block (*www.choppingblock.com*) est une boîte de design graphique web proposant des produits haut de gamme principalement réalisés en Flash.*

Le problème de Flash

La principale limite de Flash est qu'il n'est pas adapté à de nombreux sites de commerce ou de contenus. Ce qui n'empêche pas les développeurs de l'utiliser dans ces situations, car Flash facilite la création de présentations qui donnent aux clients l'impression qu'ils en ont pour leur argent, d'autant que toute entreprise qui se respecte se doit d'avoir un site en Flash, réussi ou non.

Les portails, les sites d'informations, de commerce, les sites institutionnels, de communautés, les magazines, les annuaires, et tous les sites qui mettent l'accent sur le texte ou induisent une certaine interactivité, profiteront davantage de XHTML, de CSS, et des autres standards. De nombreux développeurs n'en promeuvent pas moins Flash, non qu'il serve les objectifs du projet, mais parce qu'il leur permet de se débrouiller et de mener à bien leur tâche, et qu'un site en Flash leur attirera de nouveaux clients. C'est le même mécanisme qu'avec les agences de pub qui produisent des campagnes qu'elles savent inefficaces mais qui leur vaudront des récompenses. Évidemment, toutes s'en défendront.

L'autre problème de Flash

L'autre problème de Flash, c'est que les designers y sont si attachés qu'ils en oublient comment utiliser les standards du Web – à supposer qu'ils l'aient jamais su. C'est ainsi que l'on trouve des présentations Flash imbriquées dans des sites qui ne fonctionnent que sous un ou deux navigateurs. Les fichiers Flash à proprement parler pourraient être exploités sur tout navigateur doté du plug-in, mais ces sites ont été si mal développés que de nombreux utilisateurs n'ont pas accès aux contenus Flash. On trouve même des sites Flash qui ne nécessitent IE que pour charger une présentation Flash. C'est un peu comme vous obliger à utiliser un téléviseur Zenith (et non Sony) pour visualiser simplement les images du câble.

Sollicitées pour créer un site « traditionnel » reposant sur les standards, ces agences recourent aux anciennes méthodes, dont nous avons déjà décrit les problèmes. Elles transfèrent alors souvent le projet à des équipes moins expérimentées pour que les designers et développeurs seniors puissent continuer à se concentrer sur les projets Flash. Tout se passe comme si rien n'avait changé sur le Web depuis leur découverte de Flash. XML, XHTML, CSS, et le DOM ne sont pas des technologies barbantes à refiler aux équipes juniors et autres « bleus », mais des standards mûrs et performants, à utiliser pour implémenter des sites créatifs et sophistiqués. Je n'ai rien contre les agences qui se spécialisent dans des projets Flash esthétiques, ergonomiques et très fonctionnels. J'aimerais simplement qu'on accorde le même soin et la même attention aux 90 % restants du design et du développement. Enfin, je prêche des convaincus : vous avez acheté ce livre...

La conformité est un vilain mot

Ce qui empêche encore une adoption générale des standards du Web, c'est la croyance selon laquelle les standards diminueraient la créativité, lieraient les mains du développeur, ou produiraient des sites moins riches que ceux réalisés avec des méthodes propriétaires de la vieille école. D'où provient cette croyance ? Peut-être des développeurs qui se sont essayés aux standards avec les navigateurs 4.0 ou antérieurs et que ces expériences ont, à raison, irrités. Mais cette ère de la mauvaise conformité est terminée.

La puissance du langage dans la formation des croyances

L'expression « standards du Web » est peut-être en cause. Le Web Standards Project l'a forgée dans un but de propagande. Nous recherchions une expression qui véhiculerait précisément aux éditeurs de navigateurs les enjeux ; une expression dont les connotations éthiques rappelleraient à ces éditeurs leur engagement envers les technologies qu'ils avaient contribué à créer et promis de prendre en charge. Il nous fallait une expression capable de transmettre aux développeurs, aux clients et aux journalistes techniques l'urgence qu'il y avait à disposer de technologies fiables et implémentées de manière cohérente dans toute l'industrie. « Recommandations » n'aurait impressionné personne. « Standards » nous semblait convenir.

Nous n'avions pas de budget et peu d'espoirs, et pourtant nous avons réussi. Désormais, des entreprises comme Microsoft, Apple, Adobe et Opera militent pour la conformité aux standards et en font l'apologie. Mais bien que ces entreprises aient enfin compris, ce n'est pas le cas de nombreux designers. Certains considèrent à tort les standards du Web comme un ensemble arbitrairement imposé de règles de design (certains s'imaginent d'ailleurs l'ergonomie ainsi). Il faudrait leur expliquer que les standards du Web n'ont rien à voir avec des directives ou des commandements esthétiques ou externes.

Si ce n'est pas l'expression « standards du Web », c'est peut-être le mot « conformité » qui est en cause. Les designers souhaitent suivre leurs propres visions créatives, ne pas se conformer à un ensemble complexe de règles technologiques. Il faudrait leur dire que ces règles ne dictent en rien l'apparence et l'ergonomie d'un site ; elles permettent simplement aux navigateurs de transmettre ce que les designers ont créé. De la même façon, les clients veulent se conformer aux objectifs commerciaux ou institutionnels de leur site, établis sur la base d'études marketing et utilisateur. Là encore, les standards du Web ne pourront que les y aider, en garantissant le fonctionnement correct de ces sites pour un plus grand nombre et sur davantage de plates-formes.

La question de l'inspiration

Les designers et les clients seront peut-être repoussés ou peu inspirés par l'absence d'originalité (confinant parfois à une hostilité au design et au marketing) de certains sites web traitant des standards du Web ou vantant leur conformité à telle ou telle recommandation du W3C. Nous retrouverons ce cas de figure avec l'accessibilité. (Certains sites accessibles sont absolument horribles, mais la responsabilité incombe aux designers et non à l'accessibilité qui ne pénalise nullement le design. Il en va de même des standards du Web, même si la présentation terne des sites du W3C ou de l'Ecma a peu de chances d'inciter des designers à apprendre XML et CSS 2.)

Le concours Wthremix (figure 3-17), démarré en décembre 2002, visait à susciter un regain d'intérêt pour les aspects esthétiques. Les organisateurs en ont exposé les objectifs comme suit :

> « Le W3C crée des standards et des directives qui optimisent le développement web et enrichissent l'expérience utilisateur. Des technologies comme XML, CSS, XHTML, le DOM et les directives telles que la Web Accessibility Initiative (l'initiative d'accessibilité au Web) nous permettent de créer des sites plus puissants et qui fonctionneront mieux pour tout le monde. Mais le W3C est composé de super-mordus de l'informatique, et non de designers, de développeurs, d'auteurs, et de spécialistes des systèmes d'information avec une approche client. C'est ainsi que les puissantes technologies et directives du W3C sont cantonnées dans un site tentaculaire, moins agréable et moins ergonomique qu'il pourrait l'être. Nous nous sommes demandés s'il était possible de transformer le site web du W3C

en un site plus esthétique, mieux organisé, mieux mis en valeur, et bien plus facile à utiliser et comprendre. D'où ce concours ».

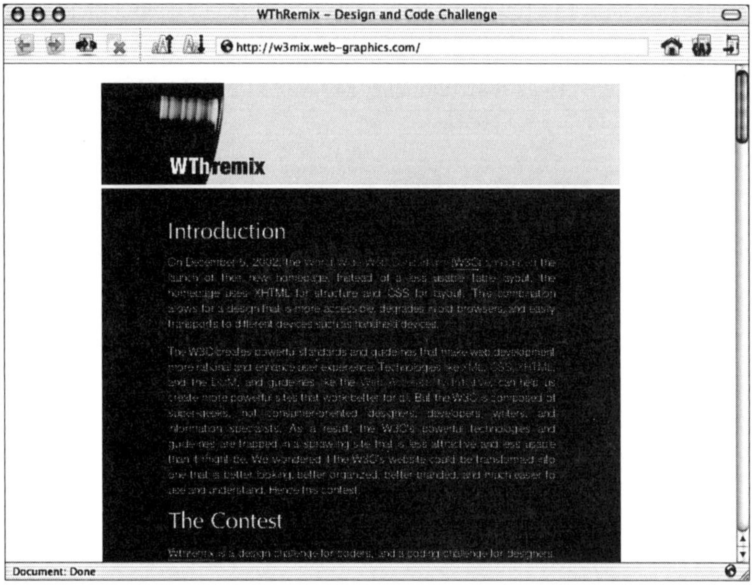

Figure 3-17
*Le concours Wthremix, démarré en décembre 2002, mettait au défi designers et programmeurs de créer un nouveau design pour le site du W3C (*w3mix.web-graphics.com*).*

Le concours

Wthremix est un défi en matière de design pour les programmeurs et un défi en matière de programmation pour les designers. En voici l'idée : créer un nouveau design de la page d'accueil du W3C. Concevoir une mise en page et une navigation intuitives, organiser les contenus avec une approche utilisateur, et créer une esthétique qui reflète l'importance et l'influence de l'institution. Montrez-nous votre idée de la page d'accueil du W3C, comment le consortium devrait communiquer auprès de ses utilisateurs et, pour montrer l'exemple, faites appel à du XHTML valide et sans tableau, à une mise en page CSS, et respectez le premier niveau d'accessibilité de la WAI.

Autres problèmes

Certaines personnes peuvent se méfier des standards du Web à la suite de quelques mauvaises expériences avec la première version de Netscape 6, boguée, ou à cause de quelques bogues qui n'ont pas encore été corrigés dans IE 6, plus d'un an après la sortie de ce navigateur. D'autres, intriguées par les promesses des standards du Web, ont peut-être converti un site de HTML en XHTML et découvert que leurs mises en page prenaient subitement des allures différentes dans les versions 6 et ultérieures de Netscape, dans Mozilla, et dans IE 6. Nous expliquerons les causes de ces comportements au chapitre 11 et donnerons quelques corrections simples et rapides pour remettre votre site sur les rails. Si vous ne connaissez pas ces petites astuces, il est possible que vous ne fassiez pas confiance aux standards du Web et préfériez vous masquer les yeux et persévérer dans les méthodes obsolètes et non standards qui fonctionnaient si bien dans les navigateurs du passé.

Ne passez pas du côté obscur. L'ignorance et les préjugés sont aussi nocifs dans le design web que dans toute autre activité humaine. Les standards du Web ne partiront pas ce si tôt ; ce livre vous aidera à mieux les connaître.

4

Trouvabilité, syndication, weblogs, podcasts, la longue queue, Ajax (et autres raisons du succès des standards)

Designers et développeurs : si les standards du Web vous ont déjà convaincu et si vous êtes prêts à vous jeter à l'eau, passez directement à la deuxième partie. Le présent chapitre cible vos patrons, vos clients, le DSI, le nouveau directeur du marketing, et tous ceux qui ne voient pas le rapport entre les standards du Web et la santé à long terme de leur entreprise.

Votre attention, patrons, clients, ingénieurs, commerciaux ! Voici ce qu'il vous faut savoir. Malgré les malentendus qui gênent leur adoption par endroits, les standards gagnent du terrain sur de nombreux fronts et modifient rapidement la technologie, le commerce, et la publication tant sur le Web qu'en dehors. En fait, ils ont contribué à façonner à peu près toutes les innovations rémunératrices et constructives sur le marché ces cinq dernières années.

Prenons l'exemple des podcasts ou des weblogs. Même le nouveau directeur du marketing en a entendu parler, et sait que ces trucs sont à la mode. Sur quoi reposent-ils ? RSS – c'est-à-dire une application XML. Que lui doit-on encore ? RSS aide les journaux et magazines traditionnels à faire migrer leurs contenus là où de plus en plus de lecteurs sont susceptibles de les trouver : le Web.

Ce nouveau directeur a peut-être entendu parler du marketing dit de la « longue queue » (figure 4-1), où les petites ventes font les grands profits. Chris Anderson, du magazine Wired, a découvert en octobre 2004 que « plus de la moitié des livres vendus par Amazon sont classés au-delà du rang 130 000 par ordre de popularité... [C'est pourquoi] le marché potentiel des ouvrages absents de la plupart des librairies est plus important que celui des titres les plus répandus. » (wired.com/wired/archive/12.10/tail.html).

Le Web est un village global : les goûts les plus obscurs y trouveront chaussure à leur pied, c'est-à-dire des produits de niche que les commerces de proximité ne peuvent se permettre d'avoir en stock. Qui saura le mieux exploiter la longue queue ? Ceux dont les contenus sont les plus faciles à trouver. Peter Morville, co-créateur de l'architecture moderne d'informations, a baptisé « trouvabilité » cette qualité bénéfique au chiffre d'affaires.

Pour accroître la visibilité de leurs produits sur le Web, des sociétés dépensent des millions en positionnement sur les moteurs de recherche (SEO, ou Search Engine Optimization). Pourtant, certains concurrents trop pauvres pour y consacrer un budget y sont quand même très bien classés, et réalisent donc de nombreuses ventes de niche. Leur secret ? Ils produisent des contenus sobres, riches en mots-clés, et dépourvus de tout baratin ou retape publicitaire. Leurs documents s'adressent directement à leurs clients – et le balisage sémantique présenté dans cet ouvrage se charge de pousser leur site en tête du hit-parade numérique. Rien de tel, pour être « trouvable », qu'une mise en forme CSS et du XHTML structurel associés à des contenus convenablement écrits et correctement relus, Les entreprises qui l'ont compris prospèrent ; les autres perdent des parts de marché.

Moribonds en 2000, le Web et Internet ont repris du poil de la bête – il est à nouveau possible d'y dégager d'importants bénéfices. C'est aux nouvelles idées et technologies rendues possibles par les standards du Web que l'on doit cela.

Dans ce chapitre, nous commencerons par un tour d'horizon du standard du Web le plus populaire depuis le HTML : le XML (eXtensible Markup Language, langage de balisage extensible). Il s'agit d'un format de données capable de tout traiter et déjà presque universellement adopté, et adapté aux besoins les plus complexes. Nous verrons comment XML contribue à la viabilité des produits logiciels dans un marché en rapide évolution, comment il résout les problèmes des entreprises d'aujourd'hui pilotées par les données, et comment il a permis l'émergence d'une nouvelle génération de services et d'applications interopérables, sur le Web ou dans le monde réel – y compris des succès aussi fulgurants qu'iTunes et iPod, ainsi que les applications étiquetées « Web 2.0 ».

Nous apprendrons aussi comment les outils professionnels de création web, qui ont d'abord ignoré les standards, en sont venus à les adopter. Et nous verrons comment les sites personnels de designers avant-gardistes ont encouragé l'adoption des mises en page CSS, le balisage XHTML, et la conformité aux directives d'accessibilité de la Web Accessibility Initiative (WAI) et de la Section 508. Toutes ces réussites ont un dénominateur commun : les standards gagnent du terrain parce qu'ils marchent. Plus ils seront acceptés, plus vite et mieux ils fonctionneront, préparant ainsi le chemin devant nous.

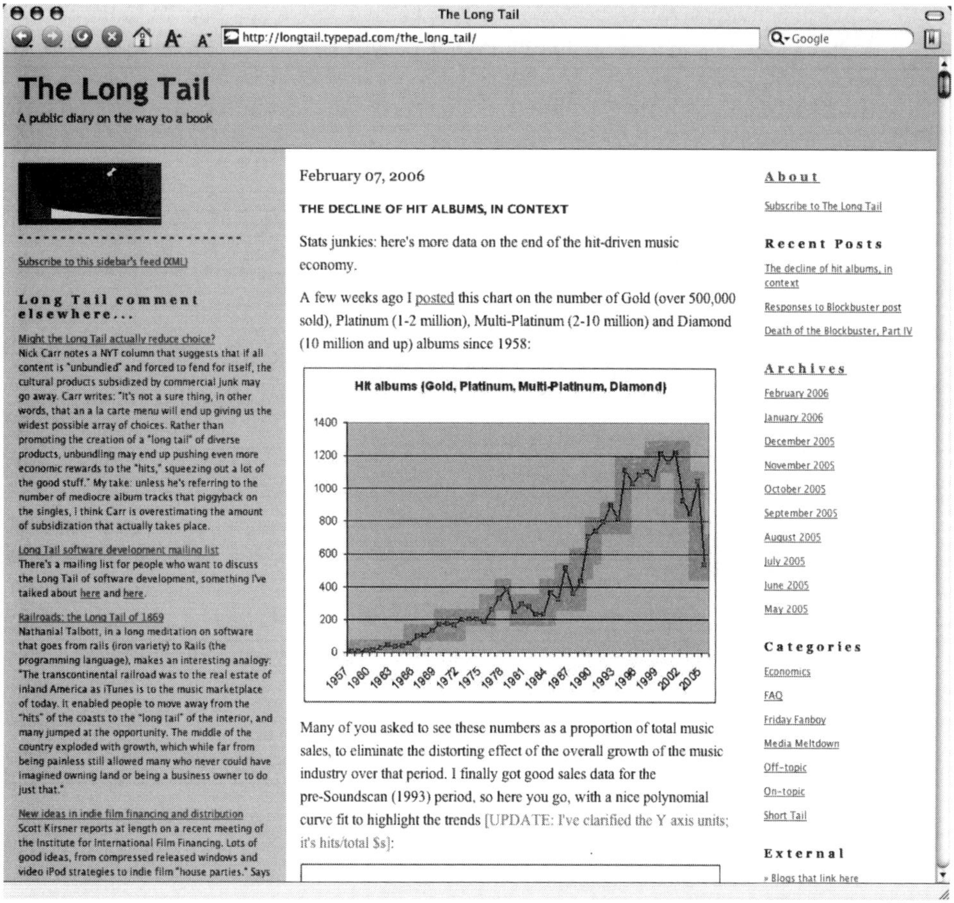

Figure 4-1

*Chris Anderson qualifie son weblog Long Tail (*longtail.typepad.com/the_long_tail*) de « journal intime public sur le point de devenir un livre ».*

Le langage universel (XML)

Au chapitre précédent, nous avons vu comment une mauvaise prise en charge des standards par les premiers navigateurs avait convaincu de nombreux designers et développeurs de leur caractère utopique. Certains s'accrochèrent obstinément à des méthodes obsolètes et contre-productives, d'autres optèrent pour Flash et laissèrent de côté HTML, CSS, et JavaScript. La lecture du chapitre 3 vous a peut-être convaincu que les standards du Web n'ont pas l'avantage du terrain dans la bataille qu'ils mènent pour être acceptés et bien utilisés. Dans ce cas, qu'allons-nous faire de XML ?

L'introduction du XML (www.w3.org/TR/REC-xml) provoqua une véritable révolution dans l'industrie logicielle lors de son introduction en février 1998 (figure 4-2). Pour la première fois, on disposait d'un format universel et adaptable pour la structuration des documents et des données, non seulement sur le Web, mais partout. Tout le monde s'est rué dessus comme des gamins qui sautent dans les flaques dans leurs habits du dimanche.

Figure 4-2
« Maman, il y a du XML sur mon ordinateur ! ». Une recherche rapide sur un Macintosh moderne détecte des centaines de fichiers XML. Certains stockent les préférences du système, d'autres pilotent les imprimantes. D'autres encore sont des composants essentiels d'applications telles qu'Acrobat, iPhoto, iTunes, Eudora, Internet Explorer, Mozilla, Flash, et Dreamweaver. XML est un standard du Web dont le champ d'application dépasse largement le Web.

> **Les trois papas de XML**
>
> C'est à Tim Bray, Jean Paoli, et C. M. Sperberg-McQueen que nous devons XML. Une version commentée par M. Bray (www.xml.com/axml/testaxml.htm) analyse XML et SGML avec perspicacité, tout en faisant preuve d'humour.

XML et HTML comparés

Bien qu'il repose sur la même technologie que celle qui a donné naissance au langage HTML (et bien qu'utilisant comme lui balises, attributs, et valeurs pour formater des documents structurés), XML diffère beaucoup du vénérable langage de balises qu'il s'est mis en tête de remplacer. HTML est un langage simple permettant de baliser les pages web. Il dispose d'un nombre fixe de balises et obéit à un petit nombre de règles parfois incohérentes. En HTML, certaines balises doivent être refermées, d'autres non ; pour d'autres encore, les deux sont possibles, selon votre humeur ou envie du moment. Cette souplesse permet à tout le monde de créer une page web – c'était l'effet recherché – sans qu'il soit nécessaire de s'y connaître véritablement.

C'était une bonne idée aux débuts du Web, quand celui-ci avait surtout besoin de contenus simples et pas vraiment d'autre chose. Mais dans le Web complexe d'aujourd'hui, où les pages sont souvent assemblées à l'aide d'outils de publication et où les informations doivent circuler dans tous les sens, d'une base de données à une page web à un périphérique sans fil à une imprimante, l'absence de règles uniformes dans le HTML fait obstacle à la réutilisation des données. Il est facile de convertir du texte en HTML, mais difficile de convertir des données balisées en HTML en tout autre format. En fait, le HTML est surtout un langage de formatage qui s'ignore. Il ne contient aucune information sur les contenus qu'il met en forme, ce qui limite là encore la possibilité de ré-exploiter ceux-ci ailleurs. Enfin, évidemment, le HTML est strictement limité au Web.

Le balisage XML, quant à lui, est constitué de règles cohérentes et sa portée va bien au-delà du Web. Lorsque vous balisez un document en XML, vous ne vous contentez pas de le préparer en vue de son affichage sur une page web. Vous l'encodez au moyen de balises qui seront comprises par n'importe quel environnement compatible XML.

Un parent, de nombreux enfants

Plus précisément, le XML est un langage permettant de créer d'autres langages. Tant qu'ils adhèrent à ses règles, les bibliothécaires sont libres de créer un langage XML dont les balises personnalisées satisferont les besoins du catalogage. Les éditeurs de musique pourront créer un langage XML prévoyant des balises pour l'artiste, l'enregistrement, le compositeur, le producteur, les données de copyright, les droits d'auteur, etc. Les compositeurs pourront organiser leurs partitions sous la forme d'un langage XML personnalisé appelé MusicML.

Ces langages XML personnalisés sont appelés « applications » et sont tous compatibles entre eux, puisque tous XML. Un analyseur (ou parseur) XML comprendra donc toutes ces applications, qui pourront facilement échanger des données les unes avec les autres. C'est ainsi que les données de la base XML d'une maison de disques pourront aboutir dans le catalogue d'enregistrements d'une bibliothèque, sans intervention humaine, sans erreur, et sans souffrir d'incompatibilités logicielles.

Un ingrédient essentiel des logiciels professionnels et grand public

Cette habilité à formater, comprendre, et échanger des données a rendu le XML aussi omniprésent que le Coca-Cola. Non content de stocker du contenu dans des bases de données en ligne ou d'entreprise, il est devenu la lingua franca des bases de données comme FileMaker Pro et d'autres types de logiciels, qu'il s'agisse d'applications de design haut de gamme ou de suites bureautiques telles que Microsoft Office et OpenOffice.org, utilisant le XML en natif dans leurs formats de fichiers. Le système d'exploitation Macintosh OS X sur Apple, dérivé d'Unix, stocke ses préférences en XML. Quark XPress et Adobe InDesign, leaders du design pour l'impression, importent et exportent du XML et prennent en charge la création de gabarits écrits dans ce langage. Les éditeurs web visuels tels que Dreamweaver sont eux aussi rompus à XML, ce qui facilite (ou, tout du moins, permet) l'échange des données dans tous les sens entre la page imprimée, la mise en page web, et la base de données qui pilote votre site de commerce électronique ou votre annuaire global.

Certains produits ne se contentent pas d'analyser le XML ; ils sont construits avec. Dreamweaver est depuis longtemps construit à partir de fichiers XML accessibles à l'utilisateur final (figure 4-3), ce qui permet de modifier le programme, à condition de se retrousser les manches. Un article populaire d'*A List Apart* écrit par Carrie Bickner (www.alistapart.com/articles/dreamweaver) expliqua comment, en modifiant les fichiers XML sur lesquels il repose, obtenir de Dreamweaver 4 (vous avez bien lu, Dreamweaver 4) qu'il produise du XHTML valide. Revendre des versions personnalisées de Dreamweaver est une activité d'appoint... mais qui peut rapporter gros.

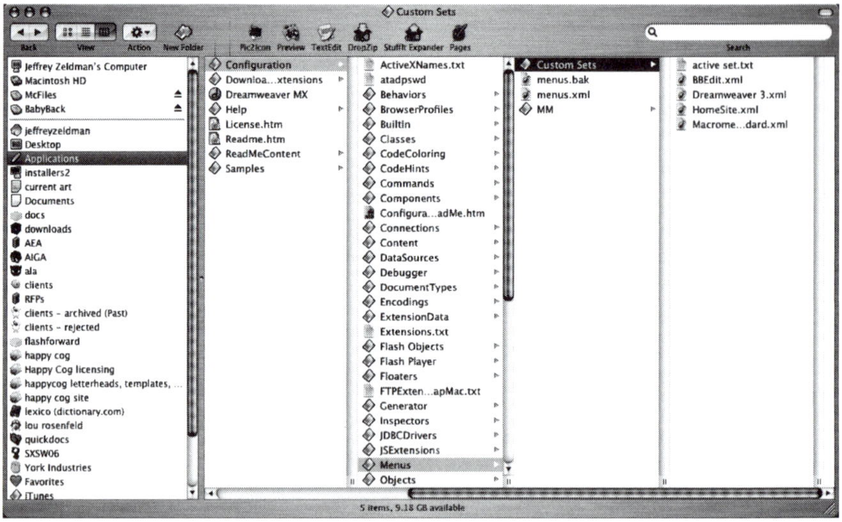

Figure 4-3

Sous le capot, Dreamweaver est composé de fichiers XML, ainsi que GIF, HTML, et JavaScript. Comme les fichiers d'un site web, les composants de Dreamweaver sont organisés en sous-répertoires. En modifiant ces fichiers, les utilisateurs avancés de Dreamweaver peuvent modifier son comportement.

Figure 4-4

Le logiciel iPhoto d'Apple (www.apple.com/iphoto) *est fourni gratuitement sur chaque Macintosh. Il recourt à XML pour l'organisation des données de la bibliothèque de photos, la mémorisation des configurations d'impression pré-enregistrées, et bien plus encore.*

Les logiciels grand public sont eux aussi friands de XML. Le gestionnaire d'informations personnelles (Personal Information Manager) de votre PC, Macintosh ou assistant numérique lit et écrit du XML, ou peut être amené à le faire au moyen de produits tiers. Quand votre appareil photo numérique appose la date et l'heure sur une image et enregistre ses dimensions, la taille du fichier, ou d'autres informations comparables, il le fait presque certainement en XML. Quand votre cher papa vous envoie 7 Mo de photos de vacances qui encombrent les tuyaux, il est probable qu'il transmette des données formatées en XML aux côtés de ces magnifiques images de caches d'objectifs photo sur fond de couchers de soleil. Un logiciel de gestion d'images comme iPhoto d'Apple (figure 4-4) comprend lui aussi le XML. Quand vous imprimez une photo de famille, l'image aura bonne allure grâce à des configurations d'impression pré-enregistrées en XML par le système d'exploitation Macintosh OS X d'Apple.

Plus populaire qu'un chanteur à la mode

Pourquoi XML a-t-il séduit tant d'éditeurs aussi différents et trouvé sa place dans leurs produits ? Il combine standardisation, extensibilité (la possibilité de personnaliser), adaptabilité (la possibilité de convertir des données d'un format à un autre), et échange relativement simple de données entre applications XML ou produits comprenant ce langage. En sa qualité de standard ouvert non assujetti à des brevets ou des droits, XML fait voler en éclats les formats propriétaires, dépassés, peu répandus et intrinsèquement onéreux. Le W3C ne fait payer aucun droit pour l'incorporation de XML dans un logiciel ou le développement d'un langage personnalisé à partir de XML. Qui plus est, XML est contagieux : plus le nombre d'éditeurs infectés par le virus XML augmente, plus vite XML se répand chez d'autres éditeurs, et plus les échanges de données inter-éditeurs sont facilités.

Qui plus est, XML est au point. Finie, l'époque où vos collègues de bureau vous prenaient pour un génie si vous étiez capable de venir à bout d'un texte brut délimité par des tabulations produit par un logiciel et de l'importer dans un autre (ce qui impliquait souvent des pertes de données et bien des opérations manuelles). XML aide les éditeurs à construire des produits dont l'interopérabilité permettra aux clients de travailler plus intelligemment et non pas plus dur. Ces derniers répondront en déliant les cordons de leur bourse.

Pas la panacée, mais il fait semblant

Nous ne sous-entendons pas que le XML est le remède miracle à tous les problèmes logiciels. Les données d'un fichier JPEG sont bien mieux exprimées en binaire que sous forme de texte. Nous ne prétendons pas non plus que tous les logiciels du marché « pigent » le XML, bien que ce soit le cas de la plupart des applications professionnelles et de nombreux produits personnels, et que leur nombre augmente sans cesse. Nous n'affirmons même pas que tous les logiciels prétendant prendre en charge le XML le font sans erreurs. Mais bien implémenté ou non, le XML a transformé l'industrie du logiciel et le monde de l'entreprise.

Même les constructeurs de produits non compatibles XML semblent le déplorer. En avril 2002, alertés par des ventes ternes et un marché du middleware (logiciel médiateur) fragmenté, des fournisseurs de télévision interactive et des acteurs du secteur des nouvelles technologies se sont rassemblés sous la bannière de l'iTV Production Standards Initiative (www.itvstandards.org). Leur mission : mettre en avant un standard basé sur XML – et en consolider la prise en charge – afin de « permettre aux producteurs d'écrire des contenus interactifs une fois pour toutes et de les distribuer sur tous les décodeurs et toutes les plates-formes PC ». Cela vous rappelle quelque chose ? C'est exactement l'objectif que s'était fixé le Web Standards Project vis-à-vis des standards du W3C lors des guerres des navigateurs de la deuxième moitié des années 1990.

Cinq manières de construire des données fiables

Sur le Web, le XML est le format de choix pour un nombre croissant de professionnels des nouvelles technologies, de développeurs, et de spécialistes de contenus devant travailler sur des données stockées dans de gros systèmes industriels ou institutionnels. Les mères exigeantes choisiront le XML pour cinq raisons, dont la plupart découlent assez logiquement de l'exposé précédent :

1. Comme l'ASCII, XML est un format de fichier unique et universel qui interagit bien avec les autres.

2. Contrairement à l'ASCII (ou au HTML), XML est un format intelligent et clairvoyant. Il ne se contente pas de contenir des données : il peut aussi stocker des données relatives aux données (métadonnées), ce qui facilite la recherche et d'autres fonctions.
3. XML est un langage extensible qui peut être personnalisé et adapté aux besoins de toute institution ou entreprise, ou créer de nouveaux langages s'acquittant de tâches précises, telles que la syndication de données ou la fourniture de services web.
4. XML repose sur des règles qui en garantissent la cohérence lorsque des données sont transférées vers d'autres bases de données, converties en d'autres formats, ou traitées par d'autres applications XML.
5. Des protocoles XML et d'autres langages annexes fondés sur XML permettent de transférer automatiquement les données XML vers de nombreux formats, des pages web aux catalogues imprimés en passant par des rapports annuels. Les développeurs osaient à peine rêver d'un tel pouvoir de transformation avant l'arrivée de XML. Les coupables ne manquent pas non plus d'apprécier les économies ainsi réalisées.

Des inventions à la pelle

Les exemples suivants donneront un aperçu de l'étendue de l'acceptation de XML sur le Web et au-delà. Ils illustreront aussi la manière dont l'émergence continue de nouveaux langages et protocoles dérivés de XML résout des problèmes qui ont parfois découragé même les développeurs les plus astucieux.

XSLT (eXtensible Stylesheet Language Transformations, transformations de langage de feuille de style extensible)

Le XSLT (www.w3.org/TR/xslt) est un langage de balisage fondé sur XML capable d'extraire et de trier des données XML et de les présenter en HTML ou en XHTML, prêt pour une visualisation immédiate en ligne. Si vous préférez, XSLT peut transformer vos données en PDF ou en texte brut, ou piloter la mise à jour continue de graphiques ou de figures au format SVG (Scalable Vector Graphics). XSLT peut même faire tout à la fois. Pour en savoir plus, consultez le tutoriel interactif *Using XML* mis au point par J. David Eisenberg (www.alistapart.com/articles/usingxml).

RDF (Resource Description Framework, cadre de description de ressources)

Le RDF (www.w3.org/RDF) est un langage fondé sur XML qui fournit une structure cohérente pour les applications échangeant des métadonnées sur le Web. D'un point de vue pratique, le RDF intègre des catalogues de bibliothèques et des annuaires ; il collecte et organise des informations, des logiciels, et tous types de contenus, et facilite la communication et le partage entre divers types de collections (comme des collections personnelles de photos et de musique, pour reprendre l'exemple donné dans la présentation sur le site du W3C). La puissance de RDF permet également de piloter des logiciels. Si vous disposez du navigateur

Mozilla sur votre ordinateur, farfouillez un peu dans les dossiers. Vous trouverez des fichiers RDF (et CSS) qui assistent le navigateur dans sa tâche. Explorez plus particulièrement les répertoires de profils. Chaque profil dispose de ses propres fichiers XML.

Parfois frustrant et obscur, RDF est un langage capable de belles créations s'il placé entre de bonnes mains. Grâce à lui, Jo Walsh (frot.org) a remarquablement annoté des relations géomatiques (space.frot.org). Il a suffi à l'écrivain Paul Ford d'un seul essai traitant des taxinomies sur substrat RDF pour faire passer le message d'un Web « sémantique » à des milliers de designers qui n'y voyaient jusque là que de vaines balivernes (ftrain.com/arbs_and_all.html). Tim Bray (M. XML) présente d'autres anecdotes amusantes sur RDF dans l'article *What Is RDF ?* (Qu'est-ce que RDF ?) publié sur XML.com (www.xml.com/pub/a/2001/01/24/rdf.html).

RSS (Rich Site Summary, sommaire de site enrichi)

Tiens, revoilà le nouveau directeur du marketing. Le sommaire de site enrichi (Rich Site Summary, ou RSS) est un vocabulaire XML léger conçu pour décrire des sites web. Il permet par exemple de faire connaître toute mise à jour d'un ensemble de contenus – ou encore d'envoyer directement ces derniers à leurs lecteurs. C'est bien mieux que ce qui fut évoqué lors de ces ennuyeuses réunions du marketing où tout le monde s'excitait en parlant de « piéger » les visiteurs. Au lieu de mettre en place une stratégie de séduction (pull) et d'espérer que les lecteurs resteront sur le site web, RSS en expédiera directement les contenus vers leur cible (push).

Dans les temps anciens, Dan Libby a développé RSS pour alimenter le portail « My Netscape » de la société AOL/Netscape. En avril 2001, quand ce projet a cessé d'intéresser AOL, la société UserLand Software Company de Dave Winer a repris le flambeau. Dave a ensuite quitté UserLand pour accepter un poste à l'université, et la spécification RSS est désormais hébergée au Berkman Center de Harvard sous une licence Creative Commons (cyber.law.harvard.edu).

Désormais, des milliers de sites utilisent RSS 2.0, ce qui en fait probablement le format XML le plus répandu sur le Web (figures 4-5, 4-6 et 4-7). Sa syndication simple et puissante le rend utile aux weblogs et aux podcasts (voir l'encadré « Ôtez votre podcast de mon webcast ! »). Tous les logiciels de création de weblogs prennent en charge RSS 2.0 et la plupart comprennent également Atom, une spécification concurrente. Il existe des agrégateurs (c'est-à-dire des sites ou produits qui « moissonnent » les flux RSS) et des services alertant les moteurs de recherche lors de toute mise à jour d'un site (www.pingomatic.com).

Ceux qui publient des contenus font appel à RSS pour rester en contact avec les lecteurs existants et pour en toucher toujours davantage. Nous ne limitons pas notre propos à de petits créateurs indépendants et visionnaires : USAToday.com émet des flux RSS (asp.usatoday.com/marketing/rss/index.aspx). C'est aussi le cas d'entreprises aussi connues que le New York Times (www.nytimes.com/services/xml/rss/nyt/HomePage.xml), la BBC (news.bbc.co.uk/1/hi/help/rss/default.stm), Yahoo ! News (news.yahoo.com/rss), et Wired News (wired.com/news/feeds/rss2/0,2610,,00.xml). D'importantes boutiques de commerce en ligne telles qu'Amazon (www.amazon.com/exec/obidos/subst/xs/syndicate.html) ne sont pas en reste. Tout le monde s'y met, même les petits oiseaux qui chantent dans les arbres. Il existe des flux RSS ne portant que sur certaines rubriques de tel ou tel journal (www.washingtonpost.com/wp-dyn/rss/linkset/2005/03/24/LI2005032400102.xml), voire sur les réactions à un seul article (www.alistapart.com/feed/hattrick/rss.xml).

Les diffuseurs en ont rêvé, le service marketing ne se sent plus de joie... et les commerciaux se frottent les mains. De plus en plus de flux RSS incorporent des publicités payantes, au grand dam de beaucoup mais au soulagement des commerciaux et publicitaires qui voyaient leurs marchés traditionnels – c'est-à-dire la télévision et les journaux – décliner.

Ôtez votre podcast de mon webcast !

Les podcasts sont des programmes audios que l'on télécharge sur ordinateur, sur iPod d'Apple (d'où leur nom) ou autre lecteur MP3 – on pourra ensuite les écouter en faisant du sport, dans la voiture, ou en voyage. Lorsque l'on connecte sa machine ou son appareil sur Internet, RSS 2.0 lui signale l'existence de nouveaux contenus sur les flux auxquels on s'est abonné. En général, cela déclenche automatiquement le téléchargement des fichiers et la destruction des podcasts antérieurs. Comme les weblogs, n'importe qui peut mettre en place des podcasts. Et de même que certains weblogs très fréquentés sont l'œuvre de particuliers, ce sont parfois des « amateurs » qui se cachent derrière les podcasts les plus populaires.

Figure 4-5

*Les lecteurs de news comme Ranchero Software's NetNews Wire (*ranchero.com/netnewswire*), pour Macintosh, (illustration) et Nick Bradbury's FeedDemon (*www.feeddemon.com/feeddemon*), pour Windows, fournissent à leurs abonnés des contenus RSS.*

Figure 4-6

*À l'instar de tous les environnements modernes d'écriture de weblogs, WordPress (*wordpress.org*), logiciel personnel de publication, libre et conforme aux standards, est immédiatement compatible avec RSS.*

Figure 4-7

*C'est aussi le cas de Movable Type (*www.sixapart.com/movabletype*), superbe outil d'écriture de weblog que l'on doit à Six Apart.*

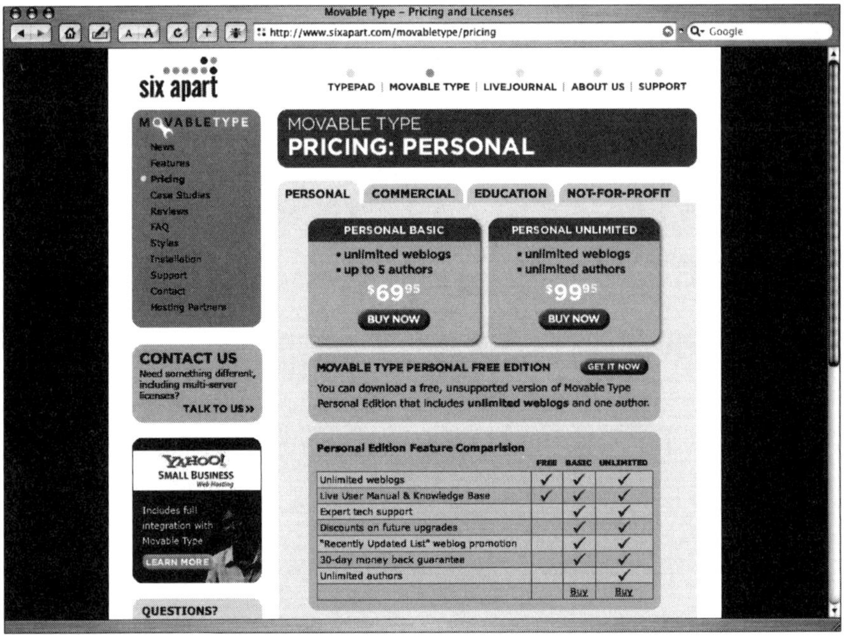

L'interface de programmation XMLHttpRequest

L'objet non standard XMLHttpRequest (fr.wikipedia.org/wiki/XMLHttpRequest) fut créé par Microsoft dans le cadre d'ActiveX pour Internet Explorer sous Windows. Toutefois, il est désormais pris en charge de manière native dans les navigateurs Safari d'Apple, Mozilla et Opera. XMLHttpRequest utilise JavaScript pour extraire des données XML des serveurs sans forcer le rafraîchissement de la page. Cette association de technologies fournit une interactivité sans interruptions sur laquelle on peut bâtir de très intéressants services. Dans un article largement répandu, le consultant Jesse James Garrett a baptisé cette approche du développement d'applications « Ajax », (www.adaptivepath.com/publications/essays/archives/000385.php). Cet heureux acronyme a favorisé la diffusion de la méthode sur le marché.

Quand les gens du marketing, les investisseurs et les développeurs évoquent les applications « Web 2.0 », ils font en général référence aux produits reposant sur XMLHttpRequest, XML et JavaScript, et qui sont affichés dans des pages web structurées en XHTML et au design CSS. À l'heure où nous mettons sous presse, Ajax rogne à Flash des parts sur le marché des applications web autonomes (Rich Internet Applications, ou RIA), provoquant une bulle d'excitation un peu fofolle et probablement exagérée (www.alistapart.com/articles/web3point0). Les applications web prolifèrent, de nouveaux marchés s'ouvrent, et les euros coulent à flot. Cela peut-il durer ?

En 2006, le gouvernement des États-Unis a délivré un brevet sur Ajax à une obscure boîte web, laquelle s'est empressée d'annoncer qu'elle comptait « vendre des licences » pour une technologie que des milliers de sites et de produits utilisent déjà (www.informationweek.com/story/showArticle.jhtml?articleID=180206472&cid=RSSfeed_IWK_News).

La suite des événements est encore incertaine, mais elle impliquera probablement des avocats.

XML-RPC

Autre innovation d'UserLand Software, XML-RPC (www.xmlrpc.com) est « une spécification et un ensemble d'implémentations qui permettent à un logiciel de fonctionner sur des systèmes d'exploitation différents [et] ... dans des environnements différents afin de réaliser des appels de procédures distantes sur l'Internet. » On peut l'utiliser, entre autres, pour automatiser des tâches de gestion de site dans des outils de publication sur le Web comme ceux décrits ci-après.

Les outils de publication web pour le commun des mortels

Comme le montre ce petit inventaire, les fonctionnalités des logiciels payants gérant le XML se retrouvent dans les langages gratuits fondés sur XML, entre les mains de brillants développeurs. À leur tour, ces programmeurs créent de nouveaux produits pour répondre aux besoins de leurs collègues designers, développeurs, et auteurs. Des produits de publication personnelle tels que WordPress (figure 4-6) et Movable Type (www.movabletype.org, figure 4-7) emploient XML-RPC pour faciliter leur gestion de site et RSS pour automatiser l'organisation et la distribution de leur contenu sur d'autres sites compatibles (figure 4-7). WordPress et Movable Type transmettent à leurs utilisateurs le pouvoir de publier, et XML leur donne la possibilité d'exister.

XML se développe de concert avec la publication personnelle (y compris les podcasts) – aussi bien chez les développeurs compétents que chez ceux qui n'ont jamais entendu parler du standard XML et seraient bien incapables d'écrire du XML (voire, parfois, du HTML) par eux-mêmes.

Pour vous servir

La logique de XML s'applique également au marché émergent des services sur le Web. Ainsi, le protocole SOAP (Simple Object Access Protocol, protocole simple d'accès aux objets – www.w3.org/TR/soap), fondé sur XML, facilite l'échange d'informations dans un environnement réseau décentralisé et indépendant des plates-formes. Il permet d'accéder à des services, à des objets et à des serveurs, ainsi que de coder, décoder, et traiter les messages. La puissance sous-jacente de XML permet à SOAP d'éviter la complexité liée à la multiplicité des plates-formes et des produits.

SOAP n'est qu'un protocole dans le monde bourgeonnant des services web (www.w3.org/2002/ws). David Rosam définit ces derniers comme suit :

> « Les services web sont des composants logiciels réutilisables fondés sur XML et ses protocoles associés qui autorisent des interactions quasi-gratuites dans l'écosystème des entreprises. On pourra y recourir en interne pour intégrer des applications rapidement et à un coût modéré, ou les proposer sur l'Internet aux clients, fournisseurs, ou partenaires. »

C'est excellent d'un point de vue industriel, mais la magie des applications web vient de leur incorporation dans des bibliothèques de programmation appelées API (fr.wikipedia.org/wiki/Interface_de_programmation). C'est grâce à ces dernières qu'un service web peut produire un nombre illimité de travaux dérivés – la plupart du temps couverts par la licence publique générale de GNU (www.gnu.org/copyleft/gpl.html) ou un contrat Creative Commons (creativecommons.org). D'un point de vue juridique, cela garantit que les produits ainsi « enfantés » n'auront pas de fil gênant à la patte.

Google Maps (maps.google.com), Flickr (flickr.com), et Amazon.com proposant tous des API, il est possible à des développeurs indépendants de fournir des services délocalisés gravitant autour de ces données centralisées (figures 4-8 et 4-9). Poussant l'idée un peu plus loin, les Dashboard Widgets (gadgets de tableau de bord) d'Apple sont des applications écrites par les clients (construites avec XHTML, XML, CSS et JavaScript) et capables de charger des données distantes sur l'ordinateur (figure 4-10).

Tout fringants qu'ils soient, des sites comme Widgets et Mappr ! présentent encore plus d'intérêt quand on sait qu'ils ne marquent que le début d'un gigantesque raz de marée créatif. Ils font penser aux courts films muets de la fin du dix-neuvième siècle. Certes intéressants en eux-mêmes, ils laissaient surtout présager la révolution explosive du cinéma.

Figure 4-8

*Ils reposent sur les interfaces de programmation de géants. Mappr ! (*mappr.com*) incorpore des informations géographiques aux photos de* Flickr.com.

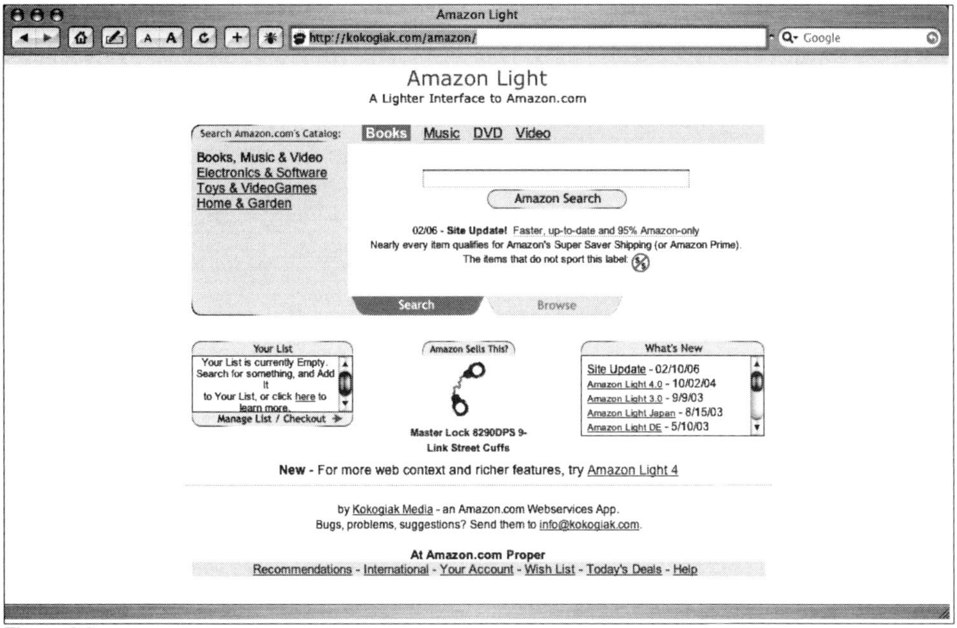

Figure 4-9

*Amazon Light (*kokogiak.com/amazon*) allège l'interface du site de commerce en ligne* Amazon.com.

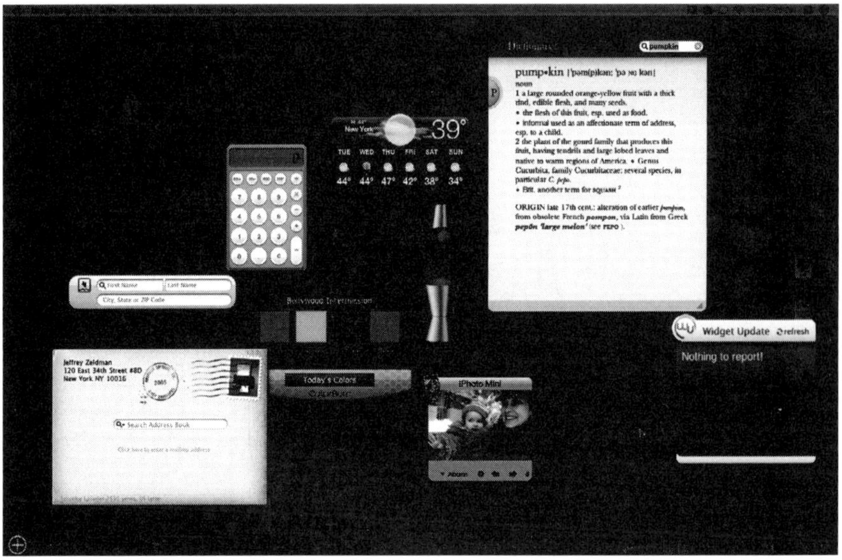

Figure 4-10

Le peuple se prend en main : sur Macintosh, les Dashboard Widgets d'Apple permettent aux utilisateurs malins de créer des applications reposant sur les standards et dont les utilisateurs plus paresseux pourront profiter.

Votre site et les applications XML

XML est le langage à la base du SVG (www.w3.org/TR/SVG) et du XHTML (www.w3.org/TR/2002/REC-xhtml1-20020801). Les illustrateurs qui exportent le logo de leur client au format SVG et les auteurs web qui composent leurs pages en XHTML utilisent tous du XML, qu'ils en soient ou non conscients. Les règles communes à toutes les formes de XML favorisent les interactions entre ces formats, entre eux comme avec d'autres types de XML, comme par exemple du XML stocké dans une base de données. Une image SVG pourra être automatiquement modifiée à la suite d'une recherche menée par l'utilisateur ou mise à jour en continu en fonction de données fournies par un flux au format XML.

Le site d'une chaîne de télévision régionale pourrait ainsi exploiter cette fonctionnalité pour afficher le point sur la circulation dans toute la magnificence de ses embouteillages. De bouchon résorbé en nouveau bouchon, le fil de nouvelles relaierait ces informations au serveur, où elles seraient formatées en XHTML sous forme de texte lisible par l'utilisateur et en SVG sous forme de carte de la circulation. Simultanément, ces données pourraient être organisées en RDF ou RSS afin d'être partagées avec d'autres organismes d'informations, ou exploitées par SOAP dans le but d'aider les responsables municipaux à localiser le problème pour mieux y réagir.

Bien qu'elles reposent sur XML, les images SVG sont faciles à créer avec des logiciels comme Adobe Illustrator CS2 (www.adobe.com/products/illustrator/main.html). Comme les images vectorielles Flash, les images créées en SVG peuvent s'afficher sur les moniteurs les plus grands en n'utilisant que peu de bande passante. Et, comme les autres composants de pages standards, elles peuvent être manipulées avec ECMAScript et le DOM. N'oublions pas que, par défaut, le contenu textuel de SVG est accessible, qu'il est même possible de le sélectionner avec le curseur quelles que soient les transformations et déformations qu'il a subies. Firefox 1.5 prend en charge SVG de manière native – cela devrait aussi être le cas de Safari d'Apple à l'heure où vous lirez ces lignes.

Compatible par nature

Parce qu'elles ont un parent commun et qu'elles suivent les mêmes règles, toutes les applications XML sont compatibles entre elles, ce qui facilite la tâche des développeurs qui manipulent des ensembles de données XML au moyen d'autres, et développent de nouvelles applications XML pour répondre aux besoins de leurs clients, sans craindre les incompatibilités. Omniprésent dans les logiciels professionnels et personnels actuels, largement utilisé dans le middleware (logiciel médiateur) du Web et dans le développement de moteurs d'arrière-plan, et indispensable au marché des services web, le XML va au-delà de nos rêves les plus fous, en apaisant nos pires cauchemars d'incompatibilités et d'impasses technologiques.

Les éditeurs de logiciels, peu enclins à risquer de perdre des clients en restant en dehors du coup, comprennent qu'une compatibilité XML permet à leurs produits d'interagir avec d'autres et de rester viables sur un marché changeant. Les cadres et les professionnels des nouvelles technologies, peu désireux de laisser des systèmes propriétaires garder en otage les précieuses données de leur entreprise, peuvent résoudre ce problème de façon nette et sans bavures en les convertissant en XML. Les petits développeurs indépendants, de leur côté, peuvent concurrencer les plus grandes entreprises en maîtrisant la puissance de XML, qui récompense la réflexion et non pas les budgets.

Dans ce monde actuel de la primauté des données, les formats propriétaires n'ont plus la cote, à supposer qu'ils l'aient jamais eue. XML agrandit le terrain et invite tout le monde à participer. C'est un standard du Web, et il fonctionne. C'est à cela qu'on reconnaît un bon standard : il fonctionne, s'acquitte de sa tâche, et interagit bien avec les autres standards. Qu'on appelle cela interopérabilité (le terme retenu par le W3C) ou simple coopération entre composants, XML améliore considérablement la situation du passé, quand dominaient les technologies web propriétaires. Sous la baguette des standards du Web, les entreprises concurrentes, elles aussi, ont appris à coopérer.

Une nouvelle ère de coopération

Grâce au Web Standards Project, les fabricants de navigateurs ont appris à prendre en charge les mêmes standards. Conséquence attendue de cette coopération technologique, ces concurrents ont également appris à collaborer différemment, et de manières souvent surprenantes. En juillet 2002, Microsoft a soumis au groupe de travail HTML du W3C « un ensemble de tests HTML et d'hypothèses à tester pour aider au développement de la suite de tests HTML 4.01 du W3C » (lists.w3.org/Archives/Public/www-qa-wg/2002Jul/0103.html). Cette contribution fut réalisée aux noms de Microsoft, Openwave Systems, Inc., et America Online,

Inc., alors propriétaires de Netscape et de Mozilla. Opera Software Corporation (éditeur du navigateur Opera) et le Web Standards Project l'ont également révisée.

Suites de tests et spécifications

Les suites de tests du W3C permettent aux éditeurs de navigateurs de savoir si leur logiciel est conforme à un standard ou s'il faut encore y travailler. Il n'existait aucune suite de tests pour HTML 4.01 (le langage de balises qui est aussi le socle de XHTML 1.0). Dépourvus d'un tel outil, les éditeurs souhaitant prendre en charge ce standard devaient croiser les doigts et espérer que tout se passerait bien. Qui plus est, en l'absence d'une suite de tests, les créateurs de standards se trouvaient dans une position délicate. Comment être certain que la technologie inventée corrige bel et bien les problèmes qu'on s'était promis de traiter si l'on ne dispose pas d'un terrain d'essais concret ? C'est un peu comme concevoir une voiture sur le papier sans avoir d'atelier d'usinage pour construire un prototype. Dans l'intérêt des créateurs de standards et des éditeurs de navigateurs, une suite de tests était depuis longtemps indispensable.

Prenez la suite

Quand Microsoft a pris l'initiative de pallier cette carence, cette entreprise a choisi de ne pas agir isolément, mais d'inviter ses concurrents et un groupe extérieur (WaSP) à participer à cet effort portant sur les standards. Il est tout aussi significatif que ces entités aient sauté sur l'occasion. Le produit de leurs travaux n'était pas assujetti à des brevets ni à des droits, et toutes les œuvres qui en résulteraient ou seraient dérivées appartiendraient entièrement au W3C. Ni Microsoft ni ses concurrents n'ont tenté de monnayer leur peine.

D'ordinaire, Microsoft n'avait pas la réputation de s'interroger sur ce qui convenait le mieux à Netscape, cette autre société n'était pas non plus spécialement intéressée pour aider Microsoft – et aucune n'assistait le moins du monde Opera. Ces entreprises n'ont pas non plus pour vocation de perdre de l'argent dans des investissements désintéressés. Elles ont pourtant agi de concert dans l'intérêt du Web et se sont concentrées, non sur quelque nouvelle technologie propriétaire fantaisiste, mais sur ce modeste HTML 4.

Ignoré par la presse spécialisée, l'événement marqua pourtant une révolution. La « suite de tests HTML » présentée tranquillement au W3C par Microsoft et ses ennemis les plus dévoués n'est pas aussi miraculeuse (ni aussi importante) qu'un plan de paix des Nations Unies, mais elle signala une nouvelle étape dans l'évolution du Web. Quand des concurrents collaborent ainsi, c'est le signe que le média qu'ils servent a fait ses preuves.

On observe la même chose dans toute activité mûre. Des maisons de disques qui se détestent se rassemblent paisiblement pour présenter un nouveau standard de l'industrie ou repousser ce qu'elles perçoivent comme des menaces pour leurs moyens de subsistance (comme le partage en pair à pair de fichiers musicaux sur Internet – vous rappelez-vous la grande époque de Napster ?). La possibilité pour Microsoft, Netscape, et Opera de travailler ensemble indique que le Web avait mûri. Ce qui les a rassemblés (une suite de tests du W3C) donne la raison de cette maturation : notre média est devenu adulte grâce aux standards présentés dans ce livre.

Voici quelques autres exemples où les standards poussent à l'ouverture et à la coopération.

Le groupe de travail WHAT

Des ingénieurs de la Mozilla Foundation et d'Opera Software ont créé le groupe de travail WHAT – pour Web Hypertext Application Technology, ou « technologie d'application de l'hypertexte au Web » – (whatwg.org). Il s'agit d'une « collaboration informelle, non officielle et ouverte de fabricants de navigateurs web et quiconque est intéressé ». Elle vise à « satisfaire le besoin d'un environnement de développement cohérent pour les applications web, à travers la création de spécifications techniques destinées à être implémentées dans les navigateurs web populaires ».

Bien que les organisations qui l'ont créé – c'est-à-dire la Mozilla Foundation et la société Opera Software – fassent partie des contributeurs les plus prolifiques du W3C, les ingénieurs du WHAT sont contrariés par le rythme de développement des standards de ce dernier, qu'ils jugent parfois trop lent. Leur groupe se distingue du W3C par l'accent qu'il place sur les problèmes pratiques et relevant des navigateurs, mais aussi parce qu'il préfère HTML à XML. Cela dit, le WHAT collabore avec le W3C, sans s'y opposer (www.w3.org/Submission/2005/02/Comment). En éliminant les frontières entre leurs entreprises et en se consacrant à des questions clairement délimitées (spécifiant par exemple la manière dont tous les navigateurs devraient traiter les contrôles, menus et barres d'outils RDF), ils espèrent accélérer la manœuvre et rationaliser le développement des navigateurs. L'objectif est que tous ces programmes prennent uniformément en charge des standards toujours plus évolués.

Internet Explorer 7 et le Web Standards Project

Au lieu de développer IE 7 en secret, Microsoft travaille en étroite collaboration avec le Web Standards Project depuis fin 2005. Cette société souhaite s'assurer que la nouvelle mouture de son navigateur prendra mieux en charge les standards du Web que toutes celles qui l'ont précédée. Les ingénieurs de Microsoft prennent également en compte les bidouilles CSS mises au point par les designers pour contourner les bogues de conformité des premières versions d'IE.

Malgré la collaboration observée entre l'équipe de développement d'IE pour Macintosh et le Web Standards Project au siècle dernier, les gens de Windows ont d'abord considéré que le WaSP était une épine dans le pied. Ils n'avaient pas tort : quand il s'agissait d'IE sous Windows, ce groupe maniait presque toujours le bâton et ne proposait guère de carotte. Ce n'est que récemment – suite à un changement de politique interne de Microsoft favorisant l'ouverture – qu'ils ont reconnu un allié potentiel dans ce groupe indépendant traitant des standards et souhaité travailler main dans la main avec lui ainsi qu'avec toute la communauté du développement web. Rappelez-vous qu'ils sont en situation de force : leur taille et leur puissance leur permettent d'imposer à tous tout ce qu'ils veulent. Il est donc bien agréable de les voir solliciter la communauté du design web comme jamais auparavant, en se rangeant sous l'apaisante bannière des standards.

Les standards du Web et les outils de création

Développés à l'apogée des guerres des navigateurs, les éditeurs visuels professionnels leaders, comme Adobe (anciennement Macromedia) Dreamweaver et Adobe GoLive ont d'abord cherché à traiter le problème de l'incompatibilité des navigateurs en générant des balises et du code optimisés pour leurs versions 3.0 et 4.0. Quand les navigateurs demandaient des balises HTML non standards ou invalides, Dreamweaver et GoLive les leur fournissaient. Si les navigateurs disposaient de leur propre modèle incompatible d'objet de document, piloté par un langage de script propriétaire, ces éditeurs produisaient du code en conséquence.

Ce faisant, Dreamweaver et GoLive n'étaient pas plus coupables que les développeurs qui produisaient manuellement le même type de balises et de code. Comme expliqué au chapitre 2, les constructeurs de sites faisaient ce qu'ils avaient à faire quand les standards étaient en phase d'élaboration et que les navigateurs ne les prenaient pas encore en charge. L'approche consistant à leur « donner ce qu'ils demandent » semblait raisonnable à l'époque, mais elle n'est plus appropriée aujourd'hui. À mesure que les navigateurs consolidaient leur conformité avec les standards, des outils comme Dreamweaver et GoLive devaient faire de même. C'est désormais le cas.

La Dreamweaver Task Force

La Dreamweaver Task Force (équipe spéciale affectée au projet Dreamweaver) du Web Standards Project fut créée en 2001 pour collaborer avec les ingénieurs de Macromedia dans le but d'améliorer la conformité aux standards et l'accessibilité des sites produits par Dreamweaver, leader du marché des éditeurs web visuels. On trouvera l'historique de cette Task Force à l'adresse www.webstandards.org/act/campaign/dwtf. Les objectifs principaux du groupe comprenaient notamment les points suivants :

- Dreamweaver devait produire des balisages valides avec les réglages par défaut. (Un balisage valide n'utilise que des balises et attributs standards et ne contient aucune erreur.)
- Dreamweaver devait laisser le choix entre des versions XHTML et HTML, en proposant une DTD valide pour chacune. (Une DTD est une « définition de type de document », qui indique au navigateur le type de balises utilisées dans la construction de la page web. Voir le chapitre 5.)
- Dreamweaver devait respecter la DTD d'un document et produire des balises et du code qui s'y conforment.

- Dreamweaver devait permettre aux utilisateurs de créer facilement des documents web accessibles à tous.
- Dreamweaver devait proposer un rendu suffisamment précis de CSS 2 pour permettre le traitement de pages formatées en CSS à partir de l'environnement visuel Dreamweaver.
- Dreamweaver ne devait pas corrompre des mises en page CSS valides en insérant des styles au cœur du texte sans en informer l'utilisateur.
- Les utilisateurs de Dreamweaver devaient pouvoir être sûrs que les pages créées avec cet outil présentent un haut niveau d'accessibilité.

Dreamweaver MX, sorti en mai 2002, répondait à ces objectifs (et à d'autres encore). En évaluant le produit qu'elle avait contribué à façonner, la Task Force a conclu que Dreamweaver MX :

- produisait des balisages valides avec les réglages par défaut ;
- facilitait la création de sites accessibles ;
- rendait CSS 2 avec un niveau de précision correct (bien que le positionnement CSS pose encore quelques problèmes) ;
- évitait de corrompre les mises en page CSS ;
- incitait à la conformité XHTML et CSS (par des tests automatiques de conformité) ;
- respectait et promouvait les standards du Web.

Jugez-en par vous-même

Vous pouvez consulter l'évaluation complète du produit par la Dreamweaver Task Force du WaSP à l'adresse www.webstandards.org/act/campaign/dwtf/mxassessed.html.

L'âge de raison des outils WYSIWYG (deux sur trois, ce n'est pas si mal)

Pour la discussion qui nous intéresse ici, il suffit de retenir que Dreamweaver MX prend en charge les standards du Web et qu'il propose en la matière des fonctionnalités comparables à celles des navigateurs récents. Même si le WaSP et Adobe n'ont pas réussi à travailler ensemble, cette dernière entreprise a, de son côté, amélioré considérablement la prise en charge des standards par son outil de création web de manière visuelle, GoLive (www.adobe.com/golive).

GoLive propose CSS et XHTML, mais aussi SMIL (Synchronized Multimedia Integration Language, www.w3.org/AudioVideo), standard du W3C permettant de créer des présentations multimédias accessibles. Les utilisateurs de ces éditeurs web leaders peuvent aisément produire des sites conformes aux standards et accessibles.

De FrontPage à Expression Web Designer

Troisième produit de cette catégorie, Microsoft FrontPage est peu employé par les professionnels mais fut largement répandu chez les semi-professionnels, sans doute parce que pendant des années, il a été livré de concert avec d'autres produits Microsoft. Les professionnels du secteur public se sont parfois retrouvés coincés avec FrontPage, parce que leur budget ne leur permettait pas d'acquérir un éditeur web « supplémentaire ».

Pourtant, FrontPage ne fut jamais un programme de création web visuel. Ce n'était qu'un logiciel produisant des documents pour IE, crachant des balises et du code propriétaires, produisant ainsi des pages mal fichues qui n'avaient belle allure et ne se comportaient correctement que dans Internet Explorer. Ce n'était pas une question d'incompétence. Ce bogue était voulu, bien qu'il ne profitât à aucun utilisateur. Dans une de ses dépositions, Bill Gates (de Microsoft) reconnut qu'il avait envoyé une note de service ordonnant au groupe logiciel Office, qui comprend FrontPage, de cesser tout travail visant à rendre ses documents interopérables avec d'autres produits (c'est-à-dire de ne plus les fonder sur les standards). Gates ne voulait pas que des produits concurrents puissent ouvrir, sauvegarder, et modifier des documents générés par des outils Microsoft. C'est pourquoi, si vous optiez pour FrontPage pour le design ou le développement de sites web, vous pouviez être sûr que ces documents n'auraient l'apparence voulue que dans Internet Explorer.

Depuis lors, beaucoup d'eau a coulé sous les ponts. La méchante sorcière... euh, FrontPage est mort. Vive Microsoft Expression Web Designer (www.microsoft.com/products/expression), sorti en 2006 ! Molly Holzschlag, leader non officiel du Web Standards Project, a demandé à son équipe de travailler avec Microsoft pour rendre ce logiciel aussi conforme que possible aux standards. Résultat : il connaît XHTML et produit du CSS comparable à celui de Dreamweaver.

Il est naturellement impossible à un éditeur web visuel de lutter avec un être humain sur le terrain du CSS astucieux ou du balisage sémantique. Cela dit, les professionnels préférant créer leurs sites sous ce genre d'environnement ont désormais le choix entre trois produits. Le WaSP a également travaillé avec Microsoft pour rendre Visual Basic Studio plus conforme aux standards. Ces collaborations sont des chantiers très importants du groupe, qui profitent à tous.

Émergence de la mise en page CSS

La spécification CSS 1 a été publiée en 1996 pour mettre un terme au HTML de présentation, et séparer l'apparence d'un site des données qu'il contient. En 2000, tous les navigateurs populaires ont enfin été capables de rendre correctement des mises en page entières réalisées en CSS. Mais les designers et les développeurs hésitaient encore à adopter cette technologie tant qu'une part significative de leurs visiteurs employait des navigateurs non conformes, versions 4.0 ou antérieures. Il fallait faire quelque chose pour que les designers et développeurs des sites web principaux n'aient plus peur des standards du Web. Le Web Standards Project décida de recourir à des tactiques de guérilla.

La campagne de mise à jour des navigateurs

En février 2001, le Web Standards Project a donné le coup d'envoi de sa campagne de mise à jour des navigateurs (Browser Upgrade campaign, www.webstandards.org/act/campaign/buc). Comme son nom l'indique, elle visait à inciter les clients à tester les navigateurs récents, davantage conformes aux standards, ce qui encouragerait ainsi les designers à recourir à ces derniers plutôt qu'à des bidouillages en HTML et à du code propriétaire.

Dans certains cas, les développeurs étaient incités à se comporter comme si tous leurs visiteurs utilisaient déjà exclusivement des navigateurs conformes. Un fragment de JavaScript placé dans la zone `<head>` d'un document pouvait tester la connaissance du DOM de tout navigateur accédant à cette page. Si ce navigateur « recevait » le DOM, il recevait aussi la page. Dans le cas contraire, le visiteur basculait sur une page que son navigateur pouvait comprendre. Cette page-là recommandait à ce visiteur de mettre à jour son navigateur au moyen d'une version plus récente d'IE, de Netscape, d'Opera, ou de tout autre navigateur conforme. Elle lui expliquait aussi pourquoi cette opération enrichirait son expérience du Web. À la différence des anciennes campagnes de type « optimisé pour... », la campagne de mise à jour du WaSP ne privilégiait aucun éditeur. Peu nous importait le navigateur que vous téléchargiez, du moment qu'il était conforme aux standards.

Cette approche brutale était réservée aux sites employant correctement la mise en page CSS et le DOM, et uniquement aux sites non commerciaux ou non indispensables, et qui pouvaient prendre le risque de refuser des visiteurs de cette façon. Les designers et les développeurs qui participaient à cette campagne étaient encouragés à construire leurs propres pages de « mises à jour des navigateurs », adaptées aux besoins de leurs visiteurs, de n'utiliser ces techniques que sur des sites valides et conformes aux standards, et d'apprécier soigneusement les avantages et inconvénients d'une telle décision.

Us et abus de la campagne de mise à jour

Hélas, cette technique a trop souvent été employée par des développeurs paresseux sur des sites aux antipodes de la conformité. Aggravant les dégâts, ils renvoyaient invariablement leurs visiteurs sur les pages de mise à jour du WaSP au lieu de créer les leurs. Comme vous pouvez l'imaginer, ces efforts mal inspirés ont plus souvent frustré les clients qu'ils ne leur ont donné envie de tester les navigateurs conformes. Au rang des prévenus figurait notamment un site de photos d'une association de pom-pom girls, Raiderettes.com (figure 4-11), l'un de ceux qui a renvoyé le plus grand nombre de visiteurs sur la page de la campagne de mise à jour du Web Standards Project. Joli site, mais toute tentative d'en valider le balisage (validator.w3.org) produisait le rapport suivant :

```
Fatal Error: no document type declaration; will parse without
validation.
I could not parse this document, because it uses a public
identifier that is not in my catalog.[1]
```

Comme plusieurs autres sites commerciaux, Raiderettes.com avait utilisé le code de renvoi des navigateurs du WaSP, non pas dans le but de promouvoir les standards, mais comme un moyen bien pratique pour repousser les navigateurs incapables de gérer ses menus en DHTML. Il va sans dire que le Web Standards Project a reçu énormément de courrier de la part de mâles rendus fous par leur testostérone, qui auraient voulu mater des minettes et se fichaient complètement de CSS et d'ECMAScript. Rien n'est plus laid que la rancœur d'un homme privé de sa perversion (à part peut-être l'individu lui-même).

Figure 4-11
Raiderettes.com, site officiel de l'association des pom-pom girls de l'équipe Oakland Raider (www.raiderettes.com), *vers 2000.*

Les sites ayant exploité la campagne de mise à jour du navigateur lancée par le Web Standards Project ne l'ont donc pas tous fait dans le bon état d'esprit.

La méthode douce

De tels échecs mis à part, la campagne en faveur de la mise à jour des navigateurs a convaincu des milliers de designers et de développeurs à s'essayer aux standards. Elle a aussi fait prendre

1. N.D.T. : Ces messages signifient : « Erreur fatale : pas de déclaration de type de document ; l'analyse se fera sans validation. Je n'ai pas pu analyser ce document car il utilise un identifiant public absent de mon catalogue. »

conscience de l'importance des standards en attirant l'attention de la presse spécialisée. De temps en temps, elle a même convaincu les clients de télécharger des navigateurs conformes. Bien que cette campagne soit devenue célèbre pour ses blocages stupides de navigateurs, c'était une stratégie à plusieurs niveaux, avec des approches plus douces qui ont fait couler moins d'encre mais produit plus d'effets. Pour apporter son soutien à cette nouvelle campagne et mettre en valeur une approche plus respectueuse du client, *A List Apart* (www.alistapart.com) a au même moment procédé à une refonte CSS et HTML valide (remplacé peu de temps après par du XHTML), comme on l'a décrit au chapitre 2.

Pour tenter de faire la preuve de la souplesse de cette campagne, *A List Apart* n'a délibérément exclu aucun visiteur. Ce site s'est contenté de masquer sa mise en page aux navigateurs non conformes. Les utilisateurs d'IE à partir de sa version 5, de Netscape 6, d'Opera à partir de sa version 5, et d'autres navigateurs présentant les mêmes fonctionnalités, recevaient contenu et mise en page. Ceux qui recouraient à des navigateurs plus anciens n'avaient que le contenu, sans la mise en page. Ces derniers voyaient aussi apparaître un discret message « mise à jour du navigateur », caché aux premiers. Les standards donnaient toute leur mesure, tous les utilisateurs étaient accueillis. Pour piquer la curiosité des designers, *A List Apart* donna à ce message des allures de propagande, présentant son redesign comme un manifeste, en insistant sur le fait que ce message serait dès lors caché aux navigateurs non compatibles CSS — qui n'avaient plus qu'à aller au diable (figures 4-12 et 4-13).

Figure 4-12
*To Hell with Old Browsers ! (Au diable les vieux navigateurs !). Ce manifeste d'A List Apart incitait les designers à faire leurs mises en page en CSS, leur code en DOM, et à écrire un vrai balisage au lieu d'obliger HTML à servir les besoins de la mise en page (*www.alistapart.com/articles/tohell*).*

A List Apart exhortait ses lecteurs à cesser de se chercher des excuses et à commencer l'incorporation des standards sur leurs sites. Un préambule (figure 4-13), rapidement gribouillé sur une serviette en papier lors d'une conférence web (puis mis en page en CSS) disait :

> « Dans six mois, un an, deux ans tout au plus, tous les sites web seront conçus avec des standards qui séparent structure et présentation (ou avec Flash 7). Nous pouvons assister passivement au dépérissement de nos compétences, ou commencer dès maintenant l'apprentissage des techniques reposant sur ces standards. En fait, les dernières versions des navigateurs IE, Navigator, et Opera prennent déjà en charge de nombreux standards du

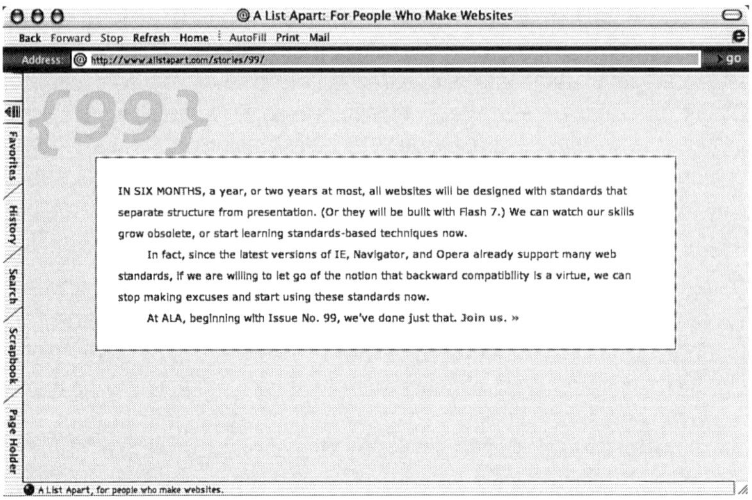

Figure 4-13
La une CSS d'A List Apart n° 99, telle qu'elle apparaissait en février 2001, au moment du lancement de la campagne de mise à jour des navigateurs.

Web. Si nous sommes prêts à oublier l'idée que la compatibilité descendante est une vertu, nous pouvons cesser de nous chercher des excuses et commencer dès maintenant à utiliser ces standards. À compter du numéro 99, c'est chose faite pour *A List Apart*. Rejoignez-nous. »

Une vague de mises à jour

Cet édito toucha une corde sensible. Dans les jours qui suivirent, des sites indépendants entamèrent un à un leur conversion en CSS pour la structure. « What Do I Know » (Ce que je sais), le weblog de Todd Dominey (figure 4-14) est représentatif de ces convertis du CSS en raison de son choix de technologies, tout en étant bien au-dessus de la moyenne dans son style comme dans son design. Professionnel des nouveaux médias travaillant à Atlanta, Dominey dirige un studio de design (figure 4-15). C'est l'inventeur et le distributeur de SlideShowPro (www.slideshowpro.net), composant dynamique de galeries de présentation prévu pour Flash, et « employé sur des milliers de sites de par le monde ». Sur son weblog, Dominey expliqua pourquoi il était passé intégralement aux standards du Web (www.whatdoiknow.org/about.shtml) :

> « Ce site utilise exclusivement des techniques de mise en page XHTML/CSS. Pas d'images GIF transparentes servant de cales. Pas de lignes. Pas de colonnes. Pas de bidouillages. La raison en est simple : je suis designer professionnel dans le domaine des nouvelles technologies, et j'avais besoin d'un terrain d'expériences pour tester des techniques de design avancées qui ne trouvent généralement pas leur place dans les commandes de mes clients (ce qui est parfois une bonne chose). La mise en page est réalisée au moyen de techniques d'avant-garde qui seront en permanence adaptées aux derniers navigateurs.

Figure 4-14
Weblog de Todd Dominey (www.whatdoiknow.org).

Figure 4-15
Studio de design de Todd Dominey (www.domineydesign.com).

Si vous utilisez Internet Explorer (Macintosh ou Windows) version 5.0 ou ultérieure, Mozilla, Netscape 6, ou Opera, vous n'aurez aucun souci. En revanche, vous aurez des problèmes avec les navigateurs plus anciens ou en version bêta, comme iCab et OmniWeb. Si vous ne voyez ici qu'un fond gris et un texte bleu, il est vraiment urgent que vous mettiez votre navigateur à jour. »

D'innombrables convertis et les sites qui les ont convaincus

La campagne de mise à jour des navigateurs et la nouvelle maquette d'*A List Apart* ont donné deux grands coups de fouet à la communauté du design. Dans les années qui suivirent, d'innombrables sites personnels et weblogs ont fait le choix de CSS/XHTML. Pour soutenir ce soudain intérêt dans la mise en page CSS, plusieurs sites personnels ont mis à disposition des mises en page CSS open source. Vous ne comprenez pas le fonctionnement de CSS ? Vous ne savez pas utiliser des styles pour la mise en page ? Voici des sites où vous pourrez vous documenter ou en récupérer par copier-coller :

- Layout Reservoir de Blue Robot (figure 4-16) ;
- CSS Layout Techniques d'Eric Costello (glish.com/css) ;
- les mises en page visuelles Little Boxes d'Owen Briggs (figure 4-17).

Les lecteurs aux ambitions plus agressives consulteront le site css/edge (figure 4-18) d'Eric Meyer, auteur du livre *CSS par Eric Meyer* et meilleur expert du monde sur ce sujet. Ce site fait la démonstration de mises en page CSS haut de gamme qui ne fonctionnent que dans les navigateurs les plus conformes. De par leur nature, ces techniques ne peuvent pas être utilisées dans la plupart des commandes, mais elles constituent un bon terrain d'entraînement aux types de travaux que nous serons bientôt amenés à réaliser.

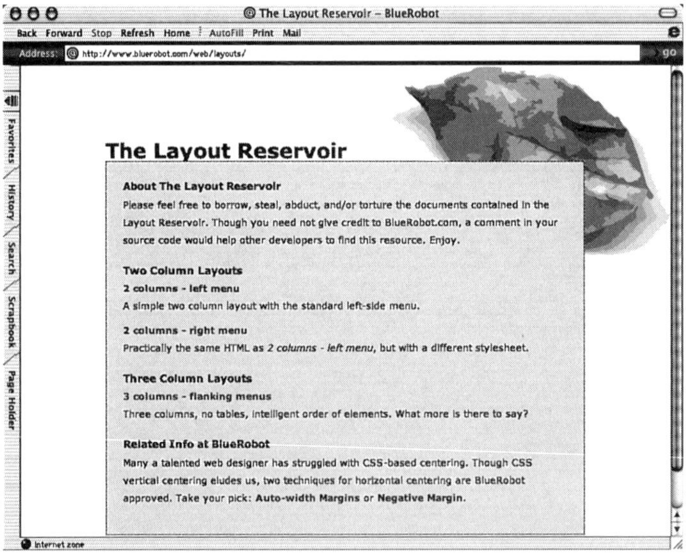

Figure 4-16
*Layout Reservoir de Blue Robot propose en libre service des mises en page CSS bien conçues et fort utiles (*www.bluerobot.com/web/layouts*).*

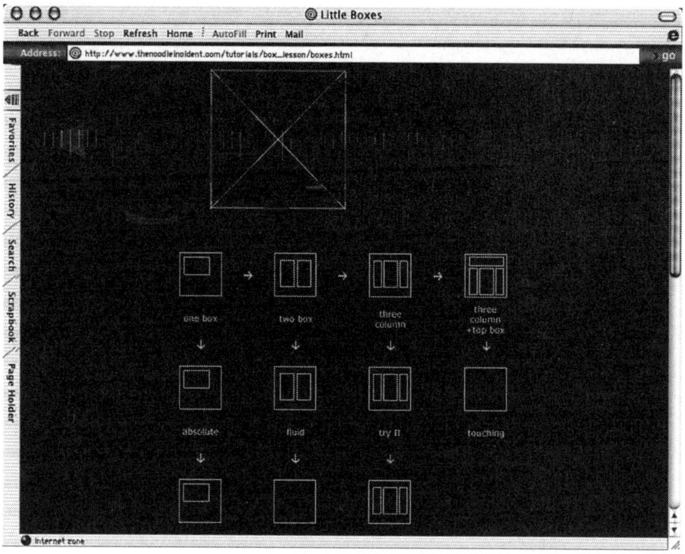

Figure 4-17
*La page de designs visuels Little Boxes d'Owen Briggs (*www.thenoodleincident.com/tutorials/box-lesson/boxes.html*). Choisissez une mise en page, cliquez dessus, et vous obtiendrez la feuille de style CSS qui l'a créée (que vous pourrez reprendre et adapter à vos propres projets web).*

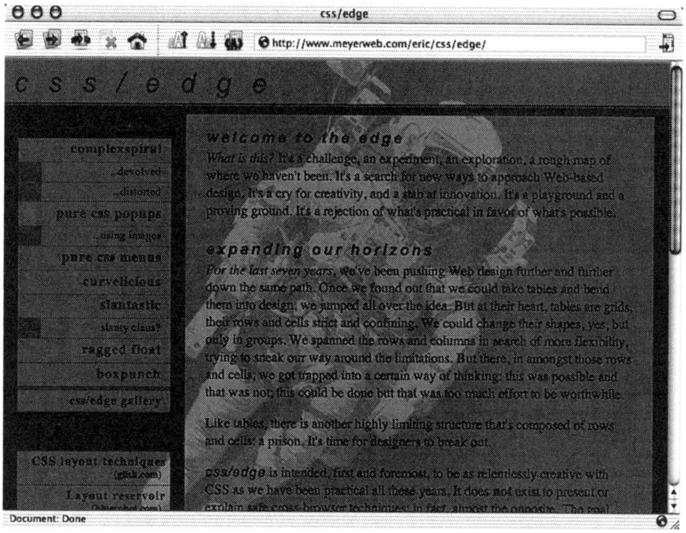

Figure 4-18
*Les techniques d'avant-garde proposées sur le site css/edge d'Eric Meyer ne fonctionnent que dans les navigateurs les plus récents et les plus conformes (*www.meyerweb.com/eric/css/edge*).*

La plupart des designers CSS se satisfont de sites qui ont belle allure dans IE 5 ou version ultérieure sans trop se dégrader dans Netscape 4 (ou qui n'affichent que le contenu, sans la présentation). Real World Style de Mark Newhouse (figure 4-19) propose des mises en page CSS utiles qui fonctionnent de manière acceptable dans Netscape 4 et autres navigateurs anciens. Vous souhaitez dire « oui » à CSS ? Vous ne pouvez pas vous permettre d'envoyer promener les vieux navigateurs ? C'est possible, et Real World Style vous montre la voie.

Figure 4-19

Diamétralement opposé à css/edge sur le spectre des designs, Real World Style de Mark Newhouse (www.realworldstyle.com) *propose des présentations CSS open source qui fonctionneront raisonnablement, même sur des navigateurs aussi anciens et affreux que Netscape 4 (évidemment, elles fonctionneront tout aussi bien dans des navigateurs plus récents et plus conformes).*

La base de connaissances absolue en matière de CSS

Puisque nous évoquons Eric Meyer, signalons qu'il est aussi le co-fondateur et la nounou de la liste de diffusion CSS Discuss (www.css-discuss.org) – où la communauté du design CSS traite de sujets qui la concernent. Comme on peut s'y attendre de la part d'un tel groupe mené par un leader de cette qualité, le wiki de CSS Discuss (css-discuss.incutio.com) rassemble tout ce que l'on peut chercher à savoir sur CSS. Vous souhaitez cacher du texte aux navigateurs mais pas aux lecteurs d'écran (css-discuss.incutio.com/?page=ScreenreaderVisibility) ? Créer une mise en page sur trois colonnes (css-discuss.incutio.com/?page=ThreeColumnLayouts) ? Comprendre ce qui fait boguer votre navigateur préféré (css-discuss.incutio.com/?page=BrowserBugs) ? Toutes ces énigmes – et bien d'autres encore – trouveront leur réponse sur le wiki de CSS Discuss.

Des caprices justifiés

Alors que la combinaison CSS/XHTML s'installait dans le monde des sites personnels et indépendants, l'accessibilité s'est jointe au cocktail, suite aux directives de la WAI ou aux exigences de la Section 508. À l'heure où nous écrivons ces lignes, les principaux sites web indépendants se répartissent en deux catégories :

- Des sites à compatibilité ascendante, fondés sur les standards, faisant appel à CSS pour la mise en page et à XHTML pour la structure (ce qui est le cas de nombreux weblogs, de la plupart des nouveaux sites proposant des contenus, et de pratiquement toutes les applications dites « Web 2.0 ») – de manière plus ou moins pure d'un point de vue sémantique.
- Des sites entièrement écrits en Flash, exploitant la puissance d'ActionScript (langage de script fondé sur ECMAScript).

Si votre site personnel ne fait appel ni aux standards du Web ni à Flash, nombre de vos collègues designers considéreront probablement que vous êtes complètement dépassé. Ce snobisme pourra vous sembler un peu ridicule, et il l'est, en effet. Mais en s'étayant sur ce défaut qui est en chacun de nous, il a de plus hautes visées : faire adopter les techniques du futur par les sites web les plus en vue.

Le leadership est une affaire de personnes

Les sites personnels et indépendants ont toujours été dans la démarche de repousser les limites, et leurs innovations ont inspiré par la suite les évolutions des sites plus traditionnels. JavaScript, cadres (frames), fenêtres pop-up ont fait leurs premiers pas sur des sites personnels avant-gardistes. Personne n'étant mort après avoir visité de tels sites, les designers commerciaux ont pensé qu'ils pouvaient sans crainte intégrer ces éléments dans leurs travaux de commande. C'est pourquoi on dispose de menus déroulants DHTML sur des sites de commerce électronique (www.coach.com/index-noflash.asp) et de ces horripilantes fenêtres pop-up lors de la lecture du New York Times (www.nytimes.com). Cette influence n'a donc pas eu que des effets positifs. Le transfert des technologies depuis les sites d'avant-garde vers les sites plus classiques se passera mieux cette fois-ci, l'avant-garde ayant désormais abandonné les gadgets au profit des standards interopérables et de l'accessibilité. Encouragés d'un côté par des sites personnels qui ouvrent la voie et par de nouvelles lois, ces changements sont déjà à l'œuvre.

L'adoption généralisée des standards par les grands noms du Web

En 2001, les États-Unis d'Amérique et le Canada ont publié des directives stipulant que les sites gouvernementaux devaient être développés dans le respect des standards du Web et rendus accessibles. La Grande-Bretagne et la Nouvelle-Zélande ont rapidement suivi, ainsi que de nombreux états américains.

En 2002, les principaux sites affiliés au gouvernement, dont Texas Parks & Wildlife (www.tpwd.state.tx.us) et la page d'accueil de Juneau en Alaska (figure 4-20) se sont convertis aux standards du Web, mises en page CSS comprises. Texas Parks & Wildlife explique cette transformation de la manière suivante (www.tpwd.state.tx.us/standards/tpwbui.htm) :

> « En sa qualité d'agence d'État, Texas Parks & Wildlife a l'obligation de suivre le paragraphe §201.12 du code administratif du Texas qui stipule de coder les pages web à l'aide des standards définis par le W3C. Ces exigences sont dictées par des soucis d'accessibilité. Les pages web doivent être accessibles à tous les utilisateurs, quel que soit leur handicap ou quelle que soit la technologie qu'ils emploient pour accéder aux pages web. »

Mais comment des pages qui n'ont pas la même apparence pour tous peuvent-elles être accessibles ?

L'accessibilité ne signifie pas que tout le monde voit la même chose. L'accessibilité concerne le contenu et les informations. Il s'agit de rendre tous les contenus (texte, images, et multimédia) disponibles à l'utilisateur. Pour atteindre ce but dans le respect des standards, Texas Parks & Wildlife recourt aux feuilles de style en cascade pour séparer les informations de leur présentation, ce qui lui permet de proposer des pages de meilleure qualité et des contenus dynamiques, à jour. Les standards de codage du Web définis par le W3C rendent possible la création de pages accessibles. En recourant à des standards du W3C tels que CSS et XHTML, Texas Parks & Wildlife a commencé à créer des pages web conformes.

Les développeurs de la page d'accueil de la capitale de l'Alaska argumentent leur décision comme suit (www.juneau.org/about/stylesheets.php) :

> « Sur le site CBJ, nous passons d'une structure avec cadres à une mise en page CSS. Ce standard nous donne plus de liberté en matière de design, tout en rendant nos contenus plus accessibles aux utilisateurs. Grâce à ces feuilles de style, nos textes sont disponibles sur la quasi-totalité des navigateurs et des plates-formes informatiques, y compris les périphériques de poche et les assistants personnels. Tout cela est possible avec la même page ; plus besoin de maintenir de multiples versions texte seul ou imprimable de chaque document. Cette décision nous permettra aussi d'éviter nombre d'écueils que nous rencontrons actuellement dans notre mise en page avec cadres. »

Le seul inconvénient, c'est que de nombreux navigateurs anciens ne comprennent pas les feuilles de style. Néanmoins, celles-ci sont bien plus douces avec les navigateurs non conformes que les cadres envers les navigateurs qui ne les prennent pas en charge. Les navi-

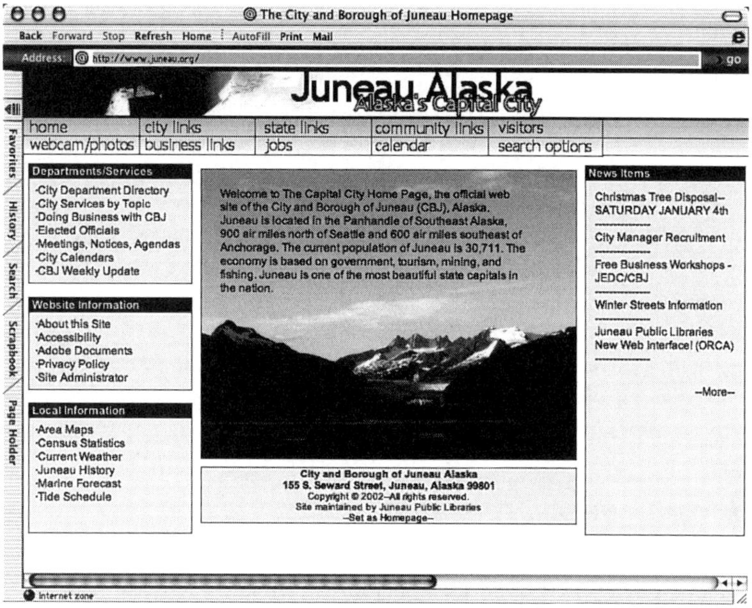

Figure 4-20
*Bienvenue dans la belle commune de Juneau, Alaska. Son tourisme, ses mines, sa pêche... ses feuilles de style (*www.juneau.org*). Juneau.org fut l'un des premiers sites du secteur public à substituer aux cadres une mise en page CSS et un balisage en XHTML structuré.*

gateurs ne comprenant pas les feuilles de style affichent le contenu d'une page web CSS dans un format texte. Cela n'est pas très sexy, mais toutes les informations (y compris les liens et les images) sont affichées. En fait, les feuilles de style permettent au designer web de contrôler l'ordre d'affichage des contenus dans un navigateur non conforme sans compromettre l'apparence de la page dans les navigateurs conformes. Cette possibilité constitue à elle seule un avantage considérable des feuilles de style en cascade. Elle permet en effet de façonner des pages web adaptées à toutes les générations de navigateurs. En tant que designer de site web, je préfère de loin que mes utilisateurs me signalent des pages « d'allure bizarre » plutôt que des pages qui « ne marchent pas ».

La majorité des navigateurs les plus populaires comprennent le CSS dans leur dernière version. Si ce n'est pas le cas du vôtre, cliquez sur l'un des boutons ci-dessous pour télécharger un navigateur conforme. Sur un système ancien (avec des processeurs plus lents et moins de mémoire), optez pour le navigateur Opera, bien moins gourmand que les deux autres.

Celui qui pense que les États-Unis prennent les standards au sérieux sera peut-être surpris par ce qui suit. Dans de nombreux états européens, on trouve une antenne du W3C établissant la liste des directives que tous les sites web du pays doivent légalement respecter. L'auteur a eu le plaisir, en novembre 2005, d'intervenir aux Asturies, en Espagne, devant une salle comble. Il a évoqué les standards du web, l'ergonomie, et l'accessibilité. Le plus intéressant – si l'on excepte le fait qu'un tel sujet puisse attirer autant de monde –, ce sont les organisateurs de cette conférence : le gouvernement de la principauté, en partenariat avec Fundación CTIC, antenne espagnole du W3C. Il en va de même partout en Europe, ce que les lecteurs du vieux continent apprendront avec plaisir.

Les sites commerciaux se jettent à l'eau

En 2002, les principaux sites commerciaux ont eux aussi commencé à adopter les techniques CSS et XHTML, que leurs développeurs avaient parfois décriées au nom de la compatibilité descendante. En juillet de cette même année, l'important moteur de recherche Lycos Europe est passé au balisage XHTML et à la mise en page CSS, suivi en décembre par HotBot, propriété d'American Lycos. C'est environ au même moment que le moteur de recherche super-rapide AlltheWeb (www.alltheweb.com) s'est lui aussi converti à CSS et XHTML, en ajoutant la prise en charge de feuilles de style personnalisées parmi les fonctionnalités. Depuis lors, Yahoo.com a lui aussi opté pour un design reposant sur CSS, malgré un balisage HTML complètement invalide et désolant par son absence totale de sémantique.

Les convertis de Wired Digital

En septembre 2002, le populaire site Wired Digital connut une seconde naissance, celle des standards : XHTML pour les données, CSS pour la mise en page (figures 4-21 et 4-22). Le chef de projet Douglas Bowman (figure 4-23) a supervisé le redesign ; il avait fait de la conformité aux standards sa priorité numéro un.

Figure 4-21

Wired Digital (www.wired.com) s'est converti aux standards en 2002, avec une structure en XHTML et une mise en page CSS.

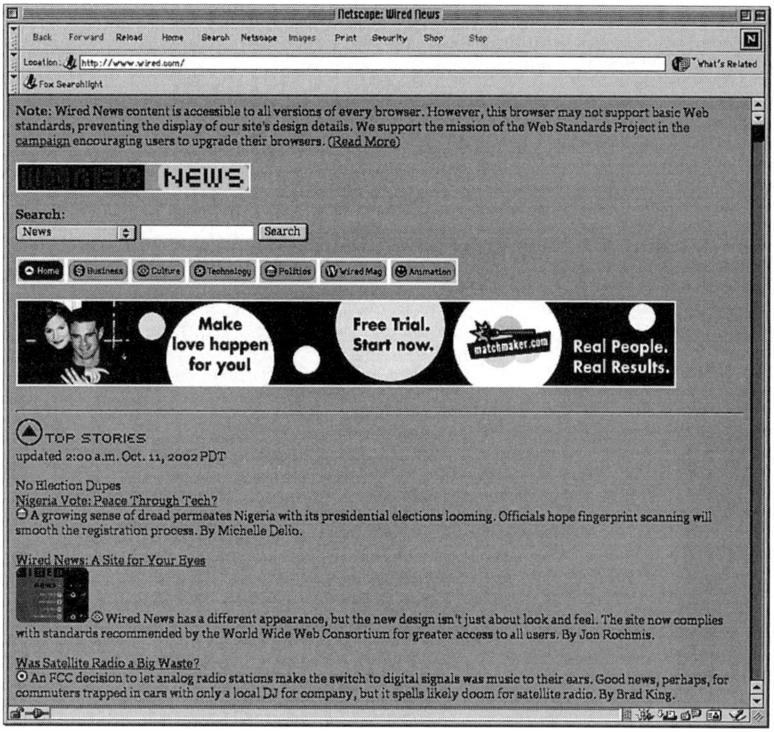

Figure 4-22

*Visualisé dans un navigateur non conforme (Netscape 4 en l'occurrence), Wired Digital (*www.wired.com*) autorise un accès complet aux contenus, mais sans présentation. Il utilise pour cela des techniques inspirées par la campagne de mise à jour du WaSP et la nouvelle maquette CSS d'A List Apart.*

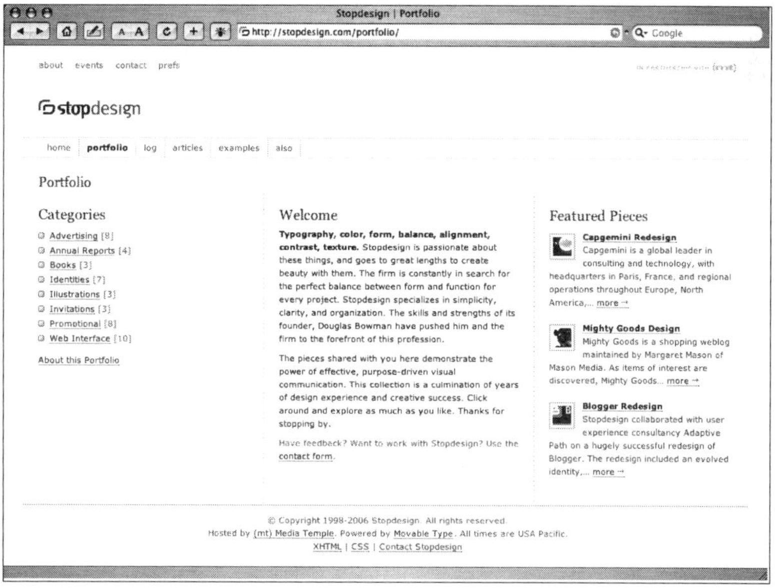

Figure 4-23

*C'est principalement au travail et à l'évangélisme d'un seul homme que Wired Digital devait son engagement envers les standards : Douglas Bowman. Il a ensuite quitté Wired pour démarrer sa propre entreprise, Stopdesign. Le site de Stopdesign (*www.stopdesign.com*) utilise brillamment, lui aussi, une mise en page CSS, et la société de l'auteur de ce livre a déjà recouru au génie de Doug.*

Ce site web très visible, à fort trafic, jouissait de la réputation – méritée – de comprendre et d'utiliser les technologies web. Wired a longtemps servi de figure de proue à la communauté du développement. Sa conversion aux standards du Web a envoyé à l'industrie un signal clair : l'heure était venue de préférer la compatibilité ascendante à des craintes désormais dépassées.

Mettre les designers dans le coup

Aux États-Unis, les sites gouvernementaux et ceux des grandes entreprises commencent eux aussi à comprendre ce qui se passe. Pourtant, les standards du Web étaient encore inconnus de nombreux infographistes quand le fougueux Dave Shea, tout droit sorti de Vancouver, a lancé un site qui illuminerait les esprits de 4 designers. Son CSS Zen Garden – jardin zen du CSS – (figures 4-24, 4-25 et 4-26) consiste en une simple page présentant la puissance de CSS en matière de mise en forme d'un document web. En cliquant sur des liens aux noms aussi évocateurs que « Snowdrop Essence » (essence de perce-neige) ou « Nightswimming » (bain de minuit), on modifie radicalement l'apparence et le feeling du site sans rien changer au texte affiché. C'est une démonstration de la force de CSS pour ce qui est de séparer structure et présentation. Cette idée n'est pas nouvelle (nous l'avions mise en œuvre sur le site d'*A List Apart*), mais c'est la première fois que l'objectif était purement esthétique. Des centaines de designers ont laissé leur empreinte – parfois, ils se sont même fait un nom – en créant des mises en forme pour le Zen Garden. De par le monde, ces maquettes en ont incité des dizaines de milliers d'autres à aimer CSS.

Figure 4-24

*Le CSS Zen Garden (*www.csszengarden.com*) de Dave Shea illustre les possibilités de CSS. On voit ici la mise en forme « Organica Creativa » (*csszengarden.com/?cssfile=/188/188.css&page=0*) d'Eduardo Cesario (*www.criaturacreativa.com*).*

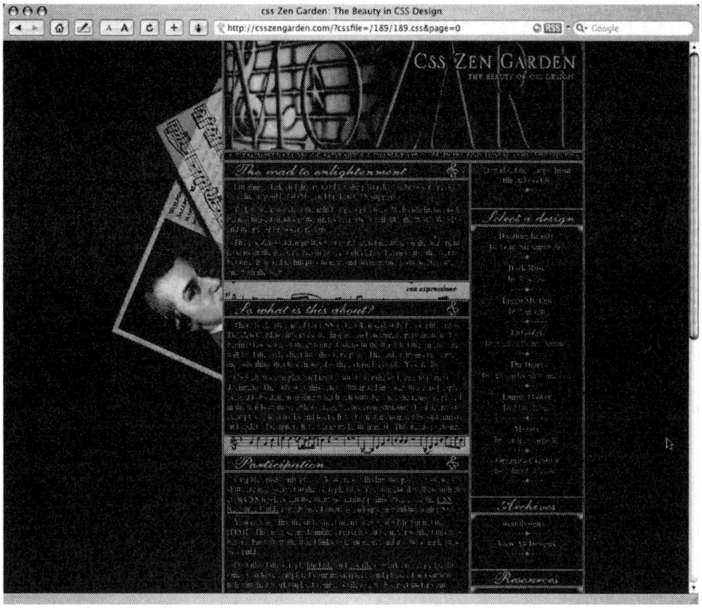

Figure 4-25
Retour sur le CSS Zen Garden, cette fois dans un habit de « Mozart » (csszengarden.com/?cssfile=/189/189.css&page=0), élaboré par Andrew Brundle (www.geocities.com/andrew_brundle2003)
.

Figure 4-26
Le look « Dazzling Beauty » (beauté époustouflante) de CSS Zen Garden est une création de Deny Sri Supriyono (deepblue.indika.net.id)
.

Un succès toujours renouvelé

Grâce aux efforts de popularisation menés par une avant-garde du design, on trouve désormais les standards du Web en action dans bien des endroits inattendus – comme ce bureau de recrutement de la marine des États-Unis (figure 4-27). Le site Redesign Watch d'Eric Meyer (figure 4-28) surveille tout nouveau design intéressant et dans le respect des standards ; Stylegala (figure 4-29) se penche plus particulièrement sur les sites exceptionnellement beaux.

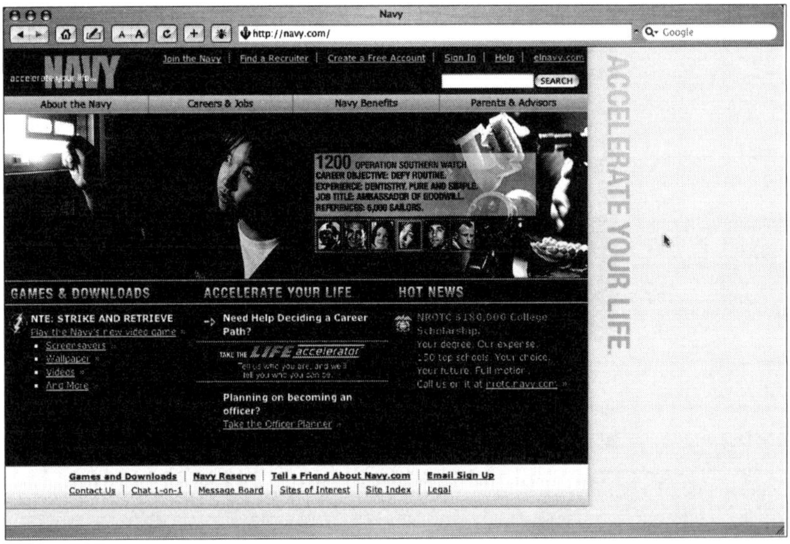

Figure 4-27

*Engagez-vous dans la marine ; vous naviguerez sur la mer CSS (*navy.com*). Design du site par Campbell-Ewald.*

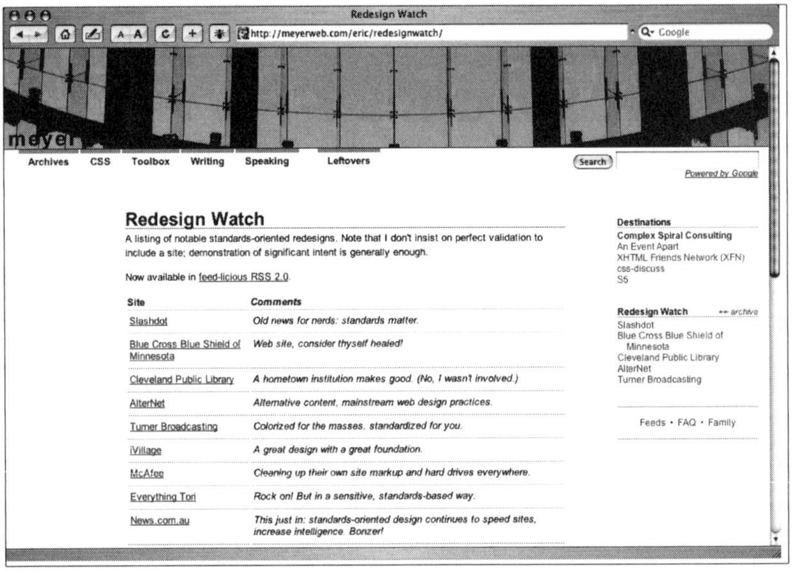

Figure 4-28

*Redesign Watch d'Eric Meyer (*meyerweb.com/eric/redesignwatch*) garde un œil sur les relookages importants et reposant sur les standards.*

Figure 4-29
Stylegala (stylegala.com) *prend bonne note des sites alliant esthétique et code astucieux.*

Le chemin du bonheur est pavé de validation

De plus en plus de designers font appel aux standards du Web pour créer des sites jolis, ergonomiques, et accessibles. Toujours plus nombreux sont les développeurs qui les emploient pour proposer de nouveaux produits et de nouvelles idées sur le marché numérique. Malgré tout, il est rare que les sites commerciaux les plus importants soient écrits en XHTML et CSS valides, même quand c'était le cas des briques constitutives sur lesquelles ils reposent et là où client et designers s'engagent complètement à prendre en charge les spécifications du W3C.

Systèmes de gestion des contenus obsolètes et bases de données compromises sont la cause de nombreuses de ces erreurs de validation. D'autres sont imputables à des publicités issues de sociétés tierces et incorporées par des méthodes inadaptées ou traitant incorrectement les URL. Cependant, comprendre pourquoi un site par ailleurs responsable et respectueux des standards n'est pas parfaitement valide n'excuse en rien la négligence des fabricants de CMS et des services de publicité en cette matière.

Pour que le Web puisse aller de l'avant et embrasser tout son potentiel, les outils de publication doivent être conformes aux standards. Les propriétaires et gestionnaires de sites doivent dire aux fabricants de systèmes de gestion des contenus et aux chefs des services de publicité que la conformité compte, comme l'ont fait avant eux designers et développeurs vis-à-vis des éditeurs de navigateurs. Quand suffisamment de clients se comporteront ainsi, les fournisseurs accepteront de corriger leurs produits, et 99,9 % des sites web commenceront à tourner le dos à l'obsolescence.

Partie 2

Design et construction

5

Balisage moderne

Dans la première partie de cet ouvrage, nous avons décrit les problèmes de création et les problèmes commerciaux causés par les méthodes de design web de la vieille école, décrit les avantages des standards pour le design de sites, et brossé un tableau alléchant des dernières avancées en la matière. Dans la suite de cet ouvrage, nous allons passer du général au particulier, et le mieux est de commencer par examiner d'un œil nouveau les fondamentaux du balisage web. De nombreux designers et développeurs se montreront probablement réticents à cette idée. Ceux d'entre nous qui ont accumulé beaucoup d'heures de vol en matière de design web connaissent ce bon vieux HTML sur le bout des doigts. Pendant nos rares moments de temps libre, ne ferions-nous pas mieux d'apprendre d'autres langages, nouveaux et plus puissants ? N'est-il pas plus important d'étudier par exemple des technologies côté serveur comme PHP, Ruby on Rails, ASP, ou ColdFusion, plutôt que de perdre de précieuses heures à se pencher à nouveau sur les rudiments des balises de tableaux ou de paragraphes en HTML ?

Oui et non. Les technologies côté serveur sont cruciales dans la création de sites dynamiques qui répondent aux requêtes des utilisateurs. Même les sites d'information traditionnels tirent souvent avantage à stocker leurs contenus dans des bases de données et à les extraire à la demande avec PHP ou des technologies semblables. Comme les standards du Web traités dans cet ouvrage, les langages de script côté serveur séparent les données de l'interface. Les standards tels que CSS libèrent le designer de la contrainte d'enfermer chaque portion de contenu dans des cellules de tableau sans valeur sémantique. De même, les langages tels que PHP et les bases de données comme MySQL libèrent les créateurs de sites des pénibles tâches routinières de création manuelle de pages.

Toutefois, ces pages web générées dynamiquement n'auront que peu d'utilité si elles sont inaccessibles, incompatibles avec une large gamme de navigateurs et de périphériques, ou encombrées de balises sans queue ni tête. Si ces pages dynamiques sont mal rendues dans certains navigateurs ou nécessitent un temps de chargement de 60 secondes par modem là où 10 devraient suffire, les technologies côté serveur ne feront pas tout ce qui est en leur pouvoir pour vous ou vos utilisateurs. En somme, il nous faut le beurre et l'argent du beurre. Les technologies côté serveur et les bases de données facilitent la création de sites plus astucieux et plus puissants, mais le contenu ainsi délivré fonctionne au mieux quand il est structuré de façon claire sur le plan sémantique. Et c'est là que le bât blesse pour beaucoup d'entre nous (et nombre de systèmes de gestion de contenus dont nous dépendons).

Qu'est-ce que PHP ?

PHP (www.php.net) est un langage de script générique et open source convenant bien au développement web et qui peut être imbriqué dans du XHTML. Il emprunte sa syntaxe au C, à Java, et à Perl, en comparaison desquels il est facile à apprendre. PHP (acronyme qui, un peu bizarrement, signifie « pré-processeur hypertexte ») propose de nombreuses fonctionnalités, mais c'est surtout l'une d'entre elles qui l'a rendu très populaire. Associé à une base de données MySQL (www.mysql.com), il permet aux designers et aux développeurs de créer facilement des sites dynamiques ou de construire des applications web.

PHP est un projet de l'Apache Software Foundation (www.apache.org). C'est un logiciel libre, ce qui explique en partie sa popularité. Autre raison de son succès : sa volumineuse bibliothèque d'outils d'analyse des performances de profilage (*profiling*) et de débogage. Les développeurs du monde de l'Open Source et les designers indépendants en sont amoureux – sentiment parfois remis en cause quand ils découvrent Ruby, son petit cousin fort prometteur. Ils emploient souvent PHP pour animer des pages et des produits sur le Web (figures 5-1 et 5-2). Adapté aux grands comme aux petits systèmes, disponible gratuitement, il a séduit de grosses sociétés, alors que celles-ci se méfient généralement du logiciel libre. C'est ainsi qu'il fait tourner Yahoo.com depuis 2002.

Figure 5-1
Shaun Inman, designer et programmeur, a fait appel à PHP, MySQL, JavaScript et CSS pour produire Mint (haveamint.com). Cet outil de reporting indique qui visite un site web ou tire des liens y menant, quel navigateur les visiteurs emploient, et bien d'autres choses encore.

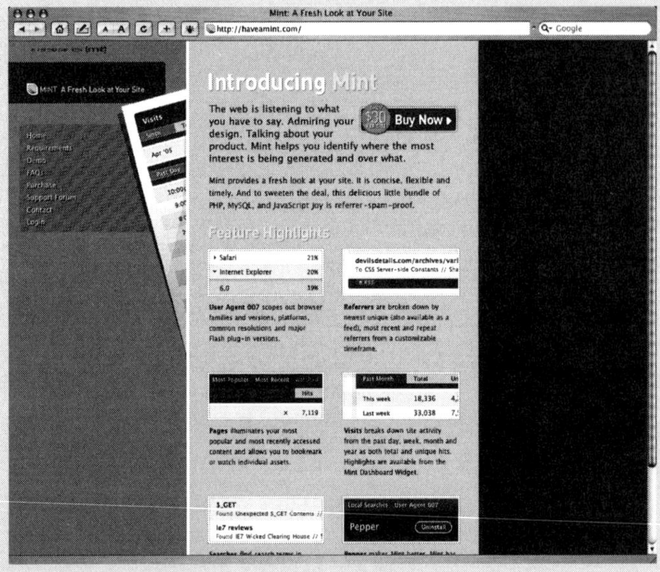

Qu'est-ce que PHP ? (*suite*)

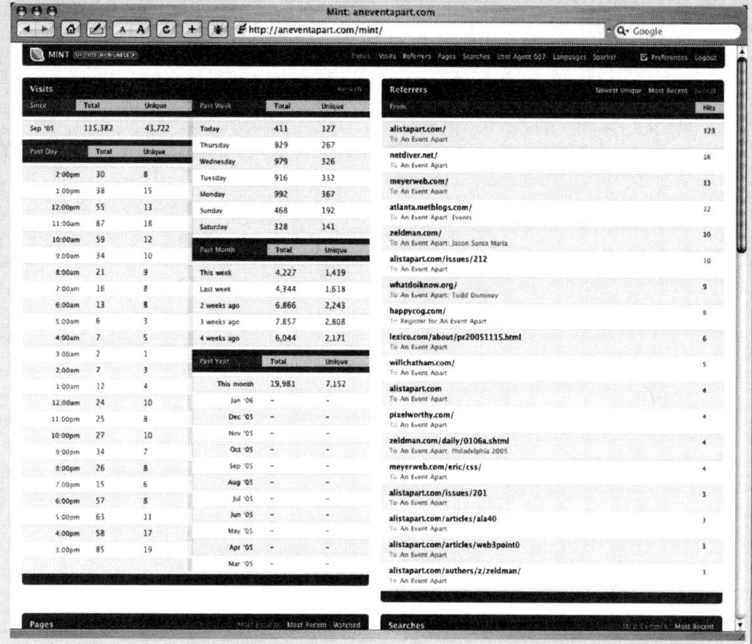

Figure 5-2
Installation représentative de Mint (extraite du site de la conférence Event Apart).

PHP peut fonctionner avec les logiciels serveur de Microsoft, mais on l'associe le plus souvent au serveur Apache. Ce dernier fonctionne à la fois sur Windows et (plus fréquemment) sur Unix. Mac OS X, le système d'exploitation d'Apple fondé sur Unix, inclut PHP et le serveur Apache, comme la quasi-totalité des distributions Linux.

PHP n'a pas besoin que son interface soit constituée de balisage sémantique valide et mise en forme par CSS. Cependant, il œuvre souvent en coulisses chaque fois que l'on rencontre des pages web conformes aux standards.

Ruby on Rails (www.rubyonrails.org) est un cadre d'applications (cadriciel, ou framework) web libre optimisé pour programmer de manière rapide, productive, et facile à maintenir (figure 5-3). Et Ruby ? Merci d'avoir posé la question. Ce logiciel libre est un langage de programmation orienté objet créé par Yukihiro Matsumoto en 1995. Il associe une syntaxe inspirée de Perl et d'Ada à des fonctionnalités orientées objet, et partage aussi quelques points communs avec Lisp et Python.

Qu'est-ce que PHP ? (*suite*)

Figure 5-3

Ruby on Rails (www.rubyonrails.org), logiciel libre et cadre d'applications. Ses principes directeurs : « Ne pas se répéter » et « On ne configure que ce qui sort de l'ordinaire ».

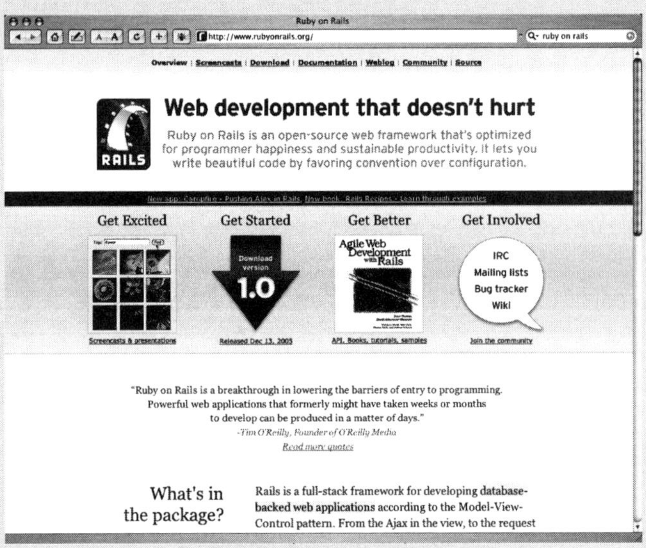

Que sont donc les Rails ? Un framework extrait de l'application de gestion de projet Basecamp (figure 5-4), créée par David Heinemeier Hansson pour 37signals en juillet 2004. Sa version 1.0, sortie en décembre 2005, est un logiciel libre. Ses principes directeurs libérant les développeurs en leur permettant d'écrire plus rapidement du code de meilleure qualité, ceux-ci se sont précipités sur l'aubaine.

Figure 5-4

Basecamp de 37signals (basecamphq.com) est un trésor que l'on n'a jamais vraiment fini d'exploiter. Non content de fournir une excellente application de gestion de projet, il est aussi à l'origine de Ruby on Rails.

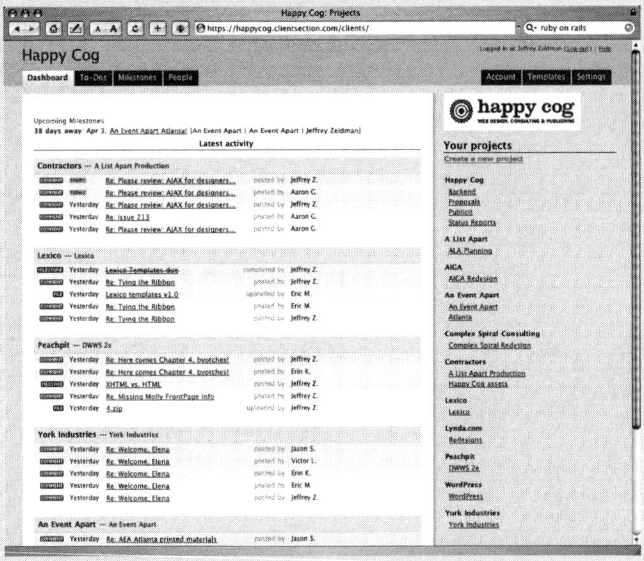

Qu'est-ce que PHP ? (*suite*)

Dans la plupart des environnements de programmation, il faut une douzaine de lignes de code pour placer une variable à l'écran (ou l'en faire sortir). Il faut les répéter à chaque nouveau programme, pour chaque petit détail que l'on souhaite faire exécuter par ce même programme. Cela revient en quelque sorte à construire un traitement de texte chaque fois que l'on doit écrire une lettre. Ruby on Rails remise tout cela aux oubliettes. Cela évite aux développeurs de coder chaque minuscule détail ; il suffit désormais de ne configurer que ce qui sort de l'ordinaire.

Comme PHP, ce cadre d'applications ne nécessite pas une interface conforme aux standards, mais ici encore les deux vont souvent de pair. En 2005, Dan Benjamin (hivelogic.com) a fait appel à Ruby on Rails pour construire le nouveau système de gestion de contenus du site *A List Apart* (figure 5-5).

Figure 5-5
A List Apart (www.alistapart.com), site animé par CSS, XHTML, et Ruby on Rails.

Microsoft Active Server Pages .NET 2.0 (www.asp.net) et ColdFusion MX7 (www.macromedia.com/software/coldfusion) – relevant initialement de Macromedia, et désormais d'Adobe – sont deux autres plates-formes de scripts permettant de fournir des contenus dynamiques et de bâtir des applications sexy sur le Web. Chacune présente des points forts et dispose d'une communauté d'utilisateurs passionnés. Java Server Pages (JSP) est une autre technologie dynamique, que l'on trouve communément dans les systèmes des grandes entreprises et qui dépasse largement le cadre de cet ouvrage.

Si l'on n'y prend garde, les systèmes de publication reposant sur l'un ou l'autre de ces langages peuvent casser la conformité aux standards d'un site. L'agence de l'auteur a ainsi connu le cas d'une application où ASP (avant .NET 2.0) ne produisait que des contenus invalides tant que l'on n'avait pas branché HTML Tidy (tidy.sourceforge.net) dans le flux de production. Cela revenait plus ou moins à jeter de la boue sur des vêtements propres avant de les arroser à nouveau à grande eau. Ces contorsions ont toutefois permis d'écrire des pages web valides, malgré les contraintes d'un système peu flexible et incapable de sortir du code propre.

La honte cachée du mauvais balisage

Plus vous disposez d'une expérience longue et réussie en design web, moins vous serez susceptible d'avoir la moindre idée des coûts cachés d'un mauvais balisage. Pendant les dix premières années, faire du design pour le Web s'apparentait à nourrir une salle entière de bambins difficiles. Pour construire des sites fonctionnels, nous avons consciencieusement appris à suivre à la lettre le régime alimentaire requis par chaque navigateur. Les navigateurs actuels suivent tous le même menu, mais de nombreux professionnels ne l'ont pas encore compris et continuent de gaver leurs sites de M&M's. Un mauvais régime alimentaire bouche les artères, carie les dents, et diminue l'énergie de celui qui le consomme. Le mauvais balisage est tout aussi mauvais pour les besoins à court terme de vos utilisateurs et pour la santé à long terme de vos contenus. Mais jusqu'à récemment, cette réalité était masquée à la plupart d'entre nous par la grande tolérance des navigateurs les plus populaires vis-à-vis des codes mal fichus, comme nous l'avons expliqué au chapitre 1.

Dans ce chapitre et ceux qui suivent, nous traiterons de la nature – oubliée – du balisage sémantique. Nous apprendrons à penser de manière structurelle au lieu de voir le balisage web comme un outil de design de seconde zone. Nous examinerons aussi le XHTML, le langage standard de balisage des pages web, présenterons ses objectifs et ses avantages, et proposerons une stratégie de conversion de HTML en XHTML.

Syndrome de la mauvaise URL

Les langages de script génèrent souvent de longues URL comprenant des esperluètes brutes, à proscrire absolument en HTML/XHTML. En HTML comme en XHTML, l'esperluète (`&`) sert à introduire les entités ; ainsi `’` est le caractère Unicode correspondant à l'apostrophe typographique. On peut corriger cela à l'aide d'une fonction de ColdFusion appelée `URLEncodedFormat()`. ASP propose une fonction semblable, nommée `HTMLEncode`. Dans ces deux cas, les développeurs peuvent (et devraient) éviter ce problème en passant toute URL à travers cette fonction avant de l'émettre.

Par une étrange coïncidence, écrire correctement en XHTML suppose un balisage structurel et les bidouilles de présentation y sont proscrites. En XHTML 1.0 Transitional, ces astuces sont « obsolètes », ce qui signifie qu'on peut encore y recourir si on le souhaite, mais que la norme recommande désormais d'arriver aux mêmes fins par d'autres moyens – à l'aide par exemple de CSS. En XHTML 1.0 et 1.1 Strict, les bidouilles de présentation sont interdites pour de bon. Faites-y appel, et votre page ne passera plus sans heurts l'étape du service de validation du balisage (Markup Validation Service) du W3C, familièrement appelé « le validateur » (Validator, figure 5-6). Si vous ne le connaissez pas encore, vous vous y habituerez lors de votre apprentissage du design par les standards. Voir l'encadré « Validez-moi ça ! ».

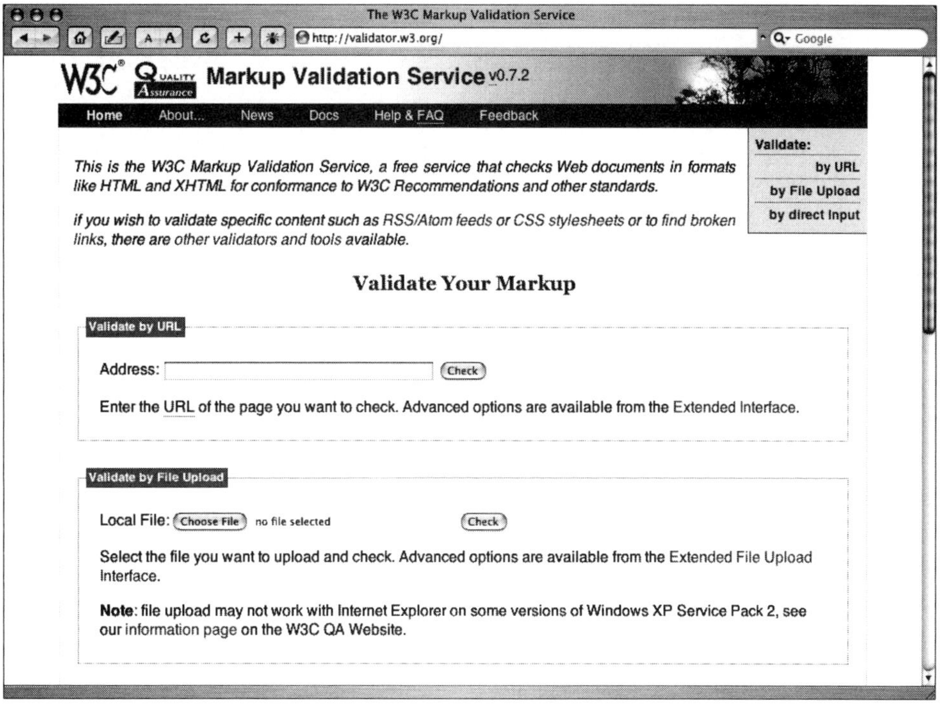

Figure 5-6

*Designers et développeurs utilisent le service de validation en ligne du W3C (*validator.w3.org*) pour s'assurer que leurs pages respectent les standards. Au cas où nous ne l'aurions pas encore signalé, rappelons que ce service est gratuit.*

> **Validez-moi ça !**
>
> Le service de validation du W3C (validator.w3.org) est capable de traiter des pages web construites en HTML 4.01, XHTML 1.0, et XHTML 1.1 pour vérifier leur conformité aux spécifications. Son service de validation du CSS (CSS Validation Service, jigsaw.w3.org/css-validator) fait la même chose pour les feuilles de style. Le Web Design Group (à l'adresse htmlhelp.com) propose lui aussi un service fiable de validation du balisage (www.htmlhelp.com/tools/validator). Ces trois services sont gratuits.

Que vous optiez pour du XHTML Strict ou Transitional, vous ferez très régulièrement l'humble expérience de découvrir que « tout ce que vous savez est faux ». Les ruptures de lignes (`<br>`) parsemées comme des flocons de neige pour simuler une liste, les titres déployés pour des raisons de présentation et non de structure hiérarchique du document, les images GIF transparentes insérées pour simuler des espaces : vous devrez faire sans ces béquilles et bien d'autres encore. Vous oublierez vos bidouillages de présentation et commencerez à penser de façon structurelle. Vos balises serviront à baliser. Même dans vos mises en page transitionnelles mettant en œuvre quelques tableaux et autres éléments caducs, vous apprendrez à recourir davantage à CSS, en bannissant par exemple de votre XHTML les attributs d'alignement et de couleur des cellules des tableaux (complexes et redondants), pour les remplacer par quelques règles dans une feuille de style globale. En nous familiarisant avec le nouveau langage du balisage web, nous pouvons en profiter pour désapprendre les mauvaises habitudes acquises pendant toutes ces années. C'est le moment de s'y mettre !

Une reformulation de quoi déjà ?

À en croire le W3C, « le XHTML (www.w3.org/TR/xhtml1) est une reformulation de HTML en XML. » En plus clair, le XHTML est un langage de balisage fondé sur XML qui fonctionne comme HTML et y ressemble, à quelques petites différences (significatives) près. Pour les navigateurs web et autres clients, XHTML fonctionne exactement comme HTML, bien que certains navigateurs modernes sophistiqués puissent le traiter un peu différemment, comme nous le verrons au chapitre 6. Pour les designers et les développeurs, écrire du XHTML ressemble presque en tous points à écrire du HTML, à ceci près que les règles du jeu sont un peu plus strictes et qu'un ou deux nouveaux éléments, que nous verrons sous peu, ont été ajoutés.

Au chapitre 4, nous avons présenté le XML (www.w3.org/XML) comme un « super » langage de balisage à partir duquel les programmeurs peuvent développer d'autres langages de balisage personnalisés. Le XHTML (eXtensible Hypertext Markup Language, langage de balisage hypertexte extensible) en est un exemple. XHTML 1.0 est la première version de XHTML et celle qui présente le niveau le plus élevé de compatibilité descendante ; c'est donc la plus confortable à apprendre et celle qui posera le moins de problèmes aux navigateurs et autres clients. Les applications et autres protocoles fondés sur XML sont légion. Ils doivent en partie leur popularité à leur capacité d'échanger et de transformer des données avec peu d'efforts et au faible nombre (voire à l'absence) de problèmes de compatibilité, vertu qu'ils partagent avec le XHTML. Citons notamment le RSS (Rich Site Summary), le SVG (Scalable Vector Graphics, www.w3.org/TR/SVG), SMIL (Synchronized Multimedia Integration Language, www.w3.org/TR/REC-smil), le protocole SOAP (Simple Object Access Protocol, www.w3.org/TR/SOAP), RDF (Resource Description Framework, www.w3.org/RDF), et P3P (Platform for Privacy Preferences, www.w3.org/TR/P3P). Ces protocoles (et d'innombrables autres) jouent tous un rôle important dans le Web émergent, mais aucun n'est aussi vital aux designers et aux développeurs que le XHTML, et aucun n'est aussi facile à apprendre.

Pourquoi « reformuler » HTML en XML ou quoi que ce soit d'autre ? Pour commencer, le XML est cohérent, contrairement au HTML. En XML, toute balise ouverte doit être refermée. En HTML, certaines balises ne sont jamais fermées, d'autres sont toujours fermées ; pour d'autres encore, ce point est laissé à la discrétion du développeur. Ces incohérences peuvent causer des problèmes pratiques. Certains navigateurs refuseront par exemple d'afficher une page HTML qui ne ferme pas les cellules des tableaux, bien que la norme HTML l'autorise. XHTML oblige à fermer tous les éléments, ce qui permet d'éviter de tels problèmes de navigateurs, coupant court à des heures de tests et de débogage. Plus besoin non plus de retenir par cœur quelles balises se referment et quelles autres restent ouvertes, de quoi utiliser plus efficacement vos précieux neurones.

Plus important, si vous écrivez dans un langage fondé sur XML, votre site interagira mieux avec d'autres langages, applications, ou protocoles fondés sur XML. Si le XML est aussi important, pourquoi en créer un dérivé qui fonctionne comme le HTML ? XML est puissant et il se répand partout, mais on ne peut pas servir des données XML brutes à la plupart des navigateurs web et s'attendre à ce que ces derniers les exploitent intelligemment, par exemple en affichant une page web joliment formatée. En substance, XHTML est donc une technologie passerelle, combinant plus ou moins la puissance du XML à la simplicité du HTML.

Résumé pour gens pressés

Pour schématiser, le XHTML est du XML qui se comporte comme du HTML dans les navigateurs web anciens et modernes. Il se comporte aussi comme attendu dans la plupart des périphériques Internet, des Palm Pilots aux mobiles web en passant par les lecteurs d'écran. Tout ceci en fait un langage portable, pratique et efficace. Mais XHTML est aussi facile à apprendre et à utiliser que le HTML ; un peu plus facile d'ailleurs pour les débutants qui n'ont pas de mauvaises habitudes à perdre, et peut-être un peu plus difficile pour les vieux de la vieille qui ont commencé le design et le développement web dans les folles années 1990.

Le XHTML est le standard de balisage actuel (remplaçant de HTML 4). Il est conçu pour rétablir une structure de document rigoureuse et logique dans les contenus web, bien interagir avec les autres standards du Web (comme CSS et le DOM), et s'interfacer convenablement avec les langages, applications et protocoles XML existants ou futurs. Vous trouverez les avantages du XHTML après la petite, mais importante, digression qui suit.

Quel XHTML vous convient le mieux ?

Dans ce chapitre et tout au long de cet ouvrage, nous nous focaliserons sur XHTML 1.0. Nous insisterons aussi sur XHTML 1.0 Transitional, la version de XHTML la plus souple, la plus compatible avec les méthodes de développement existantes, la plus facile à apprendre, et la transition la plus simple. De nombreux inconditionnels des standards préfèrent XHTML 1.1 Strict. Il n'y a rien à redire, si ce n'est que cette version présente un niveau plus faible de compatibilité descendante et qu'il convient de la servir avec un type MIME qui provoque actuellement de mauvais comportements de la part de certains navigateurs courants (c'est-à-dire IE). De plus, la conversion en XHTML 1.1 Strict des pages web à l'ancienne nécessite plus de travail et de réflexion qu'un simple passage en XHTML 1.0 Transitional. Pour de nombreux lecteurs de ce livre, XHTML 1.0 Transitional sera donc probablement le meilleur choix pour les quelques années à venir.

XHTML 2 – un langage pour vous et moi ?

Au moment de la première édition de cet ouvrage, un premier jet de la spécification de XHTML 2.0 avait été soumis à la communauté du développement web pour commentaires. Quatre ans plus tard et une édition plus loin, XHTML 2.0 en est encore au stade de brouillon (www.w3.org/TR/xhtml2). Toutefois, il a un peu évolué en mettant de l'eau dans son vin. Désormais, il remet moins en question le HTML et le XHTML auxquels nous sommes habitués.

L'objectif est de s'approcher davantage d'un idéal sémantique, fût-ce au prix de l'abandon des méthodes de développement existantes. Il faut reconnaître que le premier jet de XHTML 2.0 était puriste. Dès sa conception, cette norme n'était pas compatible avec les langages du passé (HTML ou XHTML 1.0). Elle laissait tomber des conventions familières, telles que l'élément `img` (il aurait fallu lui préférer `object`), la balise `<br>` (remplacée par un nouvel élément `<line>`, qui a désormais muté en `<l>`). Quant au vénérable lien ancré, il devait céder sa place à une technologie baptisée `hlink`.

Ce dernier point a provoqué de tels cris d'orfraie des développeurs que le bon vieux `<a>` nous est revenu dans une version ultérieure du document de travail. Cependant, XHTML 2 révisé précise que tout élément d'une page web peut recevoir l'attribut `href`, ce qui laisse perplexe : on ne sait pas ce que ces doctes sages ont fumé, mais cela semble être de la bonne ! Moins chanceux, `img` ne fut pas réintégré. Bien qu'il soit connu depuis longtemps que l'élément `object` fonctionne mal dans Internet Explorer, c'est quand même lui que nous sommes censés employer.

La spécification initiale de XHTML 2 a provoqué de timides jappements de joie chez quelques-uns. D'autres n'y voyaient qu'une tour d'ivoire, coupée des tranchées où l'on élabore des sites web. La plupart des designers n'y ont accordé aucune attention. Quatre ans plus tard, ce standard provoque encore l'indifférence générale, et seuls quelques mordus s'y intéressent.

L'auteur a rencontré certains des responsables de ces documents de travail. Il les trouve beaucoup plus malins que lui, et ils n'ont peut-être pas tort. Cependant, il est regrettable qu'ils ne communiquent pas avec leur base. Leur brillants cerveaux seraient bien mieux employés à travailler sur les problèmes concrets du terrain plutôt qu'à se focaliser sur des soucis principalement théoriques. Cela dit, c'est peut-être l'objet du groupe WHAT évoqué au chapitre 4.

Quand elle sortira enfin et que les navigateurs la prendront en charge, la norme XHTML 2 sera peut-être (mais pas forcément) compatible avec le passé. Ce n'est cependant pas un motif d'inquiétude : aucun fabricant de navigateur ne cessera de prendre en charge XHTML 1 – ils n'ont même pas encore envisagé de laisser tomber HTML 4 ! Les sites respectant la spécification HTML 4.01 fonctionneront sans problème pendant encore de longues années, et c'est a fortiori le cas pour les pages web valides en XHTML 1. Que le flou entourant encore la forme finale que prendra sa deuxième version ne vous dissuade donc pas de passer à XHTML. Pour vous décider entre ce dernier et HTML, consultez les dix points résumés ci-après.

Les dix meilleures raisons de passer à XHTML

1. XHTML est le standard de balisage actuel, en remplacement de HTML 4.
2. XHTML est conçu pour interagir correctement avec d'autres langages à balises, applications, et protocoles fondés sur le XML – avantage dont HTML est dépourvu.
3. XHTML étant plus cohérent que HTML, il cause moins de problèmes de fonctionnement ou d'affichage.
4. XHTML 1.0 est une passerelle vers les futures versions de XHTML. Si l'ébauche de la spécification de XHTML 2 obtient le statut de recommandation finale, il sera plus facile de s'y conformer (si l'on choisit de le faire) en partant de XHTML 1.0 que de HTML.
5. Les anciens navigateurs sont autant à l'aise avec XHTML qu'avec HTML. Ce n'est certes pas un avantage de XHTML, mais ce n'est pas non plus un inconvénient.
6. Les nouveaux navigateurs adorent le XHTML (surtout XHTML 1.0), et beaucoup lui réservent un traitement spécial, dont ne bénéficient pas les pages écrites en HTML 4. Le comportement de XHTML est donc dans de nombreux cas plus facile à prévoir que celui de HTML. Comme nous le verrons plus loin, Firefox et Internet Explorer sont plus précis dans leur rendu des mises en forme CSS en présence d'un DOCTYPE XHTML.
7. XHTML fonctionne aussi bien dans les périphériques sans fil, les lecteurs d'écran, et autres clients spécialisés que dans les navigateurs de bureau traditionnels, ce qui supprime dans de nombreux cas la nécessité de versions spéciales pour le sans fil, et permet aux sites d'augmenter leur trafic avec moins d'efforts et moins de coûts. Il est difficile de dire quelle est la cause et quel est l'effet, mais de nombreux sites HTML se retrouvent avec des versions sans fil, des versions texte, et des pages spécialement conçues pour l'impression, alors que la plupart des sites écrits en XHTML en sont dépourvus – un même document sert à tout (s'il est associé à des feuilles de style adaptées, ce à quoi sert CSS).
8. XHTML appartient à une famille de standards du Web (comprenant également CSS et le modèle objet de document du W3C) qui permet de contrôler le comportement et l'apparence des pages web sur de nombreuses plates-formes, navigateurs, et périphériques.
9. L'écriture en XHTML vous aidera à perdre l'habitude des balisages de présentation, ce qui vous épargnera les problèmes d'accessibilité et les incohérences d'affichage entre navigateurs. Si vous écrivez du XHTML structuré et stockez tous vos enrichissements visuels dans des feuilles de style CSS, vous n'aurez plus à souffrir des différentes manières dont les navigateurs de Netscape et de Microsoft traitent, par exemple, les cellules vides de tableaux dotées d'un attribut de largeur.
10. L'écriture en XHTML peut vous donner l'habitude de tester vos créations dans les services de validation du balisage, ce qui vous évitera peut-être de longues heures de tests et de débogage et de nombreuses erreurs élémentaires d'accessibilité, comme l'oubli d'un attribut `alt` dans une balise `<IMG>`. Nous reviendrons sur ces questions dans le chapitre 14, « Introduction à l'accessibilité ».

Les cinq meilleures raisons de ne pas passer à XHTML

1. Vous êtes payé à l'heure.
2. Vous aimez créer des versions multiples de chaque page pour chaque navigateur ou périphérique imaginable.
3. Une petite voix vous l'a déconseillé.
4. Vous quittez l'industrie du Web.
5. Vous ne connaissez pas les règles de XHTML.

Heureusement, nous pouvons contribuer à corriger l'objection numéro 5, ce à quoi s'emploie le chapitre suivant.

6

XHTML : restructurer le Web

Nous aurions pu intituler ce chapitre « XHTML : règles simples, directives faciles à suivre ». Pour commencer, les règles et les directives évoquées dans ce chapitre sont effectivement simples et faciles à suivre. D'autre part, « simple » et « facile » sont aux livres de design web ce que les termes « nouveau ! » et « gratuit ! » sont aux emballages en tête de gondole dans les supermarchés : ils attirent l'attention, stimulent l'intérêt et incitent à essayer. Assurément, nous souhaitons dans ce chapitre aiguiser votre curiosité et vous inciter à tester XHTML. Pourquoi ? Parce qu'après avoir saisi les notions simples présentées ici, vous aurez une nouvelle compréhension du fonctionnement des pages web – et changerez votre manière de les construire. Cela ne signifie pas que vous emploierez les dernières balises à la mode au lieu de celles de l'année précédente, mais que vous penserez (et travaillerez) vraiment différemment. Le titre « Règles simples, directives faciles à suivre » n'évoque guère cette transformation de fond. Nous avions également pensé à un autre titre : « La seule voie menant à la révélation de l'unité », mais il semblait un peu trop pontifiant. Après tout, XHTML (et ce chapitre) traite avant tout de restructuration. D'où l'intitulé « XHTML : restructurer le Web ».

Dans ce chapitre, nous apprendrons le B.A-BA du XHTML et explorerons les mécanismes et les implications du balisage structurel comparé au balisage de présentation. Si vous avez déjà incorporé les standards du Web dans vos pratiques professionnelles, certains de ces éléments vous seront familiers. Mais même les pros sentiront peut-être un frisson de surprise leur parcourir l'échine en découvrant les trésors cachés du chapitre 6. D'accord, parler de « frisson » est peut-être un peu exagéré.

Conversion en XHTML : règles simples, directives faciles à suivre

La conversion du HTML traditionnel en XHTML 1.0 Transitional est une opération rapide et sans douleur, pour peu que l'on suive quelques règles simples et directives faciles (nous ne nous lassons décidément pas de cette phrase). Si vous avez écrit du HTML, vous saurez écrire du XHTML. Si vous n'avez jamais écrit de HTML, vous pourrez quand même écrire du XHTML. Parcourons rapidement les principes de base (simples et faciles), voulez-vous ? Les voici.

Commencez par le bon DOCTYPE et le bon espace de noms

Les documents XHTML commencent par des éléments indiquant aux navigateurs comment les interpréter et aux services de validation comment tester leur conformité. On trouve d'abord la déclaration de DOCTYPE (ou « type de document »). Cette petite information bien pratique indique au service de validation quelle version de XHTML ou HTML est retenue. Pour des raisons obscures que seul un membre du comité du W3C peut comprendre, le mot « DOCTYPE » est toujours écrit en majuscules.

À quoi sert le DOCTYPE ?

XHTML permet aux designers et aux développeurs de créer plusieurs types de documents, chacun étant contraint par des règles différentes. Ces ensembles de règles sont détaillés dans les spécifications XHTML, dans un long texte appelé définition de type de document (DTD). La déclaration de DOCTYPE informe les services de validation et les navigateurs modernes de la DTD employée dans la construction du balisage, données qui leur permettent de savoir comment traiter la page.

Les déclarations de DOCTYPE sont un élément essentiel des pages web conformes : le balisage et votre le CSS ne seront pas validés tant que le source XHTML ne commencera pas par un DOCTYPE correct. Qui plus est, le choix du DOCTYPE influe sur la manière dont la plupart des navigateurs modernes affichent un site. Vous pourriez être surpris ! Au chapitre 11, nous étudierons l'impact du DOCTYPE dans Internet Explorer et les navigateurs reposant sur Gecko comme Netscape, Mozilla Firefox, et Camino. XHTML 1 propose trois DTD délicieuses, correspondant chacune à une déclaration possible de DOCTYPE :

- **Transitional** – DTD confortable et un peu négligée dont la devise est « vivre et laisser vivre » (voir la section suivante, « Quel est votre type de DOCTYPE ? »).
- **Strict** – DTD rigide, mystérieusement distante qui vous fouettera pour avoir utilisé des éléments et des attributs de balisage relevant de la présentation.
- **Frameset** – DTD à la mode des années 1990 ; c'est aussi celle qui vous permettra d'inclure des cadres dans votre design – ce qui revient au même.

Quel est votre type de DOCTYPE ?

Des trois saveurs de DTD présentées à la section précédente, XHTML 1.0 Transitional est la plus proche du HTML que nous connaissons et aimons tous. En d'autres termes, c'est la seule qui ferme les yeux sur des structures et des éléments ou attributs de présentation caducs. L'attribut `target` du lien `HREF` est un exemple d'attribut caduc. Si vous souhaitez que les pages vers lesquelles vous pointez s'ouvrent dans de nouvelles fenêtres – ou si c'est votre client qui l'exige – Transitional est la seule DTD XHTML qui vous permettra de l'implémenter au moyen de l'attribut `target` :

```
<p>Visitez <a href="http://www.quelquepart.org/" target="_blank">quelquepart.org</a>
dans une nouvelle fenêtre.</p>
<p>Visitez <a href="http://www.quelquepart.org/" target="bob">quelquepart.org</a>
dans une nouvelle fenêtre nommée.</p>
```

Pour ouvrir les pages cibles des liens dans une nouvelle fenêtre sous la DTD XHTML 1.0 Strict, il faudrait écrire du JavaScript, tout en s'assurant que ces liens fonctionnent encore dans un environnement ne prenant pas en charge ce langage. Le plus important ici n'est pas de savoir si l'ouverture des pages cibles des liens dans de nouvelles fenêtres est pertinente, mais de signaler que XHTML 1.0 Transitional permet d'y parvenir avec le minimum de complications.

XHTML 1.0 Transitional tolère également l'application directe de couleurs d'arrière-plan aux cellules des tableaux et autres opérations semblables, qu'il est vraiment préférable de réaliser en CSS plutôt que dans le balisage. Si une déclaration de DOCTYPE spécifie du XHTML 1.0 Strict alors que la page comprend l'attribut caduc `bgcolor`, les services de validation le signaleront comme une erreur, et certains navigateurs conformes l'ignoreront (c'est-à-dire qu'ils n'appliqueront pas cette couleur d'arrière-plan). Si, en revanche, vous spécifiez la DTD XHTML 1.0 Transitional, `bgcolor` ne sera pas signalé comme une erreur, et les navigateurs traiteront cet attribut au lieu de l'ignorer. Pour faire court, XHTML 1.0 Transitional est la DTD idéale pour les designers qui font la transition vers les standards modernes du Web. Ce n'est pas pour rien qu'elle s'appelle « Transitional ».

On pourrait également soutenir que XHTML 1.0 Strict est la meilleure option pour les designers et les développeurs en cours de transition, de même qu'on pourrait soutenir que la meilleure manière de perdre son surpoids est de s'entraîner avec le corps des Marines. Un passage direct du vieil et permissif HTML 4 au rigoureux XHTML 1.0 Strict fait prendre conscience « à la dure » du fait que le balisage concerne la structure et non les effets visuels. C'est peut-être la meilleure option pour vous, mais dans ce chapitre, et pour satisfaire les besoins de la plupart des lecteurs, nous nous cantonnerons à du XHTML 1.0 Transitional. Voici sa déclaration de DOCTYPE :

```
<!DOCTYPE html PUBLIC "-//W3C//DTD XHTML 1.0 Transitional//EN"
  "http://www.w3.org/TR/xhtml1/DTD/xhtml1-transitional.dtd">
```

Le DOCTYPE Frameset sert aux documents comportant un élément `<frameset>` ; il est alors obligatoire.

La déclaration de DOCTYPE doit être placée en haut de tout document XHTML, avant toute portion de code ou de balisage. Elle précède les éléments `<head>`, `<title>`, `<meta>`, et les liens vers la feuille de style et les fichiers JavaScript. Elle précède aussi, naturellement, votre contenu. En somme, elle vient avant tout le reste. (Les lecteurs connaissant bien les standards se demanderont sans doute pourquoi nous n'avons pas mentionné un élément facultatif qui peut apparaître avant la déclaration de DOCTYPE : le prologue XML. Nous y viendrons dans quelques paragraphes.)

Après le DOCTYPE, l'espace de noms

La déclaration de DOCTYPE est immédiatement suivie d'une déclaration d'espace de noms XHTML complétant le classique élément `<html>` :

```
<html xmlns="http://www.w3.org/1999/xhtml" xml:lang="en" lang="en">
```

En XML, un espace de noms (namespace) est un ensemble de types d'éléments et de noms d'attributs associés à une DTD spécifique. La déclaration d'espace de noms permet d'identifier cet espace en désignant son emplacement en ligne, soit www.w3.org/1999/xhtml en l'occurrence. Les deux autres attributs, par ordre inverse d'apparition, spécifient que le document est écrit en français, mais que la version de XML utilisée est écrite en anglais. Les déclarations de DOCTYPE et d'espace de noms étant en place, la page XHTML 1.0 Transitional commencera donc comme suit :

```
<!DOCTYPE html PUBLIC "-//W3C//DTD XHTML 1.0 Transitional//EN"
  "http://www.w3.org/TR/xhtml1/DTD/xhtml1-transitional.dtd">
<html xmlns="http://www.w3.org/1999/xhtml" xml:lang="en" lang="en">
```

> **Copiez, collez, et hop !**
>
> Si vous n'avez pas envie de saisir les balises, ni le code exemple de ce livre, n'hésitez pas à vous procurer le source des pages sur zeldman.com ou alistapart.com. Vous pourrez ensuite copier-coller tout votre soûl. Attention ! Il ne s'agit pas de vampiriser les contenus et le design de ces sites, couverts par le droit d'auteur, mais simplement d'en reprendre les éléments techniques bateaux comme le DOCTYPE et les déclarations d'espace de noms.

La déclaration du type de contenu

Pour être correctement interprétés par les navigateurs et réussir les tests de validation du balisage, tous les documents XHTML doivent déclarer le type d'encodage de caractères utilisé lors de leur création – il peut s'agir d'Unicode, d'ISO-8859-1 (qu'on appelle aussi Latin-1), ou de ce que vous voudrez. Si la notion d'encodage de caractères ne vous est pas familière, ou si ISO-8859-1 ne vous dit rien, n'ayez crainte : nous reviendrons sur ces notions plus loin dans ce chapitre (voir la section : « Encodage de caractères : ennuyeux, barbant, assommant »). Dans l'immédiat, retenez que s'il existe trois manières d'indiquer aux navigateurs le type d'encodage de caractères utilisé, une seule fonctionne correctement à l'heure où nous écrivons ces lignes, et ce n'est pas celle que le W3C recommande plus particulièrement.

Le prologue XML (et comment l'éviter)

De nombreuses pages XHTML commencent par un prologue XML facultatif, également dénommé « déclaration XML ». S'il est mentionné, le prologue XML précède les déclarations de DOCTYPE et d'espace de noms décrites plus haut, et son seul but dans la vie est de spécifier la version de XML et de déclarer le type d'encodage de caractères employés pour la page. Le W3C conseille de débuter tout document XML, y compris les documents XHTML, par un prologue XML. Pour spécifier un encodage en ISO-8859-1 (Latin-1), on utilisera par exemple le prologue XML suivant :

```
<?xml version="1.0" encoding="ISO-8859-1"?>
```

Rien là de bien compliqué. Cette balise indique au navigateur qu'il s'agit de la version 1.0 de XML et que les caractères sont encodés en ISO-8859-1. Sa seule spécificité ou nouveauté est le point d'interrogation en début et en fin d'instruction. Malheureusement, plusieurs navigateurs, y compris ceux développés par des maisons on ne peut plus « convenables », sont incapables de prendre en charge le prologue XML. Après avoir identifié cet élément XML, ils hésitent, trébuchent, et roulent par terre, à la grande la honte de leur famille ; ils sont alors mis au rebut de la société.

En réalité, les navigateurs ne sont nullement punis – ce sont les visiteurs qui souffrent quand un site ne fonctionne pas correctement. Dans certains cas, l'ensemble du site sera invisible à l'utilisateur, dont il pourra même planter le navigateur. Il arrive aussi que le site ne plante pas, mais s'affiche mal (c'est ce qui se passe quand IE 6 pour Windows détecte ce prologue). De nos jours, IE sous Windows est à peu près le seul navigateur qui s'étouffe encore sur le prologue XML. Toutefois, à l'heure où nous écrivons ces lignes, c'est également le navigateur le plus utilisé dans le monde du Web. C'est pourquoi il n'est pas envisageable de ne pas prendre en compte ce problème. Heureusement, il existe une solution. Au lieu de recourir au prologue, source de tant de maux, on peut spécifier l'encodage des caractères au moyen d'un élément `Content-Type` dans l'élément `<head>` du document. Pour spécifier l'encodage ISO-8859-1, saisissez l'instruction suivante :

```
<meta http-equiv="Content-Type" content="text/html; charset=ISO-8859-1" />
```

Le début du document XHTML se présentera alors comme suit :

```
<!DOCTYPE html PUBLIC "-//W3C//DTD XHTML 1.0 Transitional//EN"
  "http://www.w3.org/TR/xhtml1/DTD/xhtml1-transitional.dtd">
<html xmlns="http://www.w3.org/1999/xhtml">
     <head>
<title>Industries de transition: travailler pour le changement</title>
<meta http-equiv="Content-Type" content="text/html; charset=ISO-8859-1" />
    </head>
```

Si vous travaillez sur un site international contenant pléthore de caractères absents en Latin 1, vous pourrez l'écrire en Unicode et insérer dans votre balisage l'élément `Content-Type` suivant :

```
<meta http-equiv="Content-Type" content="text/html;charset=UTF-8" />
```

À nouveau, n'hésitez pas à consulter le source des sites zeldman.com ou alistapart.com et à le copier-coller. Vous pouvez également décider de ne pas mémoriser tous ces détails techniques. De nombreux designers ignorent tout de ces questions et retiennent uniquement les balises qu'ils doivent copier et coller au début de leurs gabarits, ce qui ne semble nullement gêner leur productivité ou leur joie de vivre. À l'exception d'une notion encore plus technique et que nous traiterons brièvement (par empathie) dans les pages suivantes, nous en avons terminé avec la partie technique et abrutissante de ce chapitre. Félicitations ! Le reste passera comme une lettre à la poste.

Bas de casse obligatoire pour les éléments...

À la différence du HTML, le XML est sensible à la casse. C'est donc aussi le cas du XHTML. Tous les noms d'éléments et d'attributs XHTML doivent être saisis en bas de casse, sous peine que le document ne soit pas valide. (La validation garantit qu'un document ne contient pas d'erreurs. Revenez au chapitre 5, « Le balisage moderne », pour en savoir plus sur les services de validation gratuits du W3C et du Web Design Group.)

Examinons un élément HTML représentatif :

```
<TITLE>Industries de transition: notre politique en matière de respect de la vie
privée</TITLE>
```

Vous y reconnaîtrez l'élément `TITLE`, ainsi que la page élaborée par votre service juridique en matière de respect de la vie privée, que personne en dehors de ce service n'a jamais lue. Pour traduire cet élément en XHTML, il suffit de convertir toutes les majuscules en minuscules :

```
<title>Industries de transition: notre politique en matière de respect de la vie
privée</title>
```

De manière comparable, `<P>` devient `<p>`, `<BODY>` devient `<body>`, etc. Naturellement, si vous employiez déjà des minuscules dans l'intitulé des balises et des attributs HTML, vous n'avez rien à changer. Cependant, la plupart d'entre nous avons pris l'habitude de saisir ces éléments en majuscules, et il est donc indispensable de les changer lors de la conversion en XHTML. Les éditeurs HTML populaires comme BBEdit de BareBones, PageSpinner d'Optima System, et HomeSite d'Adobe (anciennement Macromedia) permettent de convertir automatiquement les noms de balises et d'attributs en minuscules. L'outil gratuit HTML Tidy réalise également la même opération (voir plus loin l'encadré « Tidy ou le grand ménage »).

... mais facultatif pour les valeurs d'attributs ou de contenu

Dans l'exemple précédent, vous remarquerez que nous n'avons passé en minuscules que le nom de l'élément (`title`). Le contenu de cet élément, **`Industries de transition: notre politique en matière de respect de la vie privée`**, peut rester tel quel, avec sa majuscule initiale. Notez que ce contenu serait encore valide, bien que moins lisible, s'il était saisi tout en majuscules. Les noms d'éléments et d'attributs doivent être saisis en bas de casse, ce qui n'est pas obligatoire pour les valeurs d'attributs et les contenus. Voici des exemples parfaitement valides :

```
<img src="/images/poisson.jpg" alt="Jeanjean attrape un gros poisson." />
<img src="/images/POISSON.JPG" alt="Jeanjean attrape un gros poisson." />
<img src="/images/poisson.jpg" alt="Jeanjean attrape un gros Poisson déjà
cuisiné." />
```

Attention, selon les logiciels utilisés sur le serveur, le nom de fichier spécifié dans l'attribut `src` pourra être sensible à la casse, mais ceci n'est pas du ressort de XHTML. Par ailleurs, les valeurs de classe et d'identifiant sont sensibles à la casse. Prenez garde aux noms d'attributs associant minuscules et majuscules. Si vous vous servez d'un outil WYSIWYG comme Dreamweaver ou d'un éditeur d'images comme Fireworks ou ImageReady pour générer des rollovers en JavaScript (événements déclenchés lors du passage du pointeur de la souris), il vous faudra peut-être remplacer la casse mixte **`onMouseOver`** par les minuscules **`onmouseover`**. Sans rire.

Vous risquez d'avoir quelques problèmes avec cette instruction :

```
onMouseOver="changeImages"
```

Alors que *celle-ci* conviendra parfaitement :

```
onmouseover="changeImages"
```

Tidy ou le grand ménage

Pour créer des pages XHTML valides, le plus simple est encore de les élaborer en partant de zéro. Toutefois, le design web, pour une large part, est affaire de redesign, c'est-à-dire de refonte, et vous aurez souvent à retravailler une base existante. Ces refontes sont l'occasion idéale de migrer en XHTML, et nul besoin d'effectuer tout le travail à la main. L'outil libre et gratuit HTML Tidy (figure 6-1) est en mesure de convertir rapidement du HTML en XHTML valide.

Tidy fut créé par Dave Raggett, lui aussi un inconditionnel des standards. C'est maintenant un logiciel open source maintenu par Source Forge (tidy.sourceforge.net), bien qu'il existe des versions complémentaires mises au point par des fans. Terry Teague a ainsi développé la version Mac OS présentée à la figure 6-1. Il existe des versions en ligne de Tidy, ainsi que des binaires téléchargeables pour Windows, Unix, diverses distributions GNU/Linux, Macintosh (OS 9 et OS X), et d'autres plates-formes. Certaines versions fonctionnent comme des plug-ins qui viennent en renfort de logiciels web existants. C'est le cas, par exemple, de BBTidy, plug-in de l'éditeur (X)HTML BBEdit de BareBones Software. Chaque version propose des possibilités particulières et dispose donc de sa propre documentation. Aussi simple qu'il paraisse, Tidy est un outil puissant, et la lecture de son manuel pourra vous épargner bien des peines.

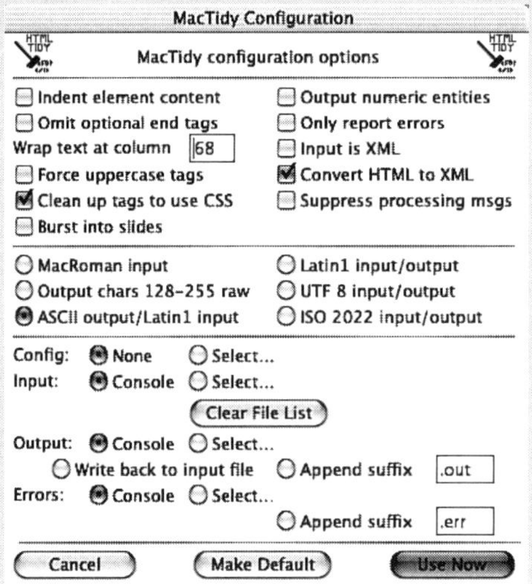

Figure 6-1
Pas terrible au niveau de la présentation, mais son prix est imbattable. HTML Tidy (tidy.sourceforge.net) *est libre, gratuit, et capable de convertir vos pages HTML en XML au moyen de l'option Convert HTML to XML. Voilà tout. Il existe des versions de Tidy pour pratiquement tous les systèmes d'exploitation (ici une version pour Mac OS X).*

Protéger les valeurs d'attributs par des apostrophes

En HTML, il n'est pas nécessaire de spécifier les valeurs d'attributs entre apostrophes (simples ou doubles), mais c'est obligatoire en XHTML (on écrira ainsi `height="55"`, et non pas `height=55`). Voilà à peu près tout ce qu'il y a à dire à ce sujet.

D'accord, quelque chose encore vaut la peine d'être signalé. Supposons qu'une valeur d'attribut contienne des apostrophes. Que se passe-t-il par exemple si l'attribut `alt` a pour valeur « Lecture publique d'un conte » ? Comment traiter ce type de cas ? On pourrait évidemment utiliser l'instruction suivante :

```
<img src="/images/conte.jpg" alt="Lecture publique d'un conte" />
```

Si vous vous sentez d'humeur un peu fantaisiste, vous pouvez également recourir aux caractères d'échappement pour générer des apostrophes typographiquement correctes :

```
<img src="/images/conte.jpg" alt="Lecture publique d&#8217;un conte" />
```

Maintenant que les attributs sont spécifiés entre apostrophes, il faut les séparer par des espaces. L'instruction suivante est erronée :

```
<hr width="75%"size="7" />
```

Remarque : le validateur du W3C devant gérer à la fois le HTML et le XHTML, il ne détectera pas cette erreur, mais tout analyseur conçu pour travailler avec du XML pur la signalera.

Si, pour quelque obscure raison, vous devez faire figurer des apostrophes doubles dans une valeur d'attribut, utilisez **"** ou **"** comme suit :

```
<img src="/images/hello.jpg" alt="Madame O'Hara nous dit &quot;Hello&quot;." />
```

Vous pouvez spécifier des valeurs d'attributs au moyen d'apostrophes et de **'**, comme suit :

```
<img src="/images/hello.jpg" alt='Madame O&apos;Hara nous dit "Hello".' />
```

En HTML, l'emploi d'apostrophes pour les valeurs d'attributs était facultatif, même si nous étions nombreux à avoir pris cette habitude. La conversion en XHTML ne posera donc souvent aucun problème sur ce point. Pour préserver leur bande passante, certains sites commerciaux ont évité de spécifier entre apostrophes les valeurs d'attributs. Ils devront néanmoins s'y mettre lorsqu'ils passeront à XHTML. HTML Tidy peut spécifier automatiquement toutes les valeurs d'attributs entre apostrophes. En fait, il est capable de réaliser automatiquement toutes les tâches de conversion abordées dans ce chapitre.

Tout attribut appelle une valeur

Chaque attribut doit avoir une valeur ; ce sera donc le cas des attributs dans le code suivant :

```
<td nowrap>
<input type="checkbox" name="chemise" value="moyenne" checked>
<hr noshade>
```

Cette valeur doit être identique au nom de l'attribut.

```
<td nowrap="nowrap">
<hr noshade="noshade" />
<input type="checkbox" name="chemise" value="moyenne" checked="checked" />
```

Oui, oui, on sait. C'est bizarre, mais il faut s'y habituer.

Refermer toutes les balises

En HTML, il est possible d'ouvrir de nombreuses balises comme `<p>` ou `<li>` sans jamais les refermer. Les instructions suivantes forment donc un code HTML parfaitement valide, mais un code XHTML incorrect :

```
<p>Voici du HTML valide, mais qui serait du XHTML non valide.
<p>J'ai omis de refermer les balises de paragraphes !
<p>Peu importe en HTML. Pourquoi diable avoir changé ces fichues règles ?
```

En XHTML, chaque balise ouverte doit être refermée :

```
<p>Voici du HTML valide, et aussi du XHTML valide.</p>
<p>Je referme toutes les balises après les avoir ouvertes.</p>
<p>Je suis quelqu'un de très spécial et je suis fier de moi.</p>
```

La règle énonçant que toute balise ouverte doit être refermée est plus sensée que l'approche déroutante et incohérente de HTML, et elle évitera peut-être bien des soucis inutiles. Si, par exemple, on ne referme pas les balises de paragraphes, on aura des problèmes d'affichage CSS dans certains navigateurs. XHTML oblige à les fermer, ce qui permet de garantir le bon fonctionnement d'une page.

Fermez aussi les balises vides

En XHTML, il faut également refermer les balises vides comme `<br>` et `<img>`, au moyen d'une barre oblique `/>` à la fin de la balise :

```
<br />
<img src="zeldman.gif" />
```

Remarquez la barre oblique à la fin de la balise XHTML `br`, ainsi que celle qui clôt la balise d'image `img`. Toutes deux sont précédées d'une espace pour éviter tout problème de traitement dans les navigateurs développés avant le standard XHTML. Rien de bien mystérieux dans tout cela. Rien de bien lourd non plus à implémenter. À peu près depuis 2001, BBEdit, Page-Spinner, et HomeSite ont automatiquement ajouté l'espace et la barre oblique requise avec les balises vides si vous indiquez à ces éditeurs que vous travaillez en XHTML (figure 6-2). Il en va de même avec les éditeurs visuels comme Dreamweaver et GoLive.

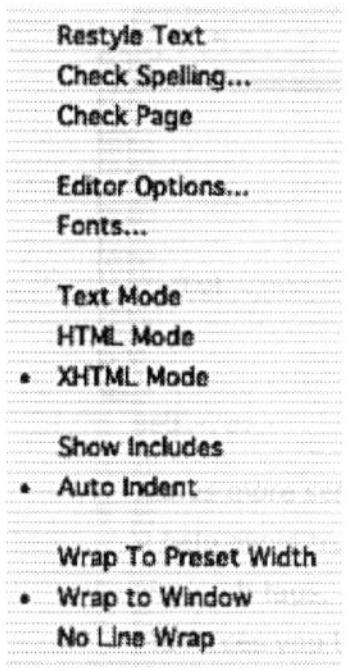

Figure 6-2
*Basculez en mode XHTML dans l'éditeur PageSpinner d'Optima System grâce au menu déroulant : les noms d'éléments et d'attributs seront convertis en bas de casse et les balises vides refermées par un blanc et une barre oblique (*www.optima-system.com/page spinner*).*

Naturellement, pour être valide et accessible, l'élément d'image du deuxième exemple devra également contenir un attribut `alt` ; un attribut facultatif `title` ne fera pas de mal non plus :

```
<img src="zeldman.gif" alt="Jeffrey Zeldman, auteur de «Design Web:
utiliser les standards»" title="Jeffrey Zeldman, charmant designer web
qui a gagné des milliards grâce à «Design web: utiliser les standards»,
qui en est maintenant à sa 400ème réimpression." />
```

Ce code est maintenant du XHTML valide.

Pas de tirets doubles à l'intérieur d'un commentaire

Les tirets doubles ne peuvent apparaître qu'au début et à la fin d'un commentaire XHTML. Cela signifie que les exemples suivants ne sont plus valables :

```
<!--Invalide -- ainsi que le «séparateur» classique ci-dessous. -->
<!------------------------------------------------------------------>
```

On peut remplacer les tirets intérieurs par des signes égal, ou insérer des espaces entre les tirets :

```
<!-- Valide - - ainsi que le nouveau séparateur ci-dessous. -->
<!--============================================================-->
```

Encodez tous les caractères < et &

Tous les signes inférieur à (<) qui ne font pas partie d'une balise doivent être encodés sous la forme <. Toutes les esperluètes (&) qui ne font pas partie d'une entité doivent être encodées sous la forme &. Ainsi :

```
<p>Elle & lui disent que x < y quand z = 3.</p>
```

devra être balisé comme suit :

```
<p>Elle &amp; lui disent que x &lt; y quand z = 3.</p>
```

Le service de validation du W3C se contentera de générer des messages d'avertissement lorsqu'il détectera des caractères non encodés ; un analyseur XML pur, en revanche, produira une erreur fatale.

Remarque : nous vous conseillons de toujours encoder le signe supérieur à (>) sous la forme >. Bien que cet encodage ne soit pas obligatoire (sauf dans un cas hautement ésotérique), il rendra votre balisage plus symétrique et en facilitera la lecture à autrui. Récapitulons maintenant l'ensemble des règles que nous avons détaillées.

Résumé pour gens pressés : les règles de XHTML

- Commencez par le DOCTYPE et l'espace de noms appropriés.
- Déclarez le type de contenu à l'aide de l'élément meta appelé « Content-Type ».
- Spécifiez tous les noms d'éléments et d'attributs en minuscules.
- Spécifiez toutes les valeurs d'attributs entre apostrophes (simples ou doubles).
- Affectez des valeurs à tous les attributs.
- Refermez toutes les balises.
- Refermez les balises vides au moyen d'une espace et d'une barre oblique.
- N'insérez pas de tirets doubles à l'intérieur d'un commentaire.
- Vérifiez que les caractères inférieur à et esperluète sont codés sous les formes respectives < et &.

Récapitulées de la sorte dans une courte liste, les règles du XHTML semblent peu nombreuses et assez simples, ce qui est effectivement le cas. Il nous faut malheureusement aborder un point supplémentaire et assez ennuyeux avant de passer à d'autres bonnes choses.

Encodage de caractères : ennuyeux, barbant, assommant

À la lecture de la deuxième règle régissant le XHTML (« La déclaration du type de contenu »), peut-être vous êtes-vous demandé pourquoi diable fallait-il déclarer ce dernier, et, question annexe, ce qu'était un type de contenu. Vous trouverez ci-dessous les réponses à ces ennuyeuses questions. Peut-être vous demandez-vous maintenant s'il est absolument nécessaire que vous lisiez ces explications assommantes. Oui, naturellement. Si nous avons dû l'écrire, il vous faut le lire. Ce n'est que justice, et peut-être apprendrez-vous quelque chose.

Unicode et autres jeux de caractères

Le jeu de caractères par défaut des documents XML, XHTML et HTML 4.0 est Unicode (www.w3.org/International/O-unicode.html). Bizarrement, ce standard est défini par le Unicode Consortium (www.unicode.org). Unicode est un jeu de caractères exhaustif qui fournit un numéro unique à chaque caractère, « quels que soient la plate-forme, le programme, la langue ». Il s'agit donc de la meilleure approximation que nous ayons d'un alphabet universel, même s'il tient plus du schéma de correspondances numériques que de l'alphabet. Bien qu'Unicode soit le jeu de caractères par défaut pour les documents web, les développeurs ont la possibilité d'en choisir d'autres, peut-être plus adaptés à leurs besoins. Ainsi, les sites web américains et occidentaux utilisent souvent l'encodage ISO-8859-1 (Latin-1). Vous vous demandez peut-être ce que cet encodage signifie, ou d'où il vient. Bon, d'accord, vous vous en fichez, mais il nous fallait bien amener un semblant de transition...

Qu'est-ce qu'ISO-8859 ?

ISO-8859 est une suite de jeux de caractères graphiques codés sur un octet (8 bits), standardisés, et conçus pour les langues alphabétiques. Le premier de ces jeux de caractères, ISO-8859-1 (qu'on appelle aussi Latin-1), est utilisé pour établir une correspondance entre les caractères des langues d'Europe de l'ouest et Unicode. Il existe d'autres jeux de caractères, notamment Latin-2 (langues d'Europe de l'est), le turc, le grec, l'hébreu et les langues nordiques. Le standard ISO-8859 a été développé au milieu des années 1980 par Ecma et avalisé par l'organisme ISO (International Standards Organization). Maintenant, vous savez.

Établir une injection de votre jeu de caractères dans Unicode

Quel que soit le jeu de caractères choisi, il faut établir une correspondance avec le standard Unicode et pour cela, déclarer un encodage de caractères, comme expliqué ci-dessus dans la deuxième règle régissant le XHTML (vous voyez, tout cela n'était pas le simple fait du hasard). Les sites peuvent déclarer leur encodage de caractères de trois manières différentes :

- Un administrateur du serveur (« l'admin ») peut définir cet encodage dans les en-têtes HTTP renvoyés par le serveur web. Le W3C conseille cette approche, qui est toutefois rarement suivie, peut-être parce que les administrateurs préfèrent jouer en réseau plutôt que de trifouiller des en-têtes HTTP. Après tout, qui n'en ferait pas autant à leur place ?

- Pour les documents XML (XHTML compris), un designer/développeur peut spécifier l'encodage au moyen du prologue XML facultatif. Là encore, il s'agit d'une recommandation du W3C, mais nous ne saurions la conseiller tant que le nombre de navigateurs en mesure de prendre en charge ce prologue est aussi restreint.
- Dans les documents HTML ou XHTML, un designer/développeur peut également définir l'encodage au moyen de l'élément `meta` appelé « `Content-Type` ». Contrairement à la méthode recourant aux en-têtes HTTP (qui échoue si l'admin oublie de s'acquitter de sa tâche) et à celle du prologue XML (qui échoue quand les navigateurs ne peuvent pas traiter le prologue), la méthode du `Content-Type` fonctionne à tous les coups. C'est l'approche que nous avons conseillée plus haut dans ce chapitre. Vous savez maintenant pourquoi.

Félicitations ! Vous en avez fini avec la partie ennuyeuse de ce livre, ou en tout cas de ce chapitre, enfin, tout au moins de cette page. Passons à la cure de soins. À partir de maintenant, nous entamons le travail intéressant, qui est d'envisager d'un nouvel œil la manière dont nous concevons et construisons les sites web.

Soins structurels : que du bonheur !

Le développement en XHTML ne se limite pas à la conversion des majuscules en minuscules et à l'ajout de barres obliques à la fin des balises `<br>`. Si tout se résumait à une façon d'accommoder les balises, personne ne se donnerait autant de mal, et au lieu de traiter des standards du Web, ce livre proposerait de délicieuses recettes de tofu. Mais nous digressons. Pour tirer avantage du XHTML, il faudra envisager le balisage en termes structurels, et non plus en termes visuels.

Optez pour un balisage sémantique et non pour un balisage stylistique

N'oubliez pas : dans la mesure du possible, la mise en page sera réalisée au moyen de CSS. Dans le monde des standards du Web, le balisage XHTML n'est pas affaire de présentation, mais de structure interne du document. Les documents bien structurés sont tout aussi exploitables sur un Palm Pilot ou un lecteur d'écran que sur la dernière version d'un navigateur de bureau. Les documents bien structurés s'affichent également de façon correcte dans les anciens navigateurs de bureau qui ne prennent pas en charge CSS, ainsi que dans les navigateurs modernes dont les utilisateurs ont désactivé CSS pour quelque raison que ce soit.

Il n'est pas possible pour tous les sites d'abandonner pour le moment les mises en page en tableaux HTML. Le W3C, inventeur de CSS, n'est passé en mise en page CSS qu'en décembre 2002. De plus, même les plus convaincus des puristes des standards ne sont pas toujours en mesure de séparer entièrement la structure de la présentation, en tout cas pas en XHTML 1. Cette séparation entre structure et présentation est un idéal vers lequel tendre et dont même les dispositions hybrides et transitionnelles peuvent bénéficier. Voici quelques astuces qui vous aideront à commencer à penser de manière plus structurelle.

De la couleur à l'intérieur du cadre

À l'école primaire, la plupart d'entre nous avons dû écrire des rédactions en suivant un plan imposé. Le temps a passé et nous sommes devenus designers, heureux de pouvoir jeter aux orties toutes ces règles formelles pour nous plonger corps et âme dans le monde merveilleux de l'expression personnelle. (D'accord, nos sites institutionnels et commerciaux n'étaient peut-être pas toujours originaux et vraiment personnels, mais au moins plus personne ne nous obligeait à suivre un plan. Était-ce vraiment le cas ?)

En réalité, d'après les règles du HTML, nous aurions toujours dû structurer nos contenus textuels dans des hiérarchies organisées (ou plans). C'était impossible à faire tout en proposant de belles mises en page avant que les navigateurs ne prennent pas en charge CSS, mais il est désormais possible de doter un document d'une bonne structure sous-jacente sans être pénalisé au niveau du design. Quand vous baliserez du texte pour le Web ou convertirez des documents existants en pages web, rappelez-vous les plans classiques :

```
<h1>Mon thème</h1>
<p>Texte d'introduction</p>
<h2>Thème subordonné</h2>
<p>Texte correspondant</p>
```

Évitez les éléments HTML caducs tels que les balises `<font>` ou les balises sans sémantique comme `<br />` pour simuler une structure logique dans un document qui en est dépourvu. Évitez ainsi le type de codage suivant :

```
<font size="7">Mon thème</font><br />
Texte d'introduction <br /><br />
<font size="6">Thème subordonné</font><br />
Texte qui en dépend<br />
```

Choisissez les éléments en fonction de leur signification et non de leur rendu

Certains d'entre nous avons pris l'habitude de baliser en `<h1>` le texte à afficher en gros, en `<li>` le texte à faire précéder d'une puce. Comme nous l'avons signalé dans la section « La malédiction des rendus hérités » du chapitre 3, les navigateurs ont traditionnellement imposé des attributs de design aux éléments HTML. Et c'est ainsi que nous sommes arrivés à penser que `<h1>` signifie « en gros », `<li>` sous-entend « puce », et `<blockquote>` implique « indenter ce texte ». Nous avons tous développé notre lot de code HTML qui utilisait des éléments structurels à des fins de présentation.

En suivant la même logique, si un designer souhaite que tous ses titres aient la même taille, il lui suffira de les baliser au moyen de l'élément `<h1>`, bien que ce balisage n'ait pas de sens sur le plan structurel et qu'il s'agisse du type de choses qu'un consultant en accessibilité comme Jakob Nielsen qualifierait de péché s'il n'était déjà trop occupé à se tracasser au sujet des couleurs des liens :

```
<h1>Voici le titre principal, ou ce qui en tiendrait lieu si j'avais
organisé mon texte à l'aide d'un plan.</h1>
<h1>Ceci n'est pas le titre principal mais je souhaitais qu'il ait la
même taille que le titre précédent et ne sais pas utiliser CSS.</h1>
<h1>Ceci n'est absolument pas un titre! Mais je voulais vraiment que
l'ensemble du texte de la page ait la même taille car cela est important
dans ma vision créative. Si je connaissais CSS, je pourrais obtenir un
tel design sans y sacrifier la structure du document.</h1>
```

Assez joué : il est temps de commencer à utiliser les éléments en fonction de leur sémantique, et non plus de leur apparence. En réalité, `<h1>` peut s'afficher de multiples façons. Avec CSS, vous pouvez afficher les éléments `<h1>` en petit et en romain (graisse normale), le texte `<p>` en gros et en gras, définir que l'élément `<li>` n'insère aucune puce (ou utiliser une image PNG, GIF, ou JPEG d'un chat, d'un chien, ou du logo de la société), etc.

À partir de maintenant, nous allons recourir à CSS pour déterminer la présentation de ces éléments. Nous pouvons même modifier le rendu en fonction de leur emplacement sur une page ou dans un site. Il n'est plus nécessaire, à supposer que cela l'ait jamais été, de recourir à `<li>` pour toute autre raison que celle pour laquelle cet élément a été créé, à savoir indiquer qu'il fait partie d'une liste qui en compte plusieurs semblables. CSS permet de séparer complètement la présentation de la structure, et de styler chaque élément à votre convenance. Dans un navigateur comprenant CSS, les six niveaux de titres (`h1–h6`) pourraient avoir la même apparence si tel est le souhait du designer :

```
h1, h2, h3, h4, h5, h6{
     font-family: georgia, palatino, "New Century Schoolbook", times, serif;
     font-weight: normal;
     font-size: 2em;
     margin-top: 1em;
     margin-bottom: 0;
}
```

Quel est l'intérêt ? Vous pourriez opter pour cette solution si vous souhaitez renforcer l'identité graphique d'un site dans les navigateurs graphiques tout en préservant la structure du document dans les navigateurs texte, les périphériques sans fil, ou les newsletters HTML accessibles sur inscription. Nous ne souhaitons pas brûler les étapes et présenter des techniques CSS dans un chapitre traitant de XHTML. Cet exemple avait simplement pour but de démontrer que la structure du document et sa présentation visuelle sont deux choses bien distinctes, et que les éléments structurels ont pour vocation de véhiculer une structure, pas de définir l'affichage.

Préférer les éléments structurels aux bidouillages non sémantiques

Comme nous avons oublié – ou jamais su – que les éléments HTML et XHTML visent à transmettre une signification structurelle, nous avons pour beaucoup pris l'habitude de concevoir des balisages entièrement dépourvus de structure. De nombreux cow-boys du HTML procèdent comme suit pour insérer une liste dans une page :

```
objet <br />
autre objet <br />
un troisième objet <br />
```

Préférez une liste, ordonnée ou non :

```
<ul>
  <li>objet</li>
  <li>autre objet</li>
  <li>un troisième objet</li>
</ul>
```

« Mais `<li>` génère une puce, et je n'en veux pas ! » objecterez-vous peut-être. Relisez la section précédente. CSS ne suppose rien quant à la manière dont les éléments seront présentés. Il vous revient de définir les paramètres d'affichage. La désactivation des puces est l'enfance de l'art en CSS, langage capable de présenter une liste sous forme d'un texte de paragraphe standard ou d'une barre de navigation graphique, avec effets de rollover.

Par conséquent, utilisez des éléments de liste pour baliser des listes. De la même façon, préférez `<strong>` à `<b>`, `<em>` à `<i>`, etc. Par défaut, la plupart des navigateurs sur ordinateur de bureau présenteront `<strong>` comme `<b>` et `<em>` comme `<i>`. On obtient ainsi l'effet visuel recherché sans y sacrifier la structure du document. Alors que CSS ne suppose rien de l'affichage des éléments, les navigateurs, eux, font de nombreuses hypothèses, et nous n'avons jamais trouvé aucun navigateur qui affichait `<strong>` autrement qu'en gras (à moins qu'un designer créatif n'ait spécifié d'autres paramètres dans la feuille de style). Si vous craignez que quelque navigateur exotique n'affiche pas votre élément `<strong>` en gras, vous pouvez écrire une règle CSS similaire à la suivante :

```
strong{
      font-weight: bold;
      font-style: normal;
}
```

Le recours à du balisage structurel évite également aux utilisateurs de navigateurs en mode texte et autres périphériques alternatifs de télécharger des balises inutiles dans leur environnement de navigation (quel sens peut-on bien attribuer à `<b>` dans un lecteur braille ?) De plus, les éléments orientés présentation comme <b> et <i> vont probablement subir le destin du dodo dans les futures versions de XHTML. Prenez vos précautions et préférez-leur les éléments structurels.

Chaque règle admet évidemment quelques exceptions. Voici quelques situations où l'on pourrait préférer <b> à <strong> ou <i> à <em> :

- Balisage d'une liste à puces, mise en forme en CSS pour avoir l'allure d'une barre de navigation dans les navigateurs comprenant les feuilles de style. On souhaite en mettre en valeur le « bouton » d'accueil afin d'indiquer à l'utilisateur qu'il se trouve sur la page principale. Contrainte supplémentaire : cette information de localisation doit aussi fonctionner dans les environnements incapables d'interpréter CSS. Enrober le lien « Accueil » de balises <b> résoudra le problème sans introduire de sémantique indésirable.
- Paul Ford est l'auteur d'un exemple célèbre (www.ftrain.com/ProcessingProcessing.html) où il écrit « celui qui publie un texte datant de 1901 et comportant des italiques ne doit pas baliser ces dernières comme du texte en emphase. La subtile sémantique de la typographie, qui évolue en permanence, est très attachée à son époque. »

On trouvera des pensées profondes et des querelles passionnées sur les différences entre <b> et <strong> chez Matthew Paul Thomas (mpt.net.nz/archive/2004/05/02/b-and-i), Joe Clark (blog.fawny.org/2004/05/16/ubu), et James Craig (cookiecrook.com/2004/05/#cc108424449201351713).

Éléments visuels et structure

Les standards du Web ne concernent pas seulement les technologies que nous utilisons, mais aussi la manière dont nous les employons. Le recours à des balises XHTML et à CSS pour traiter tout ou partie des corvées de mise en forme ne rend pas nécessairement un site plus accessible, plus portable, ou moins gourmand en bande passante. XHTML et CSS peuvent être mal employés ou détournés tout aussi facilement que l'ont été les premières technologies web. Un balisage XHTML verbeux gaspille chaque bit et le temps de l'utilisateur tout autant que le HTML redondant d'antan. Les feuilles de style CSS interminables et démesurément complexes ne remplacent pas avantageusement le HTML de présentation : vous ne faites que remplacer une mauvaise chose par une autre.

Les conseils énumérés à la section « Soins structurels ; que du bonheur ! » ci-dessus vous aideront à éviter les structures internes alambiquées et sans signification sémantique. Mais que faire des éléments visuels reconnaissables du site, tels que les barres de navigation persistantes, qui incluent généralement un logo ? Peuvent-ils être structurels ? Le doivent-ils ? La réponse à la première question est « oui » : les éléments visuels, y compris les barres de navigation, peuvent effectivement être structurels. Par exemple, et comme indiqué à la section précédente, CSS peut faire en sorte qu'une liste, ordonnée ou non, s'affiche sous forme d'une barre de navigation, avec boutons et effets rollover. Pour répondre à la deuxième question, sachez qu'il n'est pas toujours nécessaire que les éléments visuels comme les barres de navigation soient structurels dans les mises en page hybrides et transitionnelles. Si ces mises en page sont peu verbeuses et définissent une bonne structure dans leurs principales zones de contenus, si leur XHTML et leur CSS sont valides, et si tout a été mis en place pour en garantir l'accessibilité, vous aurez fait tout ce qui est en votre pouvoir pour garantir une conformité transitionnelle aux standards, et n'aurez à rougir de rien (en tout cas, pas de la construction de votre site web).

Dans le chapitre suivant, nous examinons les différences entre les bonnes et les mauvaises façons d'écrire du code (qu'elles impliquent ou non XHTML et CSS), et donnons des pistes pour créer des balisages propres et compacts dans les composants non structurels des mises en page hybrides et transitionnelles.

7

Des pages minces et fermes : structure et métastructure des balisages stricts et hybrides

Ne faites pas l'impasse sur ce chapitre. Sa lecture complétera vos compétences, dégraissera vos pages web, et affinera votre compréhension de la différence entre balisage et design. Les idées présentées ici sont faciles à suivre mais elles peuvent avoir un profond impact sur les performances de vos sites – et la facilité avec laquelle vous les concevez, produisez, et maintenez.

Dans ce chapitre, vous apprendrez comment écrire un balisage logique et compact qui peut réduire votre bande passante de moitié ou plus encore, en « boostant » les temps de chargement tout en réduisant la charge sur le serveur. Pour y parvenir, nous bannissons du XHTML tout élément de présentation et apprenons à éviter des pratiques courantes sur le Web, mais qui n'en sont pas moins très mauvaises. De nombreux sites web ont à souffrir de ces habitudes critiquables, en particulier ceux qui incorporent du CSS dans des mises en page reposant principalement sur des tableaux. Cette pratique est presque toujours réalisée en pure perte et en dépit du bon sens, même par des designers par ailleurs très compétents. Elle touche autant les sites codés à la main que ceux créés au moyen d'éditeurs comme Dreamweaver ou GoLive.

Dans ce chapitre, nous décrirons ces erreurs communes de sorte que vous puissiez les reconnaître et vous en prémunir, et présenterons des méthodes alternatives. Nous nous familiariserons avec l'attribut d'identifiant unique (`id`), véritable « post-it » du design avec les standards, et montrerons comment il permet d'écrire du XHTML ultracompact, tant dans les mises en page hybrides qu'en CSS pur.

Tous les éléments doivent-ils être structurels ?

En concluant le chapitre 6, nous n'avons pas hésité à déclarer que les éléments de navigation d'un site transitionnel n'avaient pas nécessairement à être structurels. Nous ne craignons pas de nous mouiller davantage en ajoutant que même dans les mises en page purement CSS, certains composants n'ont pas besoin d'être structurels – en tout cas pas au sens « titre, paragraphe, liste » évoqué au chapitre 6. Toutefois, ces éléments peuvent être métastructurels, c'est-à-dire qu'ils peuvent être balisés au moyen d'éléments génériques et d'étiquettes d'attributs structurels particuliers qui spécifient le rôle sémantique plus étendu qu'ils jouent dans le design du site. Ce balisage n'obéit pas à une motivation d'ordre théorique, mais présente des avantages réels tels qu'une réduction de la bande passante et une maintenance facilitée, et un redéploiement plus facile des données.

Le site de l'équipe des Kansas City Chiefs, conçu par Happy Cog en 2004 (figure 7-1), recourt à CSS pour la mise en page et à XHTML pour la structure. Presque tous les éléments de son balisage sont structurels, des titres aux listes en passant par les paragraphes. Cependant, le bouton d'accueil et les quatre objets du sous-menu (`submenu`) situé vers le haut de la page – Tickets, Schedule, Depth Chiefs et Injury Report, – ne reçoivent aucune valeur structurelle ou sémantique au sens décrit au chapitre 6 :

```
<div id="header">
  <div id="submenu">
    <a href="/" id="home"><i>Kansas City Chiefs Home</i></a>
    <a href="/tickets/" id="tickets"><i>Tickets</i></a>
    <a href="/schedule/" id="schedule"><i>Schedule</i></a>
    <a href="/depth_chart/" id="depthchart"><i>Depth Chart</i></a>
    <a href="/injuryreport/" id="injuryreport"><i>Injury Report</i></a>
  </div>
</div>
```

Ce sont simplement de bons vieux liens, mis en place par quelques éléments XHTML de niveau bloc (`div`), que le petit malin qui a conçu le site a nommés à l'aide d'un attribut d'identification unique (`id`). Définissons un glossaire avant d'examiner comment ces composants s'allient pour créer une métastructure, réduire la taille de la page, et en contrôler la mise en page sans recourir à des balises de présentation.

div, id, et autres assistants

Dans ce chapitre et les suivants, nous ferons beaucoup référence à l'élément `div` et à l'attribut `id`. Correctement employés, `div` est le liant de la sauce du balisage structuré, alors qu'`id` est un petit outil étonnant permettant d'écrire du XHTML très compact, d'appliquer CSS de

Figure 7-1

Ballon ovale, sueur, et sémantique : c'est le site de l'équipe des Kansas City Chiefs, conçu par Happy Cog en 2004. On trouvera une version archivée de sa page d'accueil d'alors à l'adresse kc.happycog.com.

façon appropriée, et de doter un site de comportements sophistiqués au moyen du modèle DOM. Le W3C, dans l'article « The Global Structure of an HTML Document », définit ces éléments et deux autres composants HTML/XHTML importants comme suit :

> « Les éléments `div` et `span`, associés aux attributs `id` et `class`, offrent un mécanisme générique pour structurer les documents. Ces éléments définissent des contenus au fil du texte (`span`) ou au niveau bloc (`div`), et n'imposent aucune autre contrainte de présentation. Les auteurs de sites peuvent donc employer ces éléments conjointement aux feuilles de style [...] pour adapter HTML à leur convenance et à leurs besoins (www.w3.org/TR/REC-html40/struct/global.html#h-7.5.4). »

Ce mystérieux div

Le moment n'est pas moins inopportun qu'un autre pour expliquer que `div` est l'abréviation de « division ». Lorsqu'on regroupe un ensemble de liens, on obtient une partie de document distincte – et divisée – des autres. Il en va de même pour le contenu, l'avertissement en pied de page, etc.

Un mécanisme générique pour des structures spécifiques

Tous les jockeys du HTML connaissent bien ses éléments les plus courants, comme la balise de paragraphe ou l'élément `h1`, mais tous ne sont peut-être pas aussi à l'aise avec `div`. Le secret de sa compréhension réside dans l'expression du W3C : « un mécanisme générique pour la structurer ». Dans l'exemple précédent des Kansas City Chiefs, les liens de navigation secondaire (Tickets, Schedule, Depth Chart et Injury Report) sont enveloppés dans un élément `div` car ils ne font pas partie d'un paragraphe, d'une liste, ni de tout autre élément structurel général. En revanche, dans une acception plus large et plus précise, ces liens jouent véritablement un rôle structurel, à savoir permettre la navigation parmi les sections secondaires du site. Ce rôle est souligné par l'étiquette que porte leur `div` : `submenu` (sous-menu). Ces liens apparaissant aussi dans le cartouche de la page, le `div` les contenant s'appelle `header` (en-tête).

Vous pouvez utiliser n'importe quel nom. Ainsi, `Gladys` ou `boiteorange` sont tout à fait orthodoxes en XHTML. Mais il est préférable de recourir à une dénomination sémantique ou métastructurelle (c'est-à-dire des noms qui expliquent la fonction remplie par les éléments qu'ils contiennent). Vous aurez l'air malin après avoir affublé une portion de votre site de l'étiquette `boiteorange` si les clients changent d'avis et demandent du bleu. Vous aurez l'air encore plus bête six mois plus tard quand, « charrette » sur un projet, vous tâcherez désespérément de vous souvenir de ce que `Gladys` signifiait – zone de navigation ? barre latérale ? formulaire de recherche ?...

Par ailleurs, des étiquettes `id` structurelles comme `menu`, `contenu` ou `formulaireDeRecherche` vous rappelleront que le balisage n'est pas le design et qu'une page bien structurée pourra avoir n'importe quelle présentation. Que vous travailliez avec des mises en page en pur CSS ou hybrides avec des tableaux, l'affectation de noms sémantiques aux composants fondamentaux d'une page (zones de navigation, de contenu, de recherche) vous permettra de vous sevrer de l'habitude d'écrire et de penser en termes de balisage de présentation.

id et class

L'attribut `id` n'est pas une nouveauté de XHTML ; l'attribut `class` et les éléments `div` et `span` non plus. Tous remontent au HTML. L'attribut `id` affecte un nom unique à un élément, chaque identifiant ne pouvant être utilisé qu'une fois sur une page donnée (par exemple, si votre page contient un `div` doté de l'`id contenu`, elle ne pourra pas contenir un autre `div` ou élément de même identifiant). En revanche, l'attribut `class` peut être utilisé plusieurs fois sur une même page (cinq paragraphes pourraient par exemple avoir un même attribut `class` nommé `petit` ou `notedebasdepage`). Le code suivant vous aidera à mieux comprendre la différence entre `id` et `class` :

```
<div id="formulaireDeRecherche">Saisir ici les composants du
  formulaire de recherche. Cette section n'apparaît qu'une
  seule fois dans la page.</div>
<div class="entreeDeBlog">
```

```
  <h2>Entrée de weblog du jour</h2>
  <p>Saisir ici le contenu du weblog.</p>
  <p>Voici un autre paragraphe du weblog.</p>
  <p>De même qu'une page peut contenir de nombreux
  paragraphes, un weblog abrite parfois beaucoup
  d'entrées. Pour cela, une page de weblog ferait
  appel à plusieurs instances de la classe «entreeDeBlog»
  (ou quel que soit le nom qu'on lui a donné).</p>
</div>
<div class="entreeDeBlog">
  <h2>Entrée de weblog de la veille</h2>
  <p>Nous voici à l'intérieur d'un autre div de class «entreeDeBlog».</p>
  <p>Ils se reproduisent comme des lapins.</p>
  <p>Si cette page comportait dix articles de weblog,
  on y trouverait autant de blocs div de class
  «entreeDeBlog».</p>
</div>
```

Dans ces exemples, **div id="formulaireDeRecherche"** mettrait en place un bloc autour de toute la zone de la page comportant le formulaire de recherche, alors que **div class="entreeDeBlog"** procéderait de même pour chacun des articles d'un weblog (on dit aussi blog). Cette page ne comptant qu'un seul formulaire de recherche, nous avons fait le choix de l'attribut **id** pour ce cas de figure. Un weblog pouvant en revanche abriter de nombreuses entrées, c'est l'attribut **class** qui est le plus adapté. De manière similaire, un site d'actualités pourra renfermer de nombreux **div** de **class** « **nouvelle** » (ou « **depeche** » ou « **histoire** »).

Chaque site n'a pas besoin de tels **div**. Un weblog pourrait ainsi se contenter des titres **<h1>**, **<h2>**, **<h3>**, et des balises de paragraphes **<p>**. De même pour un site d'actualités. Les **div** de **class** « **entreeDeBlog** » ne visent pas tant à vous inciter à remplir vos pages de blocs **div** qu'à illustrer comment de nombreux objets peuvent partager le même attribut **class** – alors qu'au plus un élément par page web présentera un **id** donné.

La théorie du post-it

Il peut être utile de considérer l'attribut **id** comme un post-it, cet aide-mémoire que l'on colle sur le réfrigérateur pour ne pas oublier de rapporter du lait, sur le téléphone pour penser à rappeler un client qui aurait déjà dû régler sa facture, ou encore sur le classeur de factures pour se souvenir qu'elles doivent être payées avant le quinze du mois (ce qui nous rappelle également qu'il faut relancer le client retardataire).

L'attribut **id** joue un rôle similaire dans la mesure où il étiquette une zone donnée du balisage, signalant ainsi qu'elle nécessite un traitement spécial. Il peut s'agir de paramètres appliqués au moyen d'une ou de plusieurs règles de feuille de style ou de quelques lignes de code contenues dans un fichier JavaScript. Par exemple, cette feuille de style peut spécifier des règles qui ne s'appliquent qu'au contenu de l'élément `div` dont l'`id` est `formulaire`, ou encore des règles qui concernent uniquement l'élément d'un `div` d'`id` « `formulaire_de_recherche` », ou un tableau d'`id` « `barre_de_menu` ». (Si vous avez suivi notre développement, vous aurez deviné qu'un tableau doté d'un `id` `barre_de_menu` est un tableau servant de barre de menu. Dans les chapitres 8 et 10, nous mettrons en œuvre un tel tableau dans notre exemple de site hybride.) Lorsque la valeur d'un attribut `id` est le dénominateur commun à un sous-ensemble de règles CSS, l'attribut fait office de « sélecteur CSS ». Plusieurs techniques peuvent être utilisées pour définir des sélecteurs (voir le chapitre 9), mais celle mettant en œuvre l'attribut `id` est très pratique et peu contraignante.

Le pouvoir des id

L'attribut `id` est incroyablement puissant et peut intervenir à plusieurs niveaux :

- En tant que sélecteur de feuille de style, ce qui permet d'élaborer un code XHTML concis.
- En tant qu'ancre cible de liens hypertexte, en remplacement de l'attribut `name` aujourd'hui caduc (ces deux méthodes peuvent coexister pour des raisons de compatibilité descendante).
- En tant que méthode de référencement d'un élément précis d'un script reposant sur DOM.
- Comme nom d'un élément objet déclaré.
- Comme outil de traitement générique (par exemple, pour citer le W3C, « pour identifier des champs lors de l'exportation de données à partir de pages HTML vers une base de données, lors de la conversion de documents HTML en d'autres formats, etc. »).

Les règles d'id

Une valeur d'`id` doit commencer par une lettre (non accentuée) ou un tiret de soulignement ; elle ne peut pas commencer par un chiffre. Le service de validation du W3C ne signalera pas cette erreur, mais elle n'échappera pas à un analyseur XML. Si vous envisagez d'utiliser conjointement un attribut `id` et JavaScript sous la forme `document.nomid.valeur`, vous devez lui attribuer un nom de variable valide en JavaScript, c'est-à-dire le faire commencer par une lettre (non accentuée) ou un tiret de soulignement et utiliser ensuite des lettres (non accentuées), des chiffres, et des tirets de soulignement. Les blancs et surtout les traits d'union sont interdits. Évitez par ailleurs de recourir à des tirets avec les valeurs d'attributs `class` ou `id` en raison de limitations de CSS (et de certains navigateurs).

Enfin, pour les plus chipoteurs de nos lecteurs, sachez qu'il est possible de débuter un nom d'`id` ou de `class` par un chiffre si ce dernier est utilisé avec une séquence d'échappement, donnant le numéro Unicode approprié pour représenter ce chiffre. Mais personne n'utilise jamais cette méthode.

Balisage sémantique et réutilisabilité

Après cette discussion sur les éléments XHTML génériques (notamment `div` et `id`), revenons sur l'exemple des Kansas City Chiefs (figure 7-1). Examinons d'abord le menu du cartouche en tête de page :

```
<div id="header">
  <div id="submenu">
    <a href="/" id="home"><i>Kansas City Chiefs Home</i></a>
    <a href="/tickets/" id="tickets"><i>Tickets</i></a>
    <a href="/schedule/" id="schedule"><i>Schedule</i></a>
    <a href="/depth_chart/" id="depthchart"><i>Depth Chart</i></a>
    <a href="/injuryreport/" id="injuryreport"><i>Injury Report</i></a>
  </div>
</div>
```

On trouve là cinq liens HTML, affublés chacun d'un `id` correspondant à sa fonction : `home` pour la page d'accueil, `tickets` pour la billetterie, etc. Comme nous l'avons déjà évoqué, un bloc interne (`submenu`) rassemble les liens selon leur fonction ; un bloc externe (`header`) identifie la section concernée dans la page, ce qui permet de différencier celle-ci des zones de mise en forme `content` (contenu), `sidebar` (marge), et `footer` (pied de page).

Ces deux éléments `div` mettent en place une véritable structure, identifiant à la fois le rôle du contenu (menu de navigation) et sa position dans l'agencement de la page (le cartouche de tête). Par contraste, une mise en forme classique reposant sur des tableaux ne fournira aucune sémantique pour les données, tout en engloutissant au bas mot trois fois plus de bande passante.

> **Un grand pouvoir implique de grandes responsabilités**
>
> Mal utilisés, comme cela arrive fréquemment, les éléments et attributs traités ici quadruplent la taille des pages au lieu de la réduire de moitié et ôtent toute trace de structure au lieu d'ajouter une métastructure aux éléments structurels de XHTML. Quand vous aurez lu ce chapitre, vous saurez identifier ces mauvais emplois et les éviter.

Vous remarquerez que ce balisage ne comporte aucune balise `img`, et par conséquent aucun des attributs associés `width`, `height`, `background`, ou `border`. Également dépourvu de toute cellule de tableau, il ne contiendra pas non plus leurs attributs habituels `height`, `width`, `bgcolor`, `rowspan`, et `colspan`. Aussi propre qu'un sou neuf, aussi épuré qu'un accord de basse des années 1980, il n'en fournit pas moins toutes les informations nécessaires à un client ou à un associé.

Couplé à CSS, ce balisage sobre fournit aux visiteurs du site une mise en forme fiable et rapide à charger. Pour être plus précis, il leur donne même le choix, car de petits boutons situés en haut de la marge permettent de sélectionner taille de police, texture de fond, et graphiques du cartouche (nous reviendrons sur ces boutons un peu plus loin). Dans des environnements non CSS, ce petit balisage bien structuré fournit 100 % du contenu sans poser aucun problème.

Les lecteurs pourvus d'un œil de lynx se demandent peut-être pourquoi ce balisage comporte des italiques. On en trouve par exemple dans le lien emmenant vers la billetterie :

```
<a href="/tickets/" id="tickets"><i>Tickets</i></a>
```

D'un point de vue logique et sémantique, on s'attend à un lien codé comme suit :

```
<a href="/tickets/" id="tickets">Tickets</a>
```

À quoi servent donc ces italiques ? Elles déclenchent une règle CSS masquant le texte HTML aux navigateurs graphiques (dont les utilisateurs observeront donc les images arborant une police joliment crénée) tout en présentant celui-ci aux lecteurs d'écran et autres navigateurs en mode texte (dont les utilisateurs recevront donc les mêmes contenus).

Ce court extrait est une maquette du fonctionnement de la page, laquelle illustre de quelle manière les designs reposant sur les standards sont plus performants que les mises en forme à partir de tableaux – tout en produisant des résultats tout à fait identiques.

À l'heure où nous écrivons ces lignes, l'exemple des Chiefs a déjà deux ans, et il a mal vieilli par certains aspects. S'il fallait refaire cette page, l'auteur remplacerait ces cinq liens par autant de puces `<li>` d'une liste non numérotée `<ul>`, comme cela est déjà le cas des autres éléments de navigation (on peut voir le code source correspondant à l'adresse kc.happycog.com). Il n'est certes pas nécessaire que chaque élément soit structurel, mais c'est très probablement souhaitable. D'autre part, le lien vers la page d'accueil n'est pas vraiment à sa place dans le groupe formé par ce sous-menu. D'un point de vue sémantique, il faudrait le placer ailleurs. Il n'en reste pas moins que cet exemple illustre déjà ce que l'on peut réaliser avec un balisage minimal.

Autre avantage : ce balisage est dépourvu de toute image ou cellule de tableau – et donc des relents nauséabonds qui s'en dégagent. Comme il se focalise entièrement sur les éléments structurels de la page, la prochaine équipe de design web qui reprendra le projet pourra réutiliser ce balisage dans le cadre d'un agencement totalement différent – pour peu, évidemment, que l'architecture du site ne change pas. Réduire, réutiliser, recycler.

Vous vous demandez peut-être comment le site parvient à afficher le logo des Chiefs et d'où sort la typographie stylée des objets du sous-menu – ces éléments étant absents du balisage. C'est CSS qui provoque l'apparition des images. Il recourt aux `id` associés aux liens et aux `div` conteneurs pour contrôler le choix, la position, et même la réaction de ces dernières lorsque le pointeur de la souris les survole. Comment procède-t-il ? Un peu de patience...

Grouper des images sans utiliser de tableaux

Avant de laisser les Chiefs à leur jeu, revenons sur les lettres et les boutons situés au sommet de la marge (figure 7-2). Grâce à des technologies simples et reposant sur les standards qui seront évoqués au chapitre 15, ces petits gadgets permettent aux utilisateurs de choisir une taille de police (pour l'accessibilité) ou de personnaliser l'allure et l'apparence du site (pour le plaisir). En y simplifiant le JavaScript, les textes d'attribut `title`, et quelques autres éléments passés sous silence pour l'instant, ce balisage – indenté pour en faciliter la lecture – a l'allure suivante :

```
<div id="switchwidget">
  <a href="/switch/"><img src="/i/switcher_01.gif" width="38" height="27"
     id="switch1" alt="" /></a>
  <a href="/switch/"><img src="/i/switcher_02.gif" width="30" height="27"
     id="switch2" alt="" /></a>
  <a href="/switch/"><img src="/i/switcher_03.gif" width="38" height="27"
     id="switch3" alt="" /></a>
  <a href="/switch/"><img src="/i/switcher_04.gif" width="22" height="27"
     id="switch4" alt="" /></a>
  <a href="/switch/"><img src="/i/switcher_05.gif" width="24" height="27"
     id="switch5" alt="" /></a>
</div>
```

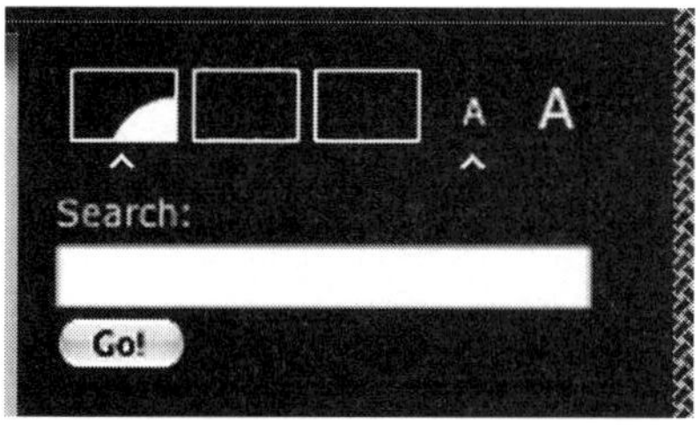

Figure 7-2
Détail du site des Kansas City Chiefs en 2004, agrandi de 300 %.

Regarde, maman, sans les tableaux ! Comment ces images restent-elles groupées en l'absence de tableau et de cellules ? Question d'ordre dans le code source, c'est aussi simple que cela. On définit en CSS une largeur appropriée pour le `div` conteneur – baptisé « `switchwidget` » (gadget interrupteur) car il permet aux utilisateurs de basculer d'un style à l'autre. Tant que la largeur totale des images ne dépasse pas celle de leur conteneur – et qu'aucun retour chariot ne les sépare – le groupe reste soudé sans faire appel à des tableaux. En théorie, les retours chariot ne devraient avoir aucun effet, mais ils posent des problèmes d'espacement aussi bien dans Internet Explorer que dans Mozilla. Le code présenté ci-dessus fut remanié par souci de clarté, mais il n'apparaît pas ainsi sur le site web.

alt ! Au nom de la loi !

Comment expliquer cette valeur d'`alt` inexistante dans la portion de balisage du site des Kansas City Chiefs reproduite ci-dessus ? On appelle `null`, `alt`, ou attribut `alt` vide, le réglage `alt=""`. Nous exposerons son intérêt au chapitre 14.

Si le texte d'`alt` est vide, comment les visiteurs ne voyant pas les images en interpréteront-ils les contenus ? Ils ne pourront pas – mais ils n'en ont pas besoin. Peu chaut à un utilisateur aveugle d'« agrandir la taille du texte », et à quoi bon personnaliser des images de fond qu'il ne peut pas voir ? L'attribut `alt` vide évite de déranger ces visiteurs avec des détails visuels qui ne les concernent pas.

Cependant, en ôtant le texte d'`alt`, ne détruit-on pas les infobulles Windows attendues par les utilisateurs lorsque le pointeur de la souris passe sur une image ? Absolument, petit scarabée – c'est pourquoi nous restaurons ces infobulles à travers le texte de l'attribut `title`, utilisé sur le site mais pas reproduit ci-dessus pour alléger la présentation.

Ceux qui ne peuvent ou ne veulent visiter kc.happycog.com pour en examiner le code source retrouveront ci-dessous le balisage complet de la section `switchwidget` (bascule de gadget) de cette page :

```
<div id="switchwidget"><a href="/switch/" onclick=
"setActiveStyleSheet(`default'); return false;" title=
"Customize this site (default)."><img src="/i/switcher_01.
gif" width="38" height="27" id="switch1" alt="" /></a><a
href="/switch/" onclick="setActiveStyleSheet(`player');
return false;" title="Customize this site (player)."><img
src="/i/switcher_02.gif" width="30" height="27" id="switch2"
alt="" /></a><a href="/switch/" onclick="setActiveStyleSheet
(`cheer'); return false;" title="Customize this site
(cheer)."><img src="/i/switcher_03.gif" width="38"
height="27" id="switch3" alt="" /></a><a href="/switch/"
onclick="setActiveStyleSheet(`normfont'); return false;"
title="Customize this site (normal font size)."><img
src="/i/switcher_04.gif" width="22" height="27" id="switch4"
alt="" /></a><a href="/switch/" onclick="setActiveStyleSheet
(`friendlyfont'); return false;" title="Customize this site
(friendly type size)."><img src="/i/switcher_05.gif"
width="24" height="27" id="switch5" alt="" /></a></div>
```

Balisage compact et pensée métastructurelle ne se limitent pas aux mises en page CSS. Ils peuvent aussi rendre les mises en page par tableaux plus performantes tout en les allégeant.

Mises en page hybrides et balisage compact : ce qui est permis et ce qui ne l'est pas

Une appréhension de l'apprentissage de CSS ou l'impossibilité de mettre en œuvre ce standard dans un projet spécifique ne justifie en aucun cas une impasse sur les standards du Web. Associez des mises en page « allégées » en tableaux, efficaces et sobres, du CSS élémentaire et du XHTML structurel et accessible, et vous avez les ingrédients d'une approche hybride et transitionnelle qui fonctionne. Certains font leurs premiers pas en CSS en travaillant sur des agencements hybrides, et certaines (cela dit, reconnaissons-le, pas beaucoup) idées de mise en forme fonctionnent mieux quand leurs éléments de base sont définis par des tableaux XHTML simples. Mais le balisage en tableaux n'est pas forcément une ineptie, et les mises en page hybrides recourant à quelques composants non structurels n'ont rien à voir avec les bidouillages HTML irréfléchis, surchargés d'enrichissements superflus, qui sous-tendent encore trop de sites en construction.

Attention !

Nous avons mentionné que certains composants d'interface des sites hybrides n'avaient pas nécessairement à être structurels. Cela ne signifie pas que le balisage structurel n'a pas sa place sur les autres parties de ces sites : les paragraphes doivent être balisés comme tels, les listes en tant que listes, etc. Il ne s'agit pas non plus d'une invitation à créer des menus de navigation ou d'autres composants au moyen de tous les bidouillages qui peuvent exister en la matière. Structurels ou non, tous les composants devraient être définis au moyen de balises claires et compactes et du CSS propre. Ce chapitre n'a d'autre objet que d'expliquer ce qu'est un balisage correct.

Nommer les mauvaises pratiques

Dans la section suivante, nous examinerons les techniques stupides avec lesquelles trop de sites sont encore construits, et expliquerons pourquoi elles sont contreproductives. Nous proposerons également des noms pour des techniques peu recommandables et encore trop utilisées. La lecture de cette section n'aura pas pour seul effet de bannir ces mauvaises pratiques de vos créations ; elle vous aidera aussi à repérer ces erreurs dans le travail de vos collègues et de vos fournisseurs. Quand vous aurez lu cette section et gravé ses enseignements simples dans votre esprit, vous ne laisserez plus vos collègues et fournisseurs s'en tirer avec leurs balisages inconsidérés : vous pourrez diagnostiquer les maladies dont ils sont porteurs à l'aide de la grille que nous avons mise au point. C'est alors qu'une transformation s'opérera et qu'ils commenceront à témoigner d'un profond respect pour le balisage, pour vous, et surtout qu'ils se sentiront très mal à l'aise en votre présence. En réalité, nous n'avons pas attribué des noms à ces mauvaises pratiques dans le but de nous moquer de quiconque, mais simplement pour les identifier et les bannir de nos propres créations. Puisse-cela vous aider aussi.

Les erreurs les plus courantes dans les balisages hybrides

Considérons un exemple représentatif de design de site avec tableaux (figure 7-3), comportant notamment une barre de menu (figure 7-4) qui change d'état (figure 7-5) pour indiquer l'endroit où se trouve le visiteur lorsqu'il se déplace sur le site. Le logo du site sera sans doute un élément graphique, très probablement une image GIF. Les étiquettes du menu (EVENTS, ABOUT, CONTACT, etc.) seront elles aussi des images, voire de simples liens hypertexte. S'ils ont opté pour l'hypertexte, les designers web de la vieille école encombreront peut-être leur code de balises `<font>` pour contrôler l'apparence du texte (taille, graisse, couleur), ainsi que d'attributs caducs chargés de l'alignement, des propriétés des bordures, et de la couleur d'arrière-plan des cellules du tableau contenant ces éléments du menu. Les designers modernes opteront plutôt pour CSS, mais ils n'obtiendront pas de meilleurs résultats si leur approche est mauvaise.

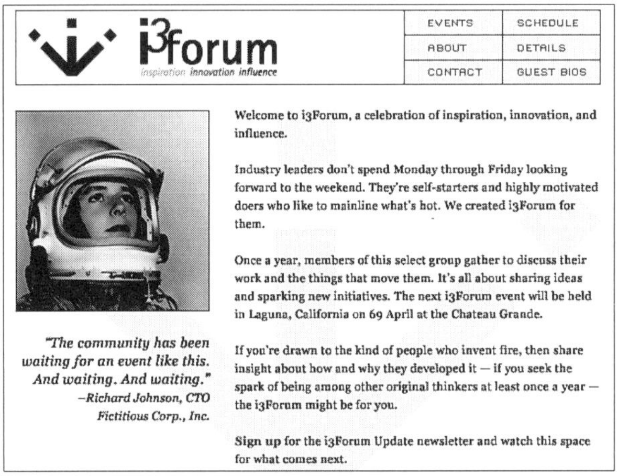

Figure 7-3
Concours de design pour le site d'i3Forum (nous construirons ce site aux chapitres 8 et 10).

Figure 7-4
Le menu tel qu'il apparaît quand le visiteur accède à la page d'accueil. Le logo s'affiche sur un fond blanc.

Figure 7-5
Quand le visiteur se rend sur la page EVENTS, cette étiquette s'affiche sur fond blanc. Tout cela est élémentaire.

Même s'il préfère les images GIF à l'hypertexte, le designer cherchera un moyen de différencier le tableau du menu des autres structures en tableaux du site. Ainsi, le tableau de menu des figures 7-4 et 7-5 semble être doté de fines bordures noires, dont sont dépourvues les autres structures en tableaux de la page. Dans le pire des cas, le designer imbriquera le tableau de menu dans un autre tableau, dans le seul but de créer cet effet de cadre noir. C'est ainsi que l'on travaillait en 1997. Les designers actuels associeraient sans doute du code bancal à du CSS super alambiqué pour distinguer le tableau de menu des autres tableaux de la page, ce qui n'est pas mieux.

« Classite » : la rougeole du balisage

Comment faire pour définir des cellules du tableau de navigation qui s'affichent autrement que toutes les autres cellules de tableaux de la page ? Comment spécifier que les liens contenus dans ces cellules doivent s'afficher autrement que les autres liens de la page ? Certainement pas, vous l'avez déjà compris, en recourant à des balises de présentation ou à des attributs caducs comme `bgcolor` et `font`. Le type de code ci-dessous est à proscrire :

```
<td align="left" valign="top" bordercolor="black" bgcolor="white">
  <font family="verdana, arial" size="2">
    <b><a href="/events/">Events</a></b>
  </font>
</td> etc.
```

Il est tout aussi exclu d'appliquer une classe à chaque élément qui nécessite un traitement spécifique. Le type de code suivant se rencontre trop souvent :

```
<td class="blancAvecBordNoir"><span class="menuclass"><b>
<a href="/events/">Events</a></b></span></td> etc.
```

Nous avons même eu la déception de trouver du code aussi tordu que :

```
<td class="blancAvecBordNoir"><span class="menuclass"><font class="menufontclass"><b>
<a href="/events/">Events</a></b></font></span></td> etc.
```

Nous qualifions de « classite » ce style de balisage. Sur un site souffrant de classite, chacune des pauvres balises gonfle en une vilaine classe boursouflée et marbrée. La classite est la rougeole du balisage, elle obscurcit le sens des balises et alourdit de façon inutile chacune des pages. Cette affection remonte aux premiers navigateurs qui ne prenaient que très partiellement en charge CSS, et à la compréhension initiale très limitée que de nombreux designers avaient de ce langage. Hélas, ils sont encore nombreux à ne pas avoir dépassé ce stade, soit parce qu'ils sont passés à l'étude d'une autre technologie, soit parce qu'ils « apprennent » CSS en étudiant le code source produit par leur outil d'édition. À sa manière, la classite est aussi préjudiciable que la balise `<font>` ; un balisage bien conçu en a rarement besoin.

> **Les éditeurs visuels et la classite**
>
> Même les meilleurs éditeurs web visuels, et les plus sophistiqués, ont tendance à crachoter des classes inutiles qui sont autant de germes infectieux, en premier lieu parce qu'ils ne sont que des éditeurs visuels, et non des humains. Les êtres humains sont capables de raisonner par abstraction et de tirer des règles générales de cas particuliers. Quand vous stylez un paragraphe en CSS, vous savez que vous avez l'intention de styler tous les paragraphes de la même manière. Mais un éditeur visuel ne peut pas le deviner. Si, lors d'une session de travail avec ce type d'outil, vous créez cinq paragraphes tous dotés de la police Verdana en 11 points, le programme associera peut-être une classe spécifique à chacun. Les dernières versions de Dreamweaver et de GoLive sont complexes, puissantes, et conformes aux standards. Mais une édition manuelle du code est toujours nécessaire pour éviter la classite et la « divite ».

Le crève-cœur de la « divite »

Dans ses pics de forme, la classite peut être greffée sur un balisage par ailleurs structurel :

```
<p class="sansIndentation">Voici une mauvaise technique de design de page web.</p>
<p class="IndentationMargeHaut">Toutes ces classes sont inutiles.</p>
<p class="IndentationMargeHaut">Les designers qui ont de la classe les évitent.</p>
<p class="IndentationMargeHaut">Cette classe est terminée.</p>
```

L'exemple précédent est le type de code qu'un outil d'édition visuel plus sophistiqué et plus conscient des standards est susceptible de générer (voir l'encadré ci-dessus). Il arrive parfois que la classite soit aggravée par une affection plus grave, que nous nommons « divite » :

```
<div class="ContenuPrincipal"><div class="BoiteJaune"><div
class="Titre"><span class="Grostexte">Bienvenue</span> sur la page des
membres!</div><div class="CorpsTexte">Bienvenue aux anciens membres.</div><div
class="avertissement1">Si vous n'êtes pas membre, <a href="/allezIci/"
class="avertissement2">cliquez ici</a>!</div></div></div>
```

Le code ci-dessus ne contient aucune structure ; uniquement des octets de balisage non structurel et absurde. Si vous consultez ce site avec un Palm Pilot ou un navigateur en mode texte, vous n'aurez aucune idée des relations qui existent entre ces divers éléments. À juste titre, d'ailleurs, puisqu'il n'en existe aucune. La divite est à la structure ce que sont les sucreries à un repas équilibré. La classite et la divite sont comme ces notes inutiles martelées par un bassiste adolescent censé accompagné un chanteur solo, ou comme ces adjectifs pompeux qui viennent surcharger une prose déjà mauvaise. Ce sont des mauvaises herbes dans le jardin du sens. Prohibez sans le moindre remord la classite de votre balisage, et vous verrez des pages web boursouflées dégonfler et se réduire de moitié. Traquez la divite et vous serez le premier surpris devant le balisage net, compact, essentiellement structurel, qui fonctionnera aussi bien dans un navigateur en mode texte que sur votre navigateur de bureau préféré. Soyez rigoureux, et vous serez en bonne voie de créer des pages web plus astucieuses et plus conformes aux standards.

Les div ne sont pas un problème

Certains d'entre vous pensez sûrement : « Hé, monsieur je-me-la-pète avec mon bouquin sur les standards, tu critiques l'utilisation des éléments `div` ; pourtant, tu n'as pas hésité à les employer dans le tout premier exemple de ce chapitre. Te voilà pris en flagrant délit de mensonge éhonté. Ce n'est pas joli joli. » En fait, nous n'avons jamais dit qu'il fallait proscrire les éléments `div`, et le W3C non plus (après tout, c'est lui qui les a inventés ; voir la section « `div`, `id`, et autres assistants » plus haut). `div` est une unité de balisage parfaitement appropriée pour identifier des zones structurelles sur le site.

La divite ne se déclenche que lorsque vous recourez à `div` pour remplacer des éléments parfaitement valables (et plus appropriés). Si vous avez créé un paragraphe, alors c'est un paragraphe, qu'il faudra baliser comme tel, et non comme un `div` de la classe texte. Votre titre de premier niveau sera `<h1>`, pas `<div class="titre">`. Vous voyez la différence ? Bien sûr que oui.

Pourquoi un div ?

De nombreux designers utilisent des éléments `div` non structurels pour tout et n'importe quoi, des titres aux paragraphes. La plupart d'entre eux ont pris cette habitude quand ils ont découvert que les navigateurs 4.0, et en particulier ceux de Netscape, ajoutaient des espaces non désirés autour d'éléments comme `<h1>`, ce qui défaisait les mises en page, mais préservait celles qui n'utilisaient que des `div` non structurels (voir « La malédiction des rendus hérités » dans le chapitre 3).

Afin de préserver au pixel près les subtilités de la mise en page pour les utilisateurs de navigateurs 4.0 – en voie de disparition rapide – de nombreux designers continuent de recourir à des éléments `div` non structurels aux dépens de paragraphes standards, de titres, etc. Le coût associé est élevé. Cette pratique interdit toute lecture sémantique à un nombre toujours croissant d'utilisateurs de périphériques sans fil, de téléphones mobiles, de navigateurs alternatifs, et de lecteurs d'écran. Elle double ou triple la bande passante pour chaque visiteur du site, indépendamment du navigateur ou du périphérique qu'il utilise. Le jeu n'en vaut pas la chandelle.

Une autre forme classique de divite se déclenche lorsqu'un designer contracte le virus du « les tableaux c'est mal, CSS c'est bien » (voir le chapitre 4), et pense bien faire en remplaçant 200 tonnes de balises de tableaux par 200 tonnes de `div` imbriqués. Il n'a rien gagné (mis à part un sentiment d'autosatisfaction béate) ; le document est même devenu plus difficile à modifier.

J'adore cet id

Si le HTML de présentation, la classite et la divite sont prohibés, comment appliquer à la zone de navigation des règles de design propres dans une mise en page hybride associant tableaux et CSS ? En recourant à la magie de l'attribut `id`. Attribuez une étiquette unique et métastructurelle au tableau contenant le menu :

```
<table id="menu">
```

Plus tard, quand vous écrirez votre feuille de style, vous créerez un sélecteur `menu` et un ensemble de règles CSS associées, qui définiront au pixel près comment les cellules de tableaux, les portions de texte et tous les autres éléments devront s'afficher. Si vous avez choisi les liens hypertexte pour construire votre menu, vous pourrez procéder très simplement :

```
<td><a href="/events/">Events</a></td>
```

« Mais encore ? » vous demandez-vous peut-être. C'est tout, exception faite des autres cellules du tableau. En étiquetant le tableau avec l'`id menu` (ou tout autre nom approprié de votre choix) et en utilisant `menu` comme sélecteur CSS dans la feuille de style que vous écrirez ultérieurement, vous éviterez toutes les contorsions évoquées dans ce chapitre. Pas de classite. Pas de divite. Pas d'obsolètes balises `<font>`. Nul besoin d'appliquer à chaque instance de l'élément `<td>` des attributs de présentation de hauteur, largeur, alignement, et couleur d'arrière-plan, redondants et gourmands en espace. Un seul post-it numérique (l'étiquette d'`id menu`) suffit à préparer un balisage propre et compact, auquel sera appliquée une présentation spécifique définie dans une feuille de style distincte.

CSS contrôlera tous les aspects des cellules de ce tableau, y compris la couleur d'arrière-plan (ou, le cas échéant, l'image d'arrière-plan), les bordures (le cas échéant), les espaces (remplissage ou *padding*), l'alignement horizontal et vertical, et les effets de rollover. Le rollover sur des cellules de tableau a souvent pour effet de modifier la couleur d'arrière-plan, des bordures, ou des deux. Ces effets sont correctement pris en charge dans la plupart des navigateurs modernes et n'ont pas d'incidence sur les autres navigateurs. De la même manière, CSS contrôlera l'apparence des liens dans ses paramètres de fonte, taille, couleur, etc.

Et les images alors ?

Cette association d'un `id` unique, d'un code XHTML compact et d'une feuille de style fonctionne-t-elle aussi bien pour les menus en tableaux utilisant des images que pour ceux qui font appel à des liens hypertexte ? C'est une bonne question, et nous sommes heureux que vous l'ayez posée. La réponse est oui. Élaborez votre tableau en vous limitant aux éléments absolument nécessaires, faites de même avec vos éléments d'images, et assurez-vous que chaque élément d'image est doté d'un attribut `alt` exploitable. En effet, et comme déjà sous-entendu dans ce chapitre, il est possible d'associer des images GIF transparentes à des règles CSS pour créer des effets de rollover subtils ou impressionnants, et ceci sans recourir à JavaScript. Mais n'allons pas plus vite que la musique.

Ce chapitre semble propice à la création de néologismes et de nouvelles appellations. En voici deux autres : la « méthode propre avec texte » qui combine XHTML minimal et CSS via un attribut `id`, et la « méthode propre avec images » qui met principalement en œuvre des menus pilotés par des images. Si cet ouvrage était sponsorisé par un sinistre conglomérat, ces approches seraient protégées, déposées, et brevetées, et, pour la moindre allusion au présent chapitre, vous devriez vous acquitter de coûts de licence considérables. Mais ce n'est pas notre genre. N'hésitez pas à utiliser ces méthodes, quel que soit le nom que vous leur donnez.

Il nous reste à traiter un aspect important dans notre tour d'horizon des techniques à utiliser pour élaborer des mises en page en tableaux plus astucieuses et moins nocives.

Bannissez les cellules de tableaux redondantes

Examinons le site web du Marine Center (figure 7-6), conçu et produit en 2003 pour le plus vieux fournisseur du Web de poissons et coraux pêchés au filet (www.marinecenter.com). On remarquera qu'il est organisé en plusieurs zones remplissant chacune une tâche particulière. Ainsi, on trouve à droite une colonne destinée aux acheteurs impulsifs et faisant la promotion d'articles disponibles en stock. Elle invite aussi le visiteur à s'inscrire sur la liste de diffusion du site, et fournit un outil de recherche et de navigation. La zone de contenu située à gauche mentionne les nouveaux arrivages, affiche en boucle de belles photos, et incite le lecteur à consulter le billet mensuel intitulé Fish Tales.

Généralement, dans ce type de mise en page, chaque composant est inséré dans une cellule distincte d'un tableau, à la manière du site du Gilmore Keyboard Festival présenté au chapitre 2 (figures 2-3 et 2-4). Dans une mise en page classique, élaborée au moyen de montages graphiques ou d'objets positionnés dans un éditeur web visuel, chacune des photos de poisson (la grande et les petites) se trouverait dans une cellule de tableau distincte, tout comme le titre graphique Fish Tales, etc. Les autres cellules du tableau contiendraient des images GIF transparentes servant à contrôler les blancs d'espacement séparant sections et colonnes. Ce type de tableau nécessiterait des dizaines de cellules, introduisant de périlleuses dépendances. Si, par exemple, les rédacteurs du site, particulièrement en veine, écrivaient une introduction hebdomadaire plus longue qu'à l'accoutumée, l'image du gros poisson serait décalée vers le bas, ce qui pourrait générer des blancs verticaux dans la colonne de droite. Le site serait également gourmand en bande passante, non en raison d'une utilisation extensive d'images, mais par son recours à des tableaux complexes associés à de nombreux attributs de présentation.

Bien que le Marine Center recoure à des techniques de mise en page hybride, il évite les problèmes courants de ce type de structuration en limitant au maximum son utilisation des tableaux. La grille de base du tableau crée les colonnes de gauche et de droite, où les éléments sont insérés par ordre d'apparition. Les blancs et les alignements sont exclusivement gérés en CSS (nous y reviendrons au chapitre 10). Pour le moment, retenez simplement la morale de l'histoire : utiliser aussi peu de tableaux que possible. Quand vous commencerez à associer des tableaux minimalistes à CSS, vous verrez qu'il est possible de contourner facilement des techniques qui, jusque-là, vous semblaient indispensables.

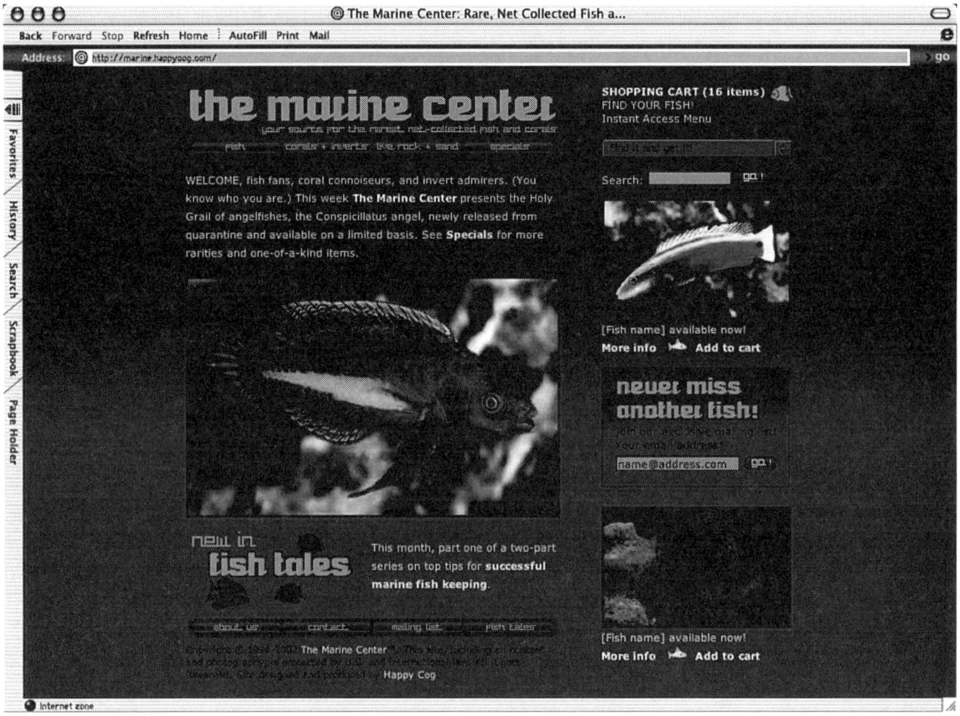

Figure 7-6

*Du poisson au menu ! The Marine Center (*www.marinecenter.com*), conçu par Happy Cog en 2003, propose des poissons et coraux rares, pêchés au filet, ainsi qu'une conformité hybride aux standards.*

Le défilé des méthodes dépassées

Par souci de référence (et au cas où vous utiliseriez encore certaines de ces méthodes), nous conclurons ce chapitre par une présentation des méthodes de production désormais dépassées, dans l'ordre dans lequel elles sont apparues sur le Web.

Attention, zone sensible

Aux tous débuts du web commercial, les zones sensibles (images découpées ou *image maps*) étaient utilisées pour créer des barres de navigation comme celles des figures 7-4 à 7-6. Les premières étaient organisées en cinq parties :

- Un fichier graphique qui consistait littéralement en une image d'interface utilisateur, sauvegardée au format GIF ou (plus tard) JPEG.
- Un fichier de correspondance qui stockait les coordonnées de chaque région active de l'image, ainsi que les URL associées à chacune.

- Un programme CGI, souvent écrit en Perl et stocké dans un répertoire spécial sur le serveur, chargé de traduire les clics souris de l'utilisateur en URL spécifiées dans le fichier de correspondance.
- Un attribut `ISMAP` ajouté à l'élément d'image dans le code source de la page.
- Une ancre hypertexte autour de l'élément d'image pointant vers l'emplacement du programme CGI.

Le code HTML résultant se présentait généralement comme suit :

```
<A HREF="/cgi-bin/imagemap/image.map"><IMG SRC="/images/image.gif" ISMAP></A>
```

C'est ainsi que s'élaborait la célèbre zone sensible côté serveur, très répandue au milieu des années 1990. Le script CGI stocké sur le serveur du propriétaire du site effectuait ce travail de conversion des clics souris de l'utilisateur en URL spécifiées dans ce fichier de correspondance[1]. Évidemment, le designer œuvrait beaucoup lui aussi. L'implémentation d'une zone sensible n'était pas du gâteau, mais c'était la seule manière disponible pour obtenir l'effet visuel recherché.

Les zones sensibles côté serveur furent rapidement remplacées par des zones sensibles côté client, ainsi dénommées parce que la conversion des clics en coordonnées se produisait « sur le client », c'est-à-dire sur le navigateur du visiteur et non plus sur le serveur. Cette technique ne nécessitait plus de fichier de correspondance distinct ; les coordonnées étaient directement stockées dans le HTML de la page, sous la forme :

```
<map name="navigation">
<area shape="rect" coords="0,400,75,475" href="index.html">
<area shape="rect" coords="401,500, 425, 525" href="events.html">
...
</map>
```

Les zones sensibles côté client étaient plus simples à mettre en œuvre, de sorte qu'elles remplacèrent rapidement leurs équivalents côté serveur.

Sensibilité et déboires

Les développeurs qui employaient la technique des zones sensibles et souhaitaient que leurs visiteurs soient en permanence informés de leur position dans la hiérarchie du site (figures 7-4 et 7-5) n'avaient d'autre choix que de créer un fichier image distinct pour chaque zone de navigation. Les utilisateurs connectés par modem se voyaient alors contraints de télécharger

1. N.D.T. : le terme anglais est *image map* (*map* = carte), qui rend l'idée d'un ensemble de correspondance,s mais cette idée n'a pas été reprise dans le terme qui s'est imposé en français.

un fichier énorme pour chaque section visitée. Les développeurs particulièrement retors pouvaient même créer des zones sensibles différentes pour chaque page, de sorte à désactiver la portion de l'image de la page en cours. L'implémentation de ces effets nécessitait une bande passante phénoménale. Dans les années 1994-1996, les modems n'étaient pas à proprement parler des bêtes de course, de sorte que les utilisateurs étaient souvent mécontents. Le mouvement émergent en faveur de l'ergonomie des sites prit note de cette frustration et décida dès lors que les images sensibles devaient être évitées.

Pratiquement plus personne n'y a recours désormais. Et pourtant, certains consultants en ergonomie et leurs disciples, encore échaudés par ces premières expériences, demeurent hostiles aux images et à tout design graphique. C'est comme si vous détestiez toutes les automobiles depuis qu'un modèle T a un jour effrayé votre cheval.

Ni accès, ni structure

Les zones sensibles permettaient de créer des interfaces sophistiquées, mais elles n'étaient prises en charge que sur les navigateurs graphiques de bureau, lorsque les images étaient activées. Elles supposaient également que l'utilisateur ne soit ni handicapé (pour cliquer avec la souris) ni malvoyant (pour voir les images). L'attribut `alt` aurait pu les rendre plus accessibles, mais il n'était que rarement employé. Tout aussi important en ce qui nous concerne, ces zones sensibles ne véhiculaient aucune sémantique de structure. Elles n'étaient que des images sur lesquelles il était possible de cliquer si l'on disposait des outils adéquats (y compris physiologiques). Elles établissaient un précédent en matière de HTML non structurel.

L'art de la coupe

Le défaut principal de ces zones sensibles était qu'elles étaient incapables de stocker en mémoire cache les composants récurrents et d'économiser dès lors de la bande passante. Pour pallier le problème, les designers entreprirent rapidement de désosser leurs montages graphiques et d'exporter les différentes portions des images ainsi découpées aux formats GIF ou JPEG, puis de recourir à des tableaux HTML pour le positionnement de ces morceaux (voir de nouveau les figures 2-3 et 2-4 du chapitre 2 si nécessaire). Cette technique de découpage n'était en rien structurelle, mais elle réduisait énormément la bande passante requise tant côté utilisateur que serveur, car elle permettait de stocker les éléments récurrents dans la mémoire cache du navigateur, sur le disque dur de l'utilisateur. Son accessibilité pouvait également être améliorée (et l'était souvent) au moyen d'un attribut `alt` inséré dans la balise d'image :

```
<a href="/events/">
<img src="/images/events.gif" alt="Events">
</a>
```

Comme cette technique de découpage facilitait la création d'interfaces sophistiquées sans nécessiter autant de bande passante que les zones sensibles entières, elle se généralisa rapidement parmi les designers et les développeurs.

Un art majeur

Dans les débuts du Web, la procédure à suivre pour réaliser ces coupes était complètement manuelle : aplatissement des calques des programmes graphiques, sélection de chaque portion de l'image au moyen d'un outil de découpe rectangulaire, copier-coller dans un fichier distinct, exportation en GIF de chaque portion via des plug-ins tiers, création des tableaux HTML à la main. Il nous restait ensuite à prier pour que nos découpes artisanales se recombinent sans problème. Nous battions nous-mêmes notre beurre et reprisions nos chaussettes. C'est alors que plusieurs événements se produisirent.

Netscape étendit le modèle objet JavaScript créé en 1996 et le dota d'une fonction permettant d'afficher des images différentes en réaction à des actions de la souris. Le rollover était né, et certains d'entre nous n'ont appris le JavaScript que pour inclure ce type d'effets dans nos mises en page en tableaux artisanales. D'autres procédèrent par copier-coller à partir de sites avant-gardistes comme Project Cool. Beaucoup firent un peu des deux.

Entre-temps, Photoshop dopait ses capacités web au moyen de raccourcis supplémentaires implémentés dans son application ImageReady, d'abord vendue séparément puis intégrée. ImageReady permettait de définir des guides Photoshop et de laisser le programme se charger de la coupe. Cette application générait même le code du tableau HTML, et des versions ultérieures étaient également en mesure de créer des rollovers JavaScript. L'outil de création d'images web Macromedia (désormais Adobe) Fireworks remplissait (et remplit encore) les mêmes offices. Macromedia et Adobe proposèrent bientôt des outils WYSIWYG d'édition web capables de « pondre » des tableaux et des rollovers, que l'on sache ou non les coder à la main.

Les développeurs bénéficiaient alors du meilleur des deux mondes : des effets visuels sophistiqués et la réalisation des tâches ingrates par les ordinateurs.

Plaidoyer pour les tableaux de navigation

Même s'ils passent peu à peu de mode, les tableaux HTML (ou XHTML) comportant des images GIF et du JavaScript sont toujours la norme en matière de design et de développement web modernes. Certains défenseurs des standards les voient d'un mauvais œil à cause de leur aspect non structurel, et certains consultants en ergonomie les dédaignent, comme tout ce qui a trait au design graphique. Comme nous avons tenté d'en faire la démonstration dans ce chapitre (et comme nous le détaillerons dans les trois chapitres suivants), ces tableaux demeurent pourtant un outil approprié pour les mises en page hybrides et transitionnelles, pour lesquelles une interface et une ergonomie professionnelles sont indispensables. Ils ont trois défauts :

- Leur modification ou mise à jour, quand un site change d'architecture ou d'interface, nécessite un travail énorme.

- Ils sont taillés sur mesure pour un seul type de navigateur. Si le site peut être contacté par un autre appareil (comme un téléphone mobile), il faudra mettre au point un nouveau balisage, d'autres graphiques, et faire appel à des scripts et à des langages côté serveur pour décider quelle mise en forme recevra chaque utilisateur.
- Les contenus étant liés à la présentation, les non-voyants s'enliseront dans des quantités d'informations de navigation et autres broutilles qui ne les concernent pas. Il leur sera difficile et frustrant d'accéder aux contenus du site. Pour ceux qui sont à la fois non-voyants et handicapés physiques, ce sera peut-être impossible. Les feuilles de style permettant d'abstraire la mise en forme de la structure, les agencements CSS facilitent le travail à celui qui veut placer ses contenus avant tout le reste, là où il est plus facile d'y accéder.

Les deux premiers défauts pénalisent designers et propriétaires de sites, mais pas les utilisateurs. On peut contourner la difficulté pour le troisième, et l'encadré « Skip Navigation » et contrôle de l'ordre du code source » du chapitre 8 explique comment.

Les tableaux ne sont pas la seule méthode pour créer des interfaces professionnelles, mais ils sont une solution sûre et valide dans tous les environnements de navigation. Il est possible de les implémenter avec un balisage compact et accessible, et ils nécessitent souvent moins de bande passante que les versions sans images testées par de nombreux designers aux début du Web.

La verbosité redondante des tableaux redondants et verbeux

Au milieu des années 1990, certains designers web, soucieux d'économiser de la bande passante et de rendre leur site plus accessible et plus compréhensible aux moteurs de recherche (incapables de lire les images), ont cessé de recourir à des textes au format GIF. Ils ont commencé à simuler des mises en page en morceaux à l'aide d'étiquettes de navigation écrites en HTML et insérées dans des mises en page en tableaux. CSS n'était pas encore pris en charge par les navigateurs, mais ces derniers comprenaient des « extensions » HTML propriétaires. C'est ainsi qu'on a vu apparaître du code HTML bidouillé comme celui qui suit, qui en réalité gaspillait plus de bande passante que les images qu'il remplaçait :

```
<!-- Début du tableau externe. Ces instructions créent les effets de bordure noire. -->
<TABLE WIDTH=80% BORDER=0 CELLSPACING=1 CELLPADDING=0>
<TR>
<TD WIDTH=100% VALIGN=TOP BGCOLOR="#000000">
<!-- Début du tableau de contenu de navigation à proprement parler. -->
<TABLE WIDTH=100% HEIGHT=100% BORDER=0 CELLSPACING=1 CELLPADDING=0>
<TR>
<TD WIDTH=25% HEIGHT=50 VALIGN=TOP BGCOLOR="#FF9900"><FONT SIZE=2><BR><BR><FONT
  FACE="GENEVA, ARIAL, HELVETICA"><B>
<A HREF="item1.html">Objet de menu 1</A></B></FONT><BR><BR></FONT></TD>
<TD WIDTH=25% HEIGHT=50 VALIGN=TOP BGCOLOR="#FF9900"><FONT SIZE=2><BR><BR><FONT
  FACE="GENEVA, ARIAL, HELVETICA"><B>
```

```
<A HREF="item2.html">Objet de menu 2</A></B></FONT><BR><BR></FONT></TD>
<TD WIDTH=25% HEIGHT=50 VALIGN=TOP BGCOLOR="#FF9900"><FONT SIZE=2><BR><BR><FONT
  FACE="GENEVA, ARIAL, HELVETICA"><B>
<A HREF="item3.html">Objet de menu 3</A></B></FONT><BR><BR></FONT></TD>
<TD WIDTH=25% HEIGHT=50 VALIGN=TOP BGCOLOR="#FF9900"><FONT SIZE=2><BR><BR><FONT
FACE="GENEVA, ARIAL, HELVETICA"><B>
<A HREF="item4.html">Objet de menu 4</A></B></FONT><BR><BR></FONT></TD>
</TR>
</TABLE>
<!-- Fin du tableau de contenu de navigation. -->
</TD>
</TR>
</TABLE>
<!-- Fin du tableau externe de création des effets visuels. -->
```

Ce type de code a beau empester tout le quartier, on le trouve encore sur de gros sites commerciaux, notamment ceux de leaders du domaine, en dépit du retour en arrière qu'il constitue en matière d'esthétique du balisage (comparez ce code à ceux présentés dans les chapitres 8 et 10). De nombreux sites atteignent des sommets dans l'horreur en stockant des portions de balisage de pure présentation dans des enregistrements de leur base de données. Ainsi, même si une tentative est faite pour créer un design propre, net, et structurel, elle sera réduite à néant par le balisage de l'ancien code, issu de la base de données. Les entreprises qui ont employé ces techniques ne pourront sortir de l'âge de pierre numérique qu'au prix d'un labeur extraordinaire et d'importantes dépenses. La production de ce type de sites est sans avenir ; ces entreprises devront donc tôt ou tard s'adapter.

Le mauvais CSS arrive en ville

En 1997, quand IE 3 a commencé à prendre en charge une partie de CSS 1, ceux d'entre nous qui s'intéressaient aux promesses du langage de design du W3C ont d'abord abordé les choses avec la même approche verbeuse et non structurelle que celle utilisée pour inonder nos mises en page en tableaux dépourvues d'images. Au lieu de faire un lien vers une seule et unique feuille de style que le disque dur du visiteur aurait pu garder en mémoire cache, nous recourions à des styles au fil du texte comme dans l'exemple proposé dans la section suivante. Ces styles gaspillaient tout autant de bande passante que les éléments `<font>` et attributs `bgcolor` de la vieille école. Pour prendre en charge les navigateurs non CSS, nous nous retrouvions souvent à réinjecter des balises de fontes et autres horreurs de même acabit, ce qui doublait le poids déjà excessif de nos mises en page. Il va sans dire que nous n'accordions pas la moindre attention à la structure du document. Les navigateurs ne prenaient pas encore en charge le véritable point fort de CSS (la séparation entre structure et présentation), et surtout, la plupart des professionnels du Web n'en comprenaient pas l'intérêt (c'est pour beaucoup toujours le cas). Les designers n'étaient pas disposés à passer à CSS car ce dernier n'était pas encore prêt pour les accueillir.

Il convient, pour compléter la discussion précédente portant sur la classite et la divite, de mentionner leur prédécesseur. Il est pire encore car il inclut tous les styles au fil du texte (*inline*), passant complètement à côté de l'avantage apporté par CSS : réduire la bande passante et maintenir la sémantique en appliquant des styles globaux sur un balisage structuré à l'échelle d'un site complet.

Les horreurs de 1997

L'auteur a récemment rencontré une page web dont le balisage rassemblait toutes les mauvaises pratiques évoquées ici – et en inventait quelques nouvelles. C'est un amalgame parfait du bric-à-brac familier de 1997, à ceci près qu'il est encore plus verbeux que le pire des péchés d'alors. Bien que la page concernée présente un design fort simple (figure 7-7), son balisage – accompagné de styles CSS embarqués et de filtres de gradient propriétaires – est presque aussi alambiqué qu'une gigantesque formule mathématique. Et il n'en finit pas ! Ce chapitre ferait plus que doubler de volume s'il fallait y répéter tout le code responsable de cette unique page web élémentaire. Nous n'en citerons donc que quelques brefs extraits, afin d'épargner du papier et votre santé mentale. Tout ce qui suit n'a ainsi servi qu'à mettre en place l'élémentaire cartouche situé en haut de page :

```
<table cellpadding="0" width="100%"><tr><td colspan="2"><table
cellpadding="0" width="100%" style="height: 22px"><tr>
<td width="50%" style="filter:progid:DXImageTransform.
Microsoft.Gradient(startColorStr='#4B92D9', endColorStr='
#CEDFF6', gradientType='1')"></td><td width="50%" style=
"filter:progid:DXImageTransform.Microsoft.Gradient
(startColorStr='#CEDFF6', endColorStr='#1E77D3',
"this.className='gt1'" onmouseout="this.className='gt0'">
<p><a href="?60AB6D97&amp;http://www.microsoft.com/world
wide&amp;&amp;HL=Microsoft%2bWorldwide&amp;CM=Masthead&amp;
CE=geotargeting">Microsoft Worldwide</a></p></td><td class=
"gtsep">|</td><td class="gt0" nowrap onmouseover=
"this.className='gt1'" onmouseout="this.className=
'gt0'"><p><a href="?6E30816B&amp;http://www.microsoft.com/
library/toolbar/3.0/sitemap/en-us.mspx&amp;&amp;HL=
Site+Map&amp;CM=Masthead&amp;CE=h">Site Map</a></p></td>
</tr></table></td></tr></table>
<table cellpadding="0" width="100%" bgcolor="#FFFFFF">
<trvalign="top"><td><script type="text/javascript">rT()
</script><img alt="Microsoft" border="0" src="http://i2.
microsoft.com/h/all/i/ms_masthead_8x6a_ltr.jpg"><!-- -->
<script type="text/javascript">wI("http://i.microsoft.com/
h/all/i/ms_masthead_10x7a_ltr.jpg","Microsoft","","")
</script></td>
```

```
<td id="msviDualGlobalSearch" bgcolor="#FFFFFF" nowrap><form
id="msviDualSearchForm" action="http://www.microsoft.com/
h/all/s/sr.aspx"><input type="hidden" name="Track" value=
"true"><input type="hidden" name="locale" value="en-us">
<div><input name="qu" id="msviDualSearchBox" maxlength=
"255"><input id="msviSearchButton" type="submit" name=
"msviGoButton" value="Search"></div><div id=
"msviRadioButtons"><input type="radio" id="mscomSearch"
checked name="searchTarget" value="microsoft"><label
for="mscomSearch">Microsoft.com</label><input type="radio"
id="msnSearch" name="searchTarget" value="msn"><label
for="msnSearch"><img onClick="msnSearch.checked=true"
src="http://i2.microsoft.com/h/en-us/i/msnlogo.gif"
alt="MSN"> Web Search</label></div></form></td></tr></table>
```

Et ainsi de suite – il y aurait de quoi remplir 20 pages. Aussi incroyable que cela puisse paraître, nous n'avons pas déterré cet amalgame verbeux des pires pratiques possibles d'un portfolio de design de 1997, ni d'un projet d'étudiant ; ce n'est pas non plus le fruit des efforts désespérés d'un site commercial de troisième zone. Nous l'avons pris sur la page d'accueil du site de Microsoft (figure 7-7) le 28 février 2006.

Figure 7-7
Jusqu'où irez-vous ? Retour en 1997, à en juger par le balisage et le CSS employés sur la page d'accueil de Microsoft en 2006 (www.microsoft.com).

Microsoft est un membre important du W3C, contributeur clé aux spécifications CSS et XHTML, et l'éditeur de navigateurs conformes qui ont depuis longtemps oublié leurs goûts douteux pour un HTML et un CSS aussi exécrables que ceux que l'on trouve sur cette page d'accueil. Relisez la section « Une nouvelle ère de coopération » du chapitre 4 et interrogez-vous sur cet étrange retour à des méthodes de balisage mal inspirées et dignes du milieu des années 1990. Un bon point, cependant : le service du W3C valide ce balisage – pour une page web de Microsoft, c'est un gigantesque bond en avant (validator.w3.org/check?verbose=1&uri=http%3A%2F%2Fwww. microsoft.com%2F).

« Très bien, gros malin », crie quelqu'un depuis le dernier rang, « comment t'y prendrais-tu si tu devais baliser le cartouche de tête de page de Microsoft.com ? » C'est une bonne question, merci de l'avoir posée. On pourrait peut-être s'y prendre comme suit :

```
<div id="masthead">
  <div id="locator">
    <ul>
      <li><a href="/worldwide/">Microsoft Worldwide</a></li>
      <li><a href="/sitemap/">Site Map</a></li>
    </ul>
  </div>
  <div id="searchform">
    <form method="post" action="/searchresults/">
      <label for="ms_search">Search:</label>
      <input type="text" id="ms_search" name="ms_search" />
      <input type="submit" value="Go!" />
    </form>
  </div>
</div>
```

Vous vous demandez peut-être où apparaît le logo de Microsoft dans la portion de code ci-dessus ? Réponse : nulle part. Il prendrait la forme d'une image de fond associée par CSS au bloc `div` intitulé « `masthead` » (cartouche). Voilà qui ne vous satisfait peut-être pas. Ne devrait-on pas pouvoir cliquer sur ce logo ? Peut-être bien – mais comme ce n'est pas le cas sur le site de Microsoft, l'auteur n'en a pas fait un élément d'avant-plan cliquable dans son balisage. Toutefois, si l'on souhaitait rendre le site plus ergonomique en faisant de ce logo un lien vers la page d'accueil, on pourrait procéder comme suit :

```
<div id="masthead">
<h1><a href="/"><img src="logo.gif" alt="Microsoft" /></a></h1>
```

Ainsi amendé, ce code serait plus complet que celui de Microsoft, tout en étant incomparablement plus court et plus sémantique.

Certes, cette réécriture ne traite pas le cas du formulaire gérant les deux boutons radio – cela sortirait du cadre de ce chapitre. Elle devrait malgré tout convaincre. Grâce aux principes exposés ici, on peut facilement remplacer un balisage long, pas clair, et fort peu sémantique par un code compact, explicite, et structurel. On souhaitera donc ne plus jamais écrire autre chose.

Heureusement, de nombreux designers et développeurs astucieux sont en train de tourner le dos aux balisages compliqués, codes propriétaires et autres styles CSS embarqués.

Passer à la suite

Il est possible de créer des mises en page en tableaux propres, légères, accessibles, et conformes aux standards. Les mises en page CSS ont d'autres qualités encore : elles allègent votre charge de travail et celle du serveur, séparent la structure de la présentation (le site, plus exploitable, touche ainsi un plus large public), et proposent aux designers visuels de nouveaux outils pour exprimer leur créativité. Dans les trois chapitres suivants, nous consoliderons nos acquis et entamerons notre exploration de CSS par la construction d'un site hybride compact, conforme – et très simple.

8

XHTML par l’exemple : une mise en page hybride (première partie)

Ce chapitre et les deux suivants sont intimement liés. Dans celui-ci, nous nous retrousserons les manches et appliquerons dans un site simple ce que nous avons appris jusqu’à présent concernant XHTML. Le balisage que nous implémenterons sera structurel, transitionnel, et entièrement conforme aux standards. Dans le chapitre 9, « Introduction à CSS », nous traiterons des généralités des feuilles de style en cascade (Cascading Style Sheets, ou CSS) à l’intention des utilisateurs débutants et faux débutants. Dans le chapitre 10, nous approfondirons notre connaissance de CSS et terminerons notre projet de design. Cet apprentissage par l’exemple est une stratégie proche de celle qui consiste à apprendre à quelqu’un à nager en le jetant directement dans le grand bain (non chauffé), bien que je préfère une autre analogie, comme celle qui consiste à apprendre ses premiers mots de français en visitant l’Opéra de Paris. Pour faire bonne mesure, nous apprendrons en même temps à implémenter des fonctionnalités d’accessibilité.

Avantages des méthodes transitionnelles

Dans ce chapitre, nous allons commencer à créer une mise en page hybride et transitionnelle en associant des techniques de mise en page en tableaux (mais optimisées) à un balisage structurel et des fonctions d’accessibilité. Les méthodes utilisées pour ce projet et exposées dans ces trois chapitres sont particulièrement adaptées aux bibliothèques et autres institutions publiques, ainsi qu’aux petites entreprises et à tout type d’organisation visant les objectifs suivants :

- Gérer un volume important de contenu avec un budget limité.
- Prendre en charge une large gamme de navigateurs et de périphériques (y compris très anciens).
- Préserver la bande passante des visiteurs (et la leur).
- Commencer une transition vers les standards du Web à l'aide de méthodes de publication fiables, économiques, et faciles à implémenter.

Des feuilles de style plutôt que du JavaScript

À l'issue de ces trois chapitres, nous aurons produit un gabarit conforme aux standards pour le site i3Forum (figure 8-1). Les gabarits définitifs sont disponibles sur le serveur de production de Happy Cog à l'adresse i3.happycog.com.

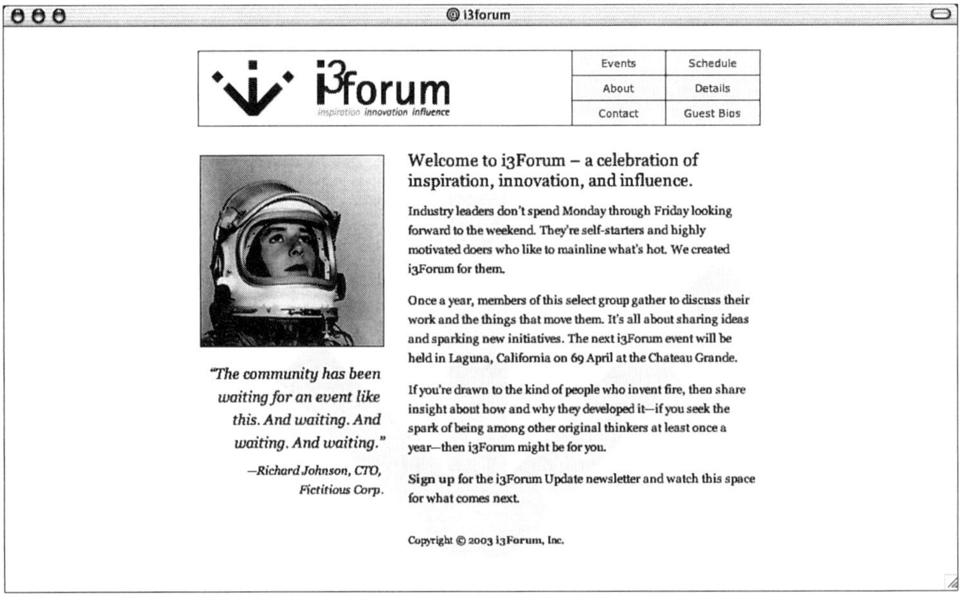

Figure 8-1

*Le gabarit finalisé, tel qu'il apparaîtra après l'application des directives données aux chapitres 8 à 10 (*i3.happycog.com*).*

Ce chapitre crée le balisage. Au chapitre 10, nous y ajouterons CSS pour contrôler la couleur, la taille, et le positionnement relatif des éléments (après une petite pause au chapitre 9 pour apprendre les rudiments de CSS). Dans notre exemple, nous implémenterons du CSS pour créer des effets de rollover, généralement mis en œuvre au moyen d'images associées à du JavaScript.

Ces techniques fonctionnent sans problème, mais l'utilisation de XHTML et de CSS préserve la bande passante du site tout en le rendant accessible à une large gamme d'environnements : lecteurs d'écran, navigateurs en mode texte, navigateurs nomades (assistants personnels ou téléphones mobiles web), et navigateurs ne prenant pas en charge le CSS.

L'approche retenue

La mise en page du site i3Forum doit véhiculer une image d'efficacité et de modernisme ; le XHTML employé est, lui aussi, net et précis. Il comprend deux tableaux XHTML, tous deux centrés, enrichis et contrôlés par CSS. Le premier implémente le menu de navigation ; le second, le contenu (figure 8-2).

Figure 8-2

Le modèle construit dans ce chapitre, avec désactivation de CSS et activation des bordures. On remarquera une ligne un peu plus épaisse entre les zones de menu et de contenu, à la frontière des deux tableaux.

Le XHTML des tableaux est présenté dans les pages suivantes. Avant de le détailler, répondons à une question préliminaire que vous vous êtes peut-être déjà posée. Généralement, ce type de mise en page ne nécessite qu'un seul tableau, dont les lignes et les colonnes sont définies au moyen d'éléments `rowspan` et `colspan`. Si nous avions utilisé ImageReady pour découper en tranches la composition graphique employée dans le design du site, ce logiciel se serait contenté d'un seul tableau pour toute la page. Pourquoi en avons-nous donc utilisé deux ?

Tableaux distincts : meilleurs pour CSS et l'accessibilité

Si vous avez fait l'impasse sur la section relative à `div` dans le chapitre 7, jetez-y un œil avant de poursuivre. Une répartition en deux tableaux de notre mise en page nous permet de tirer profit de l'attribut `id`, afin de :

- Alléger la mise en page CSS que nous créerons au chapitre 10.
- Proposer certaines améliorations en matière d'accessibilité.
- Donner à chaque tableau un nom structurel, relatif à sa fonction, pour faciliter toute modification ultérieure de la mise en page, et le remplacement des tableaux XHTML par des éléments `div` stylés en CSS.

L'élément de tableau summary

Par ailleurs, une répartition en deux tableaux de la mise en page nous permet d'attribuer à chacun un attribut `summary` (résumé) :

```
<table id="nav" summary="Navigation elements" ... etc. >
<table id="content" summary="Main content." ... etc. >
```

Cet attribut est invisible aux navigateurs de bureau comme IE, Firefox, Safari, ou Opera. En revanche, les logiciels de lecture sur écran employés par les non-voyants le comprennent et liront son contenu. Dans notre exemple, le programme prononcera « Navigation elements » (éléments de navigation) et « Main content » (contenu principal). Les lecteurs d'écran bien conçus permettront à leurs utilisateurs de sauter tout tableau qui ne les intéresse pas a priori. La définition de résumés de tableaux constitue donc une bonne stratégie de secours en matière d'accessibilité pour prendre en compte les utilisateurs qui pourraient manquer le lien « Skip Navigation » (sur lequel nous reviendrons plus loin).

id et structure de page

Nous avons affecté une valeur d'attribut `id` à chaque tableau selon sa fonction structurelle – navigation ou contenu – ce qui permet d'écrire ultérieurement des règles CSS compactes qui s'appliquent à un tableau entier, en évitant classite et divite (syndromes définis et traités au chapitre 7). Cette technique autorise aussi la mise en place d'un lien « Skip Navigation » en haut du balisage.

Tenants et aboutissants de « Skip Navigation »

Comme son nom l'indique[1], le lien Skip Navigation permet aux visiteurs de contourner la navigation et de passer directement au tableau des contenus à l'aide d'un lien d'ancrage. L'attribut `id` de valeur `content` (contenu) spécifie l'ancre à laquelle il est associé :

1. N.D.T : signifie « sauter la navigation » en anglais.

```
<div class="hide"><a href="#content" title="Skip navigation."
  accesskey="2">Skip navigation</a>.</div>
```

L'évitement de la zone de navigation n'est généralement pas une priorité pour la plupart des utilisateurs voyants du Web, capables de focaliser leur attention sur diverses parties d'une page web et d'en ignorer celles qui ne les intéressent pas. Mais les utilisateurs non-voyants équipés de lecteurs d'écran font une expérience linéaire du Web, un lien à la fois. Rien de plus frustrant que d'avoir à écouter le même flux audio à chaque chargement d'une page. Skip Navigation permet de l'éviter.

Pour les utilisateurs d'assistants personnels, de mobiles web, et de navigateurs ne prenant pas en charge CSS, cette technique peut également éviter d'avoir à naviguer entre tous les liens à chaque chargement de page. Enfin, il peut encore être utile aux utilisateurs handicapés, bien que cette méthode ne soit pas idéale pour eux (voir plus bas la section intitulée « `accesskey` : du bon et du moins bon »).

« Skip Navigation » et contrôle de l'ordre du code source

Au lieu de sauter les éléments de navigation, il est parfois plus utile de placer ces derniers après le reste du contenu. Dans le cas d'une mise en forme assurée par feuilles de style, on peut procéder en contrôlant l'ordre du code source dans le balisage – CSS est en effet capable de représenter le menu de navigation au début, même s'il n'apparaît qu'à la fin. Dunstan Orchard propose une remarquable étude de cas (1976design.com/blog/archive/2004/11/21/solving-css-problems-mozilla-europe) où il expose comment il a employé CSS afin de placer les éléments de navigation en fin de structure, tout en les affichant au début de la représentation visuelle du document.

Quand on a opté pour des tableaux, la manière la plus simple d'obtenir un effet équivalent est de bâtir une mise en forme où le texte précède les éléments de navigation. Pour cela, on construit une large cellule de tableau à gauche renfermant les contenus, et une étroite cellule en marge de droite, abritant le menu de navigation, sous une apparence d'« encadré ». On peut encore recourir à la bidouille de tableau développée par Mark Pilgrim et brillamment exposée par Joe Clark dans son livre *Building Accessible Websites* (« Construire des sites web accessibles », et disponible à l'adresse www.joeclark.org/book/sashay/serialization/Chapter08.html#h2-1655).

Skip Navigation et accesskey

Le lien Skip Navigation permet aux utilisateurs de navigateurs non visuels ou non CSS de passer directement au contenu du second tableau, dont le nom d'attribut `id` (et donc de lien d'ancrage) est `content` (contenu) :

```
<table id="content" ...> etc.
```

Dans ces environnements non visuels ou non CSS, ce lien est facilement accessible en haut de la page (figures 8-3 et 8-4). Dans le chapitre 10, nous créerons une règle pour cacher ce lien dans les navigateurs conformes à CSS. Pour les impatients, la voici également ci-dessous, bien qu'il soit très vivement conseillé de lire le chapitre 10 avant d'utiliser cette technique.

```
.hide {
  position: absolute;
  left: -9999px;
  }
```

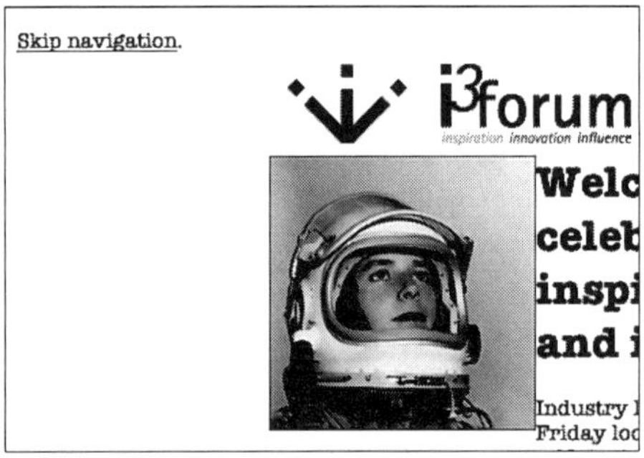

Figure 8-3
Dans un navigateur ne prenant pas en charge CSS (ou ayant désactivé celui-ci), le lien Skip Navigation est clairement visible en haut de la page.

Figure 8-4
Le lien Skip Navigation dans son contexte ; la mise en page telle qu'elle apparaît quand CSS est désactivé.

Cette règle CSS a pour effet de masquer le lien Skip Navigation aux yeux des utilisateurs de navigateurs modernes activant CSS. La plupart d'entre eux n'ont en effet pas besoin de cette fonctionnalité. Les lecteurs d'écran qui ignorent CSS liront le contenu de l'attribut `div`, informant ainsi les utilisateurs non-voyants qu'ils peuvent couper court à la litanie des autres liens. Cette technique parvient même à induire un comportement correct sur un lecteur d'écran capable d'interpréter des règles CSS écrites uniquement pour un affichage visuel – que l'utilisateur ne peut pourtant observer.

Il existe évidemment une exception à chaque règle. Un utilisateur handicapé moteur accédant au site depuis un navigateur comprenant CSS peut tout à fait souhaiter faire l'impasse sur la zone de navigation et passer directement au contenu. La plupart des utilisateurs handicapés (à l'exception des non-voyants) sont capables de voir l'intégralité d'une page web. Pour naviguer, ils recourent généralement au clavier ou à tout autre périphérique d'aide à la saisie. Ils seront peut-être ennuyés d'avoir à naviguer de lien en lien via la touche `Tab` avant d'accéder au contenu. Comment pourront-ils contourner la zone de navigation si leur navigateur n'affiche pas le lien Skip Navigation ? Nous proposons une solution via l'attribut `accesskey`, qui fonctionne même en l'absence de ce lien. Cette méthode est malheureusement imparfaite, comme nous allons le voir dans la section suivante.

accesskey : du bon et du moins bon

L'attribut HTML/XHTML `accesskey` (raccourci clavier) permet de naviguer sur les sites web avec le clavier au lieu de la souris. Pour affecter un `accesskey` à un élément, il suffit de le déclarer, comme dans l'extrait XHTML précédent, que nous reproduisons ici en mettant en valeur cet attribut et son contenu :

```
<a href="#content" title="Skip navigation." accesskey="2">Skip
navigation</a>.
```

Dans notre balisage, nous avons affecté au lien Skip Navigation un attribut `accesskey` de valeur 2. Pour passer outre la zone de navigation, il suffira donc au visiteur d'enfoncer la combinaison de touches « `Alt+2` » sous un système Windows (ou « `Ctrl+2` » sur un Macintosh). Comme c'est souvent le cas avec les améliorations qui concernent l'accessibilité, le balisage requis est à la fois facile à écrire et sans effet sur le design visuel du site. Dans notre exemple, c'est à la fois une bonne et une mauvaise chose. Comment le visiteur sait-il qu'il peut recourir à cette touche du clavier ? Aucun navigateur répandu n'affiche les affectations `accesskey`. Il en va d'ailleurs de même pour la plupart des navigateurs confidentiels.

accesskey et iCab

À l'heure où nous écrivons ces lignes, seul iCab (figure 8-5), un navigateur Macintosh, affiche les affectations de touches `accesskey`. La plupart des visiteurs du Web ne sont pas des utilisateurs de Macintosh, et la plupart des possesseurs de Macintosh n'emploient pas iCab. Pire encore, iCab n'est pas en mesure d'afficher l'affectation `accesskey` quand le lien Skip

Navigation est masqué au moyen d'une règle CSS. Dans les dernières versions de ce navigateur, l'option proposant d'afficher les raccourcis (Show Shortcuts (Accesskey)), désactivée par défaut, est bien planquée tout au fond des menus. Il est clair qu'iCab ne résoudra pas de sitôt le problème posé par `accesskey`.

Deux utopies pour accesskey

Comme nous l'avons vu, les utilisateurs qui pourraient tirer parti de cet attribut n'ont aucun moyen de savoir sur quelle lettre ou quel chiffre appuyer. C'est la raison pour laquelle le recours à `accesskey` dans un balisage tient un peu de l'idéal. Si le W3C recommandait l'utilisation des mêmes raccourcis `accesskey` pour des fonctions universelles comme sauter la navigation, et si ceux-ci étaient respectés par les designers et développeurs, les utilisateurs sauraient toujours quelles touches employer. Ce serait une bonne chose.

Autre solution, les éditeurs de navigateurs peuvent décider de gonfler un peu leur prise en charge de l'attribut `accesskey` et d'en afficher les valeurs si l'utilisateur active cette option dans ses préférences. IE pour Windows propose une option d'accessibilité permettant aux utilisateurs d'ignorer les tailles de polices sur les pages web. Il pourrait aussi ajouter une option spécifiant de « Toujours afficher les valeurs d'`accesskey` »... mais cela irait un peu trop loin.

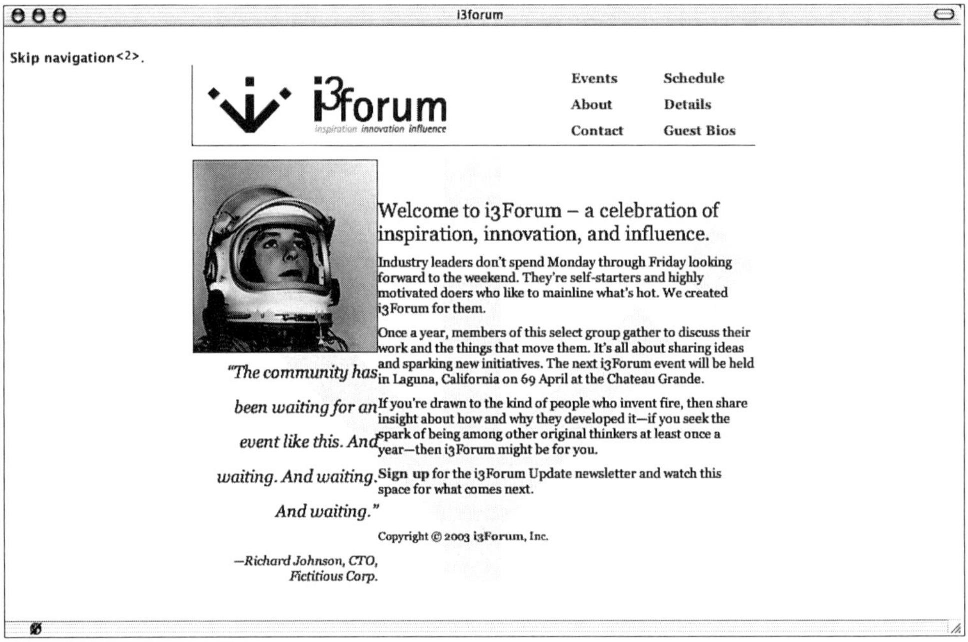

Figure 8-5

*iCab sur Macintosh (*www.icab.de*) est le seul navigateur au monde à afficher les affectations de touches* `accesskey`, 2 *dans notre exemple, pour signaler à l'utilisateur qu'on peut passer la zone de navigation au moyen de cette touche du clavier.*

L'espoir de voir le W3C standardiser les raccourcis **accesskey** dans un avenir proche et celui que certains éditeurs de navigateurs – ou, plus fou encore, tous – consacrent du temps et des ressources à une option « **accesskey** toujours visible » nous semblent bien utopiques. Coincés entre l'absence de toute standardisation, les conflits avec les raccourcis dont les utilisateurs ont déjà l'habitude (wats.ca/articles/accesskeys/19), et les problèmes posés par l'internationalisation et les traductions, les attributs **accesskey** présentent l'intéressante propriété d'être dépassés sans avoir jamais vraiment été à la mode.

Certains designers web ont pris les choses en main. Ainsi, Stuart Robertson a trouvé une manière d'ajouter des raccourcis **accesskey** sur n'importe quel site (www.alistapart.com/articles/accesskeys). On trouvera d'autres astuces gravitant autour de cet attribut à l'adresse www.456bereastreet.com/archive/200601/giving_the_user_control_over_accesskeys.

Attributs id complémentaires

Outre les noms d'attributs **id** principaux (**nav** et **content**), nous affecterons aussi des noms d'**id** uniques à chaque cellule du tableau de navigation dans notre premier jet du balisage du site. Deux exemples suffiront à faire comprendre la méthode :

```
<td width="100" height="25" id="events"><a href="events.html">Events</a></td>
<td width="100" height="25" id="schedule"><a href="schedule.html">Schedule</a></
td>
```

Nous affectons aussi des valeurs d'**id** uniques à chacune des deux divisions principales du tableau des contenus : les zones de barre latérale (**id="sidebar"**) et de contenu principal (**id="primarycontent"**). Voici donc la coquille de ce tableau, vidée de la plupart de sa substance à des fins de lisibilité ; les attributs **id** et leurs valeurs sont spécifiés en gras :

```
<table id="content" etc.>
<tr>
<td width="200" id="sidebar">
Écrire ici le contenu de la barre latérale.
</td>
<td width="400" id="primarycontent">
Écrire ici le contenu principal.
</td>
```

Pour faire bonne mesure, spécifions aussi un nom d'attribut **id** sur les lignes secondaires de la barre de navigation. La deuxième rangée de « boutons » de navigation reçoit ainsi la valeur d'**id** suivante :

```
<tr id="nav2">
```

Comme on peut s'y attendre, la troisième rangée de « boutons » de navigation est introduite par :

```
<tr id-"nav3">
```

Jusqu'où ne pas aller trop loin ?

Les deux derniers noms d'attributs id (nav2 et nav3) ne sont pas nécessaires dans cette mise en page, mais pourront s'avérer utiles un jour ou l'autre, à l'occasion d'un redesign. Doit-on ou non les inclure ? Ils occupent quelques octets de XHTML, et nous aurions pu tout aussi légitimement les omettre.

Si, dans la version finale du site, la barre de navigation est stockée dans un fichier SSI (Server-Side Include) – ou dans un enregistrement unique pris en charge par PHP, JSP, Ruby, ColdFusion, ou ASP – le client pourra alors facilement modifier ce fichier à tout instant, avec des conséquences sur l'apparence de l'ensemble du site. S'il souhaite recourir à des technologies côté serveur, insérer nav2 et nav3 peut s'avérer superflu. En revanche, si le balisage de menu est répété manuellement sur chacune des pages, le recours aux noms d'attributs nav2 et nav3 évitera peut-être des erreurs de manipulation (remplacements globaux) dans une nouvelle maquette. C'est la solution que nous avons retenue.

Quand le premier balisage est aussi le dernier

Cette page et les quelques suivantes présentent le balisage initial du site, de <body> à </body>. C'est aussi notre balisage final : toute modification ultérieure sera entièrement réalisée en CSS. C'est l'un des avantages de reporter autant que faire se peut les aspects de présentation vers les feuilles de style, même dans une mise en page hybride comme celle-ci. Pour que le balisage occupe moins d'espace dans le livre, nous en avons remplacé l'admirable corps du gabarit par un texte générique de remplacement.

Vous noterez aussi l'emploi de liens de référence relatifs vers les images (img src-"images/logo.gif"), par opposition à des liens absolus (img src-"/images/logo.gif"). S'agissant ici d'un site simple, nous travaillons en effet sur un ordinateur de bureau, et non pas sur le serveur de production. En revanche, le balisage final contiendra des liens de référence absolus vers ces fichiers. Les URL absolues sont plus fiables que les URL relatives car elles ne cassent pas lors d'un déplacement des fichiers ; si par exemple /events.html devient /events/index.html, la référence absolue à /images/logo.gif continuera de fonctionner. Les URL absolues évitent aussi un bogue CSS dans certains anciens navigateurs, qui comprennent mal les références relatives aux fichiers dans les feuilles de style.

Techniquement parlant, le balisage final diffère légèrement du balisage initial, car les références relatives y ont été remplacées par des références absolues. La plupart de nos lecteurs ne s'en formaliseront pas, mais il y a toujours quelqu'un pour vérifier le source de la page afin de contrôler les affirmations d'un ouvrage.

Vous préférerez peut-être consulter le source à la source ; comme nous l'avons mentionné, ce projet est archivé à l'adresse i3.happycog.com.

Balisage de navigation : le premier tableau

Vous trouverez ci-dessous la section de navigation, donnée à partir de l'élément **body**. Pour pimenter un peu les choses, sachez que cette portion de balisage, bien que validée par les analyseurs, est coupable du « péché » de balisage impur en ce qui concerne la présentation. Saurez-vous le trouver ?

```
<body bgcolor="#ffffff">
<div class="hide"><a href="#content" title="Skip navigation."
  accesskey="2">Skip navigation</a>.</div>
<table id="nav" summary="Navigation elements" width="600"
  border="0" align="center" cellpadding="0" cellspacing="0">
<tr>
<td rowspan="3" id="home" width="400"><a href="/" title="i3Forum home page.">
<img src="images/logo.gif" width="400" height="75" border="0" alt="i3forum home" /></a>
</td>
<td width="100" height="25" id="events"><a href="events.html">Events</a></td>
<td width="100" height="25" id="schedule"><a href="schedule.html">Schedule</a></td>
</tr>
<tr id="nav2">
<td width="100" height="25" id="about"><a href="about.html">About</a></td>
<td width="100" height="25" id="details"><a href="details.html">Details</a></td>
</tr>
<tr id="nav3">
<td width="100" height="25" id="contact"><a href="contact.html">Contact</a></td>
<td width="100" height="25" id="guestbios"><a href="guestbios.html">Guest Bios</a></td>
</tr>
</table>
```

Présentation, sémantique, pureté, et péché

Êtes-vous un vrai mordu des standards ? Avez-vous trouvé où le péché fait son lit dans notre balisage XHTML ? C'est à la première ligne, avec l'emploi de l'attribut de couleur d'arrière-plan `bgcolor` caduc dans l'élément `<body>`. Il permet de spécifier, même dans les navigateurs non CSS, le blanc (`#ffffff`) comme couleur d'arrière-plan. Reproduisons cette ligne :

```
<body bgcolor="#ffffff">
```

L'écriture d'un balisage aussi dépassé vous ferait exclure de l'Académie de Pureté des Standards en moins de temps qu'il n'en faut pour le dire. Après tout, CSS est capable de spécifier la couleur de fond de l'élément `<body>`, et c'est la méthode recommandée par le W3C, par opposition à la méthode HTML ou XHTML. Aux yeux de nombreux inconditionnels des standards, cette utilisation de `bgcolor` est impardonnable.

Un livre de transition pour une époque de transition

Pour les mordus des standards, qui passent plusieurs heures par semaine sur les listes de diffusion du W3C à batailler contre le balisage de présentation, la solution pour laquelle nous avons opté est sans conteste mauvaise ; pire, elle est nocive. En effet, nous nous sommes rendus coupables d'un autre péché, celui d'utiliser les tableaux autrement que comme conteneurs de données tabulaires, et de spécifier des largeurs et des hauteurs de cellules, ainsi que des bordures de valeur zéro pour les images. En fait, certains voueront tout ce chapitre aux gémonies, ou tiendront franchement cet ouvrage en piètre estime. À leurs yeux, nous devrions nous borner à enseigner un balisage sémantique au lieu de laisser penser qu'il est parfois acceptable d'utiliser des tableaux pour la mise en page.

Pourtant, c'est parfois le cas, notamment pour un débutant en matière de standards du Web, faisant ses premiers pas en CSS. Une mise en forme valide, utilisant à la fois des tableaux et des feuilles de style, est parfaitement acceptable de la part d'un ancien designer se formant à de nouvelles techniques. Nous avons écrit un livre de transition pour encadrer une époque de transition. Les « standards du Web » ne sont pas des lois immuables, mais un chemin pavé de possibilités et de décisions. Même s'ils ne s'en rendent pas compte, ceux qui prônent la pureté absolue dans l'environnement actuel des navigateurs et des normes nuisent autant à l'adoption généralisée des standards du Web que ceux qui n'ont jamais entendu parler de balisage structurel ni de CSS, ou y sont farouchement opposés.

Ménager les vieux navigateurs

Pourquoi avons-nous utilisé le honteux attribut `bgcolor` en dépit de sa vilenie ? Le site hybride ici mis en place ne suppose rien sur les navigateurs employés par les visiteurs. Dans un ancien navigateur non compatible CSS, si l'arrière-plan est défini par une couleur autre que le blanc, le logo GIF transparent du site se verrait affligé d'une auréole bien peu catholique, provoquée par les pixels en bordure. Aucun client n'acceptera que son logo s'affiche de façon grossière dans quelque navigateur que ce soit, même si le reste du site est tout juste acceptable dans certaines versions anciennes.

Un ancien navigateur populaire et ne prenant pas CSS en charge avait opté pour le gris souris comme couleur d'arrière-plan par défaut. Notre logo n'est pas anti-crénelé par rapport à du gris souris, mais par rapport à du blanc. Si nous n'avions pas défini la couleur d'arrière-plan au moyen de l'attribut XHTML `bgcolor`, notre logo aurait mauvaise mine dans ces environnements de navigation. En réalité, vous vous fichez peut-être de l'allure de votre site dans un navigateur 2.0 ou 3.0. Vous, votre patron et votre client, vous fichez peut-être même éperdument de sa compatibilité avec les navigateurs 4.0. Les techniques à la sémantique douteuse de ce chapitre ne visent pas à créer le même rendu dans tous les navigateurs. Dans un navigateur non CSS, notre mise en page n'aura pas meilleure allure que celle illustrée à la figure 8-3, mais cela nous convient.

Nous avons utilisé des tableaux et inclus **bgcolor** pour vous montrer que de tels compromis sont possibles en XHTML 1.0 Transitional et que le site obtenu est valide. Nous voulions aussi suggérer que cela vaut la peine d'implémenter les standards dans vos créations, même dans une proportion limitée.

Balisage de contenu : le second tableau

Le tableau de contenu suit immédiatement le tableau de navigation, et parlera de lui-même à quiconque a jamais écrit du HTML ou du XHTML. Soulignons son caractère compact et son utilisation de l'élément **id** :

```
<table id="content" summary="Main content." width="600"
border="0" align="center" cellpadding="0" cellspacing="0">
<td width="200" id="sidebar" valign="top">
<img src="images/astro.jpg" width="200" height="200" border="0"
  alt="i3Forum. Breeding leadership." title="i3Forum. Breeding leadership." />
<h2>Sous-titre</h2>
<p>Texte.</p>
<td width="400" id="primarycontent">
<h1>Titre principal</h1>
<p>Texte.</p>
<p>Texte.</p>
<p>Texte.</p>
<p>Texte.</p>
<div id="footer">
<p>Copyright &copy; <a href="/" title="i3forum home page.">i3Forum</a>, Inc.</p>
</td>
</table>
```

Le chapitre 9 est une introduction à CSS. Dans le chapitre 10, nous utiliserons ce langage pour ajouter des effets visuels et un peu de panache à notre site hybride.

9

Introduction à CSS

Dans le chapitre précédent, nous avons commencé un site hybride, transitionnel et conforme aux standards. Dans le chapitre suivant, nous en terminerons la création au moyen des feuilles de style en cascade (Cascading Style Sheets, ou CSS). Mais avant d'en arriver là, il est nécessaire d'apprendre les bases de CSS, ce à quoi s'emploie ce chapitre. Nous traiterons rapidement des bases de la syntaxe CSS, de quelques notions moins élémentaires, et conclurons en décrivant une méthode de design en CSS différente de celle qu'utilisent généralement les designers et qui est enseignée dans la plupart des ouvrages. Même si vous connaissez CSS, vous tirerez probablement quelques enseignements de la lecture de ces pages.

Tour d'horizon de CSS

Le W3C définit CSS d'une façon plutôt laconique comme « a simple mechanism for adding style (for example, fonts, colors, spacing) to Web documents », littéralement « un mécanisme simple pour ajouter des styles, par exemple, des fontes, des couleurs, de l'espacement, à des documents web » (www.w3.org/Style/CSS). Ce résumé passe sous silence quelques aspects intéressants :

- CSS est un langage de mise en page standard pour le Web ; il contrôle les couleurs, la typographie, la taille et le positionnement des éléments et des images.
- Bien qu'il soit précis et puissant, CSS est facile à écrire à la main, comme nous le verrons dans ce chapitre.
- CSS préserve la bande passante : un seul fichier peut contrôler l'apparence de tout un site, soit un volume de centaines de méga-octets et plusieurs milliers de pages.

- Si, dans l'esprit de ses créateurs (le W3C), CSS a été conçu pour remplacer les mises en page HTML en tableaux, les cadres et autres bidouillages de présentation, il s'avère extrêmement performant pour les mises en page hybrides et transitionnelles, comme nous le verrons dans le chapitre suivant.
- Une mise en page en pur CSS, associée à du XHTML structurel, peut aider les designers à séparer structure et présentation, ce qui améliore l'accessibilité et la maintenance des sites, comme nous allons le voir dès la section suivante.

Les avantages de CSS

Selon un proverbe russe, Повторение – мать учения, c'est-à-dire la répétition est mère d'apprentissage. Dès lors, merci de nous pardonner si nous répétons encore une fois que CSS, comme les autres standards du Web, n'a pas été créé pour servir des objectifs abstraits ni pour être utilisé dans un avenir lointain. Lorsqu'il est bien employé, il offre de nombreux avantages concrets, parmi lesquels :

- Préservation de la bande passante de l'utilisateur, accélération des temps de chargement, surtout pour les connexions téléphoniques.
- Diminution des charges sur le serveur et la bande passante du propriétaire et économies résultantes (voir la section « Balisage dépassé : le montant de la facture » du chapitre 1).
- Diminution de la durée de design et de développement. La production du site présenté aux chapitres 8 et 10 n'a nécessité que quelques heures, employées pour partie à l'écriture de ces chapitres et non à la création du site à proprement parler. (Ces économies ne concernent évidemment que le développement, et non, naturellement, la création de contenus ou l'infographie.)
- Diminution du temps de mise à jour et de maintenance :
  - Les rédacteurs n'ont plus à se soucier de tableaux complexes, de balises de fontes, ni d'autres composants de présentation de l'ancienne école, qui peuvent casser à toute mise à jour du texte. Ces éléments étant désormais absents (ou discrets), il n'y a rien (ou peu) à casser.
  - Les designers, les développeurs et les agences n'ont plus à craindre que les clients ne cassent le site.
  - Quelques minutes suffisent à des changements globaux. Le texte est trop sombre ? Changez une règle ou deux dans le fichier CSS et cette modification sera immédiatement prise en compte sur l'ensemble du site.
- Interopérabilité accrue par l'adhésion aux recommandations du W3C (les standards du Web).

- Meilleure accessibilité suite à la disparition de tout ou partie des éléments de présentation du balisage.

Ouvrages traitant de CSS

L'ouvrage *CSS précis et concis* (Eric Meyer, éditions O'Reilly, 2004), comme son nom l'indique, est un livre de poche. Mais ne vous méprenez pas sur sa petite taille : c'est le guide le plus clair et le plus complet traitant de CSS que nous connaissions.

Si vous aimez apprendre en suivant des exemples de design, procurez-vous *CSS par Eric Meyer* (Campus Press) et *More Eric Meyer on CSS* (paru en anglais chez New Riders), remarquables manuels interactifs. Sont également chaudement recommandés :

- *Bulletproof Web Design* (Dan Cederholm, New Riders, en anglais)
- *CSS Mastery: Advanced Web Standards Solutions* (Andy Budd, Friends of ED, en anglais)
- *Stylin' with CSS: A Designer's Guide* (Charles Wyke-Smith, New Riders, en anglais)
- *Le Zen des CSS* (Dave Shea et Molly E. Holzschlag, Eyrolles)

Analyse de style

Dans cette section, nous vous proposerons les ailes, les cuisses, et les pilons de CSS... Disons que nous vous proposerons au moins les cuisses et les pilons, cet ouvrage n'étant pas un manuel de référence sur le langage. (Un manuel de référence compte généralement bien plus de pages que le présent ouvrage, bien que notre bible préférée tienne dans la poche, comme nous l'évoquons dans l'encadré « Ouvrages traitant de CSS ».) Toutefois, combien de manuels de référence sur CSS emploient trois fois le mot « cuisses » dans un paragraphe ? Vous avez bien fait d'acheter ce livre.

Enchaînons sans plus attendre avec notre analyse des styles. Nous apprendrons encore un peu plus CSS en l'appliquant au chapitre 10, et continuerons à en parler (et à en faire l'apprentissage) jusqu'à la fin de ce livre.

Sélecteurs, déclarations, propriétés, et valeurs

Une feuille de style contient une ou plusieurs règles contrôlant l'affichage des éléments sélectionnés. Une règle CSS comprend deux parties : un sélecteur et une déclaration :

```
p { color: red; }
```

Dans la règle précédente, `p` est le sélecteur, et `{ color: red; }`, spécifié entre accolades, est la déclaration.

Les déclarations, à leur tour, contiennent deux parties : une propriété et une valeur. Dans la déclaration précédente, `color` est la propriété, `red` sa valeur.

Choix et options

Au lieu de l'adjectif anglais red (rouge), nous aurions pu opter pour sa valeur hexadécimale `#ff0000` :

```
p      { color: #ff0000;}
```

On économisera quelques octets en employant l'abréviation CSS qui signifie exactement la même chose :

```
p      { color: #f00;}
```

On pourrait encore spécifier la valeur RVB de deux manières différentes :

```
p      { color: rgb(255,0,0);}
p      { color: rgb(100%,0%,0%);}
```

Zéro est facultatif, sauf quand il est obligatoire

Lorsque vous utilisez des pourcentages RVB, notez la présence du signe pourcentage, même quand la valeur correspondante est zéro. C'est un cas particulier, qui ne s'applique pas dans les autres situations. Ainsi, pour spécifier une taille de zéro pixel, `0` ne sera pas nécessairement suivi de `px`.

Nous sommes nombreux à trouver incorrectes les formes `0px`, `0cm`, `0pt` ou `0in` (zéro pouce). Zéro, c'est zéro. Pourquoi, dès lors, se soucier de l'unité de mesure ? Pourtant, dans les pourcentages RVB, la valeur zéro doit être suivie du signe `%`. Ne nous demandez pas pourquoi : nous ne sommes que des exécutants... Il en va de même pour la règle interdisant les caractères de soulignement dans les noms de classes et d'`id` (voir le chapitre 7). Le caractère obligatoire du signe de pourcentage est une règle CSS, dont la justification s'est depuis longtemps perdue dans les brumes de l'histoire. Nous n'avions pas l'intention d'entamer cette analyse des styles en nous plaignant des incohérences et des exceptions. Trop tard, et il vous faudra faire avec nos commentaires dans la suite de cette exploration des rudiments de CSS.

Déclarations multiples

Il est incorrect de spécifier une couleur sans l'accompagner d'une couleur d'arrière-plan, et inversement :

```
p      { color: #f00; background-color: white; }
```

La valeur `transparent` peut être utilisée pour éviter aux couleurs d'arrière-plan des différentes règles de se superposer :

```
p       { color: #f00; background-color: transparent; }
```

Vous remarquerez qu'une règle peut comporter plusieurs déclarations ; elles sont alors séparées par des points-virgules.

Alerte, alerte : arrière-plans transparents et Netscape 4

Attention : dans de nombreuses situations, `transparent` pour Netscape 4 signifiera « noir ». Si vous employez `background: inherit;` à la place, vous obtiendrez une sorte d'arrière-plan verdâtre assez douteux. L'explication ? Netscape 4 force l'analyse de toute chaîne de caractères non reconnue par son analyseur hexadécimal, même lorsqu'il ne s'agit évidemment pas de valeurs hexadécimales (IE pour Windows avait, semble-t-il, un comportement similaire avant la version 4.0, mais ne répétez pas que nous vous l'avons dit).

La morale de l'histoire : l'arrière-plan par défaut étant `transparent`, que vous le spécifiiez ou non, omettez de déclarer la couleur d'arrière-plan si vos visiteurs sont en majorité des utilisateurs de Netscape 4. Le service de validation CSS du W3C vous le signalera par un avertissement, mais cela est préférable à un site web hideusement défiguré. Insistons : cette technique n'est à envisager que si vous devez servir une proportion significative d'utilisateurs de Netscape 4. Heureusement, la plupart d'entre vous ne devez plus vous soucier de cette espèce en voie de disparition.

Du bien-fondé des points-virgules

Revenons sur les incohérences et les exceptions. Il n'est pas nécessaire de conclure la dernière déclaration d'une règle par un point-virgule, et certains designers omettent systématiquement ce caractère à la fin d'une séquence (en effet, en anglais, le point-virgule a un rôle de séparation et non de terminaison).

Toutefois, la plupart des auteurs CSS expérimentés insèrent systématiquement un point-virgule à la fin de chacune de leurs déclarations, généralement pour des raisons de cohérence, mais surtout pour éviter les casse-tête en cas d'ajout ou de suppression de déclarations. Si chaque couple propriété/valeur se termine par un point-virgule, vous ne rencontrerez aucun problème lorsque vous déplacerez des déclarations.

Espaces et insensibilité à la casse

La plupart des feuilles de style compteront évidemment plusieurs règles, dont la plupart contiendront plusieurs déclarations. L'ajout d'espaces facilite la gestion des déclarations multiples et les modifications sur les feuilles de style :

```
body   {
    color: #000;
    background: #fff;
    margin: 0;
    padding: 0;
    font-family: Georgia, Palatino, serif;
   }
p  {
    font-size: small;
   }
```

Les espaces (ou leur absence) n'ont aucune incidence sur l'interprétation du CSS par les navigateurs. De plus, et contrairement à XHTML, CSS n'est pas sensible à la casse. Cette règle admet évidemment une exception : les noms de classes et d'`id` sont sensibles à la casse lorsqu'ils sont associés à un document HTML. Dans ce cas de figure, `monTexte` et `montexte` ne sont pas équivalents. CSS est donc insensible à la casse, mais ce n'est pas nécessairement le cas du langage du document.

Valeurs de remplacement et valeurs génériques

Un designer web pourra spécifier les fontes d'un site de la manière suivante :

```
body  {
    font-family: "Lucida Grande", Verdana, Lucida, Arial,
      Helvetica, sans-serif;
   }
```

Notez que les noms de fontes en plusieurs mots – Lucida Grande, par exemple – sont spécifiés entre apostrophes doubles ASCII (") et que la virgule, de façon assez logique, suit l'apostrophe double fermante.

Les fontes sont utilisées dans l'ordre où elles sont spécifiées. Si l'ordinateur de l'utilisateur dispose de la police Lucida Grande, le texte apparaîtra dans cette dernière. Dans le cas contraire, il s'affichera en police Verdana. Si celle-ci n'est pas installée, le texte s'affichera en Lucida. Et ainsi de suite. Quelle logique sous-tend ce choix ?

Ordre de spécification des fontes

Cet ordre a une importance : il renvoie sur la multiplicité des plates-formes. Lucida Grande existe sur Mac OS X. Verdana se trouve sur tous les systèmes Windows modernes, sur Mac OS X et sur les anciens systèmes d'exploitation Macintosh (les « Classic »). Si Verdana avait été spécifiée en premier, les systèmes Mac OS X auraient affiché le texte en Verdana et non en Lucida Grande.

Avec les deux premières polices – Lucida Grande et Verdana – le designer a traité le cas de la quasi-majorité des utilisateurs (machines Windows et Macintosh). Vient ensuite Lucida, à l'intention des utilisateurs de systèmes Unix, puis Arial pour les anciens systèmes Windows, et Helvetica pour les anciens systèmes Unix. Si aucune des polices spécifiées n'est disponible, le paramètre `sans-serif` générique spécifié en dernier dans la liste garantit que toute fonte sans empattement (serif) sera utilisée si elle est disponible. Dans l'éventualité, certes improbable, où l'ordinateur de l'utilisateur ne dispose d'aucune fonte sans empattement, c'est la police par défaut du navigateur qui sera employée. S'il n'en a pas, il prendra les dents d'un petit singe. Non, c'est une blague.

Pas une science exacte

Personne ne prétend que Lucida, Verdana, Arial et Helvetica sont équivalentes en termes d'esthétisme, d'élégance, de hauteur de bas de casse, ni d'adaptation à l'écran (ni même que toutes les versions de Helvetica sont de qualité comparable). L'objectif n'est pas de reproduire la même expérience visuelle pour tous les visiteurs : la multitude des plates-formes, des navigateurs, des tailles, des résolutions et des qualités de moniteurs, des réglages gamma et d'anti-crénelage du système d'exploitation rendent cette tâche impossible. Nous voulons simplement nous assurer que toutes les visites s'effectueront dans les meilleures conditions qu'autorisent les paramètres en vigueur sur le système de l'utilisateur, et globalement dans des conditions assez proches les unes des autres.

Sélecteurs groupés

Quand divers éléments partagent des propriétés de style, on peut appliquer la même déclaration à plusieurs sélecteurs en les séparant par des virgules :

```
p, td, ul, ol, li, dl, dt, dd  {
     font-size: small;
   }
```

Cette possibilité est bien pratique dans le cas des navigateurs les plus anciens, qui ne comprennent pas l'héritage CSS.

L'héritage et ses soucis

D'après la spécification CSS, les éléments enfants héritent des propriétés de leurs parents. Mais tout ne se passe pas toujours ainsi. Examinons la règle suivante :

```
body    {
          font-family: Verdana, sans-serif;
  }
```

À ce point du chapitre 9, vous savez interpréter cette règle aussi bien que nous. L'élément `body` du site fera appel à Verdana si le système du visiteur propose cette fonte ; dans le cas contraire, il se contentera d'une police sans empattement (serif) générique.

Et tous les enfants de ses enfants

L'héritage CSS assure que tout ce qui s'applique à l'élément de plus haut niveau (`body` dans notre exemple) vaut aussi pour ses enfants (par exemple `p`, `td`, `ul`, `ol`, `li`, `dl`, `dt` et `dd`). En l'absence de toute autre règle, tous les enfants de `body` doivent s'afficher en Verdana ou, à défaut, dans une police sans empattement (serif) quelconque, ainsi que leurs enfants et les enfants de leurs enfants. Et c'est exactement ce qui se passe dans la plupart des navigateurs modernes.

Mais cette règle n'est pas appliquée par les clients développés au plus fort des guerres de navigateurs, à une époque où aucun éditeur ne faisait de la prise en charge des standards sa priorité. Ainsi, Netscape 4 ne la respecte pas et ignore l'héritage, ainsi que toute règle appliquée à l'élément `body` (IE pour Windows, jusqu'à sa version 6, connaissait un problème similaire de non prise en compte des styles de fontes dans les tableaux). Dans une telle situation, comment réagir ?

« Soyez gentil avec Netscape 4 »

Heureusement, il est possible de contourner cette limitation d'anciens navigateurs en recourant au principe de redondance, le « soyez-gentil-avec-Netscape-4 » :

```
body  {
    font-family: Verdana, sans-serif;
   }
p, td, ul, ol, li, dl, dt, dd  {
    font-family: Verdana, sans-serif;
   }
```

Même si les navigateurs 4.0 ne comprennent rien à l'héritage, ils savent interpréter correctement les sélecteurs groupés. Dans cet exemple, la fonte Verdana sera correctement rendue. La création de ce type de règle redondante gaspille-t-elle la bande passante du visiteur ? Oui, mais c'est une bonne chose que de spécifier ce type de règle, s'il faut prendre en charge les utilisateurs de Netscape 4.

L'héritage est-il une malédiction ?

Comment faire si l'on ne souhaite pas que `"Verdana, sans-serif"` soit hérité par tous les éléments enfants ? Est-il possible de spécifier, par exemple, des paragraphes en police Times ? Aucun problème. Créez une règle plus spécifique pour `p` (en gras dans le code ci-dessous) qui l'emportera sur la règle parentale :

```
body     {
    font-family: Verdana, sans-serif;
   }
td, ul, ol, ul, li, dl, dt, dd    {
    font-family: Verdana, sans-serif;
   }
p  {
  font-family: Times, "Times New Roman", serif;
}
```

Sélecteurs descendants

Vous pourrez éviter la classite et conserver un balisage clair et net en faisant dépendre le style d'un élément du contexte où il apparaît. Les sélecteurs capables d'appliquer ce type de règles s'appellent sélecteurs contextuels en CSS 1, car ils s'appuient sur le contexte pour décider ou non d'appliquer une règle donnée. CSS 2 les a rebaptisés sélecteurs descendants, ce qui ne change rien à leur action. À l'heure où cette deuxième édition part à l'impression, pratiquement tous les spécialistes qui comptent les appellent ainsi.

Pour représenter en italiques et non en gras tout texte marqué **<strong>** spécifié dans un objet de liste, on écrira :

```
li strong      {
     font-style: italic;
     font-weight: normal;
   }
```

Quel est l'effet d'une telle règle ?

```
<p><strong>Je m'affiche en gras et non en italiques car je n'apparais
pas dans une puce. La règle n'a aucun effet sur moi.</strong></p>
<ol>
<li><strong>Je m'affiche en italiques et en graisse normale (Roman)
car j'apparais dans une puce.</strong></li>
<li>Je suis du texte ordinaire dans cette liste.</li>
</ol>
```

Examinez aussi le code CSS suivant :

```
strong      {
      color: red;
     }
h2    {
```

```
        color: red;
        }
h2 strong {
        color: blue;
        }
```

et son effet sur le balisage :

```
<p>Le mot fortement mis en valeur dans ce paragraphe est <strong>rouge</strong>.</p>
<h2>Ce sous-titre est lui aussi en rouge.</h2>
<h2>Le mot fortement mis en valeur dans ce sous-titre est <strong>bleu</strong>.</h2>
```

Il est improbable que vous recouriez aux sélecteurs descendants pour diminuer la graisse des éléments de listes et les afficher en italiques. Vous pourriez en revanche y faire appel pour des modifications de design plutôt sophistiquées, comme l'ajout d'une image d'arrière-plan à un élément XHTML ordinaire, avec suffisamment de blancs de remplissage (padding) pour éviter que le texte ne se superpose à l'image. Mais il est plus probable que vous implémentiez ce type d'effets au moyen de sélecteurs `id` ou de classe.

Sélecteurs id et sélecteurs descendants id

Dans les mises en page modernes, les sélecteurs `id` servent souvent à mettre en place des sélecteurs descendants :

```
#sidebar p   {
       font-style: italic;
       text-align: right;
       margin-top: 0.5em;
       }
```

Le style précédent ne sera appliqué que dans les paragraphes contenus dans un élément d'`id` « `sidebar` » (barre latérale). Il s'agira probablement d'un élément `div`, d'une cellule de tableau, ou encore d'un tableau ou de tout autre élément de niveau bloc. Il pourrait même s'agir d'un élément au fil du texte (inline), tel que `<em></em>` ou `<span></span>`, mais ce type d'emploi serait aussi incongru qu'incorrect : l'imbrication d'un `<p>` dans un `<span>` n'est pas valide. Quel que soit l'élément utilisé, il doit être le seul de la page à utiliser un `id` de valeur `sidebar`. Revenez au chapitre 7 si vous avez oublié pourquoi.

Un sélecteur, plusieurs utilisations

Même si l'élément étiqueté `sidebar` n'apparaîtra qu'une fois par page dans le balisage, le sélecteur `id` peut servir de sélecteur contextuel/descendant autant de fois que nécessaire :

```
#sidebar p  {
     font-style: italic;
     text-align: right;
     margin-top: 0.5em;
     }
#sidebar h2  {
     font-size: 1em;
     font-weight: normal;
     font-style: italic;
     margin: 0;
     line-height: 1.5;
     text-align: right;
     }
```

Dans cet exemple, les éléments `p` placés dans un élément identifié `sidebar` reçoivent un traitement spécifique, distinct de celui de tous les autres éléments `p` de la page. Il en va de même pour les éléments `h2`, mais les règles spéciales diffèrent.

Le sélecteur se débrouille seul

Le sélecteur `id` n'a pas besoin d'être utilisé pour créer des sélecteurs descendants. Il se suffit aussi à lui-même :

```
#sidebar  {
     border: 1px dotted #000;
     padding: 10px;
   }
```

Selon cette règle, l'élément de page auquel l'`id` « `sidebar` » est associé sera doté d'une bordure (`border`) noire (`#000`) en pointillés (`dotted`), d'une épaisseur d'un pixel, avec 10 pixels de blancs intérieurs de remplissage (`padding`) sur le pourtour.

D'anciennes versions d'Internet Explorer pour Windows ne comprendront peut-être pas de telles règles, à moins que l'on ne joue la sécurité en précisant l'élément dont relève le sélecteur :

```
div#sidebar  {
     border: 1px dotted #000;
     padding: 10px;
   }
```

Cela fonctionnera sur d'anciennes versions d'Internet Explorer, alors que `#sidebar` risque de ne pas fonctionner dans certains cas. En réalité, la bordure prendra la forme d'un trait discontinu et non d'un pointillé dans les versions d'Internet Explorer précédant IE 7 mais ne compliquons pas les choses.

Sélecteurs de classes

Si, dans le monde réel, toute discrimination fondée sur la classe est une mauvaise chose, c'est en revanche parfaitement approprié dans les feuilles de style. En CSS, les sélecteurs de classes sont indiqués par un point :

```
.fancy   {
     color: #f60;
     background: #666;
  }
```

Tout élément de la classe **`fancy`** (fantaisie) s'affichera en orange (**`#f60`**) sur fond gris (**`#666`**). Ainsi, **`<h1 class="fancy">Salut mon gars!</h1>`** et **`<p class="fancy">Youpi!</p>`** partageront tous deux cet étonnant choix de couleurs.

Comme **`id`**, les classes peuvent servir de sélecteurs contextuels :

```
.fancy td   {
     color: #f60;
     background: #666;
  }
```

Dans l'exemple précédent, les cellules de tableau imbriquées dans un élément englobant de nom de classe **`fancy`** seront représentées avec un texte orange sur fond gris (cet élément englobant pourra être une rangée de tableau ou un **`div`**).

On peut aussi sélectionner des éléments selon leurs classes :

```
td.fancy   {
     color: #f60;
     background: #666;
  }
```

Dans cet exemple, les cellules de tableau de classe **`fancy`** seront orange sur fond gris.

```
<td class="fancy">
```

Vous pourrez affecter la classe **`fancy`** à une seule cellule ou à toutes les cellules du tableau. Les cellules ainsi dotées de ces étiquettes apparaîtront en orange sur fond gris, et les autres ne seront pas concernées par cette règle. En revanche, un paragraphe ou tout autre élément de classe `fancy` ne sera pas rendu en orange sur fond gris. L'effet de cette règle est en effet limité aux cellules de tableau étiquetées `fancy`, en raison de la façon dont elle est écrite (l'élément `td` sélectionnant la classe `fancy`).

Associer les sélecteurs pour créer des effets de design sophistiqués

Vous pouvez associer les sélecteurs de classe, les sélecteurs `id` et les sélecteurs descendants pour créer des effets visuels subtils ou saisissants. Ainsi, sur le site Marine Center produit par Happy Cog, c'est l'image d'un poisson (`lister2.gif`), bien plus appropriée, qui joue le rôle ordinairement dévolu à cet ennuyeux point noir qu'on retrouve dans les listes non ordonnées (figure 9-1).

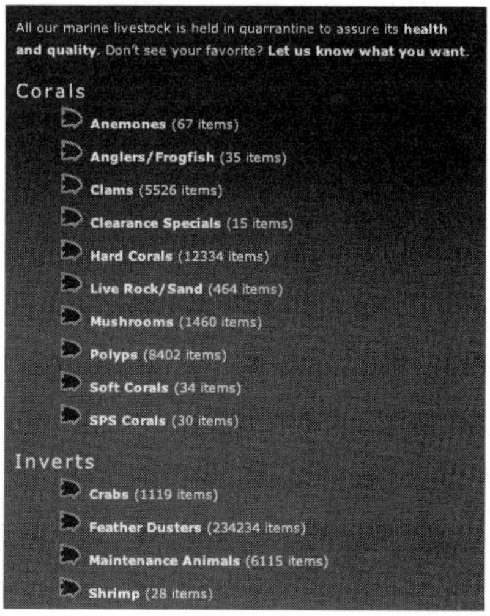

Figure 9-1
Il est possible de combiner les sélecteurs de classe, les sélecteurs `id` *et les sélecteurs descendants pour créer des effets visuels. Le Marine Center vend des poissons tropicaux rares. C'est pourquoi sur son site (*marine.happycog.com*), le banal point noir de la plupart des listes à puces est ainsi remplacé par une image de poisson, bien plus dans le ton du site.*

Voici la règle CSS qui indique aux listes à puces de classe `inventory` (inventaire) d'afficher une image (ou un disque dans les vieux navigateurs qui en sont incapables en lieu et place du sempiternel point noir :

```
ul.inventory {
     list-style: disc url(/images/common/lister2.gif) inside;
   }
```

Et voici le balisage auquel cette règle s'applique (simplifié pour qu'il tienne sur la page) :

```
<ul class="inventory">
<li><a href="/angelfish">Angelfish</a> (67 items)</li>
<li><a href="/anglers">Anglers/Frogfish</a> (35 items)</li>
```

```
<li><a href="/anthias">Anthias</a> (5526 items)</li>
<li><a href="/basslets">Basslets</a> (15 items)</li>
</ul>
```

Les utilisateurs d'IE pour Windows et d'Opera pour Windows ont un bonus (non intentionnel) en prime : le site affiche d'abord des points ordinaires, puis les remplace par des images de poissons. Cet effet rappelle celui d'une animation en Flash ou JavaScript, mais il est purement fortuit et résulte de l'ordre dans lequel les versions Windows d'IE et d'Opera chargent et affichent les composants des pages web. Dans d'autres navigateurs, le poisson apparaît directement.

Si vous avez suivi nos propos, vous comprendrez que cette image de poisson ne s'afficherait pas pour les éléments d'une liste non ordonnée d'une autre classe, ni si cette classe est appliquée à tout élément autre qu'une liste non ordonnée. On trouve aussi des images de poissons fort appropriées dans la colonne d'achats impulsifs du site (figure 9-2), grâce à un élément en ligne (`span`) de classe `cartier` :

```
.cartier {
     padding-left: 5px;
     background: transparent url(/images/common/cartfish.gif) no-repeat top left;
   }
```

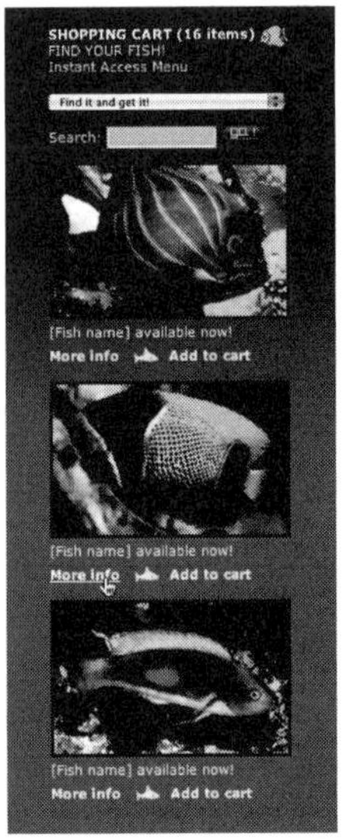

Figure 9-2
On trouve aussi des images dans les éléments « achetez dès maintenant » du site. Aucune balise `<img>` *n'a été maltraitée (ni employée) pour implémenter ces effets (reportez-vous au texte de cette section pour en savoir plus).*

Vous pourrez étudier d'autres techniques encore en examinant le code source du serveur de production à l'adresse marine.happycog.com, où les modèles originaux du site sont stockés (figure 9-3).

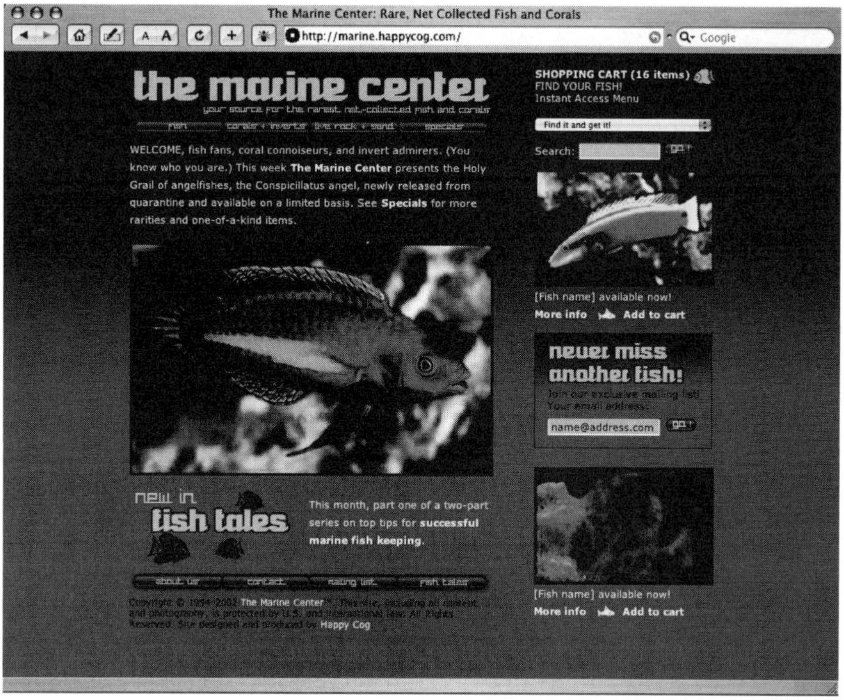

Figure 9-3
Entre les photos et les petites images de poissons générées en CSS, il est impossible de ne pas comprendre de quoi parle ce site.

Nous approfondirons nos connaissances en syntaxe CSS dans le chapitre suivant. Pour le moment, marquons une pause pour répondre à cette question essentielle : où diable faut-il placer le CSS ? Faut-il l'imbriquer d'une façon ou d'une autre dans le XHTML ? Se trouve-t-il dans un fichier distinct ? (Pour en savoir plus, continuez la lecture.)

Styles externes, inclus, et au fil du texte (inline)

On peut appliquer des feuilles de style à une page web de trois manières différentes : de façon externe, par inclusion, et au fil du texte (inline). Nous commencerons par la meilleure.

Feuilles de style externes

Une feuille de style externe (ou fichier CSS) est un document texte distinct des pages XHTML qu'il contrôle. Une page XHTML y fait référence au moyen d'un lien placé dans l'en-tête du document ou l'importe au moyen de l'élément `<style>` (placé lui aussi au début du document). Un lien vers une feuille de style se présente sous la forme suivante :

```
<link rel="StyleSheet" href="/styles/maFeuilleDeStyle.css"
  type="text/css" media="screen" />
```

La directive **@import**, qui permet d'importer une feuille de style, s'écrit comme suit :

```
<style type="text/css" media="screen">
@import "/styles/maFeuilleDeStyle.css";
</style>
```

ou comme ceci :

```
<style type="text/css" media="screen">
@import url("/styles/maFeuilleDeStyle.css");
</style>
```

Plus puissantes, moins coûteuses

Qu'elles soient liées ou importées, les feuilles de style externes présentent le meilleur ratio qualité/prix. Quand une telle feuille de style est chargée dans la mémoire cache de l'utilisateur, elle reste active et peut contrôler le design d'une, de dizaines, de centaines, voire de centaines de milliers de pages sur le site, sans autre téléchargement. C'est super pratique !

Lier et importer sous la forme de sélecteurs de navigateurs

Presque tous les navigateurs compatibles CSS prennent en charge la méthode du lien, y compris les plus anciens, qui ne comprenaient pourtant qu'une infime partie de cette norme. La méthode **@import**, au contraire, ne fonctionne que dans les navigateurs de versions 5.0 et ultérieures. Les designers pourront donc y recourir pour masquer les feuilles de style aux navigateurs 4.0.

Cela n'implique pas nécessairement de masquer la totalité du CSS aux anciens navigateurs, comme nous l'avons expliqué aux chapitres 2 et 4. C'est même précisément l'inverse : le fait que certains navigateurs « pigent » **@import** et d'autres pas permet de les servir tous. En effet, comme il est possible d'utiliser plusieurs feuilles de style sur un même site, les designers peuvent placer les styles de base dans la feuille de style liée et les styles plus sophistiqués dans des feuilles qui seront importées. La feuille de style liée et visible par tous les navigateurs qui prennent en charge CSS contient les éléments de design élémentaires, comme les polices et les couleurs de texte, d'arrière-plan et de liens. La feuille importée, aux styles visibles aux seuls navigateurs plus conformes, contient les règles CSS complémentaires que ces derniers comprennent mais qui restent hermétiques aux programmes plus anciens.

Le XHTML pourrait ainsi prendre la forme suivante :

```
<!DOCTYPE html PUBLIC "-//W3C//DTD XHTML 1.0 Transitional//EN"
    "http://www.w3.org/TR/xhtml1/DTD/xhtml1-transitional.dtd">
<html xmlns="http://www.w3.org/1999/xhtml">
  <head>
<title>Le titre vient ici</title>
```

```
<link rel="StyleSheet" href="/css/simple.css" type="text/css" media="all" />
<style type="text/css" media="all">
@import "/css/complexe.css";
</style>
<meta http-equiv="Content-Type" content="text/html; charset=ISO-8859-1" />
</head>
```

Cette approche par couche a le mérite de prendre en compte tous les utilisateurs sans rien masquer à aucun – et en évitant la plaie de la détection automatique du navigateur (nous détaillerons cette technique un peu plus bas dans la section « Des styles inclus aux styles externes : la méthode à deux feuilles de style »).

Ces avantages (bande passante utilisateur et serveur préservés, prise en charge possible de navigateurs plus ou moins conformes) ne sont disponibles qu'avec les feuilles de style externes. Au chapitre 10, quand nous mettrons la touche finale au site d'i3Forum, nous recourrons à cette méthode.

Feuilles de style imbriquées

Au lieu de lier ou d'importer une ou plusieurs feuilles de style distinctes, vous pouvez décider d'imbriquer ces règles de feuille de style dans l'en-tête **head** d'une page écrite en XHTML 1.0, à l'aide de l'élément **<style>** (la portion correspondante est en gras) :

```
<!DOCTYPE html PUBLIC "-//W3C//DTD XHTML 1.0 Transitional//EN"
    "http://www.w3.org/TR/xhtml1/DTD/xhtml1-transitional.dtd">
<html xmlns="http://www.w3.org/1999/xhtml">
  <head>
<title>i3forum</title>
<style type="text/css">
<!--
body  {
        background: white;
        color: black;
        }
-->
</style>
<meta http-equiv="Content-type" content="text/html; charset=iso-8859-1" />
</head>
```

Contrairement aux styles liés ou importés, les styles imbriqués n'offrent aucun avantage en terme de bande passante, car l'utilisateur doit charger une nouvelle feuille de style à chaque fois qu'il ouvre une nouvelle page. Même si les styles ne changent pas, il faut les charger encore et encore. Ces précisions nous amènent donc légitimement à nous interroger sur la pertinence de cette méthode. Voici quelques pistes :

- Le site ne comporte en tout et pour tout qu'une seule page. Même si la probabilité est faible, cela reste possible.
- Les « visiteurs » du site habitent une faille spatio-temporelle et utilisent IE 3. Premier navigateur à prendre en charge certains aspects de CSS, il était toutefois incapable de charger des feuilles de style externes. Bon, d'accord, ce n'est pas non plus une explication très probable.
- Le designer recourt à des feuilles de style externes pour contrôler l'ensemble du site, mais il a besoin de quelques règles complémentaires pour une page en particulier. Il s'agit là d'une excellente raison pour créer une feuille de style imbriquée ; c'est même la seule manière d'obtenir certains effets visuels. Quand nous établirons la feuille de style d'i3Forum au chapitre suivant (un peu de patience, nous y sommes presque), nous inclurons un style spécial à chaque page du site pour que la personnalisation du menu « vous êtes ici » suive la navigation du visiteur.
- Le designer travaille encore sur la feuille de style et il a besoin de visualiser immédiatement les effets de ses modifications. C'est l'autre excellente raison de mettre en place une feuille de style imbriquée.

Lors de la conception d'un site (qu'il soit hybride ou en pur CSS), il est parfaitement raisonnable d'imbriquer la feuille de style dans l'en-tête `<head>` de la page sur laquelle vous travaillez. À l'obtention du résultat recherché, il vous faut alors copier les styles dans un fichier CSS externe et supprimer du balisage les styles imbriqués. Dans le processus présenté dans le chapitre suivant, nous avons fait appel à une feuille de style imbriquée car c'était la façon la plus simple et la plus rapide de travailler (changer une règle, recharger la page dans le navigateur, contrôler que l'on obtient bien ce que l'on recherche). Une fois satisfait de notre CSS, nous l'avons supprimé de l'en-tête `<head>`, sauvegardé dans un fichier CSS externe placé dans un sous-répertoire `/css/` du serveur, et établi un lien vers ce dernier, ce qui nous a permis d'économiser ainsi énormément de bande passante utilisateur sur le site finalisé.

Styles au fil du texte (inline)

Vous pouvez appliquer une règle CSS à un élément individuel au moyen de l'attribut `style`, comme dans les exemples suivants :

```
<h1 style="font-family: verdana, arial, sans-serif; ">Titre</h1>
<img style="margin-top: 25px;">
```

Comme vous pouvez le présumer, cette technique n'épargne en rien la bande passante ; bien au contraire, elle surcharge toutes les pages qui y recourent et s'avère souvent aussi dispendieuse que les balises `<font>` sur ce point. On la trouve en général dans les bidouillages et autre magouillages aussi grossiers que primitifs, comme ceux décrits à la section « Les horreurs de 1997 » du chapitre 7.

Ne stylez jamais les pages web en CSS au fil du texte. C'est aussi absurde que de repeindre sa maison avec un tube de Tipp-Ex. Utilisé avec modération, le CSS imbriqué peut cependant s'avérer un outil précieux. Les styles inline sont la touche finale, et ils ont sauvé la vie de bien des pare-chocs numériques cabossés.

La méthode de design du « scénario idéal »

Dans le temps, quand la mise en page était presque entièrement réalisée en balisage de présentation, nous testions nos créations avec le navigateur le plus ancien et le plus décrépit installé sur notre disque dur. Pour que la présentation soit correcte sur ce navigateur, nous définissions nombre de tableaux imbriqués, recourions à des éléments `div` non structurels en lieu et place d'éléments structurels tels que `h1`, `h2`, `li`, et `p` ; en bref, nous nous rendions coupables de toutes sortes d'exactions dont nous ne voulons désormais plus entendre parler. Quand le site avait belle allure dans ce navigateur déglingué, nous le testions dans un programme plus récent, où la présentation était toujours satisfaisante, mais à un prix bien lourd en matière de bande passante et de sémantique. De nombreux designers web suivent encore cette méthode qui consiste à créer pour le plus ancien navigateur sur lequel ils peuvent mettre la main. Mais les coûts sont devenus prohibitifs, et cela n'est plus productif.

En lieu et place de cette technique caduque, créez le CSS dans une feuille de style embarquée et prévisualisez votre travail dans un navigateur de confiance, tel que Mozilla, Firefox, Opera 8, ou Safari (pour en nommer quelques bons). Vous créerez ainsi des pages accessibles, légères, conformes, qui accordent au balisage la place qui lui revient et qui font un usage correct de CSS. Une fois satisfait du résultat, testez la page dans d'autres navigateurs corrects et conformes. Tous devraient produire le même résultat. Dans le cas contraire, vous avez encore du pain sur la planche. L'une de vos règles CSS est peut-être mal écrite, mais comprise par votre navigateur préféré (de la même façon qu'un ami est parfois capable de comprendre vos propos quand vous parlez la bouche pleine).

Des styles imbriqués aux styles externes : la méthode à deux feuilles de style

Quand le rendu et le fonctionnement de votre site seront corrects dans tous les navigateurs conformes à votre disposition, continuez de résister à la tentation de le tester dans le plus ancien navigateur dont vous disposiez. À la place, copiez vos règles CSS dans un nouveau fichier que vous appellerez `simple.css`, placez-le dans le répertoire `/css/` de votre serveur, supprimez la feuille de style embarquée de votre page, et spécifiez un lien dans l'en-tête de votre document :

```
<link rel="StyleSheet" href="/css/simple.css" type="text/css" media="all" />
```

Videz vos mémoires cache, quittez et redémarrez vos navigateurs, et retestez pour vous assurer de n'avoir pas supprimé accidentellement de règle lors du passage CSS embarqué en CSS externe. Sur la plate-forme Macintosh, la remise à zéro des mémoires *cache* revêt une importance particulière. De manière étrange Safari (et même, parfois, Firefox) a tendance à conserver trop d'éléments dans ces zones, même quand on a explicitement demandé, dans les préférences des menus, de n'y rien placer ! À l'inverse, IE sous Windows, très dégourdi quand il s'agit de reconnaître quels fichiers ont changé, est bien moins susceptible que les navigateurs pour Macintosh de présenter à l'utilisateur des documents obsolètes, extraits des tampons.

Tester et prendre en charge les navigateurs non conformes

Si tout se passe bien, c'est maintenant le moment de démarrer un navigateur non conforme parmi ceux que vous souhaitez prendre en charge. Il y a une petite chance que votre site apparaisse convenablement dans le pire de ces navigateurs. Dans le cas contraire, créez un nouveau document vide, appelez-le `complexe.css`, et transférez-y une à une les règles CSS dont la complexité risque de déconcerter ce vieux coucou. Supprimez-les au fur et à mesure du fichier `simple.css`. (Naturellement, optez pour les noms de fichiers de votre choix.)

Placez `complexe.css` dans le répertoire `/css/` du serveur et spécifiez un lien vers cette deuxième feuille de style externe à l'aide de la méthode `@import` :

```
<style type="text/css" media="all">@import "/css/complexe.css";</style>
```

Videz les mémoires cache de votre mauvais navigateur, rechargez la page, et voyez si l'affichage est désormais correct. C'est peut-être le cas. Sinon, il vous faut encore déplacer quelques règles de `simple.css` vers `complexe.css`. Tôt ou tard, le site aura le rendu souhaité dans les navigateurs conformes sans perdre entièrement de son identité dans les reliques antérieures aux standards.

Le site Fox Searchlight (www.foxsearchlight.com), conçu par Hillman Curtis Inc. avec la collaboration de Happy Cog, utilise ainsi la méthode à deux feuilles de style pour fournir la plus grande partie de son interface et de son ergonomie à tous les navigateurs, tout en masquant les styles les plus astucieux aux navigateurs 4.0, incapables de les gérer (figure 9-4). Dans un navigateur 4.0, ce site est moins abouti, mais il est fonctionnel et suffisamment réussi sur le plan esthétique (figure 9-5). La méthode du « scénario idéal » nous a évité de coder en nous limitant au plus petit dénominateur commun (comparez foxsearchlight.com dans plusieurs navigateurs).

Références de fichiers relatives et absolues

En créant le CSS initial, nous avons employé des références de fichiers relatives car nous travaillions alors sur notre ordinateur de bureau et non pas sur un serveur de production. La feuille de style finalisée au chapitre 10, au contraire, met en œuvre des références de fichiers absolues pour éviter tout bogue dans les anciens navigateurs qui comprennent mal les liens CSS relatifs.

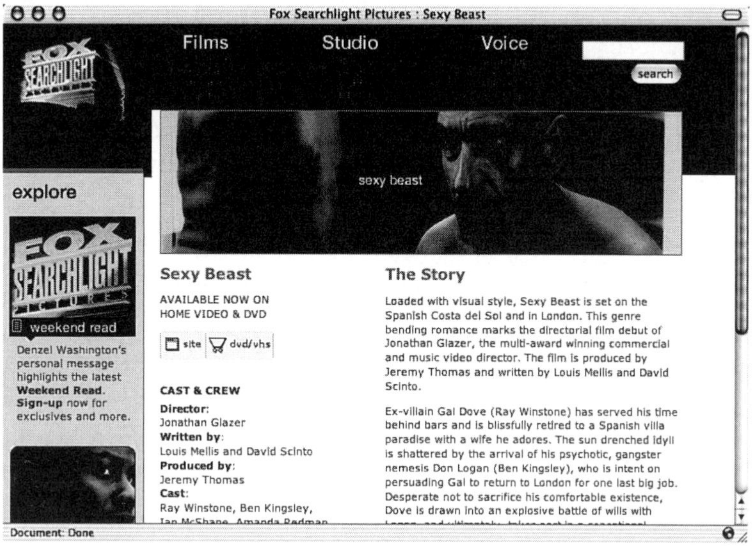

Figure 9-4
*Fox Searchlight (*foxsearchlight.com*), tel qu'il apparaît dans un navigateur du vingt-et-unième siècle, dans toute l'élégance de sa typographie web. On remarquera en particulier le haut et le côté droit de la marge de gauche.*

Figure 9-5
Certaines décorations manquent sous Netscape 4. La typographie web est moins contrôlée ; la marge, plus lâche, est dépourvue de bordure. Malgré tout, l'effet global du design persiste. Même s'il n'est plus aussi mignon, le site n'en reste pas moins joli.

Ce dernier point est encore une bonne raison de jeter aux orties l'ancienne méthode de travail (« testez d'abord dans votre pire navigateur ») et de prévisualiser votre création dans de bons navigateurs. Avec l'ancienne technique, si vous créez vos pages hors ligne en utilisant par conséquent des références de fichiers relatives, vous risquez de nombreux problèmes : références endommagées par le navigateur, images n'apparaissant pas, etc. Vous pourriez passer des heures à tenter de comprendre ce qui cloche avec votre feuille de style pourtant parfaitement correcte.

Avantages du scénario idéal et de la méthode à deux feuilles de style

La méthode du scénario idéal vous évite les limitations inhérentes à une stratégie du plus petit dénominateur commun. On peut créer une mise en page commerciale, sexy et hybride sans pondre des tonnes de balisage plus ou moins bancal. La méthode à deux feuilles CSS évite l'écueil inverse, à savoir exclure ce plus petit dénominateur commun, et fournir une simple page blanche aux utilisateurs de ces navigateurs les plus limités. Ils reçoivent la meilleure interface possible compte tenu de leur équipement, sans avoir à entendre les foutaises habituelles sur la nullité de leur navigateur. Nous ne leur en voulons pas non plus de nous avoir contraints à déformer notre CSS et notre XHTML. Nous n'avons en effet rien fait de la sorte – à moins que l'on ne considère ainsi toute utilisation des tableaux dans la mise en forme.

Il ne s'agit pas de balisage sémantique. Ce n'est pas non plus une mise en page en pur CSS, ce n'est pas l'avant-garde des standards du Web. Pour tout dire, ce n'est certainement pas la seule ou la meilleure manière de concevoir un site web moderne. Mais c'est une bonne méthode pour bénéficier des standards sur un marché en pleine mutation (c'est pourquoi nous avons fait appel à cette technique en 2002 pour Fox Searchlight). D'autre part, c'est une manière tout à fait convenable d'écrire un site pour celui qui débute en CSS. Comme Klaatu l'a annoncé aux peuples de la Terre, « ce n'est peut-être pas parfait, mais c'est un système qui fonctionne ». La méthode à deux feuilles de style n'est pas réservée uniquement aux designs hybrides. Elle est tout aussi efficace pour servir des mises en page en pur CSS à diverses générations de navigateurs. L'objectif poursuivi est le même dans les deux cas : servir à chaque visiteur un site agréable et ergonomique, exploitant au maximum les limites imposées par son navigateur ou son périphérique.

Nous sommes maintenant prêts à appliquer les rudiments de CSS que nous venons d'étudier (et d'autres encore) pour compléter la mise en page du site débutée au chapitre 8. C'est exactement ce que nous allons faire dans les pages qui suivent. Soyez de la partie !

10

CSS en action : une mise en page hybride (deuxième partie)

Dans le chapitre 8, nous avons créé un balisage hybride pour le site d'i3Forum, en combinant des éléments structurels comme `<h1>`, `<h2>` et `<p>` à des composants non sémantiques (comme les tableaux XHTML permettant de mettre en place la grille de base). Nous avons fait appel aux résumés de tableaux, aux raccourcis `accesskey` et à la technique Skip Navigation pour améliorer l'accessibilité du site dans des environnements de navigation non traditionnels.

Dans ce chapitre, nous terminerons l'étape de production en utilisant CSS pour mettre en avant la marque au moyen d'effets visuels, et améliorer l'esthétisme du site, sans pour cela recourir à du texte GIF, à des rollovers en JavaScript, à des images GIF pour les séparateurs, à des tableaux imbriqués, et autres techniques anciennes de design web. La figure 10-1 illustre la page d'accueil dans l'aspect qu'elle présentera à la fin.

Préparation des images

Bien que le site ait été conçu en Photoshop, ce n'est pas l'outil le plus courant pour le découpage des images. La figure 10-2 présente les six images utilisées pour créer l'ensemble du site. Trois apparaissent au premier plan : l'astronaute, le chien et le logo GIF transparent qui s'affiche dans le coin supérieur gauche de la barre de menu.

Les trois dernières images sont utilisées pour l'arrière-plan. L'image `arrow.gif`, dérivée du logo, est placée en filigrane à l'arrière-plan. L'image `bgpat.gif` (grossie figure 10-3), un damier créé à partir d'une alternance de pixels colorés et de pixels transparents, sert à créer des effets de couleur d'arrière-plan dans la barre de menu. L'image `nopat.gif` enfin, fond

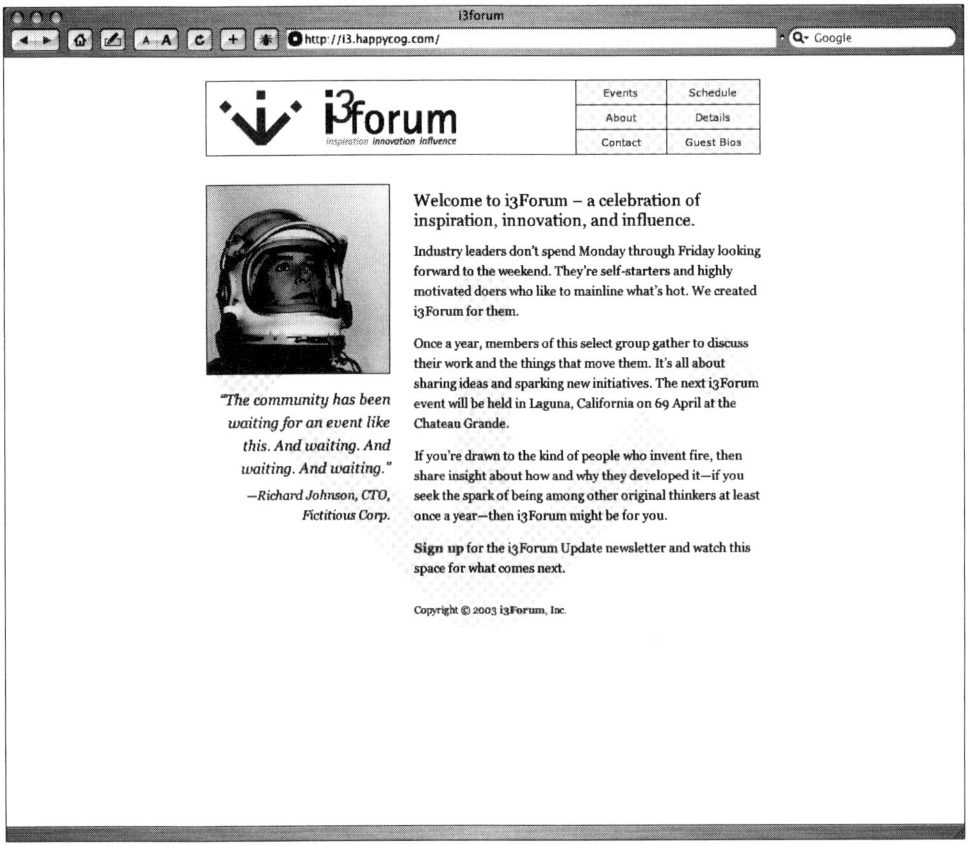

Figure 10-1
*Comble de l'horreur, le site hybride d'i3Forum associe CSS à des techniques de mise en forme par tableaux (*i3.happycog.com*).*

blanc uni, remplace **bgpat.gif** dans les effets de rollover CSS ; elle peut également indiquer l'emplacement du visiteur dans la hiérarchie du site via un style imbriqué ajouté à chaque page à la fin du projet (voir à ce sujet l'encadré suivant, « L'image inutile »).

L'image inutile

À proprement parler, l'une de ces six images est superflue ici : **nopat.gif**, l'arrière-plan uni et blanc (figure 10-2). En effet, une règle CSS **background: white** aurait le même effet (nous l'utiliserons d'ailleurs plus loin dans ce chapitre, en lieu et place de l'image **nopat.gif**).

L'image inutile (*suite*)

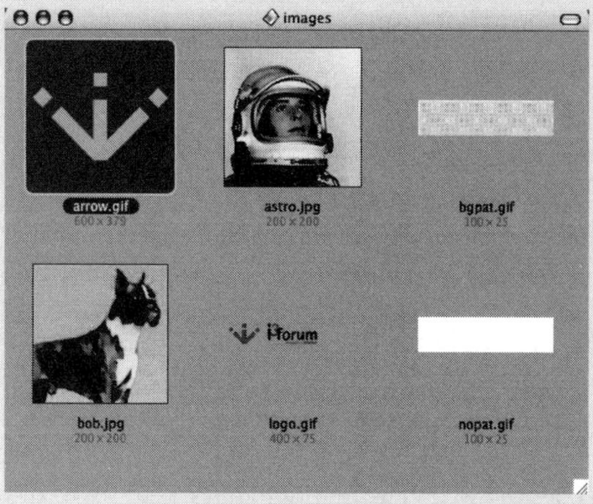

Figure 10-2
Ce site n'utilise que six images, dont trois comme images d'arrière-plan. Les fonctionnalités de découpage en tranches de Photoshop et d'ImageReady ne sont donc pas nécessaires.

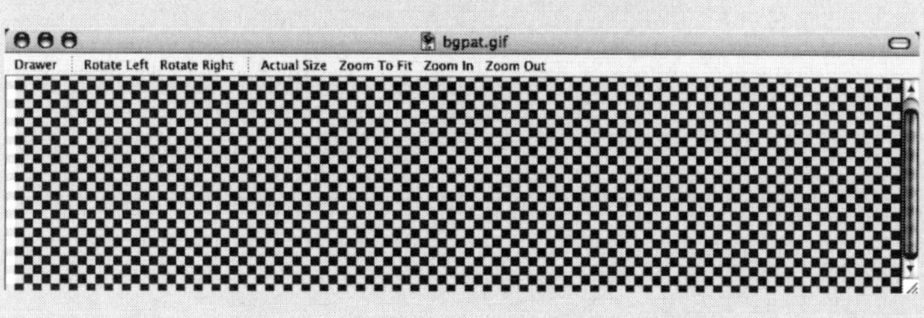

Figure 10-3
L'image GIF alternative pour l'arrière-plan, grossie huit fois. Pour les besoins de ce livre, les pixels transparents s'affichent sur fond noir.

Pour la barre de navigation toutefois, nous nous sommes servis de cette image d'arrière-plan, de manière à illustrer cette opération de bascule d'image d'arrière-plan en CSS. Dans une exécution impliquant des bascules d'arrière-plans à filigrane ou texturés, vous devriez utiliser deux images ; vous écrirez alors le même type de règles CSS que celles qui sont présentées dans cette partie du chapitre.

Définition des paramètres de base

Une fois nos images en place, et avec le gabarit pour nous guider, nous pouvons commencer à utiliser CSS pour définir les principaux paramètres du design. Nous savons que l'arrière-plan du site sera blanc, que le texte s'affichera dans plusieurs tailles de la police Georgia (ou une autre fonte avec empattement, ou serif), qu'un filigrane conçu à partir du logo figurera au bas de la zone de contenu, et que certains espacements seront forcés sans pour cela recourir à des images GIF ou faire appel à des tableaux. Passons à la réalisation sans plus attendre.

Styles globaux et précisions sur les raccourcis et les marges

Dans la première règle, nous allons définir les couleurs de base de la page, ainsi que les marges supérieure et inférieure :

```
body {
     color: #000;
     background: #fff;
     margin: 25px 0;
     padding: 0;
     }
```

Cette règle spécifie que l'ensemble du texte doit s'afficher en noir (`#000`) sur fond blanc (`#fff`). Ces couleurs sont exprimées par des raccourcis CSS, comme nous l'avons vu au chapitre 9 (`#000` est un raccourci de `#000000` et `#fff` de `#ffffff`). Ces raccourcis de couleurs ne peuvent remplacer que des caractères doublés ; ainsi, `#fc0` désigne `#ffcc00`. Il n'existe pas de raccourci pour des couleurs non garanties pour le Web (non web safe), comme `#f93C7a`. Bien sûr, il faut aussi que les trois composantes de la couleur soient doublées. C'est pourquoi on ne pourra pas simplifier, par exemple, `#ffcc09` en `#fc09`.

Raccourcis et sens des aiguilles d'une montre

La première règle définit également des marges supérieure et inférieure de `25px` et des marges gauche et droite de `0`. C'est un raccourci de l'instruction suivante :

```
     margin: 25px 0 25px 0;
```

qui abrège elle-même la description complète qui serait :

```
     margin-top: 25px;
     margin-right: 0;
     margin-bottom: 25px;
     margin-left: 0;
```

En CSS, les valeurs sont affectées dans le sens des heures pivots sur une montre : 12 heures (marge en haut), 3 heures (marge de droite), 6 heures (marge du bas), et 9 heures (marge de gauche). Si nous avions voulu attribuer à cette page une marge supérieure de `25px`, une marge à droite de `5px`, une marge inférieure de `10px` et une marge de gauche égale à 30 % de la largeur totale, nous aurions écrit la règle suivante :

```
     margin: 25px 5px 10px 30%;
```

Quand les marges verticales sont identiques en haut et en bas (comme dans notre exemple), et quand les marges horizontales ont la même valeur à gauche et à droite (toujours comme dans cet exemple), vous préserverez un peu de la bande passante de l'utilisateur en écrivant la description suivante :

```
        margin: 25px 0;
```

Comme nous l'avons mentionné au chapitre 9, il n'est pas nécessaire de spécifier une unité de mesure pour la valeur `0`. `0` px, `0` cm, `0` in, et `0` année-lumière sont parfaitement équivalents (l'unité « année-lumière » n'existe pas dans CSS, mais si elle existait, il ne faudrait pas la préciser en accompagnement de la valeur nulle).

Enfin, cette règle prévoit un remplissage de `0`, nécessaire pour la prise en charge du navigateur Opera, qui préfère cette technique aux marges pour mettre en place les gouttières de pages.

Classe hide et éléments de niveau bloc

Définissons maintenant deux règles simples qui implémentent des fonctionnalités bien utiles :

```
.hide    {
    text-indent: -9999px;
    }
.hide    {
    display: none;
    border: 0;
    }
```

La première crée une classe **`hide`** (masquer) qui sert à rendre invisibles certains éléments ou objets dans les navigateurs prenant en charge CSS. Comme expliqué au chapitre 8, nous utilisons cette fonctionnalité CSS pour masquer le lien « Skip Navigation » dans les navigateurs modernes, tout en le rendant facilement disponible aux utilisateurs de navigateurs en mode texte, de lecteurs d'écran, et de navigateurs sur PDA ou de téléphones mobiles, qui ne prennent pas en charge CSS. (À l'heure où nous écrivons ces lignes, certains navigateurs sur PDA offrent une prise en charge partielle, mais quasiment aussi mauvaise que celle des navigateurs de bureau versions 3.0 et 4.0. Espérons que nombreuses de ces implémentations auront progressé quand vous lirez ces lignes.)

À propos de Phark et de Fahrner

La ligne **`text-indent: -9999px`** semble un peu bizarre, à raison. Bienvenue dans le monde merveilleux des bidouilles d'accessibilité CSS. Mise au point par Mark Rundle du site phark.com, cette règle indique au navigateur de placer un élément 9999 pixels à gauche de la fenêtre du navigateur – c'est-à-dire hors de l'écran. En conséquence, cette image sera cachée sur les navigateurs capables d'interpréter CSS mais « vue » par les logiciels lecteurs d'écran employés par les malvoyants.

La technique « Phark » de Rundle est plus fiable que la méthode du Fahrner Image Replacement (repositionnement d'image de Fahrner, ou FIR) conseillée dans la première édition et encore décrite au chapitre 16. Cette dernière visait l'accessibilité, mais elle sombra à cause du comportement d'un lecteur d'écran populaire. Pour mieux comprendre l'accessibilité et ses conséquences sur ce qu'il faut montrer ou cacher, voyez les articles *Facts and Opinion About Fahrner Image Replacement* (éléments objectifs et subjectifs sur la méthode FIR) de Joe Clark (www.alistapart.com/articles/fir) et *Revising Image Replacement* (retour sur la méthode FIR) de Dave Shea à l'adresse (www.mezzoblue.com/tests/revisedimage-replacement).

Par ailleurs, le nombre 9999 n'a rien de magique. Il s'agit simplement de rejeter un élément hors de l'écran en conservant une marge de manœuvre sur les futurs moniteurs de haute résolution afin d'en éviter un retour inopiné dans le champ visuel. Évidemment, on peut aussi utiliser `5000px` ou `12000px`.

La règle de l'image

La deuxième règle est encore plus utile et pose moins de problèmes. `display: block;` spécifie tout d'abord que chacune des images de la page doit être rendue sous la forme d'un élément de niveau bloc, et non au fil du texte (inline). Pour ceux à qui ces termes ne sont pas familiers, prenons deux exemples simples. Les paragraphes sont des éléments de niveau bloc ; la balise caduque d'italique `<i>` opère au fil du texte. Les éléments de niveau bloc opèrent en quelque sorte dans une zone qui leur est propre, et sont suivis d'un retour chariot implicite. Les éléments au fil du texte s'intègrent dans le flux, sans fin de ligne ni zone délimitée. D'un point de vue technique, ils appartiennent à une « boîte inline ». Visitez www.w3.org/TR/CSS21/visuren.html#q7 et voyez si vous pouvez deviner ce que le W3C entend par là.

En indiquant au navigateur de traiter les images comme des éléments de niveau bloc, vous évitez de surcharger le code d'éléments tels que `<br>` ou `<br clear="all">`. Plus besoin non plus de placer ces images dans leurs propres cellules de tableau pour préserver les espacements nécessaires à la mise en page.

Cette règle paraît si simple que la plupart des lecteurs n'y prêteront probablement pas attention, mais elle est extrêmement puissante dans la mesure où elle permet d'attribuer à un élément un état de niveau `block` ou `inline`. Vous pourrez ainsi transformer des liens ordinaires en boutons en les définissant comme éléments de niveau bloc via CSS. Dans une règle que nous définirons plus loin, l'utilisation d'un sélecteur supplémentaire permettra d'ajouter un espacement vertical à des images situées à un emplacement spécifique de la mise en page. En quelques lignes de CSS, il est possible d'obtenir le même résultat qu'avec un nombre impressionnant de découpages en tranches, de tableaux imbriqués et d'images GIF utilisées comme séparateurs. Relisez bien cette phrase : nous vous y indiquons comment créer des mises en page qui seront aussi réussies qu'avec 50 cellules de tableaux et une douzaine d'images découpées en tranches tout en ne nécessitant que quelques lignes de balisage et de règles CSS. Bien, le message est passé.

La déclaration `border: 0;` désactive ensuite les bordures d'image, de sorte que nous n'ayons pas à écrire `border="0"` dans le balisage. (Toutefois, si nous accordons quelque importance au rendu du site dans les navigateurs non CSS, nous spécifierons la déclaration `border="0"`. C'est ce que nous avons fait, et nous avons expliqué pourquoi au chapitre 8.)

Colorer les liens (introduction aux pseudoclasses)

Dans le HTML de présentation, nous contrôlions la couleur des liens à l'aide d'attributs de l'élément `body`, comme `vlink="#CC3300"`. Dans le design web moderne, on peut laisser `body` tout nu et recourir plutôt à CSS. Pour faciliter la transition, CSS ajoute un état `hover` (survol) aux `link`, `visited` et `active` qui ont fait notre joie dans les années 1990. CSS nous permet aussi de faire plus que de changer la couleur des liens.

CSS nomme ces états d'ancre (de lien) « pseudoclasses ». Dans l'optique CSS, une « vraie » classe est spécifiée au moyen d'un attribut `class=`. Une pseudoclasse dépend de l'activité de l'utilisateur ou de l'état du navigateur (`:hover`, `:visited`). On trouve aussi des pseudo-éléments (`:before`, et `:after`). Dans tous les cas, les quatre règles qui suivent nous permettront de contrôler les couleurs des liens, et bien plus encore (figures 10-4 et 10-5).

```
a:link  {
      font-weight : bold;
      text-decoration : none;
      color: #c30;
      background: transparent;
      }
a:visited  {
      font-weight : bold;
      text-decoration : none;
      color: #c30;
      background: transparent;
      }
a:hover  {
      font-weight : bold;
      text-decoration : underline;
      color: #f60;
      background: transparent;
      }
a:active  {
      font-weight : bold;
      text-decoration : none;
```

```
color: #f90;
background: transparent;
}
```

Figure 10-4
Le lien est rouge foncé, en gras, et non souligné, comme spécifié dans la règle CSS `a:link`.

Figure 10-5
La règle CSS `a:hover` *spécifie que le texte « s'allume » en orange et un trait de soulignement apparaît quand le curseur de la souris du visiteur survole le lien.*

Compléments sur les liens et les sélecteurs de pseudoclasses

Dans les quatre règles précédentes, le seul détail qui vous est peut-être inconnu est la propriété `text-decoration`. Lorsqu'elle prend la valeur `none`, rien n'est souligné. La valeur `underline`, vous l'aurez deviné, fait souligner le lien, à la manière de ce qui se faisait sur le Web dans les années 1990. Lorsqu'elle prend la valeur `overline`, une ligne s'affiche *au-dessus* du texte au lieu d'en dessous. Vous pouvez la combiner au soulignement comme suit :

```
text-decoration: underline overline;
```

Quel est l'effet obtenu ? Le texte du lien s'affichera comme dans une barre, mais dépourvue de côtés. Je connais deux designers web – dont je fais partie – ayant utilisé cet effet au moins une fois. Avant de quitter le merveilleux pays des liens, il reste deux points à traiter.

En dehors de LVHA, point de salut

Chers frères, chères sœurs, écoutez bien ceci : certains navigateurs ignoreront tout ou partie des règles de pseudoclasse des éléments d'ancres s'ils ne sont pas donnés dans l'ordre indiqué ci-dessus, c'est-à-dire `link`, `visited`, `hover`, `active` (ordre dit « LVHA », qu'on peut retenir grâce à la petite phrase LoVE, HA !). L'article www.meyerweb.com/eric/css/link-specificity.html revient sur l'importance de cet ordre.

IE pour Windows et ses pseudo-sortilèges

Signalons qu'Internet Explorer pour Windows (avant sa version 7.0) connaît des difficultés avec le survol et les pseudoclasses actives. Les liens ont tendance à rester bloqués à l'état de survol : cliquez sur le bouton de retour dans IE pour Windows, et vous constaterez probablement que le dernier lien survolé avec la souris a conservé cet état survol. De même, il est très probable que le lien sur lequel vous avez cliqué pour avancer soit toujours dans l'état actif. Et tout cela vous déplaira très probablement.

La couleur active coinçant elle aussi, IE pour Windows sera également incapable d'appliquer des images d'arrière-plan à la pseudoclasse `a:active`. Si votre public compte des utilisateurs de ce navigateur (et lequel n'en compte pas ?), vous déciderez peut-être de ne pas recourir du tout à celle-ci. Ou vous pourrez aussi, comme nous, vous limiter à un emploi peu complexe de cette pseudoclasse.

Ce gel des états des liens est-il un bogue ou une fonctionnalité utile ? Tout dépend de la personne à qui l'on pose la question. Il est probable que deux cent millions d'utilisateurs d'IE pour Windows y soient désormais habitués, nombreux d'entre eux pensant que c'est là le fonctionnement normal du Web.

Autres éléments courants

Dans le bloc de code qui suit, nous retrouvons notre bonne amie, la règle « Soyez gentil avec Netscape 4 » (chapitre 9), qui spécifie ici au navigateur l'emploi sur la totalité du site de la police Georgia, ou sinon une police de remplacement avec empattement, c'est-à-dire serif (figure 10-6).

```
p, td, li, ul, ol, h1, h2, h3, h4, h5, h6 {
      font-family: Georgia, "New Century Schoolbook", Times, serif;
      }
```

Georgia, fonte pour écran de Microsoft conçue par Matthew Carter (lauréat de la médaille du Type Directors Club) et conçue pour être lisible même en petite taille, se trouve sur presque tous les systèmes Windows et Macintosh. La plupart des systèmes Unix disposent quant à eux de New Century Schoolbook ; on a trouvé Times – belle fonte des années 1930, mais rarement estimée à sa juste valeur – sur des systèmes informatiques datant du Paléolithique. En désespoir de cause, nous ferons appel à notre autre amie fidèle, une police avec empattement (serif) générique.

Dans la règle suivante, nous indiquons au navigateur que les titres doivent être un peu plus grands que la taille de police par défaut de l'utilisateur. Lorsque la taille de base de la fonte n'est pas spécifiée, le navigateur utilise la valeur `1em` (que la taille de fonte par défaut de l'utilisateur soit 12 px ou 48 px. La taille de base sera toujours 1 em). Pour que le titre soit un peu plus imposant que la taille par défaut de l'utilisateur, nous l'affichons en taille 1.15 em. Nous spécifions également que ce titre sera en graisse normale (et non en gras) :

Figure 10-6
Les polices sont définies au moyen d'une règle unique appliquée à plusieurs sélecteurs (`p`*,* `td`*,* `li`*,* `ul`*,* `ol`*,* `h1`*,* `h2`*,* `h3`*,* `h4`*,* `h5`*,* `h6`*). Les tailles et les espacements sont contrôlés par d'autres règles et sélecteurs.*

```
h1 {
      font-size: 1.15em;
      font-weight: normal;
      }
```

Nul besoin d'indiquer au navigateur de représenter l'élément `h1` dans la police Georgia : la règle précédente s'en charge déjà.

Employons maintenant le sélecteur `html` pour définir notre style `p`. Tous les éléments de la page, à l'exception de `html` lui-même, sont des descendants de `html`. On aurait pu tout aussi bien écrire `p` au lieu de `html p`, mais c'était l'occasion de faire un rappel utile. Voici cette règle et ses explications :

```
html p {
      margin-top: 0;
      margin-bottom: 1em;
      text-align: left;
      font-size: 0.85em;
      line-height: 1.5;
      }
```

Cela spécifie que les paragraphes n'ont aucun espace avant (ce qui leur permet de coller de près aux titres et aux intertitres) et ont un espace après d'une valeur de 1 em (pour éviter qu'ils ne se télescopent) ; par ailleurs, ils sont un peu plus petits (0.85 em) que la taille de fonte par défaut de l'utilisateur (en suivant le même raisonnement que celui déjà appliqué à l'élément `h1`, mais en sens inverse).

Précisions sur les tailles de fontes

La spécification de tailles de fontes relatives, comme dans la règle précédente, est une opération délicate. Plus précisément, il est épineux de définir quelles polices doivent être légèrement plus petites que la valeur par défaut de l'utilisateur, car celui-ci peut avoir défini une petite taille par défaut. Dans un tel cas de figure, votre texte rapetissé pourra être trop petit. Par exemple, si l'utilisateur a spécifié la fonte par défaut Verdana 11 px, la hauteur du texte défini comme petit sera de 9 px ou de 10 px, taille qui n'est guère adaptée à la lecture confortable de longs passages. L'utilisateur pourra facilement ajuster la mise en page en réglant la taille de fonte de son navigateur, mais certains rechignent à effectuer cette opération, sans compter qu'un bon nombre d'utilisateurs ne sait vraisemblablement pas qu'une telle opération est possible.

Les utilisateurs n'y connaissent rien en tailles

Eric Meyer et l'auteur ont découvert que pratiquement personne ne modifie jamais la taille de fonte par défaut (16 px à 96 pixels par pouce). Bien souvent, l'utilisateur ne sait même pas que c'est possible, et presque personne ne sait non plus comment modifier la taille de la police à la volée. Cette ignorance est plus particulièrement répandue chez les utilisateurs de Windows. Au risque de choquer le lecteur d'ouvrages comme celui-ci, nous formons une espèce à part. Il y a donc une bonne et une mauvaise nouvelles. Sur un site web, recourir à des méthodes relatives (largeurs d'« m » ou unités `em` et pourcentages) pour diminuer un peu la taille du texte fera plaisir à pratiquement tout le monde. Malheureusement, quelques informaticiens fous et n'ayant jamais discuté avec des gens normaux se fendront peut-être de courriels interminables vouant aux gémonies le designer responsable de ce choix.

Sur la plupart des systèmes, tels qu'ils sont livrés, les tailles de fontes par défaut sont aussi imposantes que la croupe d'un cheval, et une taille de 0.85 em est parfaitement lisible. Pour un utilisateur malvoyant ayant défini une taille bien plus élevée que la taille par défaut, une taille de 0.85 em est très lisible, guère plus petite que la normale, en fait. En revanche, si un utilisateur de Windows opte pour la taille de navigation par défaut `small` ou si un utilisateur de Macintosh règle son navigateur en 12 px/72 ppp, ce texte pourra paraître trop petit. Le visiteur larmoiera alors pitoyablement, ou (c'est plus probable), quittera le site, empli de frustration et de haine.

Il est également possible de spécifier la taille du texte en pixels :

```
font-size: 13px;
```

Nous aurions pu opter pour cette solution, et par la même occasion définir l'interlignage avec la règle CSS suivante :

```
font: 13px/1.5 Georgia, "New Century Schoolbook", Times, serif;
```

À la différence des tailles relatives, exprimées en `em`, les tailles exprimées en pixels sont fiables à 99,9 % sur tous les navigateurs et plates-formes. Si une taille en pixels est trop petite pour un utilisateur donné, il pourra toujours l'ajuster à l'aide des fonctionnalités de zoom sur le texte ou la page (Text Zoom ou Page Zoom). Cette technique fonctionne sur tous les navigateurs modernes sauf un. Malheureusement, il s'agit d'IE pour Windows, le navigateur actuellement le plus répandu sur le Web. C'est d'autant plus ironique que le zoom sur le texte fut inventé début 2000 dans un navigateur de Microsoft (IE 5 pour Macintosh). Pourtant, cette formidable fonctionnalité n'a toujours pas migré côté Windows. (IE 7, pas encore finalisé à l'heure où nous mettons sous presse, devrait au moins permettre aux utilisateurs d'agrandir la taille du texte. Hourra !) Tant qu'IE 7 ne sera pas sorti et largement répandu, la conséquence sera la suivante : celui qui opte pour les pixels afin de contrôler ses tailles de polices risque de produire des pages web illisibles pour les malvoyants utilisant IE sous Windows. Malheureusement, le recours aux largeurs d'« m » (comme sur le site fourni en exemple dans ce chapitre) n'est pas non plus la panacée. Il frustrera en effet les visiteurs ayant réduit leurs réglages par défaut, à cause desquels les tailles de fontes sont trop grandes pour la majorité des utilisateurs.

En résumé, quoi que vous fassiez, vous frustrerez des visiteurs. Un jour, nous avons conçu un site sans spécifier aucune taille de police, pensant ainsi satisfaire tout le monde. Bien au contraire, ce choix a provoqué des centaines de lettres de réclamations, dans lesquelles les visiteurs se plaignaient que le texte était « trop gros ». Vous explorerez plus avant les joies et les peines des tailles de fontes au chapitre 13, « Travailler avec les navigateurs (troisième partie) : la typographie ».

La résolution dite du 62,5 %

Rich Rutter propose une excellente manière de définir la taille du texte avec des largeurs d'« m » (www.clagnut.com/blog/348). Pour cela, il commence par indiquer une taille de `62.5%` pour l'élément `body`. Cette méthode permettra de contrôler finement les tailles, pratiquement au pixel près. Malheureusement, elle échouera dans les cas où l'utilisateur aura diminué sa taille de police par défaut.

Les merveilles de la hauteur de ligne

Revenons sur la déclaration d'interligne de la règle dont nous parlons à présent :

```
line-height: 1.5;
```

En CSS, on appelle l'interligne `line-height`. La valeur 1.5[1] correspond donc à un interligne de 150 %. Avant CSS, nous étions contraints de simuler l'interlignage et nous nous servions pour cela de diverses techniques : utilisation non structurelle de la balise de paragraphe (voir

1. N.D.T. : avec les conventions anglo-saxonnes pour la typographie des nombres non entiers, qui utilise un point à la place de notre virgule.

la section traitant de Suck.com dans le chapitre 1), emploi de <pre>, ou encore insertion d'images GIF de quelques pixels entre les lignes, tout cela pour forcer le texte dans des cellules de tableaux de largeurs absolues. Nous priions pour que les images d'espacement se chargent sans heurts. Dans le cas contraire, le visiteur aurait observé des icônes d'images GIF cassées au lieu d'un joli interligne.

Mais pourquoi s'encombrer de telles considérations désormais ? CSS résout ce problème une bonne fois pour toutes.

line-height sans unités

Soit dit en passant, `line-height: 1.5` est un exemple d'interligne sans unité – qu'on comparera à `line-height: 1.5em`, où l'unité est la largeur d'« m ». Le validateur du W3C, souvent évoqué tout au long de cet ouvrage, signale à tort une erreur en cas d'interligne ainsi laissé sans dimension. À quoi bon alors opter pour cette solution ? Cela change-t-il quoi que ce soit ? Oui ! Cela fait une énorme différence, comme l'explique Eric Meyer (www.meyerweb.com/eric/thoughts/2006/02/08/unitless-line-heights).

Le crève-cœur de l'alignement à gauche

En revenant à la règle précédente, vous vous demanderez peut-être pourquoi nous avons spécifié `text-align: left` (alignement du texte à gauche). La raison en est toute simple : si nous ne l'avions pas fait, IE 6 pour Windows aurait pu, suite à un bogue, centrer le texte. Aucun autre navigateur ne souffre de ce défaut, pas même IE 5 pour Windows. Ce comportement semble aléatoire. De nombreux éléments non explicitement alignés à gauche dans CSS apparaîtront correctement alignés à gauche dans IE 6 pour Windows, mais pas tous. Vous ne saurez jamais lesquels seront concernés ; c'est pourquoi il faut recourir à `text-align` pour éviter ce bogue.

Définition du pied de page

Désormais rompu au jargon CSS, vous comprendrez sans peine la petite règle qui suit...

```
#footer p {
	font-size: 11px;
	margin-top: 25px;
	}
```

... sans qu'il nous faille vous expliquer qu'elle utilise l'`id` unique `footer` comme sélecteur et que tout paragraphe placé sous `footer` sera affiché dans une taille de fonte de 11 px, précédé d'un espacement de 25 px.

Il n'est pas non plus nécessaire de rappeler que le navigateur sait quelle fonte utiliser, car celle-ci est définie par une règle écrite plus haut et déjà prise en compte.

Insertion des divisions de pages

L'ensemble de règles suivant spécifie les divisions de page élémentaires. Nous les avons regroupées au sein du fichier CSS pour faciliter toute modification ultérieure, le cas échéant. Ils sont précédés d'un commentaire, en guise d'aide-mémoire, mais aussi pour faciliter le travail éventuel d'un collègue chargé de modifier la feuille de style. En CSS, les commentaires s'utilisent comme en HTML, mais avec une convention légèrement différente, car ils s'inspirent de la programmation en C.

La remarque est suivie d'une règle qui établit que la zone de contenu principale dispose d'un espacement de 25 px en haut à gauche (figure 10-7), puis d'une autre qui définit une image d'arrière-plan non répétée (le fichier `arrow.gif`) au bas et au centre du tableau doté de l'« `id content` » (figure 10-8).

Figure 10-7
L'espacement vertical séparant la zone de navigation et le corps, de même que l'espacement horizontal situé entre la photo de la barre et le corps du texte, sont gérés par une seule règle, qui s'applique au sélecteur de contenu principal. Nul besoin d'images GIF de séparation ni de bidouillages sur des cellules de tableaux.

Il serait difficile, voire impossible, d'obtenir un tel effet via l'attribut caduc d'image d'arrière-plan appliqué à la balise de cellule de tableau. Pour commencer, cette image d'arrière-plan devrait couvrir deux cellules de tableau. Par conséquent, il faudrait la découper en morceaux, affecter chacun d'entre eux à une cellule différente, et espérer que tous ces éléments s'alignent convenablement.

De plus, en HTML, la balise caduque d'image d'arrière-plan répète par défaut l'image en mosaïque, et il n'existe pas de manière de contrecarrer ce comportement. Il faudrait donc créer deux images transparentes dont la hauteur devrait être exactement identique à celle des cellules du tableau qui les contiennent, et prier pour que l'utilisateur ne modifie pas la taille du texte, ce qui aurait pour effet de désolidariser les hauteurs des cellules du tableau, qui ne seraient dès lors plus alignées. Il nous faudrait aussi nous assurer que chaque page ait la même hauteur, ce qui limiterait le volume de texte que le client pourrait ajouter ou supprimer, limitation qu'il n'apprécierait probablement pas.

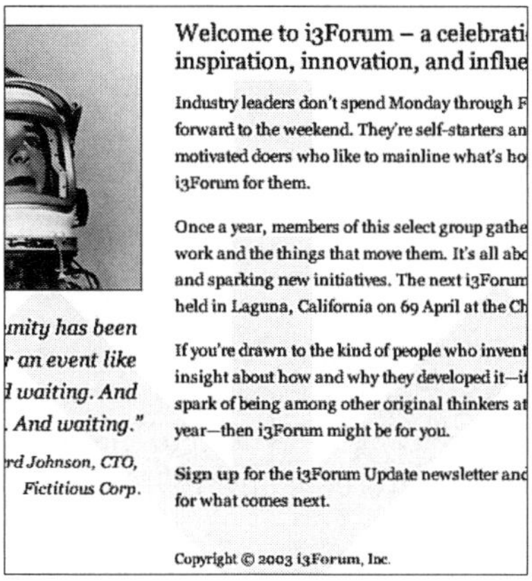

Figure 10-8
L'image de la flèche, dérivée du logo, ancre la zone de contenu et s'affiche en filigrane grâce à une déclaration d'arrière-plan appliquée au sélecteur de contenu. Comme celui-ci englobe tout le tableau, la flèche s'affiche sur la largeur des deux cellules (la barre latérale et le contenu principal). Cet effet, pourtant fort simple, serait difficile voire impossible à mettre en place avec les méthodes de la vieille école.

Avec CSS, finis ces détails horripilants ! Les règles correspondantes sont bien plus rapides à lire et à comprendre que les paragraphes que nous venons d'écrire pour les décrire :

```
/* Divisions de pages élémentaires */
#primarycontent {
      padding-left: 25px;
      padding-top: 25px;
      }
#content {
      background: transparent url(images/arrow.gif) no-repeat center bottom;
      }
```

Nous spécifions ensuite les règles relatives à la barre latérale :

```
/* Attributs d'affichage de la barre latérale */
#sidebar p {
      font-style: italic;
      text-align: right;
      margin-top: 0.5em;
      }
#sidebar img {
      margin: 30px 0 15px 0;
      }
#sidebar h2 {
      font-size: 1em;
```

```
        font-weight: normal;
        font-style: italic;
        margin: 0;
        line-height: 1.5;
        text-align: right;
        }
```

La première règle indique que les paragraphes situés dans l'élément d'`id` unique `sidebar` sont alignés à droite, en italique, et précédés d'un espacement (marge supérieure) de la moitié de leur hauteur de fonte (`0.5 em`). Si elle vous rappelle quelque chose, c'est que nous l'avions subrepticement insérée au chapitre 9, dans la section relative aux sélecteurs `id` dans CSS.

La deuxième règle précise que les images placées sous l'élément d'`id` unique `sidebar` disposent d'une marge supérieure de 30 px, d'une marge inférieure de 15 px, et d'aucun espacement supplémentaire à gauche ou à droite (figure 10-9).

C'est ce type de règles qui fait que la vie vaut la peine d'être vécue : finies les nombreuses cellules de tableau vides ou les images GIF d'espacement. (Connaissez-vous un autre média visuel qui contraigne les designers à se prendre autant la tête pour créer des espaces ? C'est ainsi que fonctionnait le Web, mais c'en est fini désormais.)

La troisième règle de cette section présente les titres de niveau `h2` sous forme d'exergues, comme dans les magazines (particulièrement dans les environnements de texte fluides comme Windows ClearType et Mac OS X Quartz), et non pas comme des titres HTML (figure 10-10). Elle spécifie que le texte `h2` placé dans une `sidebar` sera de taille modeste (1 em), de graisse normale (`font-weight: normal`), en italique, aligné à droite, et qu'il aura la même valeur d'interligne (`1.5`) que tout autre texte de la page.

Figure 10-9
Les espacements verticaux au-dessus et en dessous de la photographie sont obtenus en définissant des valeurs de marges supérieure et inférieure pour `#sidebar img`. *Les images placées dans ce* `div` *et étiquetées* `sidebar` *obéissent à ces valeurs d'espacement, mais pas les autres images du site.*

Éléments de navigation : première passe

Jusqu'à présent, tout s'est bien passé. Chacune des règles écrites s'affiche comme escomptée dans le navigateur conforme aux standards utilisé pour tester ce travail. Toutefois, la barre de navigation va nous donner un peu plus de mal. Dans notre première passe, qui suit, nous porterons notre attention sur certaines fonctionnalités et ferons l'impasse sur d'autres :

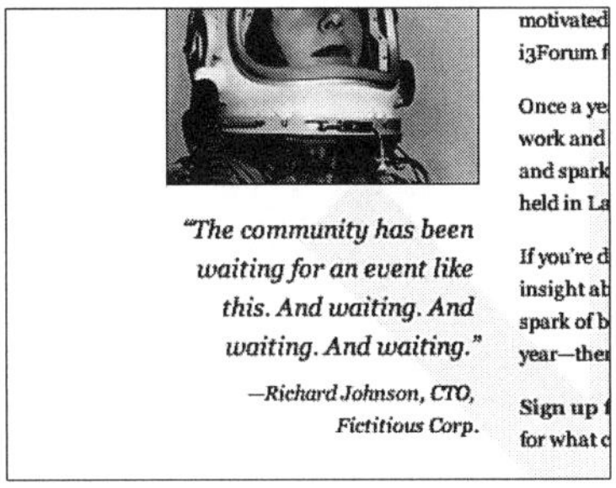

Figure 10-10
Ces titres de deuxième niveau (`h2`) ont l'apparence des exergues de magazines, et ne rappellent en rien les titres HTML.

```
/* Composants de la barre de navigation */
table#nav {
      border-bottom: 1px solid #000;
      border-left: 1px solid #000;
      }
```

Cette règle indique au tableau d'id « `nav` » de créer une bordure d'une largeur de 1 px et de couleur noire à gauche et en bas (mais ni en haut, ni à droite).

```
table#nav td {
      font: 11px verdana, arial, sans-serif;
      text-align: center;
      vertical-align: middle;
      border-right: 1px solid #000;
      border-top: 1px solid #000;
      }
```

Nul besoin de vous expliquer que cette règle spécifie que la fonte de texte préférée pour le menu est Verdana 11 px, et qu'elle remplit les éléments de bordure non traités par la règle précédente (c'est-à-dire les côtés droit et supérieur). Si nous avions spécifié une bordure sur les quatre côtés, les cellules du tableau auraient ajouté un pixel supplémentaire en haut et à droite, ce qui aurait attristé tous les visiteurs et fait de vous la honte de votre famille. On aurait pu aussi utiliser `table border-collapse: collapse` pour ôter les bordures par défaut des éléments de tableau. Voir à ce sujet www.mywebstuff.com/02_css/css_04.html.

La règle précédente spécifie aussi de centrer le texte horizontalement et de le placer verticalement au milieu de chaque cellule de tableau, à la manière de cette vieille astuce de présentation **td valign="middle"** que nous aimons tous. (Écrire cette règle semblait une bonne idée sur le moment, mais il faudra la supprimer lors de la deuxième passe.)

```
table#nav td a {
      font-weight: normal;
      text-decoration: none;
      display: block;
      margin: 0;
      padding: 0;
      }
```

Dans la règle précédente, nous spécifions le comportement des liens à l'aide d'une chaîne sophistiquée de sélecteurs descendants. Le sélecteur en plusieurs parties signifie « n'appliquer la règle suivante qu'aux liens situés dans des cellules de tableaux, si et seulement si elles font partie du tableau d'identifiant unique **nav**. »

Comme sous-entendu dans la section « La règle de l'image », nous utilisons également la déclaration CSS **display: block** pour transformer d'humbles liens XHTML en éléments de niveau bloc qui occuperont – nous l'espérons – tout l'espace de leurs cellules de tableaux.

```
#nav td a:link, #nav td a:visited {
      background: transparent url(images/bgpat.gif) repeat;
      display: block;
      margin: 0;
      }
#nav td a:hover {
      color: #000;
      background: white url(images/nopat.gif) repeat;
      }
```

Ces deux dernières règles utilisent des sélecteurs descendants et **id** pour contrôler les classes **link**, **visited** et **hover**. Elles remplissent les deux premières avec l'image d'arrière-plan alternant pixels colorés et pixels transparents (figure 10-3) et réservent l'arrière-plan entièrement blanc à l'état survol ou rollover (voir également l'encadré suivant).

Dans tout cela, il y a du bon et du mauvais. Nous avons tout réussi, sauf la barre de navigation. Le logo est correct ; la couleur d'arrière-plan le remplit entièrement (figure 10-11), et les effets de survol/rollover fonctionnent correctement (figure 10-12).

Images inutiles, le retour : c'est maintenant une affaire personnelle

Vous souvenez-vous de l'encadré traitant de « l'image inutile », où nous signalions que l'arrière-plan entièrement blanc n'était pas vraiment nécessaire à cette exécution ? C'est le cas...

On aurait pu remplacer cette règle :

```
#nav td a:hover {
        color: #000;
        background: white url(images/nopat.gif) repeat;
        }
```

par la suivante :

```
#nav td a:hover {
        color: #000;
        background-image: none;
        }
```

La suppression de l'image des états de liens survolés (`background-image: none;`) produirait le même effet rollover d'un arrière-plan blanc tout en nous évitant d'avoir à gérer l'image et en préservant un peu la bande passante. Un peu plus loin dans ce chapitre, quand nous créerons les effets « vous êtes ici » pour les pages individuelles, nous opérerons sans nous appuyer sur un GIF d'arrière-plan entièrement blanc.

Malgré tout, parce que ces effets de bascules d'images sont sympas, vous aurez peut-être envie de les employer dans vos projets. Nous en avons utilisé dans ce chapitre pour créer des effets de rollover de la barre de navigation.

Figure 10-11
Les effets de rollover CSS en action, appliqués via les pseudoclasses `link`, `visited` *et* `hover` *aux cellules du tableau d'*`id` *«* `nav` *». Nous voyons ici l'état par défaut d'une image de menu.*

Figure 10-12
Les effets de rollover CSS, deuxième partie : quand le pointeur de la souris survole une image de menu, l'arrière-plan devient blanc. Regarde, maman, sans JavaScript ! (Bien qu'il n'y ait aucun mal à en utiliser.)

Toutefois, le motif d'arrière-plan par défaut (`link`, `visited`) (figure 10-13) n'occupe qu'une partie des éléments de menu sur la droite, alors que nous voulions qu'il les remplisse. Nous nous sentons gauches, vulnérables, et un peu honteux. Heureusement, notre premier essai de solution CSS définitive résoudra ce problème... pour en créer d'autres.

Barre de navigation CSS : premier essai, deuxième passe

Dans cette première tentative de cette deuxième passe, nous allons définir des tailles dans nos effets de liens :

```
#nav td a:link, #nav td a:visited {
      background: transparent url(images/bgpat.gif) repeat;
      display: block;
      margin: 0;
      width: 100px;
      height: 25px;
      }
```

Comme prévu, ceci remplit complètement les boutons de droite, mais perturbe aussi le logo, dont l'arrière-plan est désormais réduit à un simple rectangle de 100 × 25 pixels (figure 10-13). 100 × 25 est la bonne valeur pour les petits boutons, mais ne convient pas au logo (de taille 400 × 75).

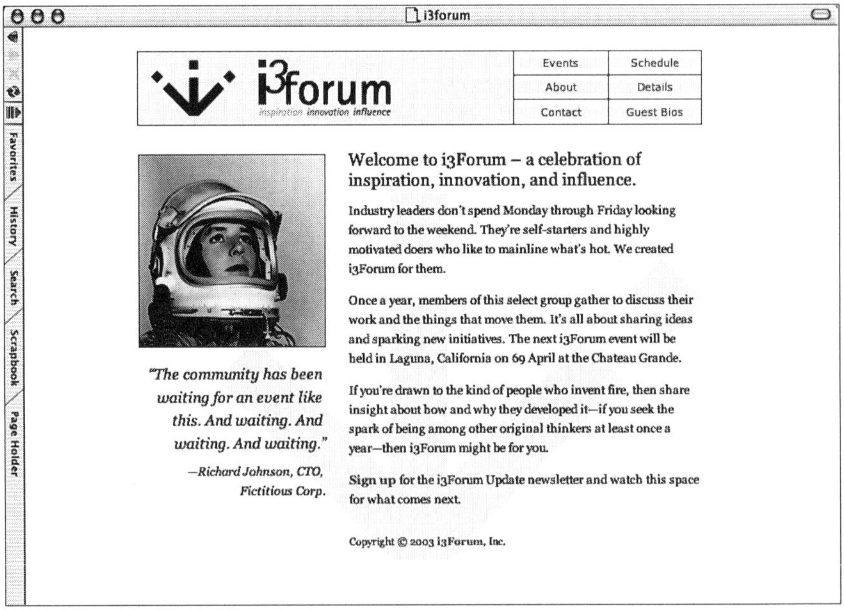

Figure 10-13
Même les agencements CSS hybrides nécessitent un apprentissage. La première passe réalise à peu près tous nos souhaits, mais la barre de navigation n'est pas correcte.

Figure 10-14
Un pas en avant, deux pas en arrière : la spécification des tailles sur les pseudoclasses `nav` *remplit complètement les arrière-plans mais casse celui du logo. Elle met également à mal l'alignement vertical défini plus tôt, le texte étant collé en haut de chaque cellule.*

D'une certaine manière, les modifications effectuées ruinent aussi les alignements verticaux déjà implémentés. Les éléments sont alignés verticalement dans leurs cellules, mais tel n'est pas le cas de leur contenu. Comme la figure 10-14 l'illustre clairement, le texte des boutons est désormais plaqué en haut des cellules au lieu d'être centré dans ces cellules. Tous les navigateurs conformes à CSS testés ont réagi de la même manière. Ce n'est pas un bogue, mais un comportement inattendu, qui sort du cadre du modèle de mise en page CSS.

Heureusement, lorsque nous avons créé ce balisage au chapitre 8, nous avons attribué à chaque cellule du tableau un identifiant unique. `home` est ainsi l'`id` de la cellule qui contient le logo. Peut-on utiliser `home` pour définir un nouveau jeu de règles qui remplacerait celles spécifiées pour le remplissage des boutons en 100 × 25 ? Absolument :

```
td#home a:link, td#home a:visited {
      background: transparent url(images/bgpat.gif) repeat;
      width: 400px;
      height: 75px;
      }
td#home a:hover {
      background: white url(images/nopat.gif) repeat;
      width: 400px;
      height: 75px;
      }
```

Ces nouvelles règles permettent un remplissage correct du logo, et le site est presque parfait. Mais les écarts au comportement attendu de `vertical-align: middle` sont toujours inacceptables ; nous les corrigerons donc dans la dernière passe.

Barre de navigation CSS : passe finale

La dernière passe nous permet d'obtenir exactement le résultat souhaité :

```
body {
  color: #000;
  background: #fff;
  margin: 25px 0;
  padding: 0;
  }

.hide {
  text-indent: -9999px;
  }

img {
  display: block;
  border: 0;
  }

a:link {
  font-weight : bold;
  text-decoration : none;
  color: #c30;
  background: transparent;
  }

a:visited {
  font-weight : bold;
  text-decoration : none;
  color: #c30;
  background: transparent;
  }

a:hover {
  font-weight : bold;
  text-decoration : underline;
  color: #f60;
  background: transparent;
  }

a:active {
  font-weight : bold;
  text-decoration : none;
  color: #f90;
  background: transparent;
  }
```

```
p, td, li, ul, ol, h1, h2, h3, h4, h5, h6 {
  font-family: Georgia, "New Century Schoolbook", Times, serif;
  }

h1 {
  font-size: 1.15em;
  font-weight: normal;
  }

h2 {
  font-size: 1em;
  font-weight: normal;
  margin-bottom: 0.25em;
  margin-top: 0.5em;
  }

html p {
  margin-top: 0;
  margin-bottom: 1em;
  text-align: left;
  font-size: 0.85em;
  line-height: 1.5;
  }

#footer p {
  font-size: 11px;
  margin-top: 25px;
  }

/* Divisions de pages élémentaires */

#primarycontent {
  padding-left: 25px;
  padding-top: 25px;
  }

#content {
  background: transparent url(/images/arrow.gif) center bottom no-repeat;
  }

/* Attributs d'affichage de l'encadré de marge */

#sidebar p {
  font-style: italic;
```

```
  text-align: right;
  margin-top: 0.5em;
  }

#sidebar img {
  margin: 30px 0 15px 0;
  }

#sidebar h2 {
  font-size: 1em;
  font-weight: normal;
  font-style: italic;
  margin: 0;
  line-height: 1.5;
  text-align: right;
  }

/* Composants de la barre de navigation */

table#nav {
  border-bottom: 1px solid #000;
  border-left: 1px solid #000;
  }

table#nav td {
  font: 11px verdana, arial, sans-serif;
  text-align: center;
  border-right: 1px solid #000;
  border-top: 1px solid #000;
  }

table#nav td a {
  font-weight: normal;
  text-decoration: none;
  display: block;
  margin: 0;
  padding: 0;
  }

#nav td a:link, #nav td a:visited {
  background: transparent url(/images/bgpat.gif) repeat;
  display: block;
  margin: 0;
```

```
  width: 100%;
  line-height: 25px;
  }

#nav td a:hover {
  color: #f60;
  background: white url(/images/nopat.gif) repeat;
  }

td#home a:link img, td#home a:visited img {
  color: #c30;
  background: transparent url(/images/bgpat.gif) repeat;
  width: 100%;
  height: 75px;
  }

td#home a:hover img {
  color: #f60;
  background: white url(/images/nopat.gif) repeat;
  width: 100%;
  height: 75px;
  }
```

Qu'est-ce qui a changé ? Nous avons supprimé l'instruction **`vertical-align: middle`**, ainsi que la ligne spécifiant la hauteur des boutons pour la remplacer par :

```
      line-height: 25px;
```

Cet interligne définit une hauteur de 25 px (comme **`height`**), mais il positionne aussi correctement le texte à la verticale, au milieu de chaque bouton en hauteur. Il faudrait un génie de CSS pour expliquer pourquoi cette méthode fonctionne mieux que l'autre. Le principal, c'est qu'elle marche. Enfin, pour éviter les bogues des navigateurs, nous avons cessé d'exprimer les largeurs en pixels afin d'opter pour les pourcentages, comme expliqué ci-dessous.

Le bazar des bogues de navigateurs

Un premier jet de la feuille de style d'i3Forum exprimait des largeurs explicites, en pixels, pour les effets de survol des cellules du tableau de la barre du cartouche : **400px** pour la cellule d'« accueil » renfermant le logo, et **100px** pour chacun des boutons de navigation :

```
#nav td a:link, #nav td a:visited {
  background: transparent url(/images/bgpat.gif) repeat;
  display: block;
```

```
  margin: 0;
  width: 100px;
  line-height: 25px;
  }

#nav td a:hover {
  color: #f60;
  background: white url(/images/nopat.gif) repeat;
  }

td#home a:link img, td#home a:visited img {
  color: #c30;
  background: transparent url(/images/bgpat.gif) repeat;
  width: 400px;
  height: 75px;
  }

td#home a:hover img {
  color: #f60;
  background: white url(/images/nopat.gif) repeat;
  width: 400px;
  height: 75px;
  border-right: 1px solid #000;
  }
```

Cela fonctionnait merveilleusement dans IE 6.0 et ses versions précédentes (y compris IE 5 pour Macintosh) – mais fort mal dans des navigateurs plus conformes tels que Mozilla Firefox ou Safari d'Apple : les fonds y chevauchaient les bordures, en provoquant un effet désastreux. Une deuxième version définissait des largeurs automatiques (**auto**) au lieu d'expliciter un nombre de pixels précis. Mozilla et Safari étaient satisfaits, mais Internet Explorer se comportait mal. Finalement, nous avons choisi de définir une largeur de **100%**, ce qui a convenu à tous les navigateurs. Comment expliquer cela, sachant que la valeur **auto** était mal interprétée ? Implémentations négligentes ou incomplètes.

Finitions : styles externes et effet « vous êtes ici »

Pour finaliser le site et le livrer au client, deux dernières étapes sont nécessaires. Tout d'abord, il faut exporter les styles embarqués vers un fichier CSS externe et supprimer la feuille de style incluse dans la page, comme nous l'avons expliqué au chapitre 9. Il faut ensuite créer un effet « vous êtes ici » (figures 10-15 et 10-16) pour indiquer au visiteur à quel endroit du site il se trouve. Souvenez-vous : nous ne modifions pas le balisage ; nous allons créer cet effet en CSS, *sans* appliquer de nouvelles classes à la barre de navigation.

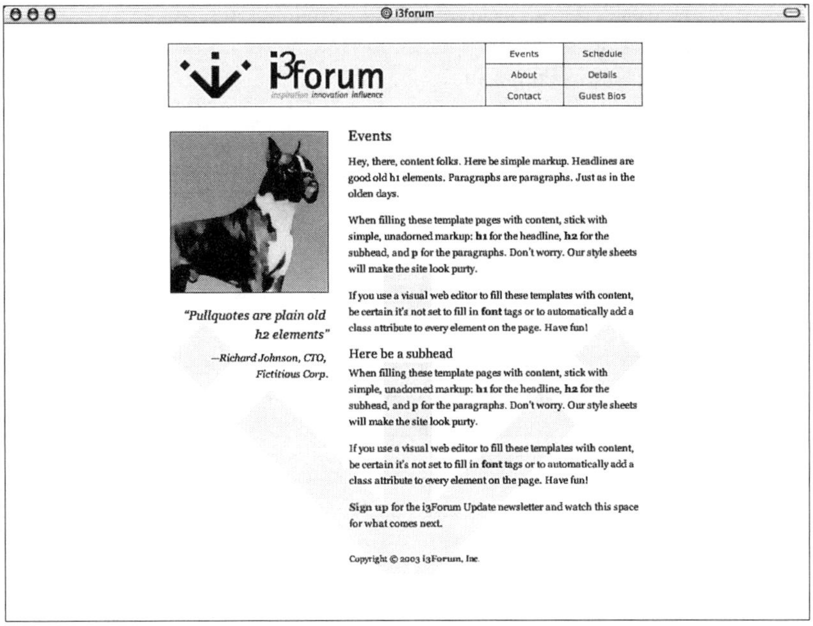

Figure 10-15
L'effet « vous êtes ici », sur le modèle de la page d'événements (Events).

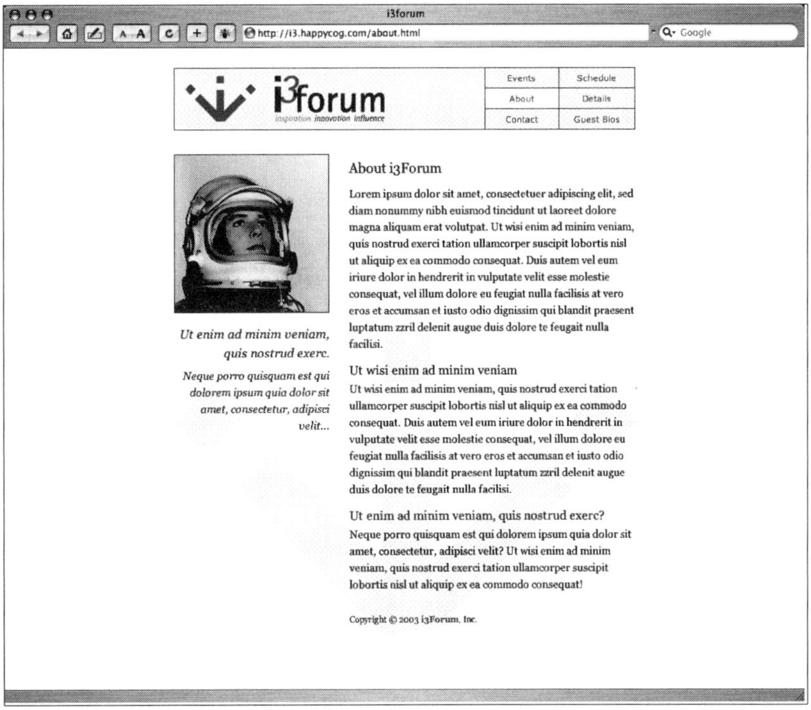

Figure 10-16
L'effet « vous êtes ici », sur le modèle de la page « À propos » (About).

L'effet « vous êtes ici » est très facile à implémenter. Maintenant que nous avons supprimé les styles embarqués, chaque page du modèle reçoit les données CSS via un lien vers une feuille de style externe, comme suit :

```
<!DOCTYPE html PUBLIC "-//W3C//DTD XHTML 1.0 Transitional//EN"
    "http://www.w3.org/TR/xhtml1/DTD/xhtml1-transitional.dtd">
<html xmlns="http://www.w3.org/1999/xhtml">
  <head>
   <title>i3forum</title>
   <link rel="StyleSheet" href="/css/i3.css" type="text/css" media="all" />
```

Il suffit alors d'utiliser l'élément **style** pour ajouter une feuille de style embarquée dans chaque page. Cette dernière ne contiendra qu'une seule règle, chargée d'inverser la présentation habituelle du bouton de menu de cette page. Mais il est plus facile de vous présenter le code que d'expliquer les détails de l'effet.

Sur la page d'événements (Events), la règle embarquée se présente comme suit (le sélecteur important est affiché en gras) :

```
<style type="text/css" media="screen">
td#events a:link, td#events a:visited {
      color: #c30;
      background: #fff;
      }
</style>
```

Vous remarquerez que nous avons préféré **background: #fff;** à **nopat.gif** pour créer la mise en valeur par arrière-plan blanc, comme annoncé dans l'encadré, « Images inutiles, le retour : c'est maintenant une affaire personnelle ». Sur la page « À propos » (About), la règle embarquée a l'aspect suivant :

```
<style type="text/css" media="screen">
td#about a:link, td#about a:visited {
      color: #c30;
      background: #fff;
      }
</style>
```

Ce type de règle figure sur chacune des pages du site ; chaque document indique donc au visiteur « vous êtes ici » sans qu'une seule ligne du balisage ne soit modifiée. Peut-être vous demandez-vous pourquoi ne pas changer le balisage et créer, par exemple, une classe `page_actuelle` (`this_page` en anglais) pour l'indicateur de position, classe utilisée dans le style de menu pour ce lien. Il est effectivement possible de procéder de la sorte, et c'est d'ailleurs une technique que vous rencontrerez fréquemment sur le Web. Toutefois, conserver tel quel le balisage de navigation permet d'insérer les mêmes données encore et encore au moyen de SSI (inclusions côté serveur), technique très utile sur les sites petits ou moyens comme celui que nous développons ici.

Une approche plus adroite encore (et employée sur www.zeldman.com) est d'affecter à l'élément `body` de chaque page une `class` ou un `id` unique sur le site. On écrit ensuite une règle CSS qui exploite cela et « active » le bon lien pour chaque section. Sur le document présentant les contacts du site, on notera ainsi `body id-"page_de_contacts"`, tandis que la page d'accueil contiendra `body id-"page_d_accueil"`, et ainsi de suite. Mais ceci est un autre site, c'est donc une autre histoire, et c'est le moment d'attaquer un nouveau sujet.

Le chapitre suivant explorera de nouveaux horizons de CSS, signalera des bogues de navigateurs et la manière de les contourner, et s'attardera sur quelques éléments têtus qui semblent résister à toute tentative d'utiliser les standards du Web.

11

Travailler avec les navigateurs (première partie) : bascule sur DOCTYPE et mode Standards

Comment les navigateurs actuels « savent-ils » quand un site créé présente une compatibilité ascendante ? Comment peuvent-ils afficher correctement un site conforme aux standards quand ils doivent aussi prendre en charge des sites anciens, réalisés avec des méthodes dépassées ? Réponse : la plupart des navigateurs modernes recourent à DOCTYPE, ce vieil ami déjà rencontré au chapitre 6. Grâce à lui, ils basculent entre le mode Standards (c'est-à-dire avec un fonctionnement conforme aux spécifications du W3C) et le mode de compatibilité descendante, appelé mode Quirks[1], en raison de la quadrature du cercle qu'ils tentent de réaliser : interpréter correctement des sites écrits suivant les bizarreries des divers navigateurs incompatibles. Si vous souhaitez contrôler l'apparence et le comportement de votre site, ce chapitre est pour vous.

Pour rendre les choses plus piquantes, le mode Standards des navigateurs sur moteur Gecko (tels que Mozilla Firefox et Netscape) ne fonctionne pas tout à fait comme le mode Standards d'Internet Explorer. Ces différences mineures pourront avoir un impact aussi fort qu'inattendu sur vos mises en page. Pour prévenir tout problème potentiel (et rendre les choses encore plus passionnantes), les derniers navigateurs Gecko (comme Mozilla à partir de sa version 1.01 et Netscape 7) proposent un *troisième* mode, plus proche du mode Standards d'IE. Pour ne pas rester sur la touche, Opera 7 a lui aussi implémenté la bascule sur DOCTYPE. Les navigateurs Gecko ont baptisé ce troisième mode, plus proche de celui d'IE,

1. N.D.T. : littéralement « caprices, excentricités ».

Almost Standards[1]. D'après *nous*, ce nom n'est pas une provocation vis-à-vis du mode Standards d'IE, mais sert simplement à indiquer qu'aux yeux des experts des standards travaillant sur Gecko, le comportement visuel que la plupart d'entre nous attendent de nos navigateurs diffère de la lettre de la loi, telle que dictée par les spécifications CSS.

Ce chapitre explique le fonctionnement de ces différents modes et propose une méthode simple permettant de vous assurer que votre site aura bien l'apparence voulue, malgré les différences d'interprétation de CSS et des autres spécifications par les bons navigateurs. Si vous avez converti un site transitionnel (comportant tableaux et CSS) en XHTML pour découvrir avec dépit que certains navigateurs traitaient désormais vos mises en page différemment, si vous vous êtes demandé pourquoi les navigateurs modifiaient vos mises en page et ce que vous pouviez faire pour revenir à la situation antérieure, ce chapitre est sans conteste fait pour vous. La section suivante explique pourquoi la plupart des navigateurs avaient besoin de basculer entre les modes Standards et Quirks, et comment ils en sont venus pour cela à reposer sur le modeste DOCTYPE. Si vous aimez connaître et comprendre l'origine des choses, poursuivez la lecture. Si vous souhaitez faire l'impasse sur ces informations et passer directement aux astuces et aux techniques concrètes, rendez-vous directement à la section « Contrôle de la performance des navigateurs : la bascule sur DOCTYPE ».

La saga de la bascule sur DOCTYPE

À la fin des années 1990, les éditeurs de navigateurs ont enfin reconnu l'importance que revêtait une prise en charge correcte et complète des standards aux yeux de leurs clients qui concevaient et construisaient des sites web. Ils se sont donc demandés comment fabriquer de nouveaux navigateurs capables de prendre en charge correctement ces standards, sans pour autant détruire les vieux sites non conformes. Après tout, les versions existantes de Netscape et d'Internet Explorer avaient conduit une multitude de designers à se familiariser avec leurs bizarreries, notamment les extensions propriétaires de HTML, les implémentations CSS partielles et incorrectes, et les langages de scripts propres à chaque éditeur. Les sociétés Microsoft et Netscape souhaitaient toutes deux mieux prendre en charge les standards, mais sans sacrifier les sites existants, d'une valeur de plusieurs milliards de dollars. Pour un éditeur de navigateurs, une telle décision aurait été suicidaire.

Rien de tel qu'un exemple pour illustrer le dilemme auquel étaient confrontés les éditeurs de navigateurs. Au milieu des années 1990, les premières versions d'Internet Explorer entamaient une prise en charge partielle de CSS 1, qui s'est naturellement accompagnée de quelques erreurs d'interprétation, parmi lesquelles le problème du modèle de boîte (voir le chapitre 12). Les premières versions sont toujours des ébauches, et il faut reconnaître à Microsoft le mérite d'avoir démarré la prise en charge de CSS dès le début de l'année 1997. Méritantes ou non, ces premières interprétations erronées du modèle de boîte CSS ont posé un problème. Des dizaines de milliers de designers avaient déjà « appris » le modèle de boîte

1. N.D.T. : « presque Standards ».

incorrect utilisé par IE 4.x et 5.x et avaient adapté leur CSS pour qu'il s'affiche convenablement dans ces versions d'Internet Explorer. Si les versions ultérieures ou les navigateurs d'autres éditeurs présentaient une meilleure prise en charge de ce modèle de boîte, les sites existants ne fonctionneraient probablement plus, ce qui ne serait sûrement pas du goût des clients, des éditeurs, ni des utilisateurs. Dès lors, que faire ?

Une bascule pour activer ou désactiver les standards

Avant même que Netscape et Microsoft ne s'accordent pour construire des navigateurs prenant en charge les standards de manière plus précise et exhaustive, un héros méconnu avait déjà résolu le problème consistant à traiter en douceur les sites construits avec des méthodes non conformes : Todd Fahrner, spécialiste des interfaces utilisateur, contributeur des groupes de travail CSS et HTML du W3C, ainsi que co-fondateur du Web Standards Project. (Vous trouverez son nom un peu partout dans cet ouvrage ; si l'indexation a été bien réalisée, vous le verrez aussi apparaître dans l'index.) Début 1998, dans une obscure liste de diffusion du W3C (toutes ses listes de diffusion sont assez confidentielles, mais cet adjectif apporte une touche de mystère à notre histoire), Fahrner suggéra que les éditeurs de navigateurs incorporent un mécanisme de bascule à leurs logiciels, lequel serait capable d'activer un rendu conforme aux standards. Il proposa également que cette bascule soit déclenchée par l'élément DOCTYPE.

Pour Fahrner, toute page web dont le balisage débutait par un DOCTYPE avait probablement été écrite par quelqu'un qui connaissait les standards et avait tenté de s'y conformer. Les navigateurs se devaient donc d'analyser ces pages en suivant les spécifications du W3C. Une page dépourvue de DOCTYPE, au contraire, ne satisferait pas les tests de validation du W3C (validator.w3.org), et aurait très probablement été construite au moyen de méthodes plus anciennes. Les navigateurs se devaient donc de la traiter en conséquence, et de l'afficher de la même manière que les anciens navigateurs non conformes. Un léger problème subsistait toutefois : il n'existait alors aucun navigateur conforme aux standards. Le monde devrait encore attendre deux ans pour savoir si la bascule sur DOCTYPE était la clé des compatibilités ascendante et descendante, avec l'avenir et avec le passé. En revanche, il suffira au lecteur de lire le paragraphe suivant par connaître la fin de l'histoire.

Généralisation de la bascule

En mars 2000, Microsoft a sorti IE 5 version Macintosh. Son moteur de rendu Tasman, créé par Tantek Çelik, ingénieur Microsoft et inconditionnel des standards du W3C, comprenait les standards de manière très précise et presque complète, notamment CSS 1, XHTML, et le DOM. IE 5 pour Macintosh proposait la fonctionnalité d'accessibilité de zoom sur le texte (Text Zoom), et c'était le premier navigateur à recourir à DOCTYPE pour basculer entre les modes Quirks et Standards.

Fort occupés par leurs innovations et la sortie de leur propre famille de navigateurs conformes aux standards, les ingénieurs travaillant sur les navigateurs sur moteur Gecko savaient détecter les bonnes idées (bascule sur DOCTYPE et zoom sur le texte). C'est pourquoi les navigateurs Gecko (et notamment Netscape 6, Mozilla, et Chimera), sortis peu après IE 5 pour Macintosh, incorporaient la bascule sur DOCTYPE et le zoom sur le texte, ainsi qu'une prise en charge des standards plus rigoureuse et plus détaillée, rendue possible par le moteur de rendu Gecko/Mozilla (www.mozilla.org/newlayout). Mozilla engendra Firefox, Chimera engendra Camino, et Caïn s'enfuit au pays de Nod, à l'est d'Éden. Quand IE 6 pour Windows a rejoint le petit monde de la conformité aux standards, lui aussi proposait une bascule sur DOCTYPE, à laquelle avait été ajoutée une propriété DOM capable d'indiquer si le mode Standards était ou non activé pour un document web (msdn.microsoft.com/workshop/author/dhtml/reference/properties/compatmode.asp).

Contrôle de la performance des navigateurs : la bascule sur DOCTYPE

Comme expliqué ci-dessus, pour la plupart des navigateurs modernes, la présence ou l'absence de certains DOCTYPE détermine le rendu : un rendu conforme aux standards ou un rendu souple assurant une compatibilité descendante. Les implémentations de DOCTYPE et les spécificités diffèrent, mais l'idée principale reprend le schéma proposé par Todd Fahrner en 1998, époque où les navigateurs conformes aux standards existaient à peine dans l'imagination des développeurs. Vous trouverez ci-dessous un descriptif de ces implémentations :

- Un DOCTYPE XHTML, comprenant une URI (adresse web) complète, indique à IE et aux navigateurs Gecko – ainsi qu'à Safari, à Konqueror à partir de sa version 3.2, et à Opera à partir de sa version 7 – d'afficher la page en mode Standards et de traiter le CSS et le XHTML en suivant les spécifications du W3C. Comme nous le verrons dans les pages suivantes, certains DOCTYPE HTML 4 complets activent également le mode Standards. En mode Standards, le navigateur suppose que l'on sait ce que l'on fait.
- Un DOCTYPE incomplet, ou encore un DOCTYPE dépassé ou omis, fait passer ces mêmes navigateurs en mode Quirks, selon le principe (probablement fondé) que vous avez écrit un balisage dépassé et invalide, et un code non standard, propre à un navigateur. Avec ce paramétrage, les navigateurs tentent d'analyser votre page selon un mode de compatibilité descendante, en rendant le CSS de la même manière qu'IE 4 ou 5, et en revenant à un DOM propriétaire et propre au navigateur.

Pour observer la stratégie suivie par le navigateur, il suffit d'inclure ou d'omettre un DOCTYPE complet. C'est (presque) aussi simple que cela.

Les trois modes du docteur March

Pour des raisons que nous expliquerons un peu plus bas, les derniers navigateurs Gecko modernes – tels que Firefox 1.5 et Netscape à partir de sa version 7 – fonctionnent en trois modes : Quirks (déjà décrit), Almost Standards (« presque Standards », équivalent au mode Standards d'IE), et Standards (qui diffère du mode Standards d'IE par une ou deux particularités cruciales). Signalons également que certains DOCTYPE, qui déclenchaient le mode Standards dans les premiers navigateurs Gecko, implémentent le mode Almost Standards dans les plus récents. À l'adresse hsivonen.iki.fi/doctype, on trouve un diagramme bien pratique (mais un peu dépassé) donnant 152 combinaisons possibles de navigateur, DOCTYPE, et mode de rendu. Rigolo !

Le non-spécialiste que vous êtes pourra trouver ce tableau de comportements possibles pour un navigateur démesurément complexe ; dans les pages suivantes, soyez-en assuré, vous penserez en plus avoir atteint le summum de la confusion. Néanmoins, cette complexité n'est pas gratuite. Il existe des raisons à cela, et qui plus est, de bonnes solutions de contournement. Faciles à implémenter, elles garantissent un rendu correct tant sur les navigateurs disposant d'une bascule sur DOCTYPE que sur ceux qui en sont dépourvus (comme Opera dans ses versions 5 et 6), même s'ils comprennent les standards du Web. Accrochez-vous et poursuivez la lecture ; nous traverserons cette épreuve ensemble. Avant de nous pencher sur les différences entre navigateurs, voyons les points communs.

DOCTYPE complets et incomplets

Les navigateurs recourant à une bascule sur DOCTYPE recherchent des DOCTYPE complets, c'est-à-dire comportant une adresse web complète (par exemple : http://www.w3.org/TR/xhtml1/DTD/xhtml1-strict.dtd). Le DOCTYPE suivant déclenche le mode Standards dans tout navigateur moderne utilisant la technique de bascule sur DOCTYPE :

```
<!DOCTYPE html PUBLIC "-//W3C//DTD XHTML 1.0 Strict//EN"
  "http://www.w3.org/TR/xhtml1/DTD/xhtml1-strict.dtd">
```

Vous avez bien lu : il s'agit d'un DOCTYPE Strict, alors que nous n'avons eu cesse de promouvoir le XHTML 1.0 Transitional jusqu'à présent. Nous avons opté pour Strict, car ce DOCTYPE fait l'affaire sans déclencher une montagne d'exceptions ni de cas particuliers, lesquels viendront bien assez vite. Dans l'immédiat, il nous suffit de signaler qu'un DOCTYPE complet comme ci-dessus fait passer le navigateur en mode Standards.

Malheureusement, nous et nos programmes de création sommes nombreux à insérer par défaut des DOCTYPE incomplets, qui déclenchent le mode Quirks de compatibilité descendante en lieu et place du mode Standards recherché. De nombreux outils de création web insèrent par exemple des DOCTYPE comme celui qui suit, qu'ils reprennent sur le propre site du W3C :

```
<!DOCTYPE html PUBLIC "-//W3C//DTD XHTML 1.0 Strict//EN" "DTD/xhtml1-strict.dtd">
```

En quoi cette déclaration alambiquée diffère-t-elle de l'exemple précédent ?

En examinant attentivement la dernière portion de ce DOCTYPE (`"DTD/xhtml1-strict.dtd"`), on remarque qu'il contient un lien relatif et non pas une URI complète. En fait, c'est un lien relatif vers une DTD stockée sur le site web du W3C. À moins que vous n'ayez copié cette DTD pour la placer dans le répertoire indiqué sur votre propre serveur – personne ne le fait jamais –, ce lien relatif ne pointera nulle part. La DTD se trouvant sur le site du W3C et non pas sur le vôtre, cette URI sera considérée comme incomplète et le navigateur affichera votre site en mode Quirks. Les navigateurs actuels cherchent-ils vraiment à localiser et charger la DTD ? Non, ils se contentent de reconnaître la DTD incomplète grâce à leur base de données et passent en mode Quirks. Cela signifie-t-il que les pages situées à l'adresse w3.org utilisant ce DOCTYPE à URI relative seront elles aussi rendues en mode Quirks ? C'est, selon toute vraisemblance, ce qui risque de se passer. Même si nous ne pouvons nous empêcher de goûter l'ironie de la situation, nous n'en sommes pas complètement sûrs. En tout cas, ce n'est ni notre problème, ni le vôtre. Revenons au DOCTYPE complet, qui déclenche le mode Standards désiré :

```
<!DOCTYPE html PUBLIC "-//W3C//DTD XHTML 1.0 Strict//EN"
     "http://www.w3.org/TR/xhtml1/DTD/xhtml1-strict.dtd">
```

Vous noterez que ce DOCTYPE contient une URI complète en fin de balise, qu'il est possible de copier-coller dans la barre d'adresses de n'importe quel navigateur web. Si vous avez eu cette curiosité, vous avez pu lire la DTD XHTML 1.0 Strict dans toute sa glorieuse et incompréhensible technicité. L'URI qui conclut ce DOCTYPE indiquant un emplacement web valide, les navigateurs qui basculent sur DOCTYPE considèrent que cette déclaration est complète et entière, et rendront votre page en mode Standards.

Signalons une petite difficulté : Internet Explorer passe en mode Standards en présence de tout DOCTYPE XHTML, qu'il comporte ou non une URI complète. Pourtant, un DOCTYPE XHTML dépourvu d'une URI complète est techniquement invalide. C'est pourquoi, dans la discussion qui suit, nous vous engageons à utiliser une URI complète dans votre DOCTYPE (après tout, pourquoi passer en mode Standards si votre page web n'est pas valide ?).

Bizarreries de prologue dans IE 6 pour Windows

À chaque règle son exception. Même avec un DOCTYPE XHTML complet, IE 6 pour Windows repasse en mode Quirks en présence du (facultatif) prologue XML. Sans blague. Opera 7 souffre du même bogue. C'est dingue, pas vrai ? C'est la raison pour laquelle nous vous avions conseillé, au chapitre 6, de faire l'impasse sur le prologue. Pas la peine de nous remercier.

Listing complet de DOCTYPE XHTML complets

Déjà correcte lors de la première édition américaine de ce livre, en 2003, et toujours précise aujourd'hui, voici la liste des DOCTYPE XHTML complets déclenchant les modes Standards ou Almost Standards dans les navigateurs basculant sur DOCTYPE. Qu'est-ce que le mode Almost Standards ? Patience, nous y viendrons sous peu.

DTD XHTML 1.0

XHTML 1.0 Strict – Déclenche le mode Standards complet dans tous les navigateurs prenant en charge la bascule sur DOCTYPE. Sans effet dans les versions d'Opera antérieures à 7.0 et dans les versions d'IE pour Windows antérieures à 6.0.

```
<!DOCTYPE html PUBLIC "-//W3C//DTD XHTML 1.0 Strict//EN"
  "http://www.w3.org/TR/xhtml1/DTD/xhtml1-strict.dtd">
```

XHTML 1.0 Transitional – Déclenche le mode Standards complet dans les navigateurs IE conformes (à partir de la version 6 sur Windows et à partir de la version 5 sur Macintosh). Déclenche le mode Standards complet dans la première génération des navigateurs sur moteur Gecko (Mozilla 1.0 et Netscape 6) et le mode Almost Standards dans les derniers navigateurs Gecko (Mozilla à partir de sa version 1.01, Netscape à partir de sa version 7, Firefox à partir de sa version 1.1, Camino). Sans effet sur Opera avant sa version 7.0 ou dans les versions d'IE pour Windows antérieures à 6.0.

```
<!DOCTYPE html PUBLIC "-//W3C//DTD XHTML 1.0 Transitional//EN"
  "http://www.w3.org/TR/xhtml1/DTD/xhtml1-transitional.dtd">
```

XHTML 1.0 Frameset – Déclenche le mode Standards complet dans les navigateurs IE conformes (à partir de la version 6 pour Windows et à partir de la version 5 pour Macintosh). Déclenche le mode Standards complet dans la première génération des navigateurs sur moteur Gecko (Mozilla 1.0 et Netscape 6) et le mode Almost Standards dans les derniers navigateurs Gecko (Mozilla 1.01, Netscape à partir de sa version 7, Chimera à partir de sa version 0.6). Sans effet sur Opera avant sa version 7.0 ou dans les versions d'IE pour Windows antérieures à 6.0. La bascule sur DOCTYPE peut affecter le rendu des cadres (frames). Si c'est le cas, aucun éditeur de navigateur n'a documenté les variantes possibles.

```
<!DOCTYPE html PUBLIC "-//W3C//DTD XHTML 1.0 Frameset//EN"
  "http://www.w3.org/TR/xhtml1/DTD/xhtml1-frameset.dtd">
```

DTD XHTML 1.1

XHTML 1.1 (Strict par définition) – Déclenche le mode Standards complet dans tous les navigateurs prenant en charge la bascule sur DOCTYPE. Sans effet sur Opera avant sa version 7.0 ou dans les versions d'IE pour Windows antérieures à 6.0.

```
<!DOCTYPE html PUBLIC "-//W3C//DTD XHTML 1.1//EN"
  "http://www.w3.org/TR/xhtml11/DTD/xhtml11.dtd">
```

Épargnez vos jolies petites mains

Si, comme la plupart d'entre nous, vous n'avez pas envie de saisir à nouveau ce type d'adresses, procédez par copier-coller depuis l'article « Fix Your Site with the Right DOCTYPE » que vous trouverez sur le site *A List Apart* à l'adresse www.alistapart.com/articles/doctype.

Résumé pour gens pressés : déclencheurs de DOCTYPE XHTML dans IE et Gecko

Revoyons ensemble ce que nous avons appris jusqu'à présent :

- Tout DOCTYPE XHTML 1.0 ou 1.1 complet déclenche le mode Standards dans les versions conformes d'Internet Explorer (à partir de la version 5 pour Macintosh et à partir de la version 6 pour Windows), ainsi que dans les premiers navigateurs sur moteur Gecko (Netscape 6, Mozilla 1.0).
- Un DOCTYPE XHTML Strict complet a le même effet dans tous les navigateurs précédents, ainsi que dans la dernière génération de navigateurs sur moteur Gecko (Mozilla à partir de sa version 1.01, Netscape à partir de sa version 7, Firefox à partir de sa version 1.0, Camino).
- Un DOCTYPE XHTML 1.0 complet, Transitional ou Frameset, déclenche le mode Almost Standards dans les derniers navigateurs sur moteur Gecko.
- Les DOCTYPE incomplets, sans URI ou avec des URI incomplètes, déclenchent le mode Quirks dans tous les navigateurs prenant en charge la bascule sur DOCTYPE. Ils génèrent également des erreurs de validation CSS, mais *pas* d'erreur de validation XHTML suite à un bogue du service de validation du XHTML du W3C ou à une différence entre ses services de validation XHTML et CSS (tout dépend de la personne à qui l'on pose la question). Peu importe : gardez simplement à l'esprit que les DOCTYPE incomplets déclenchent le mode Quirks et entraînent des erreurs de validation CSS.
- De nombreux outils de création web insèrent par défaut des DOCTYPE incomplets, déclenchant ainsi le mode Quirks et produisant des erreurs de validation CSS.

L'auteur et d'autres membres du Web Standards Project ont contacté les éditeurs des principaux outils de création pour les alerter sur ce fait et sur la nécessité d'insérer par défaut des DOCTYPE complets. Désormais, c'est exactement ce que font des programmes comme Dreamweaver, BBEdit et PageSpinner. Nous avons également demandé que le W3C publie sur son site web, à l'adresse www.w3.org, un listing complet et facile à trouver de tous les DOCTYPE complets. Leur équipe d'assurance-qualité a écouté nos doléances et y a donné suite. On en trouvera la version officielle à l'adresse www.w3.org/QA/2002/04/valid-dtd-list.html.

Si, lors de l'écriture d'une nouvelle page XHTML, un outil de création ne produit pas le DOCTYPE correct, il faudra modifier celui-ci à la main pour assurer que le site déclenchera bien le mode Standards.

Les subtilités de la bascule sur DOCTYPE

La bascule sur DOCTYPE ne se limite pas au XHTML. Comme nous l'avons déjà signalé, certains DOCTYPE complets HTML déclenchent eux aussi le mode Standards. En présence d'un DOCTYPE complet HTML 4.01 Strict, IE passe ainsi en mode Standards (alors que les navigateurs sur moteur Gecko du vingt-et-unième siècle optent pour le mode Almost Standards) :

```
<!DOCTYPE HTML PUBLIC "-//W3C//DTD HTML 4.01//EN"
  "http://www.w3.org/TR/html4/strict.dtd">
```

En revanche, IE et les navigateurs sur moteur Gecko passent tous en mode Quirks de compatibilité descendante quand ils sont mis en présence d'un DOCTYPE complet HTML 4.0. De l'importance d'un 0.01... Si ces incohérences vous incitent à écrire votre site en XHTML plutôt qu'en HTML, nous approuvons des deux mains et des deux pieds : c'est le discours que nous n'avons cessé de tenir.

Comme cela sera bientôt expliqué, ces points de détails ne concernent pas la plupart de ceux qui écrivent en XHTML 1.0 Transitional ou Strict, pour peu qu'ils emploient quelques astuces CSS de contournement, simples et décrites dans la section suivante.

Vive la diversité des navigateurs ! (ou comment s'en accommoder)

Le mode Standards de Gecko diffère légèrement de celui d'IE, et ces variations pourront agacer ceux qui ne s'y attendent pas. Ces différences sont particulièrement marquées et contrariantes dans les mises en page hybrides (associant CSS et tableaux) lorsqu'elles sont rendues dans des navigateurs sur moteur Gecko de première génération.

Après avoir converti le HTML 4.01 Transitional en XHTML 1.0 Transitional, et sans modifier davantage leur balisage que ce que recommandait le chapitre 6 (section « Conversion en XHTML : règles simples, directives faciles à suivre »), la plupart des designers s'attendent à ce que leurs mises en page conservent la même présentation. Après tout, ils ne modifient que quelques balises, sans altérer le design du site. Pourtant, le rendu de leurs pages web peut être radicalement différent dans les navigateurs sur moteur Gecko suivants, tels que Netscape 6.0 et Mozilla 1.0. Si ces designers avaient opté pour le XHTML Strict, le rendu de leurs pages aurait changé dans tous les navigateurs sur moteur Gecko, les anciens comme les plus récents. Ces variations s'expliquent par les standards, et il existe une solution facile pour revenir à la situation antérieure.

Le problème de l'espacement des images avec Gecko

La figure 11-1 illustre un ancien numéro du Daily Report, à l'adresse www.zeldman.com. Il arbore la présentation qu'il a eue pendant plusieurs années, alors que le site utilisait des techniques transitionnelles associant CSS et tableaux. Après conversion de HTML 4.01 Transitional en XHTML 1.0 Transitional (et passage d'un DOCTYPE complet HTML 4.01 à un DOCTYPE complet XHTML 1.0 Transitional), le site a conservé le même rendu dans Internet Explorer pour Windows et Macintosh. En revanche, dans les navigateurs sur moteur Gecko, des espacements non désirés apparaissent entre les images du tableau contrôlant le menu de navigation du site (figures 11-2 et 11-3).

Une (ou deux) règle(s) pour les lier tous : désactiver les espacements avec CSS

Le comportement inattendu que nous venons de décrire était parfaitement correct (voir l'encadré « Lignes de base et espacement vertical dans le mode Standards de Gecko »). Avant de nous enliser dans la théorie, expliquons comment nous avons restauré la barre de navigation dans l'état désiré (figure 11-4), tant dans Gecko que dans les navigateurs IE. En tout et pour tout, deux lignes de CSS ont suffi :

```
img {display: block;}
.inline {display: inline;}
```

Figure 11-1
Cette mise en page hybride tableaux/CSS du site www.zeldman.com *utilisait un DOCTYPE complet pour déclencher le mode Standards. Après conversion du HTML en XHTML, le rendu est identique dans Internet Explorer (*www.zeldman.com/daily/1002a.html*).*

Figure 11-2
Dans les premiers navigateurs sur moteur Gecko, et avant de mettre en place la solution CSS décrite dans ce chapitre, des espacements non désirés apparaissaient dans les images du tableau de navigation.

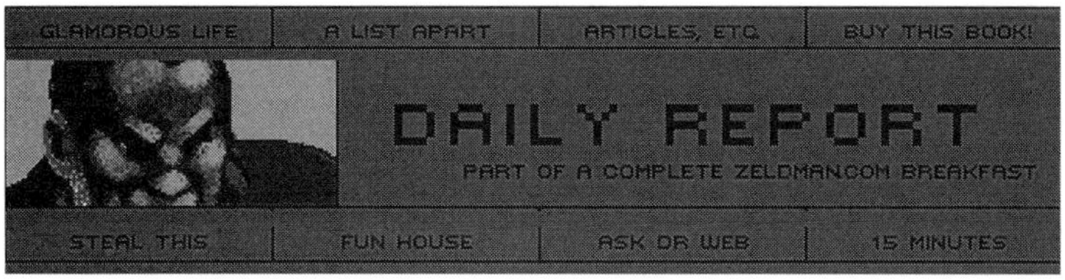

Figure 11-3
Même image, agrandie pour afficher plus clairement les espacements parasites. Il ne s'agit pas à proprement parler d'un bogue des premiers navigateurs sur moteur Gecko ; quoi qu'il en soit, ce rendu est indésirable.

Figure 11-4
Deux courtes règles CSS ont réglé le problème des espacements parasites sous Gecko, et tout va pour le mieux. Dans le mode Almost Standards employé par la génération suivante des navigateurs sur moteur Gecko, ces espacements n'apparaissaient plus, sans qu'il soit nécessaire de recourir à des solutions de contournement en CSS. Nous recommandons toutefois leur utilisation, pour des raisons expliquées ci-après.

La première règle ferme les espaces en indiquant à tous les navigateurs de traiter les images comme des éléments de niveau bloc et non pas comme des éléments au fil du texte, ou inline (si vous avez oublié la différence entre éléments de niveau bloc et éléments au fil du texte, voir la section « Classe hide et éléments de niveau bloc » du chapitre 10). Mais que faire si l'on souhaite que certaines images s'affichent au fil du texte ? C'est ce que permet la classe créée par la deuxième règle (`.inline`). Les images à afficher au fil du texte seront balisées comme suit :

```
<img class="inline" ... etc. />
```

Il existe d'autres manières de parvenir au même résultat. Ainsi, il est possible d'écrire une règle indiquant de présenter sous forme d'élément de niveau bloc une image unique contenue dans une cellule de tableau :

```
td img {display: block;}
```

Avec cette seule et unique règle toute simple, les menus de navigation qui ne contiennent qu'une image par cellule de tableau s'affichent au niveau bloc et sans espacement, alors que les autres images du site s'affichent au fil du texte. Cette autre méthode a pour avantage de préserver la bande passante en n'utilisant qu'une seule règle au lieu de deux, et en évitant d'ajouter des classes à certaines images. Chacune de ces méthodes sera plus adaptée à certaines mises en page plutôt qu'à d'autres. Vous ferez votre choix en fonction de votre design. Conseil pour les débutants en CSS : essayez une méthode. Si elle échoue, passez à l'autre. Vous pourrez même en inventer une troisième. Depuis la première édition de cet ouvrage, des milliers de designers ont inventé autant de méthodes permettant d'obtenir des navigateurs qu'ils s'acquittent de toute une panoplie de corvées. Certaines ont rendu leur auteur célèbre. Votre tour viendra peut-être !

La naissance du mode Almost Standards

L'écriture de règles CSS aussi simples que celles qui précèdent s'effectue en deux temps trois mouvements. En les intégrant dans vos designs, vous vous libérerez de toute angoisse liée aux différences entre navigateurs. Quoi qu'il en soit, lorsque le problème de l'espacement des images a été détecté, certains designers en ont rejeté la responsabilité sur la conversion du HTML en XHTML, alors que d'autres en ont conclu à tort que Mozilla et les autres navigateurs sur moteur Gecko étaient bogués. En réalité, l'ajout par le moteur Gecko d'espacements aux images non stylées était une fonctionnalité, pas un bogue (voir l'encadré « Lignes de base et espacement vertical dans le mode Standards de Gecko »). Mais les designers ne comprenaient pas cette fonctionnalité qu'ils n'avaient pas réclamée.

Pour mieux répondre aux besoins des designers confrontés à la problématique de la transition, les ingénieurs de Gecko/Netscape ont implémenté le mode Almost Standards (« presque Standards »), dont le fonctionnement s'apparente à celui du mode Standards d'IE. En d'autres termes, le mode Almost Standards n'introduit aucun espacement non désiré. Ce comportement n'apparaissant que dans les mises en page transitionnelles, les ingénieurs ont décidé que les DOCTYPE XHTML Transitional utiliseraient le mode Almost Standards de Gecko, alors que les DOCTYPE Strict continueraient de déclencher le mode Standards, plus rigoureux.

(Après tout, si vous produisez un balisage Strict et indépendant de la présentation, vous n'allez vraisemblablement pas insérer d'images dans des cellules de tableaux.)

Ligne de base et espacement vertical dans le mode Standards de Gecko

Comme mentionné plus haut, les modes Standards des navigateurs IE et Gecko diffèrent de par la façon dont ils traitent les images en relation avec la grille implicite d'une page web. Dans le véritable mode Standards, Gecko considère que les images apparaissent au fil du texte, sauf si la feuille de style indique de les traiter comme des éléments de niveau bloc. Tous les éléments inline, tels que le texte lui-même, reposent sur une ligne de base (ou ligne d'écriture) qui permet de prévoir de la place pour les portions descendantes de lettres telles que « y », « g », et « j ». L'emplacement et la taille de cette ligne de base dépendent de la taille et de la famille de la fonte employée pour l'élément parent ; elles dépendront ainsi de la taille et de la famille de la fonte du paragraphe contenant cette image.

La figure 11-5 illustre une légende et une image placées sur une ligne de base. Dans le mode Standards de Gecko, les images affichées au fil du texte sont toujours dotées d'un espacement pour les boucles descendantes du bloc parent, que celui-ci contienne ou non du texte. Vous trouverez une explication plus détaillée dans l'article d'Eric Meyer intitulé « Images, Tables, and Mysterious Gaps », et rédigé avant la création du mode Almost Standards, sans être depuis rendus obsolète (developer.mozilla.org/en/docs/Images,_Tables,_and_Mysterious_Gaps).

Figure 11-5
Tout texte repose sur une ligne de base qui définit un espacement permettant d'accommoder les parties descendantes de la police considérée. Dans le mode Standards de Gecko, tous les éléments inline, y compris les images, partagent la ligne de base de leur élément parent (en l'occurrence, un paragraphe d'une phrase).

Les limitations du mode Almost Standards

Si tous les utilisateurs de Gecko installaient régulièrement les dernières versions des navigateurs, le mode Almost Standards résoudrait le problème de l'espacement des images dans les mises en page transitionnelles. Nombre de ces utilisateurs mettent en effet religieusement à jour leur navigateur, mais ce n'est pas le cas de certains – comme par exemple, les employés de bureaux qui relèvent de départements informatiques évoluant lentement. Il n'est donc pas aberrant d'écrire régulièrement des règles CSS comme celles présentées plus haut dans la section « Une (ou deux) règles pour les lier tous : désactiver les espacements avec CSS ». Vous éviterez ainsi toute (mauvaise) surprise avec les navigateurs IE, Opera et Apple à venir, et qui peuvent être aussi rigoureux que Gecko dans le mode Standards pour le traitement des images et des autres éléments apparaissant au fil du texte. De plus, ces règles vous aideront à vous écarter progressivement du balisage de présentation et des comportements normalisés des navigateurs qui leur sont associés. Elles vous aideront à « penser CSS ».

De « Vive la différence » à « @#$! de $#@$ »

Le comportement correct, aussi inattendu soit-il, est une chose, qui n'a rien à voir avec les bogues et les erreurs... Dans le chapitre 12, nous détaillerons les bogues classiques des navigateurs et apprendrons à nous en affranchir. Nous examinerons aussi quelques aspects fondamentaux de la mise en page CSS. Ne faites l'impasse sur sa lecture qu'à vos risques et périls !

12

Travailler avec les navigateurs (deuxième partie) : modèles de boîtes, bogues, et solutions de contournement

« Créer une fois, publier partout », tel est le Graal du design et du développement reposant sur les standards. On n'apprend pas à écrire du XHTML correct dans le but de remporter une médaille, mais pour faire fonctionner ses sites web sur les navigateurs de bureau, les navigateurs en mode texte, les lecteurs d'écrans, et les machines de poche d'aujourd'hui, de demain, et celles qui ne verront le jour que dans dix ans. De la même manière, on ne recourt pas à CSS dans le seul but de réduire la bande passante afin de réaliser quelques économies sur le coût mensuel du serveur. Les feuilles de style garantissent avant tout que nos sites auront la même présentation dans Internet Explorer 14.0 qu'aujourd'hui et que les balisages de présentation superflus ne parasiteront pas l'expérience utilisateur dans des environnements non CSS. Pour gagner du temps, nous appellerons « compatibilité avec l'avenir », ou ascendante cette raison d'être du design reposant sur les standards.

Grâce aux clients (user agents) conformes aux standards, la compatibilité ascendante devient autre chose qu'un vœu pieux. Si le Web était encore principalement consulté par les versions 4.0 des navigateurs de Netscape et de Microsoft, elle serait hors de portée de tout site ne se limitant pas à des fonctionnalités très rudimentaires. Si les principaux clients qui ont succédé aux navigateurs 4.0 avaient poursuivi la promotion des technologies propriétaires aux dépens des standards de base, l'avenir du Web comme plate-forme ouverte aurait été tout sauf ouvert. Heureusement, tous les navigateurs principaux et la plupart des navigateurs de niche sortis ces dernières années sont raisonnablement conformes aux standards. Cependant, certains le sont plus que d'autres, et ce chapitre se propose de traiter de ces hoquets de conformité.

Les problèmes liés au modèle de boîte

Avec la publication de CSS 1 en 1996, le W3C proposait que tout objet d'une page web soit inclus dans une boîte dont les designers contrôleraient les propriétés à l'aide de règles. L'objet pouvait être un paragraphe, une liste, un titre, une image, ou tout élément générique de niveau bloc, tel que **<div id-"navigation">**. Tout ce qui pouvait être inséré dans une page web à l'aide de balises devait être placé dans une boîte.

La figure 12-1 illustre les quatre zones de la boîte CSS : contenu, remplissage, bordures, et marges. Le contenu (gris sombre dans ce diagramme) est la zone la plus à l'intérieur. Il est entouré successivement par le remplissage (gris clair), la bordure (noire) et, enfin, la marge (blanche). Ces zones doivent désormais vous être familières : au chapitre 10, lorsque nous avons créé une mise en page hybride pour le site d'i3Forum, nous avons spécifié des valeurs de bordure, de remplissage et de marge pour divers éléments de la page. Nous avions également attribué des valeurs de taille aux zones de contenu dans des règles telles que celle qui suit (les valeurs de contenu apparaissent en gras).

```
td#home a:link img, td#home a:visited img{
      color: #c30;
      background: transparent url(/images/bgpat.gif) repeat;
      width: 400px;
      height: 75px;
      }
```

Dans cette règle, la zone de contenu fait 400 pixels de large et 75 pixels de haut. Vous remarquerez que nous n'avons écrit ni ceci :

```
      content: 400px;
```

ni quelque chose de ce style :

```
      content-width: 400px;
      content-height: 75px;
```

Il n'existe aucune règle CSS de ce type. Les valeurs de bordure, de marge et de remplissage sont attribuées au moyen de règles auxquelles est associé le nom de ces différents éléments. Ce n'est pas le cas du contenu. Les débutants en CSS pensent parfois – à tort, mais de façon légitime – que l'instruction **width: 400px** s'applique à toute la boîte (excepté la marge). Après

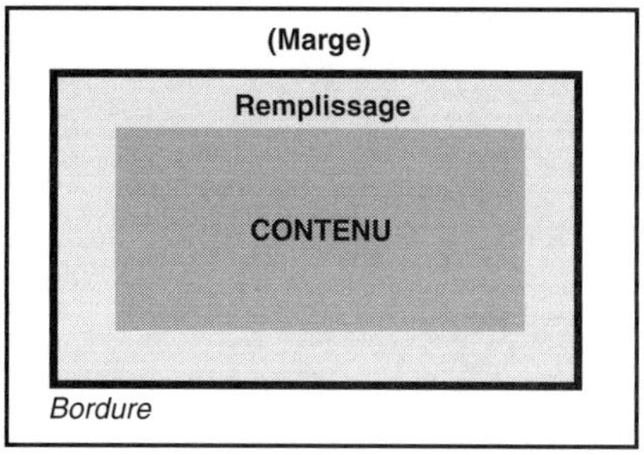

Figure 12-1
Les quatre zones de la boîte CSS générique : contenu, remplissage, bordure, et marge (nous avons assombri artificiellement le périmètre externe par souci de lisibilité).

tout, c'est ainsi que fonctionnent les programmes de mise en page, que réfléchissent les designers, et que les utilisateurs perçoivent les présentations. Dans une mise en page CSS, lorsque vous juxtaposez deux `div` et que vous attribuez à chacun 50 % de la largeur de la fenêtre de l'utilisateur, on peut raisonnablement s'attendre à ce que cette valeur soit conservée si vous ajoutez du remplissage et des bordures. Mais le fonctionnement de CSS est autre.

De même, si vous étiez un éditeur de navigateur implémentant CSS à l'aube de l'histoire des standards, vous auriez pu appliquer de façon incorrecte `width: 400px` à toute la boîte (marge exceptée), au lieu de limiter la portée de cette directive à la zone de contenu, comme spécifié dans la norme. Ce type d'erreur était très facile à faire, notamment si vous tentiez d'implémenter CSS 1 alors que la spécification était encore toute fraîche et sortait à peine du four. Gardez cet élément en tête ; nous y reviendrons d'ici peu. En fait, le modèle de boîte CSS est plus sophistiqué et, par certains aspects, pose plus de problèmes que ce que le bon sens, les normes de design graphique et ses premières implémentations (boguées) dans les navigateurs pouvaient le laisser penser.

Le fonctionnement du modèle de boîte

Pour CSS, chacune des quatre zones (contenu, remplissage, bordure et marge) peut recevoir des valeurs, et ces valeurs s'additionnent. On calculera donc la largeur totale de la boîte en ajoutant les largeurs de contenu, de remplissage et de bordure (figure 12-2). Si la largeur du contenu est 400 px, celle du remplissage 50 px de chaque côté, et si l'épaisseur des arêtes de la bordure est de 2 px, la largeur totale de la boîte sera de 504 px (400 pour le contenu + 2 pour la bordure de gauche + 50 pour le remplissage de gauche + 50 pour le remplissage de droite + 2 pour la bordure de droite, soit un total de 504).

CSS se fiche des subtilités : vous pouvez associer tous types de valeurs et spécifier, par exemple, une largeur de contenu occupant 67 % de la largeur de fenêtre du navigateur du visiteur lors du chargement de la page, 5 em de remplissage, et 1 px de bordure. La largeur totale serait alors de... euh, difficile à dire ! Quoi qu'il en soit, elle dépendrait de la largeur de la fenêtre du visiteur et de sa taille de texte par défaut (1 em).

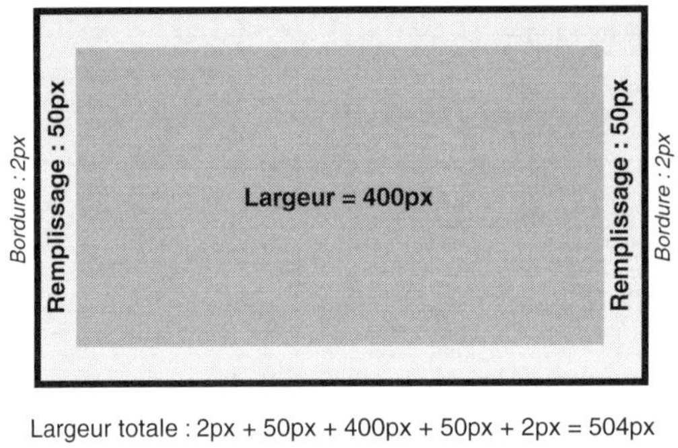

Figure 12-2
Le modèle de boîte en action. Pour calculer la largeur totale de la boîte, on additionne les valeurs de contenu, de remplissage et de bordure.

Mais le modèle de boîte est plus riche encore. Pour commencer, deux éléments placés l'un sous l'autre voient leurs marges supérieures et inférieures se télescoper. Faites-vous un double expresso ou optez pour un breuvage plus fort encore et consultez soigneusement le document www.w3.org/TR/REC-CSS2/box.html. Quand vous commencerez à loucher, passez à www.andybudd.com/archives/2003/11/no_margin_for_error.

D'autre part, les valeurs de taille n'ont aucun sens pour une boîte vide. Même si l'on spécifie qu'une boîte vide doit s'étendre sur 100 % de la largeur et de la hauteur d'une page, elle n'en occupera que 0 % si elle ne contient rien. Le fonctionnement est différent avec les cadres HTML et parfois aussi avec les mises en page en tableaux dans les navigateurs 4.0. Ainsi, dans ces cas de figure, il est possible de créer des effets de couleur en juxtaposant deux éléments de niveau bloc dotés d'arrière-plans (mais pas de données). En revanche, cette technique ne fonctionne pas en CSS. En ce sens, et paradoxalement, on ne peut donc pas séparer la présentation de la structure, car s'il n'y a pas de données, il ne peut y avoir de présentation.

Les ratés du modèle de boîte

Si vous avez été attentif à ces premiers développements, peut-être avez-vous déjà une idée des bogues dont souffrait le modèle de boîte dans les premières implémentations de CSS, comme celles d'IE 4 à 5.5 pour Windows. Dans ces navigateurs, ainsi que dans les versions Macintosh antérieures à la version 5.0, les valeurs de largeur et de hauteur qui, en théorie, ne devaient concerner que la zone de contenu étaient en réalité appliquées à toute la boîte (à l'exception des marges).

La figure 12-3 donne un exemple de modèle de boîte non conforme. En reprenant l'exemple précédent dans IE 4 à 5.5 pour Windows, si la largeur de contenu est de 400 px, le remplissage de 50 px sur chaque côté, et l'épaisseur de bordure de 2 px, la largeur totale est de 400 px (au lieu des 504 px attendus). La zone de contenu est alors ramenée à 296 px (400 - 50 - 50 - 2 - 2). Plus les valeurs de remplissage et de bordure seront élevées, plus l'agencement obtenu différera de vos intentions, et plus votre zone de contenu sera compressée.

Figure 12-3
Le modèle de boîte cassé (non conforme) dans Internet Explorer 4.0 à 5.5 pour Windows : 400 + 2 + 50 + 50 + 2 = 400. Arithmétique douteuse, qui partait pourtant d'une bonne intention.

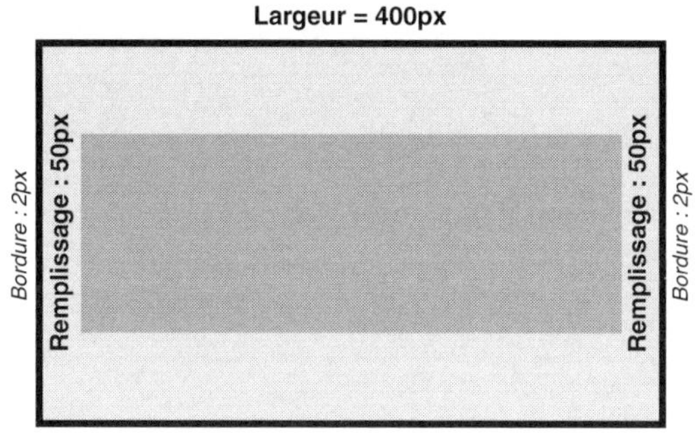

À l'époque de la première édition, on trouvait encore des centaines de millions d'utilisateurs d'IE 5.x pour Windows. Des dizaines de milliers de designers apprenaient alors son modèle de boîte non conforme. Certains le reprennent encore dans leurs créations, ce qui ruine les mises en page des navigateurs qui interprètent correctement le modèle de boîte (notamment IE 6 pour Windows, IE 5 pour Macintosh, Netscape à partir de sa version 6, Mozilla, Firefox, Camino, K-Meleon, Safari, et Opera à partir de sa version 5). À l'inverse, les designers qui comprennent le modèle de boîte – et en respectent les spécifications dans leurs sites web – obtiennent les résultats désirés dans les navigateurs que nous venons de mentionner, mais des mises en page affreuses ou inexploitables dans IE 5.5 pour Windows et ses versions antérieures. Il existe une solution – il en existe même plusieurs –, et on doit la plus répandue à un ingénieur de Microsoft. Mais avant de réparer le modèle de boîte non conforme, prenons le temps d'en examiner les vertus.

Apologie du modèle de boîte non conforme

Le modèle de boîte d'IE 4 et 5.x pour Windows (qui est aussi celui de toutes les versions d'IE pour Macintosh antérieures à 5.0) est sans conteste non conforme et contraire à la spécification CSS, mais ce n'est pas pour autant une stupidité. D'un certain point de vue, il est plus facile à utiliser et plus pratique que la spécification explicite de CSS. Le modèle de boîte CSS fonctionne bien pour des mises en page reposant sur des valeurs exprimées en pixels, mais sa complexité le rend difficile à maîtriser et contre intuitif, voire contre productif, dans les mises en page dites « liquides » employant des valeurs exprimées en pourcentages, qui s'adaptent à la taille du moniteur du visiteur.

Prenons l'exemple d'un design simple, en deux cellules, dont les colonnes gauche et droite occupent 100 % de la largeur du moniteur du visiteur. Il est très facile de créer ce type de mise en page avec des tableaux HTML, mais c'est parfois bien plus délicat en CSS. Pour créer cet agencement CSS liquide en deux colonnes, un être humain normalement constitué mettra en œuvre deux `div` qu'il juxtaposera au moyen de la propriété CSS `float` :

```
#nav {
        width: 35%;
        height: 100%;
        background: #666;
        color: #fff;
        margin: 0;
        padding: 0;
        }

#maintext {
        width: 65%;
        height: 100%;
        color: #000;
        background: #fff;
        margin: 0;
        padding: 0;
        float: right;
        }
```

Nous disposons ici de deux divisions de pages : l'une pour la navigation et l'autre pour le texte principal. Comme son nom l'indique, `float: right` spécifie que la colonne de texte principal (`maintext`) flotte à droite de la colonne de navigation (`row`). Cette dernière s'étend sur 35 % de la largeur de la fenêtre de navigation du visiteur, la zone de texte principal occupant les 65 % restants. À elles deux, ces divisions de page couvrent donc 100 % de la largeur de la fenêtre (35 + 65 = 100). On a précisé une hauteur (`height`) de 100 % dans le vain espoir que les deux colonnes et la couleur de fond qui les couvre soient aussi hautes que la page.

La figure 12-4 montre que cette approche fonctionne bien en l'absence de remplissage et de bordures. Les bordures, facultatives, sont un choix de design, mais le remplissage est indispensable pour éviter les horribles textes bord à bord comme ceux qui apparaissent sur cette illustration. Quand un designer ajoute remplissage et bordures à une simple mise en page en deux parties telle que celle-ci, tout va de travers. Dans certains navigateurs, les deux éléments seront superposés (figure 12-5). Dans d'autres, le cumul des valeurs étant supérieur à 100 %, la présentation est trop large pour être visualisée dans son intégralité avec le moniteur, et le visiteur devra utiliser une barre de défilement horizontal. Quelle que soit la taille du moniteur, elle ne suffira pas à afficher cette mise en page.

Les choses se passent mieux si les valeurs de remplissage et les largeurs de bordure sont exprimées en pourcentage, tous ces nombres étant calculés proportionnellement pour occuper la largeur de la fenêtre du navigateur du visiteur. Mais il est pratiquement impossible d'associer avec précision valeurs de pourcentages et remplissages de longueur fixe. CSS 3 se propose de résoudre ce problème avec la propriété de changement de taille de boîte `box-sizing` qui permet aux designers de choisir le modèle de taille à utiliser pour un élément. Si le modèle de

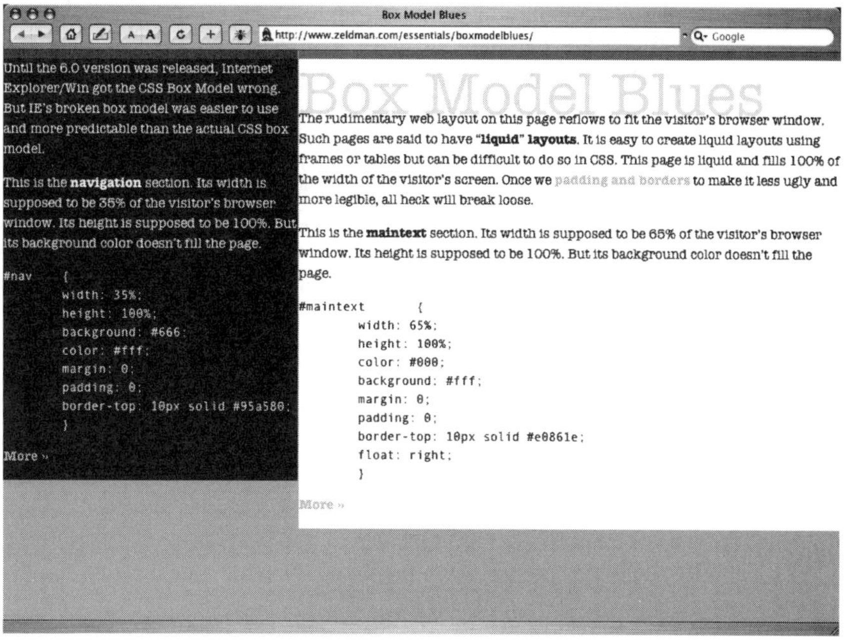

Figure 12-4

Les mises en page liquides (qui sont redessinées en fonction de la taille du moniteur du visiteur) sont plus difficiles à créer en CSS. Cet exemple met en œuvre deux **div** *liquides juxtaposés (*www.zeldman.com/essentials/boxmodelblues*).*

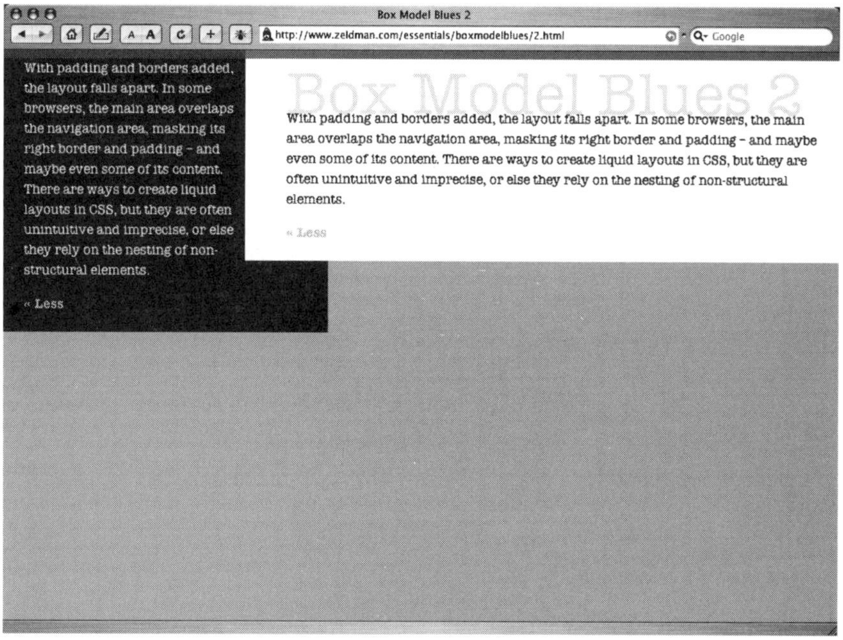

Figure 12-5

Quand on ajoute remplissage et bordures, ce fragile équilibre s'écroule. Dans certains navigateurs (comme ici), les éléments se superposent. Dans d'autres, la page obtenue est trop large pour l'écran.

boîte CSS fonctionnait comme son implémentation incorrecte dans les anciennes versions d'IE pour Windows, cette propriété ne serait pas nécessaire. Et, naturellement, les navigateurs d'aujourd'hui ne proposent pas ce type de propriété.

En l'absence d'une propriété `box-sizing`, il arrive souvent que les designers trichent et définissent des `div` sans remplissage, dans lesquels ils insèrent des sous-éléments auxquels ils affectent des marges pour simuler l'effet de padding désiré. Solution bien mauvaise puisqu'elle recourt à des éléments de balisage supplémentaires et non structurels, qui ont pour seule utilité de corriger des problèmes de mise en page. Multipliez ce type d'éléments, et votre balisage propre commencera à souffrir de cette divite contre laquelle nous vous avons mis en garde au chapitre 7. Certes, ces propos peuvent être taxés de purisme. Mis à part les quelques octets de bande passante supplémentaires, quel mal y a-t-il à créer et à imbriquer des éléments non structurels pour forcer des effets de mise en page ? Dans la pratique, aucun. Mais cette solution est un emplâtre sur une jambe de bois, et participe du même état d'esprit que celui qui était à l'origine des problèmes (« Design mal fichu ? Ajoutez du code ! »). Avec les standards, ce type de raisonnement devrait disparaître comme le Dodo. Malheureusement, la complexité et les limitations aux mises en page en CSS 1 et 2 nous imposent parfois de revenir aux pratiques que ces spécifications étaient censées nous éviter désormais. Voir à ce sujet l'encadré ci-après, « Solution universelle au problème du modèle de boîte, garantie sans bidouille ».

Avec le modèle de boîte non conforme d'IE 4 et 5 pour Windows, il était possible de créer des mises en page liquides associant valeurs fixes et relatives sans se prendre la tête et devoir imbriquer d'inutiles `div`. Nous ne sommes pas en train de dire qu'IE 4 et 5 pour Windows brillaient par leur conformité aux standards : ce n'était pas le cas. Nous signalons simplement que ce modèle de boîte non conforme avait ses avantages. Il existe une technique pour créer des mises en page CSS liquides ne souffrant pas de divite, mais ce n'est pas une science exacte, et aucun être humain n'y penserait spontanément. L'astuce consiste à ne créer qu'un seul `div`, à utiliser la page comme un autre `div`, et à arbitrer entre eux à l'aide de `float`. Les dimensions totales étant alors impossibles à établir avec précision, il faudra deviner des valeurs dont le total ne donnera jamais exactement 100 %.

Quand le magazine *A List Apart* est d'abord passé d'une mise en page en tableaux HTML à une mise en page CSS en février 2001, il a fallu trois designers (dont votre serviteur) pour trouver une manière de procéder. Les deux autres personnes étaient les experts Fahrner (qui a participé à la rédaction des spécifications CSS) et Çelik (lui aussi co-auteur de ces spécifications, et développeur du moteur de rendu Tasman destiné à IE 5 pour Macintosh). Le design original (figure 12-6) utilisait un tableau et se présentait principalement en double colonnage, avec une zone de contenu liquide et une marge de droite dont la largeur était gravée dans le marbre. À nous trois, nous avons trouvé une manière d'obtenir à peu près le même effet en CSS (figure 12-7), en faisant appel à la méthode contre-intuitive évoquée au paragraphe précédent. La largeur totale est donc répartie entre des valeurs qui ne la décomposent jamais exactement. Il ne devrait pourtant pas être aussi difficile de créer une mise en page en deux colonnes associant éléments liquide et fixe.

Mises en forme liquides CSS en plusieurs colonnes

On trouvera des approches modernes aux agencements liquides en plusieurs colonnes, faisant appel à des tailles fixes ou liquides (et utilisant même de manière astucieuse l'ordre du code source), dans les articles suivants : « In Search of the One True Layout » (positioniseverything.net/articles/onetruelayout), d'Alex Robinson ; « In Search of The Holy Grail » (À la recherche du Saint Graal, www.alistapart.com/articles/holygrail) de Matthew Levine. L'article de Robinson fut testé sous toutes les coutures par une foule d'optimistes développeurs et designers CSS. Cette technique ne présente qu'un seul défaut connu : toute utilisation d'ancres nommées dans une « mise en forme parfaite » fera exploser la page. Cela ressemble à une plaisanterie, mais c'est très sérieux. Faisons le point sur l'état du monde. Nous sommes désormais capables de cloner des moutons. On peut sans problème retourner à l'âge de pierre en fissurant des atomes. Mais il n'est toujours pas possible de créer facilement des mises en forme liquides en CSS.

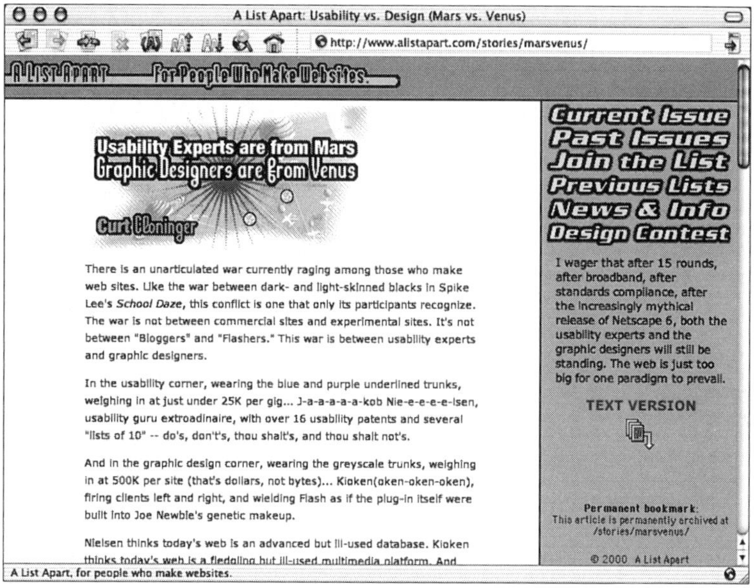

Figure 12-6
À l'origine, la mise en page du magazine A List Apart (www.alistapart.com) était en tableau, avec des cellules redimensionnées en fonction du moniteur du visiteur. Les vieux de la vieille appellent cela « agencement liquide ».

Évidemment, les exemples d'*A List Apart* et d'autres sites CSS (désormais nombreux) servent de modèle et pavent la voie ; les designers peuvent en reprendre et modifier les techniques. Signalons que CSS 2.1 résout certains de ces problèmes, et que les propositions faites pour CSS 3 en règlent d'autres encore. Remarquons aussi qu'à l'heure où nous écrivons ces lignes, les navigateurs prennent toujours principalement en charge CSS 1, ainsi que quelques éléments de CSS 2. Firefox, Opera et Safari commencent également à toucher à CSS 3, mais ils sont encore loin de toute prise en charge exhaustive. La complexité du modèle de boîte de CSS 1 continue à gêner considérablement ceux qui souhaitent créer certains types de mises en page liquides, et il est contre-intuitif pour les designers.

Figure 12-7
Lorsque le design a été repensé en février 2001, il a fallu trois designers CSS (dont deux experts reconnus) pour trouver comment obtenir un effet « liquide » similaire avec des feuilles de style.

Dans une interview accordée en 2002, l'expert du DOM Peter-Paul Koch a exprimé les choses ainsi :

> « De façon logique, la largeur d'une boîte se mesure de bord à bord. Imaginez une vraie boîte, n'importe quel type de boîte. Placez-y un objet clairement plus petit qu'elle et demandez à quelqu'un de mesurer la largeur de la boîte. Il mesurera la distance séparant ses côtés (ou bordures). Personne ne pensera spontanément à en mesurer le contenu. Les designers web qui créent des boîtes pour y placer leurs contenus s'intéressent avant tout à la largeur *visible* de la boîte, c'est-à-dire à la distance qui sépare ses bords opposés. Ce sont ces frontières, et en aucun cas le contenu de la boîte, qui joueront un rôle aux yeux du visiteur. La largeur du contenu n'intéresse personne. » (www.netdiver.net/interviews/peter-paulkoch.php)

Hélas, qu'elle soit ou non excessivement complexe, il faut bien nous résoudre à utiliser cette spécification. Les éditeurs de navigateurs ne sont pas censés la repenser ni l'améliorer, mais l'implémenter correctement et complètement, et c'est ce que font tous les navigateurs, qu'ils soient leaders ou confinés sur des marchés de niche. Dans ces conditions, comment créer des mises en page qui fonctionneront aussi bien dans les navigateurs qui interprètent mal le modèle de boîte que dans ceux qui l'ont compris ?

La bidouille du modèle de boîte[1] ou comment adapter CSS

Tantek Çelik, dont nous avons déjà parlé dans ce chapitre, a proposé une solution au problème posé par les mauvaises implémentations du modèle de boîte, astuce désormais largement utilisée. Sa solution exploite un bogue d'analyse syntaxique (parsing) de CSS dans IE 5.x pour Windows, et consiste à appliquer une largeur de boîte incorrecte, avant de la remplacer par la valeur correcte (figure 12-8). Dans l'exemple qui suit, extrait de www.tantek.com/CSS/Examples/boxmodelhack.html, la valeur correcte de la zone de contenu est 300 px, mais IE pour Windows soustrait à tort 100 px de remplissage et de bordures.

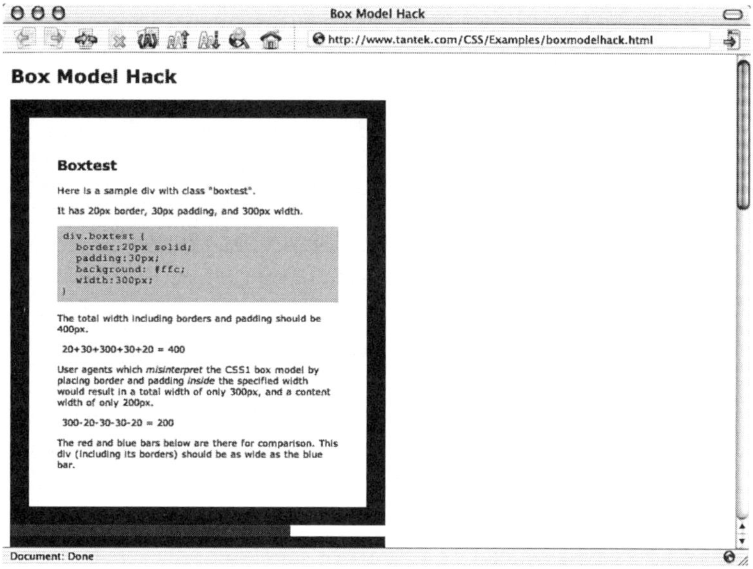

Figure 12-8
*La solution proposée par Tantek Çelik résout le problème du modèle de boîte et permet aussi d'en corriger d'autres (*www.tantek.com/CSS/Examples/boxmodelhack.html*).*[2]

Donnons d'abord la règle CSS non adaptée, telle qu'on l'écrirait pour tous les navigateurs conformes :

```
div.boxtest {
  border:20px solid;
  padding:30px;
  background: #ffc;
  width:300px;
}
```

1. N.D.T. : dans le langage utilisé par les développeurs web, il s'agit d'un « hack CSS », c'est-à-dire d'une méthode permettant de mettre en échec le navigateur à l'aide de règles qu'il ne comprend pas.
2. N.D.T. : une traduction en français est disponible à l'adresse www.elanceur.org/jason/BidouillageBoites/Bidouillage-Boite.html.

Les navigateurs interprétant correctement le CSS créeront une boîte d'une largeur totale de 400 px (20 + 30 + 300 + 30 + 20 = 400). En revanche, les versions obsolètes d'IE pour Windows soustrairont les valeurs de remplissage et de bordures des 300 px de la zone de contenu pour créer une boîte d'une largeur de 300 px dotée d'une zone de contenu d'une largeur de 200 px (300 - 20 - 30 - 30 - 20 = 200). C'est pourquoi on leur passe la valeur incorrecte 400 px (largeur totale recherchée) avant de les perturber avec deux lignes contenant des sélecteurs CSS qu'IE 4 et 5 pour Windows ne comprennent pas (en gras dans l'extrait de code qui suit).

```
div.content{
  width:400px;
  voice-family: "\"\"";}
  voice-family:inherit;
  width:300px;
}
```

On termine alors en passant la valeur correcte, 300 px en l'occurrence. IE 5.x pour Windows cesse sa lecture lorsqu'il arrive aux règles `voice-family` qu'il ne comprend pas. Quant aux navigateurs plus conformes, ils poursuivent la lecture et utilisent la valeur souhaitée.

Les navigateurs Opera (en tout cas, les versions antérieures à Opera 7) posent un autre problème, dans la mesure où ils comprennent les sélecteurs CSS 2 et le modèle de boîte, mais souffrent du même bogue d'analyse qu'IE pour Windows. Par conséquent, il se peut que ces navigateurs utilisent eux aussi les valeurs incorrectes, ce que nous voulons éviter. Tantek Çelik résout ce problème à l'aide d'une autre règle, dite « Soyez gentil avec Opera » :

```
html>body .content {
  width:300px;
}
```

S'il rate la valeur correcte de la règle précédente, Opéra ne passera pas outre cette règle supplémentaire car elle est plus spécifique. Rappelons qu'en CSS les règles plus spécifiques prévalent toujours sur les autres (ainsi, la règle `#menu p` prévaut sur la règle `p`).

Depuis son invention fin 2000, la bidouille du modèle de boîte fut reprise sur des dizaines de milliers de sites. Elle facilite la mise en page CSS en passant aux navigateurs obsolètes les valeurs incorrectes nécessaires au bon fonctionnement de leur modèle de boîte non conforme, tout en fournissant les valeurs correctes aux clients plus compatibles. Cette astuce est plus lourd à exposer (et à lire sur cette page) qu'à employer ; nous y recourons constamment. À peu près tous les sites qui sortent de notre studio recourent à cette technique – ou à une version allégée, appelée la « bidouille de modèle de boîte simplifiée » (Simplified Box Model Hack), et dont on trouvera la description à l'adresse css-discuss.incutio.com/?page=BoxModelHack.

Solution universelle au problème du modèle de boîte, garantie sans bidouille

On peut éviter le blues du modèle de boîte en n'ajoutant jamais de remplissage ni de bordures à tout élément pour lequel on a défini une largeur. Il suffira de placer le remplissage dans l'élément parent (si sa largeur n'est pas définie) ou d'ajouter des marges dans les éléments qui en descendent. Attention toutefois, car la divite menace celui qui suit cette approche.

Remarquons que la bidouille du modèle de boîte n'est pas nécessaire quand le remplissage et les bordures sont de largeur nulle. Selon la finesse du design et le cahier des charges du projet, elle pourra aussi se révéler facultative quand ces largeurs seront faibles et le design suffisamment « relâché » pour que quelques pixels de plus ou de moins d'un navigateur à l'autre ne vous gênent pas outre mesure. (Dans certains cas, il est possible de tricher en choisissant délibérément des valeurs dont le total est inférieur à 100 %.)

Cache-cache avec les navigateurs

La bidouille du modèle de boîte (qu'on appelle aussi « méthode de Tantek ») repose sur un bogue d'analyse permettant de tromper les versions obsolètes d'IE pour Windows et de les obliger à prendre correctement en charge le modèle de boîte. Comme expliqué au chapitre 9 à la section « Feuilles de style externes », la méthode `@import`, qui permet de spécifier un lien dans une feuille de style, trompe les navigateurs de versions 4.0 et antérieures, qui ne la prennent pas en compte. Avec cette méthode et quelques autres, nous utilisons les standards pour prendre en charge les standards. Cela peut sembler orwellien, mais signifie tout simplement que nous permettons aux navigateurs plus limités d'ignorer sans heurt ce qu'ils ne peuvent pas comprendre. Pour cela, nous n'employons pas d'anciennes méthodes comme la détection de navigateurs et les fourches de code, mais nous laissons les seuls standards prendre en charge ce qu'ils font le mieux. Vous trouverez d'autres méthodes permettant de masquer certains éléments à des navigateurs plus ou moins conformes aux standards à l'adresse w3development.de/css/hide-css-from-browsers/summary.

Le bogue des espaces dans IE pour Windows

Avant que vous ne soyez assommé par trop de théorie, passons à une problématique plus simple pour laquelle une solution moins complexe existe : le bogue des espaces dans Internet Explorer pour Windows. La figure 12-9 illustre les atteintes qu'il peut porter aux mises en page hybrides (comparez-la à la figure 11-4 du chapitre 11), agressions qui seront toutefois de même nature dans les mises en page en pur CSS.

Les deux extraits de balisage qui suivent sont équivalents sur le plan fonctionnel. Toutefois, étant données les variations dans leur utilisation (ou non) des espaces, ils s'afficheront différemment dans les navigateurs qui, à tort, tentent de prendre en compte les espaces dans leur analyse du XHTML. Par conséquent :

Figure 12-9
Chaque jour apporte son lot de problèmes d'affichage. Il s'agit cette fois du bogue des espaces dans IE pour Windows. Nous avons agrandi l'image pour une meilleure lisibilité. Comparez cette figure à la 11-4 (chapitre 11), qui illustre le résultat recherché.

```
<td><img src="toto.gif" /></td>
```

n'aura pas le même rendu que :

```
<td>
<img src="toto.gif" />
</td>
```

Omission de l'attribut alt

Les adeptes de validation et d'accessibilité auront remarqué que les exemples précédents ne comportent pas d'attribut `alt`. L'auteur les a délibérément simplifiés pour mieux attirer l'attention sur ce dont on parle ici : le bogue du blanc dans IE sous Windows. On rendra évidemment ces portions de code valides et accessibles en y ajoutant le texte d'`alt` approprié, par exemple `<img src-"toto.gif" alt-"La tête à Toto" />`.

Ce deuxième exemple – dont le balisage contient des espaces – peut générer dans votre page web les trous disgracieux observés figure 12-9. Il en va de même du code suivant. Le balisage qui suit (sans espace) :

```
<td><a href="#foo"><img src="toto.gif" /></a></td>
```

peut produire dans votre navigateur un résultat différent de celui obtenu avec le code ci-dessous, pourtant équivalent sur le plan fonctionnel :

```
<td>
  <a href="#foo">
    <img src="toto.gif" />
  </a>
</td>
```

À quoi faut-il attribuer ces différences ? Le bogue des espaces était un classique de Netscape Navigator dès sa version 3.0 (et peut-être encore avant). Quand Microsoft a pris la décision de développer un navigateur concurrent, ses ingénieurs ont imité de nombreux comportements de Netscape, dont, malheureusement, certains bogues. Lors de la première édition de cet ouvrage, les navigateurs IE pour Windows, IE 6 inclus, persistaient à imiter ce vieux bogue stupide de Netscape. La situation n'a guère évolué alors que l'auteur revoit son manuscrit pour la deuxième édition (cela dit, il est possible qu'il soit enfin corrigé dans la version 7 d'IE, encore attendue). La solution ? Supprimez tous ces espaces vides de votre balisage. Malheureusement, ce n'est pas une blague...

Placardez la bidouille de Holly partout

La « bidouille de Holly » (www.communitymx.com/content/article.cfm?page=2&cid=C37E0), mise au point après la première édition de cet ouvrage, propose une autre solution au bogue du blanc. Il s'agit d'écrire `height: 1%` dans une règle CSS propre à IE (ou dans un fichier séparé). Le revers de la médaille, c'est qu'il s'agit encore d'une règle sans queue ni tête ne visant qu'à tromper les versions d'IE antérieures à 7.0 pour tenter d'en obtenir un comportement correct. La bonne nouvelle, c'est que cela permet de laisser un balisage HTML sous forme lisible.

Une troisième approche évite les bidouilles CSS en plaçant tous les blancs dans des commentaires, comme ceci :

```
<ul><!--
  --><li>J'aime les gros blocs,</li><!--
  --><li>C'est la vérité,</li><!--
  --><li>Vous autres codeurs le savez.</li><!--
--></ul>
```

Bien sûr, cette idée flirte avec la folie, mais c'est valide et cela fonctionne.

Le bogue des espaces peut concerner les mises en page CSS tout comme les mises en page hybrides. Prenons la liste suivante, extraite d'une version de janvier 2003 – redesign heureusement éphémère – de zeldman.com :

```
<div id="secondarynav">
<ul>
<li id="secondarytop"><a href="/about/" title="History, FAQ,
bio, etc.">about</a></li>
<li id="contact"><a href="/contact/" title="Write to us."
>contact</a></li>
<li id="essentials"><a href="/essentials/" title="Vital info."
>essentials</a></li>
<li id="pubs"><a href="/pubs/" title="Books and articles."
>pubs</a></li>
<li id="tour"><a href="/tour/" title="Personal appearances."
```

```
>tour</a></li>
</ul>
     ...</div>
```

Le CSS (que nous fournirons dans quelques paragraphes) transforme cette liste en boutons sur lesquels l'utilisateur peut cliquer (voir figure 12-10). Mais sous IE pour Windows, les espaces dans le balisage perturbent grandement la disposition de ces boutons. Pour contourner ce bogue d'IE pour Windows, il est nécessaire de supprimer tous ces blancs, comme suit :

```
<div id="secondarynav"><ul><li id="secondarytop"><a href="/about/"↵
title="History, FAQ, bio, etc.">about</a></li><li id="contact"><a ↵
href="/contact/" title="Write tous.">contact</a></li><li id="essentials"><a↵
href="/essentials/" title="Vital info.">essentials</a></li><li id="pubs"><a↵
href="/pubs/" title="Books and articles.">pubs</a></li><li id="tour"><a ↵
href="/tour/" title="Personal appearances.">tour</a></li></ul> ...</div>
```

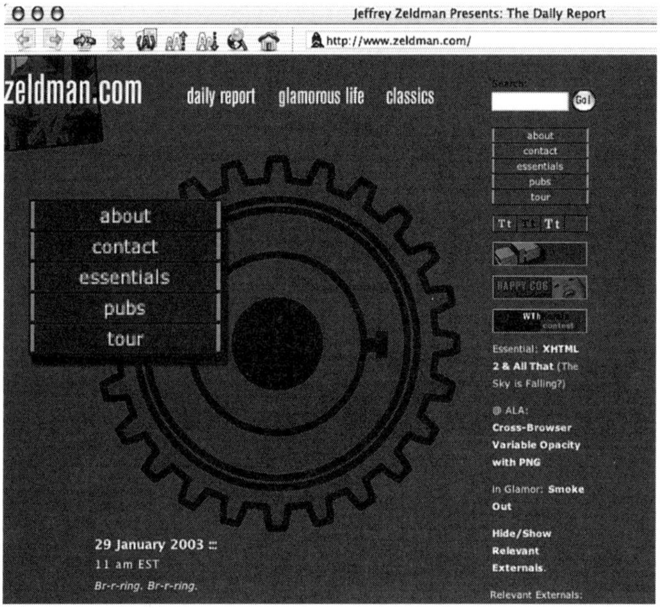

Figure 12-10
*L'application des règles CSS à une liste permet de créer un effet de boutons de navigation (agrandis et reproduits sur l'image). Il faut compacter le balisage de la liste pour éviter le bogue des espaces dans IE pour Windows (*www.zeldman.com*).*

Ce code est plus difficile à lire et à modifier que sa version normale, indentés, mais la nécessité d'afficher correctement ce site dans un navigateur extrêmement populaire ne nous laisse pas le choix. En supprimant tous ces blancs, on allégera aussi de quelques octets la taille du fichier, ce qui nous consolera un peu. Nous reproduisons ci-dessous le CSS qui crée ces effets de bouton ; vous pourrez l'étudier in situ à l'adresse www.zeldman.com/c/sophisto.css.

```
#secondarynav ul {
        list-style: none;
        padding: 0;
        margin: 0;
        border: 0;
        }

#secondarynav li {
        text-align: center;
        border-bottom: 1px solid #066;
        width: 100px;
        margin: 0;
        padding: 0 1px 1px 1px;
        font: 10px/12px verdana, arial, sans-serif;
        color: #cff;
        background: #399;
        }

#secondarytop {
        border-top: 1px solid #066;
        }

#secondarynav li a {
        display: block;
        width: 96px;
        font-weight: normal;
        padding: 1px;
        border-left: 2px solid #6cc;
        border-right: 2px solid #6cc;
        background-color: #399;
        color: #cff;
        text-decoration: none;
        }

#secondarynav li a:hover {
        font-weight: normal;
        border-left: 2px solid #9cc;
        border-right: 2px solid #9cc;
        background-color: #5aa;
        color: #fff;
        text-decoration: none;
        }
```

Vous découvrirez d'autres manières d'utiliser CSS pour transformer des listes structurées en éléments graphiques de navigation dans l'article de Mark Newhouse intitulé « CSS Design : Taming Lists », à l'adresse www.alistapart.com/articles/taminglists.

Le bogue de float dans IE 6 pour Windows

Nous avons expliqué un peu plus haut comment la propriété `float` de CSS permet de juxtaposer des éléments. Ainsi, la règle suivante permet au `div` d'`id` unique `maintext` de flotter à gauche d'une marge ou de tout autre élément placé sur le côté droit :

```
#maintext {
      float: left;
      }
```

Mieux vaut que le texte de l'élément `maintext` soit court et explicite ! En effet, IE 6 pour Windows souffre d'un bogue qui tronque arbitrairement les longues portions de texte placées dans un élément `div` flottant, ce qui empêche le visiteur d'accéder au texte complet et fait aussi disparaître la barre de défilement. Pour accéder à l'intégralité du texte ou remettre en place la barre de défilement du navigateur, l'utilisateur devra (écoutez bien) réactualiser la page ou appuyer rapidement deux fois sur la touche `F11`. Est-ce une opération que les visiteurs de vos sites font spontanément lorsqu'ils chargent une page ? Ce n'est pas non plus le cas des nôtres.

Bogues de float et de la guillotine

Attention à ne pas confondre le bogue de `float`, découvert en développant une nouvelle maquette pour la version 2.0 du site *A List Apart*, avec le bogue de la guillotine (www.positioniseverything.net/explorer/guillotine.html). Dans ce dernier, le bas des éléments flottants est tronqué lorsque le pointeur de la souris passe sur des liens. Incroyable, mais vrai.

Ce problème concerne une proportion inconnue (et, espérons-le, faible) d'utilisateurs d'IE 6... mais c'est un peu comme dire qu'il n'affecte qu'un faible pourcentage de Chinois. Ce bogue a été détecté et signalé dès 2001, quand IE 6 était encore en version bêta, et les ingénieurs de Microsoft ont alors tenté de le corriger. Néanmoins, il sévit toujours. Même si les ingénieurs de Microsoft n'ont pas réussi à le reproduire dans leur laboratoire ou à découvrir sa cause, la communauté des designers indépendants semble avoir trouvé la source du problème ainsi qu'une solution de contournement. Mais poursuivez votre lecture.

Bloqué sur des valeurs anciennes

Apparemment, IE 6 peine à calculer les hauteurs des éléments de niveau bloc. Eddie Traversa, du site dhtmlnirvana.com, a découvert que IE pour Windows conserve en mémoire cache les valeurs calculées sur une page du site et les applique ensuite, à tort, aux autres. Si, par exemple, le **div maintext** occupe une hauteur de 300 px sur la première page du site et de 1400 px sur la page suivante, IE 6 peut parfois n'en afficher que les 300 premiers pixels. On « corrige » ce bogue en rechargeant manuellement chaque page, ce qui vide la mémoire cache de la valeur initiale qui s'y trouvait consignée... jusqu'à ce que l'utilisateur clique sur un lien qui l'emmène sur une nouvelle page et reprenne ce cycle de valeurs bloquées et de texte illisible.

Correction par script

La première étape consiste à reconnaître l'existence du problème. On peut ensuite en diagnostiquer la nature exacte. Pour la troisième étape, le programmeur Aaron Boodman du site Youngpup.net a écrit une petite fonction JavaScript qui, employée par IE pour Windows, itère une propriété du bloc flottant, ce qui entraîne un recalcul de la page, laquelle s'affiche alors correctement. Voici l'intégralité de ce script :

```
if (document.all && window.attachEvent) window.attachEvent("onload", fixWinIE);
function fixWinIE() {
        if (document.body.scrollHeight < document.all.content.offsetHeight) {
                document.all.content.style.display = 'block';
        }
}
```

Ces lignes vous permettront également de créer sans crainte des mises en page CSS recourant à **float**. Dans votre propre version, remplacez les références à **.content** par le nom de votre **div** flottant. Par exemple, si votre page propose des contenus flottants dans un **div** de nom d'**id maintext**, le code se présentera comme suit :

```
if (document.all && window.attachEvent) window.attachEvent("onload", fixWinIE);
function fixWinIE() {
        if (document.body.scrollHeight < document.all.maintext.offsetHeight) {
                document.all.maintext.style.display = 'block';
        }
}
```

On peut aussi appliquer la bidouille du **height: 1%** déjà mentionnée pour résoudre ce problème de manière plus propre et plus simple, sans faire appel à un script. Une autre approche, évitant tous ces soucis, consiste à recourir à des positionnements absolus en CSS pour reproduire le comportement des flottants. Le lecteur curieux de savoir pourquoi les versions d'IE antérieures à 7.0 font une boucherie des flottants pourront consulter l'article www.satzansatz.de/cssd/onhavinglayout.html.

Les flottants, « Coucou... Beuh ! », etc.

Avant sa version 7.0, IE fourmillait de bogues. Les nouveaux designers CSS se familiarisaient vite avec celui du « double flottant de marge » (www.positioniseverything.net/explorer/doubled-margin.html). Ils faisaient tout aussi rapidement la connaissance du bogue dit du « Coucou... Beuh ! » (www.positioniseverything.net/explorer/peekaboo.html), bien moins mignon que son nom le laisse penser. La liste complète des erreurs de prise en charge CSS remplirait allègrement plus de dix chapitres comme celui-ci, et Microsoft peut se targuer du fait que la plupart se produisent dans Internet Explorer.

Heureusement, la plupart de ces bogues ont été éradiqués dans IE 7, pas encore finalisé à l'heure où nous mettons sous presse. Cependant, tous les utilisateurs d'IE ne passeront pas instantanément à la version 7 quand celle-ci sortira. Il est donc nécessaire de connaître les bogues évoqués ici... ainsi que ceux dont nous ne parlons pas. Les sites suivants font le point sur la question et vous aideront à produire des pages web dont le code CSS fonctionnera bien partout :

- *Browser Bugs* (Bogues de navigateurs) chez CSS-Discuss (css-discuss.incutio.com/?page=BrowserBugs). La référence. Tout ce qu'il faut savoir sur les problèmes de CSS dans les principaux navigateurs.
- *CSS Bugs* in IE5/Mac (Bogues CSS dans IE 5 pour Macintosh, macedition.com/cb/ie5macbugs). À moins que votre public ne comporte un nombre anormalement bizarre d'utilisateurs d'IE 5 pour Macintosh, ce document présentera avant tout un intérêt historique.
- *Position is Everything* (Tout ce qui compte, c'est le positionnement, www.positioniseverything.net). « Nous détaillons les bogues des navigateurs modernes », prétendent-ils. Et ils ne font pas semblant ! Enregistrez immédiatement cette adresse dans vos signets, sinon vous le regretterez.
- *WordPress CSS Codex* – Fixing Browser Bugs (Codex CSS de WordPress : corriger les bogues des navigateurs, codex.wordpress.org/CSS_Fixing_Browser_Bugs). Comme son nom l'indique.

Mention honorable

Nous décernons ce titre au weblog d'IE (blogs.msdn.com/ie/default.aspx). La société Apple, cultivant habituellement un certain goût du secret, a permis à Hyatt, ingénieur en chef du navigateur Safari, de tenir un journal web des bogues du projet et des corrections qui y étaient apportées au fur et à mesure. L'objectif était de projeter une certaine ouverture d'esprit – et de convaincre les utilisateurs de Macintosh de passer à Safari. Cela a bien fonctionné ; Microsoft a donc repris l'idée. À cette adresse, on ne trouvera pas tant un « weblog des bogues » qu'un site d'information sur IE 7 et un moyen d'interagir avec ses créateurs.

Flash et QuickTime : ces objets du désir ?

Nous sommes nombreux à inclure dans nos sites des objets multimédias, tels que des animations Flash et QuickTime. Il n'existe aucune manière de procéder qui soit conforme aux standards et fonctionne correctement sur la plupart des navigateurs et des plates-formes. Pour en comprendre la raison, il nous faut vous raconter une histoire qui parle de vanité et de vengeance, une histoire aussi alambiquée et mélodramatique que celles écrites par Shakespeare ou narrés par l'opéra italien. Bon, d'accord, pas tout aussi mélodramatique, mais presque...

Objets imbriqués : une histoire de vengeance et de vanité

Quand les créateurs des premiers navigateurs Mosaic et Netscape eurent l'idée géniale de permettre aux designers d'inclure des images dans les pages web, ils étendirent en quelque sorte le HTML en créant une balise `<img>` propre à leur navigateur. Le W3C était opposé à cette idée et recommanda aux auteurs web de lui substituer plutôt l'élément `<object>`. Mais quelques millions de sites web plus tard, la balise `<img>` se portait fort bien et la prise en charge de l'élément `<object>` était quasiment inexistante. C'est alors qu'est apparu le plug-in FutureSplash, bientôt rebaptisé Flash, accompagné d'autres éléments multimédias, comme les animations Real et QuickTime. À nouveau, le W3C suggéra de recourir à la balise `<object>` pour inclure ce type de contenus dans les pages web, mais Netscape, de son côté, inventa la balise `<embed>`. Quand les navigateurs concurrents firent leur apparition, ils prirent eux aussi en charge la balise `<embed>` de Netscape.

Netscape et Microsoft estimaient que leurs clients attendaient du Web un riche espace multimédia, et qu'il était de la responsabilité des éditeurs de navigateurs d'accéder à ce désir grâce à l'innovation, laquelle, par la même occasion, leur ferait gagner des parts de marché. Aux yeux du W3C, les éditeurs de logiciels créaient leurs propres balises et ignoraient des spécifications parfaitement valables (et standards). À quoi bon créer des spécifications utiles et ouvertes si les sociétés membres du W3C n'y accordaient aucune attention ? Dans les années qui suivirent, le W3C assouvit une vengeance aussi terrible que cruelle sur ceux qui avaient osé braver ses magnifiques standards. (OK, OK, ils n'ont rien assouvi du tout. Ils se sont contentés de suivre leur charte et leur conscience : établir des standards de balisage raisonnables. Mais l'histoire est bien plus drôle quand on la raconte de cette manière.)

La double vengeance du W3C

Le premier acte de vengeance du W3C fut d'éviter de mentionner la balise `<embed>` dans quelque spécification HTML officielle que ce soit, bien qu'elle ait été employée par des centaines de milliers de designers sur des millions de sites. `<embed>` était absente de HTML 3.2. Elle n'apparaissait pas non plus dans HTML 4 ni dans HTML 4.01, dont le seul objectif était pourtant d'inclure des balises courantes qui avaient été omises de HTML 4. XHTML 1.0 reposant sur HTML 4.01, la balise `<embed>` n'y figurait pas non plus, raison pour laquelle tout site recourant à `<embed>` ne pouvait pas, et ne peut toujours pas à ce jour, être du HTML ou du XHTML valide. Oui, vous avez bien lu. Les millions de sites qui incorporent des éléments multimédias ne peuvent pas respecter les spécifications du W3C car ce dernier n'a jamais daigné reconnaître l'élément `<embed>`.

Mais la plaie n'est toujours pas cicatrisée : Le W3C bannit l'humble élément `<img>` de sa spécification XHTML 2.0 initiale (voir à ce sujet la section « Quel XHTML vous convient le mieux ? » du chapitre 5). Vous voulez des images ? Utilisez `<object>`. Vous voulez du Flash ? C'est encore `<object>` qu'il vous faut. Du QuickTime ? Toujours `<object>`. C'est en tout cas le credo du W3C. Le problème, c'est que certains navigateurs modernes ne prennent que partiellement en charge l'élément `<object>` ; il n'est pas du tout reconnu dans les versions plus anciennes. Les designers ne vont pas renoncer à Flash ni aux autres objets multimédias sous l'unique prétexte que le W3C présente des objections à l'emploi des balises qu'ils utilisent couramment. Quand un designer croit aux standards du Web et les emploie, que doit-il faire pour incorporer à ses sites des contenus riches ?

Mais... le matou revient, le jour suivant...

Hé, les gars ! À l'heure où l'auteur écrit ces lignes, l'élément `<img>` est de retour dans XHTML 2.0 (w3.org/TR/xhtml2/mod-image.html#s_imagemodule). Que de rebondissements !

Saté double cuisson : imbriquer des contenus multimédia dans le respect des standards

En novembre 2002, Drew McLellan, du site DreamweaverFever.com et du Web Standards Project, a mené une expérience. Dans un article pour le magazine *A List Apart* (www.alistapart.com/articles/flashsatay), il a innové en utilisant un XHTML minimal et conforme en lieu et place du balisage surchargé et employé habituellement pour imbriquer du contenu Flash dans des pages web, procédé qu'il a qualifié de méthode Saté[1]. Il a fait jeter aux orties l'élément `<embed>` non valide et remplacé le balisage maladroit de style IE :

```
classid="clsid:D27CDB6E-AE6D-11cf-96B8-444553540000"
```

par le balisage conforme ci-dessous :

```
type="application/x-shockwave-flash"
```

Le HTML généré par Flash lors de la mise en ligne d'une animation se présente généralement comme suit :

```
<object classid="clsid:D27CDB6E-AE6D-11cf-96B8-444553540000"
    codebase="http://download.macromedia.com/pub/shockwave/cabs/flash/↵
      swflash.cab#version=6,0,0,0" width="400" height="300" id="movie" align="">
  <param name="movie" value="movie.swf">
```

1. N.D.T. : Satay en anglais.

```
    <embed src="movie.swf" quality="high" width="400"
        height="300" name="movie" align="" type="application/x-shockwave-flash"
        pluginspage="http://www.macromedia.com/go/getflashplayer">
</object>
```

Voilà du HTML obèse et invalide, mais qui fonctionne sur tout navigateur sur lequel le plug-in Flash a été installé. Drew McLellan l'a raboté et ratiboisé jusqu'à obtenir le XHTML suivant, propre, net, sans bavure, et valide :

```
<object type="application/x-shockwave-flash" data="movie.swf" width="400"
height="300">
   <param name="movie" value="movie.swf" />
</object>
```

Cette version ne se contente pas d'être propre, nette, et valide : elle permet bel et bien de lire les animations Flash dans les navigateurs Netscape et IE. Malheureusement, ils ne pourront pas faire l'objet d'un streaming dans IE pour Windows suite à Dieu seul sait quel bogue. L'absence de flux n'est pas trop grave pour des contenus qui se limitent à quelques kilo-octets, mais peut se révéler bloquante dans le cas de fichiers Flash volumineux. Drew McLellan a résolu ce problème dans IE pour Windows en faisant appel à une petite animation Flash pour en charger une plus grosse. On avait ainsi enfin trouvé une manière conforme aux standards d'imbriquer des éléments multimédia sur le Web. Après avoir testé la méthode du Saté Flash de Drew McLellan sur tous les navigateurs et plates-formes disponibles, le magazine *A List Apart* a publié l'article.

Il y a un os : échecs de la balise object

Malheureusement, après la publication de l'article, un nouveau problème fut découvert. En lieu et place du contenu Flash attendu, certains visiteurs n'obtenaient qu'une zone de texte vide. Ce comportement se produisait principalement dans les navigateurs IE pour Windows, alors que la plupart des utilisateurs d'IE étaient en mesure de visualiser ces contenus Flash. Des problèmes similaires ont été signalés avec les navigateurs Konqueror et Mozilla sous GNU/Linux. Comme le bogue de la propriété `float` sous IE 6 décrit plus haut, ce bogue de l'élément `object` concernait un pourcentage d'utilisateurs indéterminé.

Une comparaison des implémentations d'`object` dans les différents navigateurs (www.student.oulu.fi/~sairwas/object-test/results) a conclu qu'IE pour Windows et quelques autres clients, parfois incapables de lire une animation Flash, étaient toutefois censés comprendre l'élément `<object>` et le gérer correctement. La même étude a établi que Netscape 4.x gérait mieux `<object>` que tout autre navigateur. Pourtant, IE pour Windows rencontre les mêmes problèmes quand on utilise cet élément pour imbriquer une image, comme le recommande la norme XHTML 2.

Un soupçon de JavaScript

Soucieux d'incorporer des contenus Flash dans le respect de la norme XHTML, certains designers se sont ensuite appuyés sur une détection du navigateur par JavaScript et sur sa fonction `document.write`. Ils espéraient ainsi faire passer en douce les balises `<embed>` incorrectes entre les mailles du filet des tests de validation du W3C :

```
<!-- permet de créer du XHTML valide avec la balise embed -->
<script type="text/javascript">
//<![CDATA[
if (navigator.mimeTypes && navigator.mimeTypes["application/x-shockwave-flash"]){
document.write('<embed src="/media/le_film_en_flash.swf" ...
```

Cette technique fonctionne : le contenu Flash s'affiche correctement dans tous les navigateurs capables d'exécuter le JavaScript (sauf si l'utilisateur est adepte de cette tendance qui consiste à tenir le JavaScript pour responsable des problèmes de sécurité et a par conséquent désactivé ce langage). D'autre part, le service de validation du W3C se fait avoir et valide ce balisage sans coup férir. Toutefois, comme mentionné au début de ce chapitre, la validation XHTML n'est pas le premier prix d'un concours qu'il s'agirait de gagner. Rouler le service de validation dans la farine ne signifie pas mettre en place un site conforme.

Depuis, la communauté a mis au point des méthodes fiables reposant sur les standards. En général, il s'agit d'associer le travail de Drew sur l'élément `object` à l'état de l'art du design conforme aux standards, incorporant par exemple du JavaScript non intrusif (www.online-tools.org/articles/unobtrusivejavascript) ou des améliorations progressives (hesketh.com/publications/progressive_enhancement_paving_way_for_future.html).

Les objets Flash non intrusifs (Unobtrusive Flash Objects, ou UFO[1]) du designer flamand Bobby van der Sluis (www.bobbyvandersluis.com/ufo) sont sortis dans leur version 3.0 en juillet 2006. Ce logiciel libre est un exemple à suivre. « UFO est un script DOM qui détecte le plug-in Flash et imbrique des objets Flash » de manière conforme aux standards. Happy Cog, qui a fait appel à cette technique sur de gros projets pour ses clients, garantit son efficacité et sa fiabilité. Tant que les navigateurs seront incapables de prendre en charge l'élément `<object>` tel qu'il est défini par le W3C, on ne pourra pas éviter ces solutions de contournement.

Solutions de contournement pour un monde pragmatique

Les solutions de contournement comme UFO ou le bidouillage du modèle de boîte sont les premières étapes pour réaliser la promesse des standards (« créer une fois, publier partout »), bien qu'aucun navigateur ne soit parfait, et certains encore moins que d'autres. Elles nous permettent d'améliorer les contenus, le design, et l'ergonomie de nos sites et nous évitent de perdre de précieuses heures sur des technologies propriétaires et cul-de-sac. Malgré tout,

1. N.D.T. : acronyme anglais correspondant à l'« OVNI » français.

certains n'approuvent pas leur utilisation, bien qu'elles soient pratiques et bénéfiques. À leurs yeux, si les navigateurs ne respectent pas correctement ou complètement une spécification donnée du W3C, tant pis pour leurs utilisateurs ! Il faut peut-être aussi éviter de recourir à ce standard. Ce point de vue a de nombreuses conséquences négatives ; citons-en quelques-unes :

- Si vous vous limitez aux spécifications prises en charge de façon exhaustive et correcte par tous les navigateurs, devinez... Vous ne pouvez pas créer de page web, car même HTML 3.2 n'est pas pris en charge dans sa totalité de façon universelle et correcte.
- Une prise en charge correcte des standards prend du temps, denrée rare sur les marchés concurrentiels. Les pressions commerciales obligent parfois les ingénieurs à sortir des produits avant d'avoir pu finaliser la prise en charge de toutes les subtilités d'une spécification donnée. Il leur arrive d'être contraints de commercialiser des programmes qu'ils savent bogués (Netscape 6.0 et IE 6.0 présentaient des bogues que leurs ingénieurs connaissaient, comme le bogue de `float` d'IE décrit plus haut). Les professionnels trop soucieux de pureté pour recourir aux solutions de contournement feront donc souffrir inutilement les visiteurs de leurs sites.
- Il arrive que les spécifications soient vagues, et que certaines changent après publication. Prenons, si vous le voulez bien, l'exemple de CSS 2. Comme nous l'avons signalé voici quelques pages, CSS 2.1 a remplacé CSS 2 en 2002, car cette dernière norme comportait quelques idées obscures ou impossibles à mettre en pratique. Quand la place des buts change, les joueurs ne marquent plus. Dans la spécification CSS 1, le facteur d'échelle à appliquer aux mots-clés représentant des tailles de fontes successives était de 1,5. Netscape 4 fut le seul de tous les navigateurs à implémenter ces échelles de mots-clés exactement de la manière recommandée par le W3C. Devinez quoi ? Les petites fontes étaient trop petites, et les grosses fontes étaient trop grosses. La spécification a été modifiée par la suite.
- La plupart d'entre nous devons compenser les défauts des navigateurs plus anciens, en particulier s'ils sont toujours largement utilisés.

Les lecteurs qui craignent qu'en leur recommandant les standards nous les poussions à embrasser des pratiques douteuses doivent garder à l'esprit que toutes les solutions de contournement proposées dans ce chapitre sont respectueuses des standards. Nous ne leur proposons pas de code propriétaire ni de balisage bidouillé pour contourner les limitations des navigateurs. Nous faisons appel aux standards pour prendre en charge les standards. Ainsi, dans le bidouillage du modèle de boîte, nous utilisons des sélecteurs CSS 2 pour garantir un rendu correct des mises en page dans les navigateurs présentant un modèle de boîte non conforme. Nous supprimons les espaces inutiles de notre balisage et cherchons à créer du texte accessible et lisible par tous.

Ces techniques sont on ne peut plus acceptables et nous permettent d'utiliser les standards aujourd'hui plutôt que de repousser leur implémentation à un avenir aussi lointain que glorieux et rempli de logiciels de navigation parfaits. Avec l'amélioration des navigateurs et l'obsolescence des anciennes versions, le besoin en solutions de contournement va diminuer, même si nous devrons peut-être les utiliser pour nous assurer de la compatibilité – descendante comme ascendante – de nos sites. Dans le chapitre suivant, nous conclurons ce panorama des joies et des peines des navigateurs en traitant de l'un des aspects les plus élémentaires du design, à savoir le contrôle de la typographie.

13

Travailler avec les navigateurs (troisième partie) : la typographie

La typographie est un outil essentiel dans la conception de sites web, au même titre que le positionnement et la couleur des objets. Les créateurs de polices de caractères consacrent de longues années à l'étude des polices et à leurs applications. Ils apprennent à faire la différence entre des fontes qui semblent presque identiques aux non initiés (Arial et Helvetica, par exemple). Quand ces spécialistes, de formation traditionnelle, abordent le Web et ses jeux de caractères limités et contradictoires, ils se trouvent souvent plus démunis que les experts au parcours graphique moins conventionnel.

C'est la taille qui compte

Les systèmes Windows, Unix et Macintosh sont fournis avec différentes polices de caractères installées, à diverses résolutions par défaut et, parfois, avec des systèmes de rendus qui varient également : pixellisation grossière, anti-crénelage léger (comme sous Mac OS 9), rendus si lissés qu'ils s'apparentent à du texte créé sous Photoshop (Mac OS X, ainsi que Windows XP avec l'option ClearType). Le bon vieux <font size-3> s'interprète donc différemment sur tous ces systèmes d'exploitation, tant du point de vue de la taille que de celui de l'apparence.

Sous contrôle de l'utilisateur

Outre les différences de plates-formes, de méthodes et de rendus CSS, le Web diffère aussi de l'imprimerie dans le sens où l'utilisateur est censé garder un certain contrôle quant à ce qui apparaît à l'écran. Et sur ce plan, satisfaire l'utilisateur est aussi malaisé avec les standards qu'avec les méthodes traditionnelles, en raison des problèmes que nous évoquerons dans la suite de ce chapitre. Les concepteurs formés de façon traditionnelle ont également du mal à accepter ce principe de contrôle par l'utilisateur. Dans ce chapitre, nous reviendrons sur l'historique et les problèmes posés par la typographie sur le Web, et nous étudierons des méthodes de définition de la taille du texte au moyen des standards du Web.

Une petite galerie des horreurs

Tim Berners-Lee, inventeur du Web et fondateur du W3C, voyait en sa création un moyen d'échanger facilement des documents textuels, et n'inclut donc aucun contrôle typographique dans le langage structuré qu'était le HTML. Comme mentionné à la section « Effacer les obstacles avec astuce » du chapitre 2, les premiers concepteurs de sites web recouraient à des balises vides de sens telles que `<tt>`, `<pre>`, `<blockquote>`, ou des paragraphes pour positionner le texte et simuler les espacements. Ils utilisèrent ensuite des images GIF ou encore Flash, pratique qui perdure (figures 13-1 et 13-2). C'est souvent le fait de concepteurs chevronnés, qui rechignent à accepter les limitations de CSS et de XHTML et les compromis indispensables à un équilibre entre leurs besoins et ceux de leurs utilisateurs.

À partir de 1995, avec l'essor des sites commerciaux et les concepteurs de sites torturant le HTML au point de le rendre méconnaissable, il était devenu nécessaire de fournir un minimum d'outils typographiques. Netscape proposa la balise `<font>`, qui acceptait l'attribut `size`. On pouvait y préciser des nombres (`<font size=2>`) ou des valeurs relatives fondées sur les paramètres par défaut de l'utilisateur (`<font size=+1>`). Les concepteurs de sites ont rapidement délaissé les balises de paragraphes et autres éléments structurels et commencé à contrôler leurs mises en page en associant les balises `<font size...>` et `<br>`. Pour ne pas être en reste, Microsoft proposa `<font face...>`.

La plupart des lecteurs se rappelleront cette époque et les problèmes qui se posaient alors, en particulier les différences entre plates-formes. Windows travaillait avec une taille de base par défaut de 16 pixels en 96 ppp. Mac OS, intimement lié à la typographie des imprimeries, utilisait une taille par défaut de 12 points en 72 ppp, se fondant en cela sur le standard PostScript. Les tailles de fontes dont le rendu était correct sur une plate-forme paraissaient trop grosses ou trop petites sur l'autre. « Fichu Windows », pensaient les concepteurs travaillant sur Macintosh ; « fichu Mac », pensaient les designers PC.

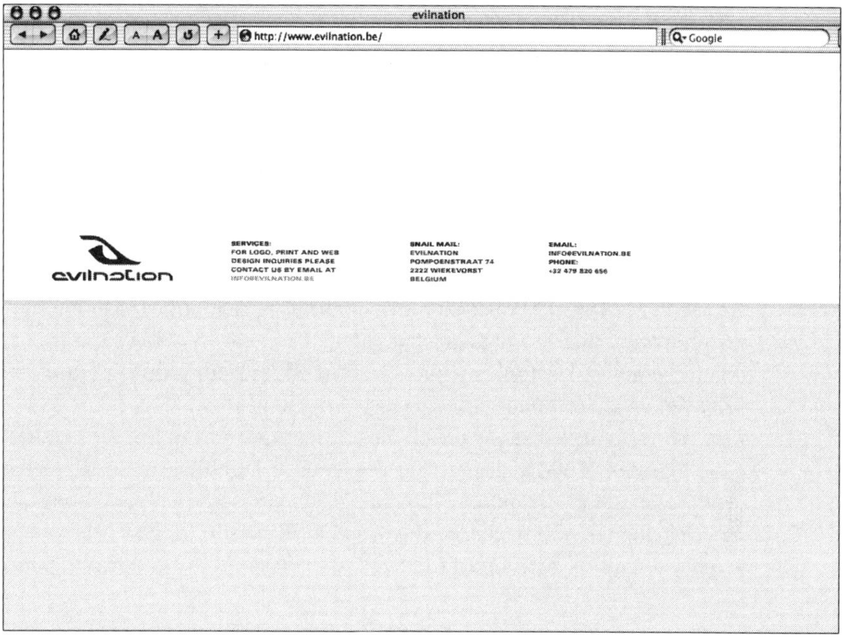

Figure 13-1
*Evilnation.be (*www.evilnation.be*), vers 2002. Chaque « mot » de cette page était une image vectorielle Flash, et non pas du véritable texte.*

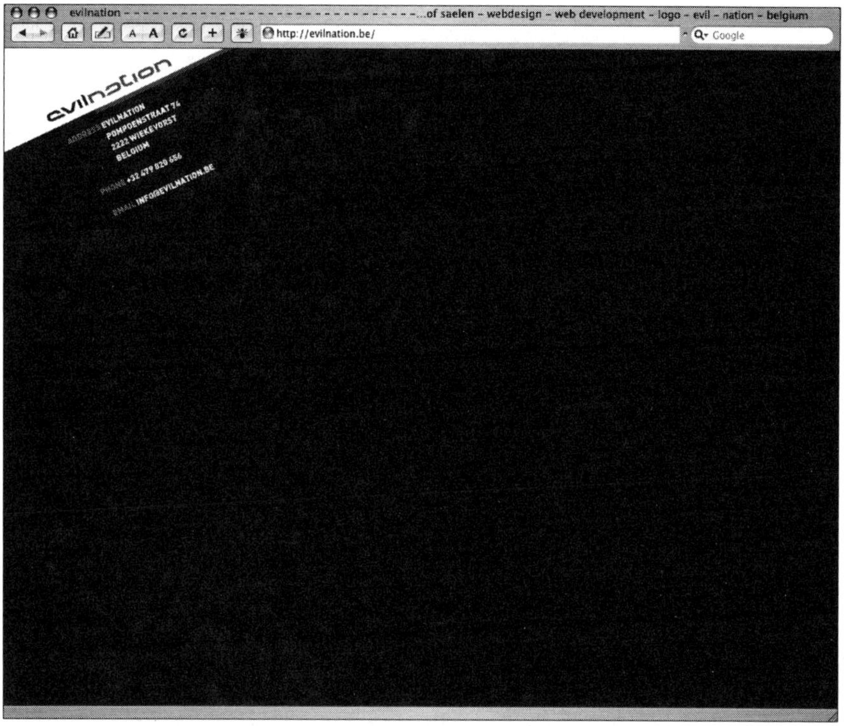

Figure 13-2
*Les années ont passé, et en 2006 on trouve toujours des vecteurs sur ce site (*www.evilnation.be*). Les designers compétents et soucieux de la typographie rechignent à accepter les limitations de XHTML et CSS et les compromis du contrôle par l'utilisateur.*

Les pommes de discorde

C'est alors qu'apparurent les premières implémentations de CSS telles que celle d'IE 3, accentuant davantage encore les problèmes de compatibilité entre plates-formes. Les points (pt ou pts) servent en typographie d'imprimerie ; ils n'ont pas vraiment de sens sur un écran, mais les concepteurs y étaient habitués. Ils ont donc choisi de recourir à cette unité pour spécifier les tailles des textes sur le Web. Dans le monde Windows, les fontes en 7 points avaient une hauteur de 9 pixels, ce qui était à peine lisible. Sur Macintosh, 7 points correspondaient à 7 pixels ; c'était donc illisible, et aussi utile qu'un couteau sans lame.

En 1997, Microsoft choisit de promouvoir avec une police d'une taille de 7 pts (figure 13-3) les prouesses de son nouveau navigateur IE 3, sur Windows comme sur Macintosh. C'était comme convier les foules à une avant-première alors qu'on aurait mal réglé la netteté du projecteur ! Cette fonte s'est révélée tout autant illisible sur IE 4 et Netscape 4 pour Macintosh, non plus à cause de problèmes de navigateurs, mais à cause de différences entre les plates-formes. Todd Fahrner, qui deviendrait bientôt le père de la bascule sur DOCTYPE (voir le chapitre 11), publia la figure 13-3 sur son site personnel. Il l'avait annotée pour montrer que les points étaient une unité CSS inutile du point de vue de la mise en page sur écran (bien qu'ils soient parfaitement adaptés aux feuilles de style pour l'imprimerie).

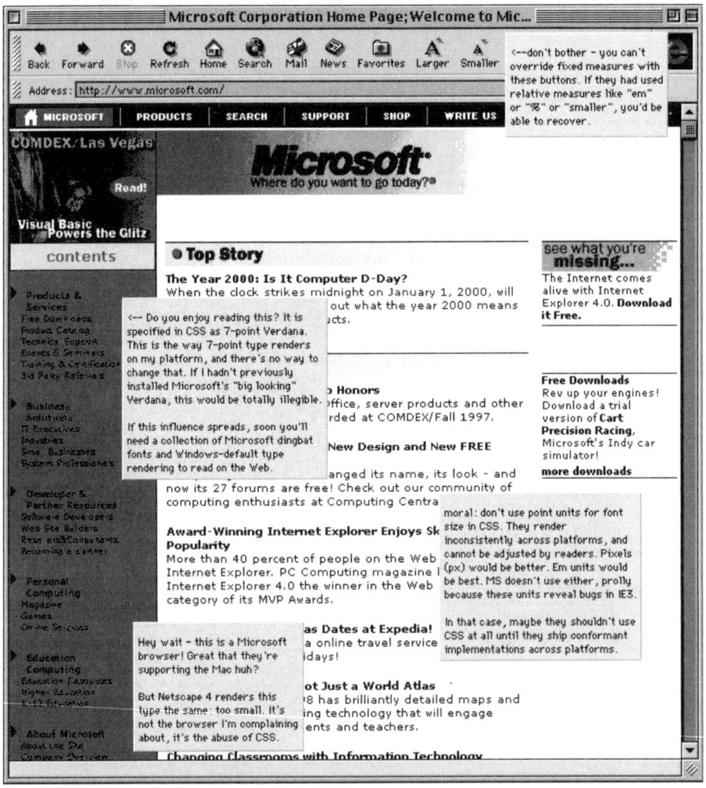

Figure 13-3

*Sur cette copie d'écran réalisée au milieu des années 1990, Todd Fahrner met en évidence certains problèmes liés à une mauvaise utilisation de CSS, notamment la spécification en points des fontes apparaissant à l'écran (*style.cleverchimp.com/font_size/points/font_wars.GIF*). Elles étaient souvent illisibles sur Macintosh à cause de différences entre les plates-formes.*

Fahrner mit également en exergue le fait que les textes dont la taille était donnée en points et en pixels ne pouvaient pas (à cette époque) être redimensionnés à l'aide des boutons de réglage des tailles de fontes du navigateur. Non que CSS 1 considérât les points et les pixels comme des unités fixes (CSS 1 ne définissait *aucune* méthode de taille comme non redimensionnable) : c'était simplement une décision des premiers éditeurs de navigateurs afin de commencer à prendre en charge le CSS. L'utilisateur *pouvait* choisir de spécifier les fontes en unités em (ou longueur d'« m ») et en pourcentages, mais de nombreux bogues se déclenchaient alors dans IE 3, IE 4, et Netscape 4. Fahrner allait bientôt proposer une solution à certains de ces problèmes.

À l'époque de la capture d'écran de la figure 13-3, le pixel de taille fixe était la seule unité fonctionnant aussi bien sur tous les navigateurs et sur toutes les plates-formes. Dix ans plus tard, c'est toujours la seule unité entièrement fiable, et il reste non redimensionnable sous IE pour Windows (cependant, sa version 7, attendue incessamment, permettra enfin de modifier la taille des textes définis en pixels).

Enfin une taille normalisée

Pour tenter d'aplanir ces différences, les créateurs des navigateurs Netscape (et Mozilla) et Microsoft se sont rassemblés fin 1999 pour standardiser la taille de fonte par défaut à 16 pixels/96 ppp sur toutes les plates-formes. Avec cette convention commune, fabricants et utilisateurs pourraient enfin mettre fin aux incompatibilités de taille de fontes entre plates-formes et aux textes inutiles car totalement illisibles.

La norme 16 pixels/96 ppp

Sur une liste de diffusion du W3C, le vaillant Todd Fahrner proposa en 1998, d'un ton faussement timide, une standardisation à 16 pixels par défaut pour Windows. Cette recommandation fut suivie par les principaux éditeurs de navigateurs en 2000. Bien que ses préoccupations fussent avant tout d'ordre pratique (il voulait s'assurer que cette fonte serait lisible à l'écran), il fait référence à quelque chose qui pourra vous paraître étrange dans la citation qui suit. Les têtes pensantes à l'origine de la conception de CSS 1 étaient parties, pour leurs réflexions, de l'idée un peu curieuse que la longueur moyenne du bras d'un utilisateur du Web était essentielle pour définir la taille d'un pixel. Sans rire. Quoi qu'il en soit, en proposant son idée d'une taille de fonte normalisée sur toutes les plates-formes, Fahrner prit soin d'évoquer cette question essentielle de la longueur du bras, aux côtés de considérations plus terre à terre telles que le confort d'utilisation. Il écrivit :

> « Depuis Mosaic, et même avant, la valeur par défaut de la taille des fontes des principaux navigateurs est de 12 pts. [...] Je propose de la remplacer par 16 px. La valeur par défaut actuelle de 12 pts est rendue de manière très variée d'une plate-forme à l'autre. Sur les Macintosh, elle prend 12 pixels (pour une résolution logique de 72 ppp). Sur les PC Wintel, elle occupe 16 pixels (la résolution logique par défaut y est de 96 ppp). [...] Toutes les tailles variables de fontes [...] reposent sur cette équivalence incohérente. Pour un concepteur de site web, cela signifie que la seule manière de prévoir une taille de fonte cohérente sur toutes les plates-formes est de recourir aux unités « pixel » de CSS, que les utilisateurs ne peuvent pas modifier, et qui par conséquent ne sont pas conviviales ou portables de manière optimale.

La norme 16 pixels/96 ppp (*suite*)

> La solution appropriée [...] consisterait pour les navigateurs Macintosh (et X11 ?) à oublier la tradition et à attribuer par défaut au texte `medium` la valeur de 16 px au lieu de 12 pts. Ce paramètre restera bien évidemment modifiable par l'utilisateur, mais une valeur de base égale partout aura au moins le mérite de rendre moins problématique l'utilisation par les concepteurs web de valeurs de tailles de fonte variables, dans la mesure où toute variation par rapport à la valeur par défaut sera imputable à des préférences utilisateur, et non plus à des différences héritées des caprices des systèmes d'exploitation.
>
> Si les concepteurs ont tendance à penser que 16 px est une valeur trop élevée pour une taille par défaut, pourquoi donc la suggérer ? Par opportunisme, tout d'abord. Le Macintosh est une petite plate-forme minoritaire, bien que sur-représentée dans le domaine de la conception de sites web (j'utilise moi-même un Macintosh !). Il n'est pas très réaliste d'attendre des navigateurs Windows/X11 qu'ils changent leurs valeurs par défaut pour adopter la résolution du Macintosh, quelque peu faiblarde avec ses 72 ppp.
>
> La norme CSS 1 de 1996 suggère une valeur d'un quatre-vingt-dixième de pouce (0,2822 mm) pour le « pixel de référence », valeur extrapolée à partir d'un angle visuel de 0,0227 degrés à longueur de bras. Les navigateurs sont censés ajuster les pixels de la manière appropriée si la résolution physique varie de façon significative par rapport à cette valeur. Un pixel de référence de 0,2822 mm suggère de rastériser 12 pts en 15 px plutôt qu'en 16. Cependant, 15 est évidemment bien plus proche de 16 que de 12. Aucun navigateur sur aucun système d'exploitation n'utilisant actuellement une résolution logique de 90 ppp (ni n'implémentant la mise à l'échelle des pixels) [...], la valeur de référence du pixel devrait être remplacée par un quatre-vingt-seizième de pouce (0,2646 mm). On garantira aisément l'angle visuel suggéré de 0,0227 degrés en dotant l'utilisateur de référence d'un bras plus long. Les concepteurs de sites pensent que 16 px est une valeur trop élevée, mais c'est parce qu'ils ont l'habitude de la taille de base de 12 px sur leurs Macintosh. La lisibilité est principalement une affaire d'habitude » (lists.w3.org/Archives/Public/www-style/1998Dec/0030.html).

Deux ans plus tard, la première génération de navigateurs qui respectaient les standards de façon significative adoptait la recommandation de Fahrner. Internet Explorer, Netscape, et Mozilla proposaient tous une taille de texte par défaut de 16 px/96 ppp tant sur les plates-formes Windows que Macintosh, et l'on s'est réjoui dans le monde entier du confort de lecture ainsi obtenu... sauf quand certains utilisateurs ont restauré les paramètres précédents.

Les efforts de Fahrner ont finalement convaincu le W3C de normaliser la taille du pixel de référence autour du concept 16 px/96 ppp, comme on peut le voir dans le document de travail de CSS 2.1. Dans l'extrait qui suit, vous remarquerez que le W3C s'intéresse toujours autant à la longueur moyenne du bras du lecteur de site web. Heureusement qu'il ne s'agit que de longueurs... de *bras* :

> « Nous recommandons que le pixel de référence soit l'angle visuel occupé par un pixel sur un écran de densité 96 ppp situé à longueur de bras du lecteur. Pour une longueur de bras nominale de 28 pouces (71,12 cm), cet angle visuel occupera donc 0,0213 degrés. » (Document de travail de CSS 2.1, www.w3.org/TR/CSS21/syndata.html#length-units)

Bien que la normalisation du pixel de référence semble paver la voie de la normalisation par le W3C de la taille par défaut de l'utilisateur, ces deux notions ne sont pas encore officiellement reliées. Le W3C s'est en effet prononcé sur la première question, mais pas sur la seconde.

Netscape à partir de la version 6, Mozilla, IE pour Macintosh à partir de la version 5 et IE pour Windows proposaient à tous les utilisateurs la même taille de fonte par défaut. Tant que ces derniers ne modifiaient pas leurs préférences, les points, les largeurs d'« m », les pourcentages et les mots-clés de taille de fonte fonctionneraient de la même manière sur toutes les plates-formes. Personne ne souffrirait donc inutilement de l'ignorance de tel ou tel designer ou développeur en matière de différences entre plates-formes. Dans certains navigateurs, l'implémentation des pourcentages et des largeurs d'« m » présentait encore des bogues et des problèmes d'héritage (nous y reviendrons dans la suite de ce chapitre), mais le premier obstacle était malgré tout surmonté.

Hélas, les éditeurs de navigateurs n'expliquent que rarement les raisons de leurs choix, et les utilisateurs du Web, fort légitimement, ne s'intéressent que de très loin aux problèmes de design. L'avantage d'une taille de fonte standardisée est temporairement parti en fumée quand certains utilisateurs (et de nombreux designers) ont loupé le coche.

Un simple clic fiche tout par terre

Une proportion indéterminée d'utilisateurs de Macintosh, dégoûtés par des tailles de texte qu'ils jugeaient (pas tout à fait à tort) énormes et laides, ont immédiatement restauré dans leurs navigateurs les paramètres 12 px/72 ppp, mettant ainsi un terme à cette tentative de standardisation... et se plaçant de nouveau dans une situation où ils seraient incapables de lire les textes de nombreux sites. Sur le Web, l'utilisateur est censé prendre ses responsabilités, même s'il apprécie mal où se trouve son intérêt.

Quand ces inconditionnels du « retour aux 12 px » sont des designers, ils peuvent certes créer des sites magnifiques sur Macintosh, mais semblant présenter une déficience en hormone de croissance sur les ordinateurs Windows – qui dominent le marché. De nombreux designers travaillant sur Macintosh avaient ainsi recouru à tort à des fontes 12 px/72 ppp, tant aux dépens de leur œuvre que de leur public. Désormais, moins de designers Mac font cette erreur – grâce en partie à la bonne diffusion de la première édition de cet ouvrage. Évidemment, certains utilisateurs de Windows estiment eux aussi que la taille par défaut de 16 px est trop élevée et spécifient une taille inférieure dans leur navigateur. Ce paramétrage des utilisateurs (Macintosh et Windows) n'a aucune incidence sur les sites pour lesquels la taille de fontes est spécifiée en pixels. En revanche, il génère des problèmes sur ceux qui pour cela recourent aux unités em, aux pourcentages, et (dans une moindre mesure) aux mots-clés de taille de fonte CSS. Nous détaillerons toutes ces problématiques au fil de ce chapitre.

La mémoire courte : la mauvaise réaction aux changements dans les navigateurs

Les utilisateurs passés à une fonte plus petite que le standard ne cherchaient qu'un peu de confort. Ils n'étaient pas les seuls à passer à côté de l'intérêt d'une taille normalisée. De nombreux professionnels du Web n'en ont pas non plus vu l'intérêt, en partie faute de communication de la part de Netscape et de Microsoft sur ce point. Par conséquent, un certain nombre de développeurs (que nous appellerons la brigade de défense des caprices des navigateurs) – qui en étaient arrivés à penser que l'apparence et le comportement des navigateurs étaient inconciliables. Pour eux, la seule manière de résoudre ces problèmes était de combiner des méthodes de détection de navigateurs à des fourches de code et une sorte de soupe de balises. Les designers de la brigade ont rapidement repris leurs anciennes habitudes. Avant 2000, quand ils devaient garantir qu'un texte serait rendu dans la même taille sur pratiquement tous les navigateurs et les plates-formes, ces développeurs faisaient appel aux points typographiques (et non aux pixels). Les points typographiques n'ayant aucune signification sur un écran et leurs implémentations variant énormément sur les deux plates-formes informatiques les plus répandues, ces développeurs avaient conçu de nombreuses feuilles de style reposant sur cette unité. Ils recouraient à la détection de plate-forme en JavaScript pour servir des feuilles de style différentes aux utilisateurs de Windows et de Macintosh. La situation était souvent bien plus complexe encore..., mais nous n'avons pas encore pris notre petit-déjeuner.

Le serpent se mord la queue : CSS conditionnel

La sortie en 2000 de navigateurs conformes aux standards et proposant les mêmes tailles et résolutions de fonte par défaut sur toutes les plates-formes était l'occasion pour les designers web d'abandonner toute détection de navigateur et tout CSS conditionnel reposant sur les points typographiques. Au lieu de cela, la brigade de défense des caprices des navigateurs a mis ses scripts à jour et généré des fichiers CSS conditionnels additionnels. « Conditionnel additionnel », oui. Ça a l'air plutôt sympa, comme ça ; pourtant, les résultats obtenus ne prêtaient guère à sourire. Au lieu de fonctionner comme il étaient censés le faire, ces scripts étendus et autres fichiers conditionnels manquaient souvent leur but et produisaient des pages illisibles ou bizarrement formatées. Ces scripts et ces feuilles de style mal conçues se comportaient souvent comme un robot serveur détraqué :

Navigateurs :

> Nous prendrons chacun le menu Poulet, s'il vous plaît.

Serveur :

> Deux steaks et un menu végétarien ; ça marche !

Navigateurs :

> Non, du poulet. Nous prendrons tous le menu Poulet, s'il vous plaît.

Serveur :

> Une minute. [S'adressant à un navigateur en particulier :] Oui, c'est ça. Toi, mon petit, c'est de la glace que tu veux, avec ton steak !

Navigateurs :

Du poulet, du poulet. Nous voulons tous du poulet.

Serveur :

Ah oui, on aime la glace, pas vrai ? Tout le monde aime la glace !

Navigateurs :

(Au bord des larmes.) Du poulet.

Serveur :

Et de la chantilly ! Voilà. Bonne journée. Vous réglerez en sortant.

La plupart des développeurs responsables de ces petits cauchemars n'étaient pas stupides. Bien souvent, il s'agissait de professionnels extrêmement talentueux, très expérimentés, et – avouons-le – fort bien payés. Leurs clients leur allouaient des sommes considérables pour financer des sites inutilement compliqués qui ne fonctionnaient jamais correctement et nécessitaient une maintenance constante et onéreuse pour finalement continuer de poser des problèmes de plus en plus complexes, à un coût prohibitif. Le bon sens nous amène à dire que personne de sensé ne rechercherait ce type de situation qui pourtant était la norme (et qui l'est encore bien souvent sur les sites des grandes entreprises). Tôt ou tard, les caisses se vident et les budgets s'évanouissent ; propriétaires et visiteurs sont alors coincés avec un site obsolète comme ceux décrits au chapitre 1. Sous la menace de cette épée de Damoclès, et tentant de repousser l'inévitable, certains développeurs colleront en page d'accueil une bannière « Site optimisé pour... ». C'est un peu comme placarder un avertissement du ministère de la santé sur un paquet de cigarettes et espérer le voir se transformer en tube de vitamines.

On peut éviter ce type de catastrophe en comprenant que les navigateurs prennent en charge des standards communs, et que la meilleure solution est souvent la plus simple (en d'autres termes : fournissez la même feuille de style à tous les navigateurs et ne recourez aux `pts` que pour les formats d'impression). Heureux sois-tu, lecteur de cet ouvrage ; plaignons ensemble ceux qui persistent à penser que chaque navigateur est censé se comporter différemment et qu'un budget suffisamment boursouflé et une thèse qui se mord la queue peuvent « résoudre » le problème des différences entre plates-formes dans des méandres à la Escher.

État de l'art et tailles standards

Dans la première édition, une bonne partie du chapitre 13 se plaignait de l'interaction diabolique liant tailles non standards et pixels impossibles à agrandir.

À cette époque, plusieurs fabricants de navigateurs que nous ne citerons pas (comme Apple) s'étaient volontairement écartés du nouveau standard de 16 px en 96 ppp au prétexte qu'ils trouvaient les gros textes affreux. La plupart des utilisateurs ne modifiant jamais la taille de fonte par défaut, recourir à des tailles de textes exprimées en largeurs d'« m » (ou unités em) ou en pourcentages aurait produit des résultats différents chez les uns et les autres. C'était inacceptable pour les clients chipoteurs et les designers souhaitant garder un contrôle absolu sur la mise en page. D'autre part, certains vieux navigateurs à qui nous éviterons le ridicule en ne les nommant pas (comme Netscape 4, IE 5, et Opera 6) massacraient les imbrications de pourcentages et de largeurs d'« m » plus souvent qu'ils ne les représentaient correctement.

Dans un tel contexte, les pixels semblaient préférables aux largeurs d'« m » et aux pourcentages. Malheureusement, opter pour ce choix afin de garantir à tous la même taille de texte relativement à la résolution d'écran interdisait aux utilisateurs d'IE sous Windows de représenter les caractères en plus gros... et cela créait des problèmes d'accessibilité et de lisibilité chez des millions de visiteurs de sites web.

L'auteur a supplié tous les fabricants de navigateurs de prendre en charge la taille standard – et c'est désormais le cas. Il a aussi approché Microsoft pendant des années, à travers cet ouvrage ou en coulisses, pour que les utilisateurs d'IE sous Windows puissent changer la taille des textes si celle-ci est exprimée en pixels. Un sur deux, c'est déjà cela...

Au moment de cette deuxième édition, même si les versions 6 et précédentes d'IE ne proposent toujours pas cette possibilité, cela devrait être le cas d'IE 7, prévu sous peu. Le chapitre 13 s'en est donc trouvé allégé et il est désormais plus optimiste.

Joies et peines des unités em

Les prosélytes de l'accessibilité et les créateurs de CSS sont d'accord depuis longtemps sur ce point : les unités em sont la bonne solution. Malheureusement, le chemin de l'enfer est parfois pavé de belles intentions. Signalons en passant le problème des anciens navigateurs. Netscape 4 ignore les largeurs d'« m » (`em`) et les pixels (`px`) quand ces unités sont appliquées à du texte, mais, bizarrement, les respecte quand elles sont employées pour spécifier un interligne. IE 3 traite les unités em comme des pixels, et interprétera donc à tort `2em` comme une hauteur de 2 pixels. Presque plus personne n'utilise ce navigateur, mais quand même.

De même, les plus anciens navigateurs « compatibles CSS » se plantent souvent complètement en matière d'héritage d'éléments imbriqués lorsque leurs tailles sont exprimées en unités em. Les utilisateurs coincés sous Netscape 4 étant de moins en moins nombreux, nous ne perdrons pas de temps à détailler les bogues de ce navigateur dans la manipulation des éléments imbriqués et dont les tailles sont exprimées en unités relatives. Sachez simplement – si vous devez prendre en charge des navigateurs extrêmement obsolètes et employez des unités em (en particulier dans le cadre d'éléments imbriqués) – que vos utilisateurs et vous souffrirez bien des déboires (figure 13-4).

Choix d'utilisateurs et unités em

Plus fréquemment, les unités em inciteront certains utilisateurs à réduire leurs valeurs de tailles de fonte par défaut, comme nous l'avons déjà signalé plusieurs fois dans ce chapitre.

De telles modifications afficheront tout texte de moins d'une largeur d'« m » plus petit que la normale, et ce qui pourra être trop petit pour être lisible. En 2002, le développeur Owen Briggs a testé toutes les méthodes de réglage de taille de texte sur de nombreux navigateurs et plates-formes pour découvrir lesquelles fonctionnaient et lesquelles échouaient. Après un travail acharné, 264 captures d'écran plus tard, et alors qu'il souhaitait prouver que les unités em étaient toujours fiables, il avait découvert exactement le contraire (figure 13-14).

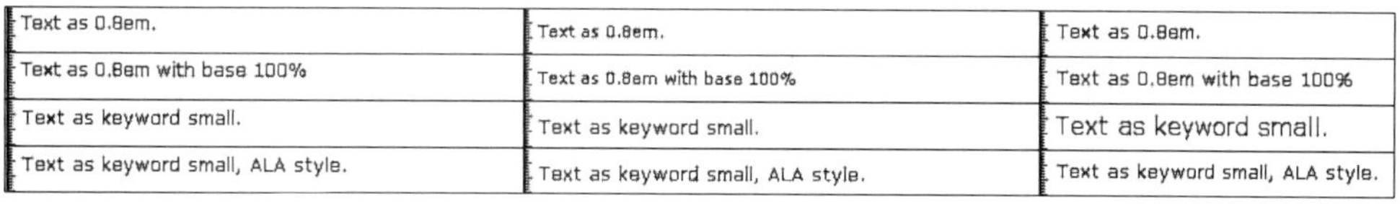

Figure 13-4

*Que recouvre une largeur d'« m » ? Pas une taille cohérente, en tout cas (*www.thenoodleincident.com/tutorials/box-lesson/font/browser.html*).*

La section « La résolution dite du 62,5 % » du chapitre 10 fournit presque un contrôle parfait au pixel près, tout en évitant les problèmes de lisibilité et d'accessibilité posés par le navigateur de Microsoft. Internet Explorer sous Windows, avant sa version 7.0, interdit en effet aux utilisateurs de modifier les tailles de textes exprimées en pixels. Cette astuce fonctionne grâce au fait que les fabricants de navigateurs prennent enfin en charge une taille standard. Malheureusement, elle échouera assez misérablement chez tout utilisateur d'un autre navigateur ou d'une autre plate-forme ayant diminué sa taille d'affichage par défaut. Elle plantera aussi dans le cas d'un fidèle d'IE sous Windows ayant modifié ses réglages et choisi, dans le menu Affichage>Taille du Texte l'option Plus petite au lieu de Moyenne.

Les unités em fonctionnent joliment pour peu qu'on n'utilise pas de texte plus petit que la taille par défaut de l'utilisateur. Elles fonctionnent bien tant que ces derniers ne modifient pas leurs préférences. Mais la plupart des designers de nombreux clients apprécient les tailles plus petites, nécessaires dans beaucoup de designs. Bien des utilisateurs estiment que la taille par défaut de 16 px n'est pas d'une lecture confortable, et certains sont assez savants pour modifier leurs réglages de préférences en conséquence. Sur les designs qui recourent aux unités em, les efforts de rétrécissement du designer et de l'utilisateur pourraient se renforcer les uns les autres et produire des textes difficiles à lire, voire complètement illisibles.

Quoi qu'il en soit, la position dominante d'IE sous Windows incite désormais de nombreux adeptes des standards à opter pour des approches à base de largeurs d'« m » telles que celle exposée au paragraphe « 62,5 % de la solution ». Ils proposent ainsi une possibilité de modifier les tailles des textes adaptée à la plupart de leurs utilisateurs. Cette technique fonctionnant pour la plupart des gens la plupart du temps, définir les tailles en largeurs d'« m » à partir d'une ligne de base plus petite que le standard par défaut est désormais la pratique la meilleure et la plus répandue.

La passion des pixels

Si l'on excepte quelques cas traités un peu plus loin, l'humble unité pixel (px) est la seule valeur CSS à fonctionner sur tous les navigateurs, anciens ou récents, conformes ou non, et sur toutes les plates-formes imaginables. Sous Windows aussi bien que sous Mac OS ou Linux/Unix, 13 px correspond à 13 px. Exprimez la taille de votre texte en pixels, et elle aura la même allure sur n'importe quel navigateur et sur toutes les plates-formes.

Les avantages ne se limitent pas aux fontes. Les images sont elles aussi créées en pixels. Si la capture d'écran de notre produit fait 200 px × 200 px, la spécification CSS d'une marge gauche de 100 px garantit que l'image sera deux fois plus large que la marge pour tous les utilisateurs. Ces rapports de tailles sont un composant clé des designs calqués sur des grilles comme des designs fondés sur des règles.

Les pixels sont un choix naturel pour les mises en page précises. Si nous spécifions une taille de titre de 25 px, une marge gauche de 100 px, et un corps de texte de 11 px, nous sommes sûrs que tous les utilisateurs verront la même chose, même si la taille réelle du site web dépendra de la résolution de l'ordinateur et des dimensions du moniteur.

La plus petite unité : elle est absolument relative

Dans une résolution de 1200 × 870, un pixel semble énorme sur un moniteur de 22 pouces et tout petit sur un écran de 17. CSS considère que le pixel est une unité *relative*, car elle varie en fonction des moniteurs et des résolutions. C'est vrai, tout comme il est vrai que 10 px feront 10 px, d'un coin de l'écran à l'autre, quel que soit le moniteur considéré. Le pixel sera toujours la plus petite unité d'un écran donné, ce qui en fait l'atome du design sur ce nouveau média. La plupart des designers et des utilisateurs y voient donc une unité absolue. À la différence de la plupart des autres unités, le pixel est bien connu de tous les utilisateurs du Web, quelles que soient leurs connaissances en informatique. Des années de télévision les ont familiarisés avec ce concept.

Le standard CSS a beau voir les pixels d'une manière abstraite (rappelez-vous ces histoires de longueur moyenne de bras de l'utilisateur du Web), ce n'est pas le cas des éditeurs de la plupart des navigateurs. Ils y voient la même chose que la plupart d'entre nous : le pixel est le plus petit point possible à l'écran. C'est pourquoi les navigateurs, du super sophistiqué au produit le plus médiocre, traitent presque tous le pixel de la même manière. Si vous spécifiez vos tailles de fontes en px, vos utilisateurs et vous obtiendrez l'effet recherché sur presque tous les navigateurs et plates-formes. Comme chaque règle, celle-ci souffre d'exceptions ; l'une est complexe et quelque peu troublante ; l'autre, idiote et négligeable.

Échec des pixels dans Opera

Certaines versions du navigateur Opera s'entêtent à fournir avec insistance des tailles plus petites que celles qu'on leur réclame. Par exemple, si on lui demande du texte en 11 px, Opera 5 pour Macintosh produira plutôt du 10 px. Håkon Lie, directeur technique d'Opera, est aussi le père de CSS – ce dont la plupart des designers dotés d'une once de bon sens lui savent gré.

Certains ont pensé qu'Opera 5.0 pour Macintosh représentait des valeurs de pixel trop petites à cause d'une interprétation particulière de « la longueur moyenne de bras ». Il s'agit tout simplement d'un bogue.

Échec des pixels dans Netscape 4 point quelque chose

Certaines versions de Netscape 4 se trompent aussi dans les valeurs de pixels. Dans une ou deux mises à jour incrémentales sur quelques rares plates-formes, cette vieille carne oublie parfois comment interpréter les unités pixels, un peu comme il arrive à grand-père d'oublier parfois nos prénoms. Ne nous demandez pas quelles versions de Netscape 4 sont concernées. S'agit-il de Netscape 4.73 pour Linux/Unix ? De Netscape 4.79 pour Windows 98 ? Qui s'en soucie ? La *plupart* des versions de Netscape 4 traitent correctement les pixels, même si elles se plantent sur pratiquement tout le reste.

Ces rares crises de démence de Netscape 4 en matière de pixels n'ont aucun fondement théorique. Il s'agit simplement d'un bogue que les utilisateurs contourneront en passant à la version incrémentale suivante de cette vieille relique et en optant de préférence pour une version de ce navigateur sortie ce siècle. Certains utilisateurs s'y refuseront ; ce sera peut-être le cas de votre patron ou de votre client. Si leur taper sur le crâne avec le premier objet contondant à portée de main ne les éclaire pas quant aux avantages d'un navigateur conforme aux standards, commencez à chercher un nouvel emploi. (Après avoir cogné sur votre patron, vous y serez de toute façon contraint. Où donc aviez-vous la tête ?)

Le problème des pixels

Nous avons déjà évoqué le problème des pixels dans un chapitre précédent et plus haut dans celui-ci. Il se résume principalement à ceci : dans IE pour Windows, les utilisateurs ne peuvent pas changer la taille d'un texte si celle-ci est exprimée en pixels. Si le corps de texte de votre site recourt à une fonte en 9 px, de nombreux visiteurs cliqueront sur le bouton de retour de leur navigateur en moins de temps qu'il ne vous en faudra pour dire « loucher ». Certains peineront même à lire du 11 px ; tout dépend de la fonte retenue (par exemple, Verdana 11 px et Georgia 11 px sont plus acceptées que Times 11 px), de la taille du moniteur et de sa résolution, de la vue du visiteur, du contraste de couleurs, et de la présence ou non d'arrière-plans perturbants. Ce type de problèmes pourra gêner quiconque n'a pas une vision parfaite. Dans le cas d'un déficient visuel grave, la situation sera pire encore.

Parfois, on trouve aussi un ingénieur en CAO qui aime surfer sur le Web avec son moniteur de 32 pouces en résolution 4000 × 3000, et qui bombardera les listes de diffusion de design web de messages rageurs se plaignant de textes écrits en pattes de mouches. Si ce problème lui tenait vraiment à cœur, il recourrait à un navigateur proposant un zoom sur le texte ou sur la page (fonctionnalités Text Zoom ou Page Zoom). S'il tient absolument à IE pour Windows, il pourra activer l'option consistant à ignorer les tailles de fonte. Il pourrait même mettre en place une feuille de style utilisateur semblable à celle qui suit :

```
html, body {font-size: 1em !important;}
```

Mais il préférera sans doute râler au lieu de résoudre son problème de l'une des manières indiquées ci-dessus. Pour lui, c'est en effet une question d'une importance cruciale. Il râlera aussi que les magazines auxquels il s'est abonné consacrent un nombre effarant d'articles aux célébrités et à leur vie amoureuse. Il n'aime pas les cacahouètes, mais n'arrête pas pour autant d'en manger. La mission d'un designer est de traiter les problème de tous les utilisateurs – même des gens comme ce gars-là.

Bien que les pixels permettent de mettre en place un design cohérent, l'incapacité d'IE sous Windows à changer la taille des textes définis dans cette unité pose trop de problèmes à trop de gens. C'est pourquoi la plupart des designers ont cessé de recourir à cette possibilité. Quand IE 7 et sa fonctionnalité de zoom sur la page, semblable à celle d'Opera, sera sorti depuis quelques années, il est bien possible que les designers soucieux des standards puissent à nouveau faire appel à cette unité. Entre-temps, celui qui doit absolument utiliser des pixels trouvera au chapitre 15 une méthode qui lui évitera de punir les malvoyants utilisant IE sous Windows.

Passons à une autre manière de définir la taille du texte qui évite la plupart des problèmes posés par les largeurs d'« m », les pourcentages, et les pixels.

La méthode de mots-clés de taille de fonte

Ils sont peu connus et presque jamais utilisés, mais CSS 1 (et plus tard, CSS 2) proposait sept mots-clés de taille de fontes visant à contrôler les tailles de texte sans s'imposer l'absolutisme des pixels ni subir les aléas imposés par les largeurs d'« m » et les pourcentages en matière d'héritage, de compatibilité entre plates-formes, et d'options utilisateur. Voici ces sept mots-clés suivis de leur traduction, même si leur signification ne posera aucun problème à quiconque a déjà acheté un T-shirt (www.w3.org/TR/CSS21/fonts.html#value-def-absolute-size) :

- `xx-small` (très très petit)
- `x-small` (très petit)
- `small` (petit)
- `medium` (moyen)
- `large` (grand)
- `x-large` (très grand)
- `xx-large` (très très grand)

Avantages des mots-clés sur les unités em et les pourcentages

Comme nous l'avons déjà signalé, les unités em et les pourcentages posent toujours le danger potentiel de voir leurs valeurs multipliées, produisant ainsi des textes trop petits ou trop grands. Les valeurs données par mots-clés, quant à elles, ne se combinent jamais, même en cas d'éléments imbriqués. Si `<body>`, `<div>`, et `<p>` sont `small` et imbriqués dans cet ordre, ces trois valeurs ne s'associeront pas (comme le feraient des unités em ou des pourcentages), et le résultat ainsi produit sera encore lisible. Qui plus est, la fonte finale serait toujours de taille `small` (et en aucun cas `x-small` ou `xx-small`). Les unités em et les pourcentages s'empilent et se mélangent les uns aux autres, mais ce n'est pas le cas des valeurs données par mots-clés.

D'autre part, au moins dans Gecko et dans les navigateurs IE modernes, `xx-small` ne sera jamais plus petit que 9 px, ce qui garantit sa lisibilité. Certains pourront certes peiner à lire cette taille de fonte, mais ce n'est pas la même chose qu'un texte illisible. Comme les unités em, les mots-clés reposent sur la taille de fonte par défaut de l'utilisateur. Contrairement à eux, ils ne passent jamais sous le seuil d'une résolution adéquate. Imaginons un utilisateur avec une taille de fonte par défaut de 10 px (c'est improbable mais possible) `x-small` ferait alors 9 px, et `xx-small` également. Dans un tel cas de figure, on perdrait évidemment la nuance de taille séparant `x-small` et `xx-small`, mais on ne perdrait pas de lecteurs pour autant.

Tout cela semble idéal, n'est-ce pas ? On peut spécifier des tailles sans se heurter à l'incapacité d'IE pour Windows de grossir ou de réduire les fontes exprimées en pixels, ni infliger à qui que ce soit une fonte minuscule. Les mots-clés de tailles de fontes paraissent donc réaliser le compromis parfait entre accessibilité et besoin de contrôle du designer. Qu'est-ce qui pourrait encore poser des problèmes ? En un mot : les navigateurs.

Problèmes initiaux dans l'implémentation des mots-clés

Ces sept mots-clés de tailles de fontes auraient pu fort bien être implémentés correctement et de manière uniforme, mais ce ne fut pas le cas. Malheureusement, les premiers navigateurs qui se sont proposés de les prendre en charge l'ont fait de manière inepte ou incorrecte. À leur décharge, signalons que dans un cas de figure, ils furent correctement programmés, produisant un résultat si mauvais qu'il a induit une modification sur ce point dans la version suivante du standard CSS. Netscape 4.5 affichait `xx-small` en six pixels, trois pixels sous le seuil de lisibilité. En effet, les ingénieurs suivaient alors la recommandation initiale du W3C, indiquant que chaque taille serait 50 % plus grande (soit 1,5 fois plus grande) que la taille la précédant dans la séquence. Le W3C a modifié sa recommandation en optant pour une valeur d'échelle plus raisonnable de 1,2, après avoir observé ce que Netscape avait fait.

Les bourdes des mots-clés dans IE pour Windows

Pendant ce temps, IE 4 pour Windows, IE 5 pour Windows, et même IE 5.5 pour Windows se trompaient tous sur l'implémentation de ces mots-clés, de manières différentes. Ces navigateurs induisent une rupture logique entre le mot-clé et la manière dont il est rendu : `small` est de taille moyenne, `medium` est plus grand que la normale, et ainsi de suite. Comment une chose aussi bizarre a-t-elle donc bien pu se produire ?

Les ingénieurs développant IE pour Windows essayaient de bien faire les choses. Vous rappelez-vous les balises `<font size>` de Netscape, mentionnées au début du chapitre ? Évidemment ! Comment oublier `<font size=1>`, `<font size=4>`, etc. Il y en avait sept. Les développeurs d'IE ont directement calqué les sept mots-clés CSS sur les sept tailles de fontes de Netscape. C'était, de nombreux points de vue, une réaction logique. Reconnaissons à cette équipe le mérite d'avoir tenté de prendre en charge les mots-clés d'une manière qui semblerait adéquate aux designers qui s'étaient fait la main avec les bidouillages de tailles de fontes de Netscape.

Le problème, évidemment, c'est que l'échelle de ces tailles ne correspondait pas à celle des mots-clés. Dans les navigateurs de la vieille école, `<font size=3>` est la taille par défaut (`medium`) spécifiée par l'utilisateur dans ses préférences. Dans le balisage HTML étendu de Netscape, c'est `<font size=3>` qui prend place en l'absence de toute spécification explicite. En toute logique, la taille de fonte par défaut devrait être associée au mot-clé CSS `medium`. Malheureusement, dans le premier schéma mis en place dans IE pour Windows, `<font size=3>` correspondait à `small` et non pas à `medium`. En effet, `small` était la troisième taille en partant du bas de l'échelle.

Le progrès fait son chemin, mais les mauvaises habitudes persistent

Avec le temps, IE 5 pour Macintosh, Netscape à partir de sa version 6, Mozilla et IE 6 ont tous finalement interprété correctement les mots-clés de tailles de fontes. Mais des millions d'utilisateurs employaient alors IE 5 et Netscape 4, qui prenaient mal ces mots-clés en charge. Si les designers avaient recouru aux mots-clés CSS en respectant leur esprit, IE 4 et 5 pour Windows auraient mal représenté leurs sites (Netscape 4 aussi, mais c'est moins grave). S'ils avaient délibérément mal utilisé ces mots-clés pour obtenir l'effet recherché dans IE 4 et 5 pour Windows, tous les autres navigateurs ainsi que les versions suivantes d'IE auraient incorrectement rendu leurs créations. Que faire dans ces conditions ? La plupart des designers ont estimé que les mots-clés de tailles de fontes de CSS ne représentaient qu'une autre possibilité boguée.

Maturité des mots-clés : la méthode de Fahrner

C'est encore Todd Fahrner qui est venu à la rescousse ; il est sans conteste fondé à réclamer des royalties à tous les designers web. Sa solution reposait sur la bidouille du modèle de boîte décrite au chapitre 12, et inventée par Tantek Çelik (dont on trouvera un jour des statues dorées dans les jardins publics). Vous pourrez prendre connaissance des détails et de l'évolution de la méthode de Todd dans son article *Size Matters*, publié dans le magazine *A List Apart* (www.alistapart.com/articles/sizematters). Cette méthode fonctionne comme suit :

- Masquez les styles aux navigateurs 4.0 à l'aide de la directive `@import` (chapitre 9). Les navigateurs de version 4.0 ne la comprenant pas, ils ne prendront pas en compte la feuille de style ainsi importée, dont ils seraient de toutes manières incapables d'appliquer correctement les règles. Les utilisateurs de navigateurs 4.0 obtiendront donc un texte rendu dans la taille qu'ils ont choisie comme taille par défaut. Au besoin, servez-leur des valeurs exprimées en pixels dans une feuille de style externe et vers laquelle vous aurez spécifié un lien.

- Utilisez la bidouille du modèle de boîte pour fournir de mauvaises valeurs de tailles de fontes à IE 5.x pour Windows, et corrigez-les ensuite à l'intention des navigateurs plus conformes. Procédez de la manière qui nous a permis au chapitre 12 de fournir différentes valeurs pour les zones de marges, de remplissage et de contenu à des navigateurs plus ou moins conformes.
- Ajoutez une règle CSS plus spécifique pour protéger Opera de l'un de ses bogues (voir à ce sujet la règle « Soyez gentil avec Opera » au chapitre 12, dans la discussion portant sur la bidouille du modèle de boîte).

La méthode en action

En voici un exemple simple. Nous souhaitons que le texte de notre paragraphe soit `small` (c'est-à-dire un échelon sous `medium`). Les navigateurs conformes appliqueront ce paramétrage si nous le spécifions, mais il faut ruser pour tromper IE 5 pour Windows. Puisque nous demandons à IE de nous fournir la fonte `x-small`, il produira la taille que les navigateurs conformes qualifient de `small`. Voici la règle concernée :

```
p {
font-size: x-small;
           /* valeur fausse pour IE 4/5 sous Windows */
    voice-family: "\"}\"";
           /* on trompe IE 4/5 pour Windows en lui faisant
              croire à tort que la règle finit ici */
    voice-family: inherit;
           /* on défait cette petite astuce */
    font-size: small;
           /* voici la bonne valeur, celle qu'utiliseront les
              meilleurs navigateurs */
}
```

Comme au chapitre 12, il s'agit désormais d'ajouter une règle « Soyez gentil avec Opera ». Le sélecteur de cette dernière étant plus spécifique que celui de la règle précédente, Opera y prêtera attention, évitant ainsi d'utiliser la valeur incorrecte, que nous souhaitons réserver à IE 4 et 5 pour Windows :

```
html>p {
    font-size: small;
           /* Soyez gentil avec Opera */
    }
```

Pour peu que l'on place tout ceci dans une feuille de style importée, Netscape 4 n'y verra que du feu et n'y perdra donc pas son latin.

Si votre journal des référents (REFERER) vous signale que peu de visiteurs consultent votre site avec IE 5.x sous Windows, ou si vous n'êtes pas trop maniaque en ce qui concerne les tailles de polices dans vos mises en forme et souhaitez vous simplifier la vie, vous pourrez faire l'impasse sur la bidouille de modèle de boîte et la règle « Soyez gentil avec Opera ». Contentez-vous de mettre en place la taille souhaitée, et tant pis si quelques vieux navigateurs se trompent.

Un cheveu dans la soupe

La méthode de Fahrner fonctionne fort bien, mais un problème subsiste, dont nous avons déjà parlé en évoquant les unités em. Tout ce qui est plus petit que la taille de fonte par défaut de l'utilisateur pourra s'avérer difficile ou impossible à lire. C'est particulièrement vrai pour nos deux bons vieux cavaliers de l'Apocalypse typographique :

- les utilisateurs de Windows qui ont choisi Plus petite au lieu de Moyenne pour la commande Affichage>Taille de texte ;
- les utilisateurs de Macintosh qui sont revenus au confort des réglages 12 px en 72 ppp (ou toute autre valeur inférieure à 16 px).

Les mots-clés de tailles de fontes, spécifiés au moyen d'une directive `@import` et le bidouillage de Tantek, protégeront les utilisateurs des pires dégâts causés par les largeurs d'« m » : ils garantissent en effet qu'aucune fonte ne fera jamais moins de 9 px. Évidemment, tout utilisateur ayant mis en place une taille par défaut minuscule obtiendra une fonte `medium` minuscule, entraînant dans sa petitesse tous les mots-clés des échelons inférieurs. À nouveau, c'est un problème qui n'affecte que très peu de visiteurs du Web.

Tailles et dessin : j'exige mon ITC Franklin Gothic Demi Oblique !

C'est bien beau de contrôler l'interligne, les marges, et la taille des polices. Qu'en est-il du choix des fontes à proprement parler ? Faut-il vraiment se limiter à Times, Verdana, Arial, et les quelques autres installées par défaut sur la plupart des systèmes Windows et Macintosh ? C'est malheureusement le cas des textes du corps des pages. Pour les titres, en revanche, c'est une autre histoire.

Ces manchettes sont souvent composées graphiquement dans une jolie police, avant d'être incorporées sur les pages web à l'aide de l'élément `img`. Cette bonne vieille méthode fonctionne bien (surtout si l'on n'omet pas le texte d'`alt` approprié), mais elle est un peu rébarbative.

Shaun Inman, designer et codeur, a inventé en 2004 une méthode qu'il a modestement baptisée « Inman Flash Replacement » (remplacement Flash d'Inman). Elle permet aux designers de mettre en place des titres de texte en XHTML dans la fonte de leur choix grâce à JavaScript, Flash, et CSS (www.shauninman.com/plete/inman-flash-replacement). Le designer Mike Davidson améliorera la technique en permettant de modifier la taille de la police et en rendant celle-ci accessible.

La technique sIFR (www.mikeindustries.com/sifr), qui signifie « scalable Inman Flash Replacement » (remplacement Flash d'Inman dont on peut changer la taille, l'initiale étant bien une minuscule) a elle aussi apporté une typographie riche et accessible à des milliers de sites. C'est gratuit, c'est cool, et c'est adoubé par des experts en accessibilité comme Matt May et Joe Clark.

Exactement votre taille

Le nouveau média que constitue le Web mûrit maintenant depuis seize ans. Pourtant, il n'y existe toujours pas de méthode sans inconvénients pour définir une taille de fonte satisfaisant à la fois le besoin de contrôle des designers et l'envie de liberté des utilisateurs. Toutefois, avec la mise en place d'une taille de police par défaut sur les navigateurs et les plates-formes, le développement de bonnes pratiques reposant sur les largeurs d'« m » et les mots-clés, et l'arrivée imminente d'une version d'IE pour Windows qui devrait au moins permettre à ses utilisateurs de zoomer, on peut envisager la suite des événements avec optimisme.

14

Introduction à l'accessibilité

L'accessibilité présente de nombreux points communs avec la mise en forme CSS et le XHTML sémantique. Il s'agit dans tous les cas de s'assurer que nos pages web seront utilisables et disponibles par et pour le plus grand nombre de lecteurs, visiteurs, et consommateurs. L'accessibilité est tellement liée aux autres standards traités dans ce livre que le W3C a lancé dans les années 1990 une « initiative d'accessibilité au Web » (Web Accessibility Initiative, ou WAI) visant à conseiller les créateurs web sur les meilleures stratégies pour la mettre en place (www.w3.org/WAI/GL).

La tâche principale de la WAI est de créer des directives pour rendre les contenus web accessibles aux handicapés : les Web Content Accessibility Guidelines, ou WCAG en abrégé. La norme WCAG 1.0 (www.w3.org/TR/WCAG10), publiée en 1999, propose 14 principes généraux de design accessible.

De nombreux pays, notamment de l'Union Européenne, utilisent juridiquement WCAG 1.0 pour juger de l'accessibilité des sites et imposer des obligations à ceux qui sont insuffisants sur ce plan. C'est absolument merveilleux, car ainsi le monde entier utilise le même standard. Le monde entier ? Pas tout à fait : il reste quelques irréductibles. Ainsi, les États-Unis d'Amérique suivent à la place une spécification qui leur est propre : la « Section 508 ». C'est sans doute pour éviter de faire quoi que ce soit comme les Français.

WCAG 1 et 2

WCAG 1.0 marque un énorme progrès, mais cette spécification vieillit mal. Elle n'est pas toujours aussi claire ou détaillée qu'il le faudrait pour un standard. La WAI a donc mis au point WCAG 2.0 afin d'en réécrire les parties floues et de traiter les nouveaux problèmes posés par le développement web depuis la sortie de WCAG 1.0. On trouvera cette nouvelle norme à l'adresse www.w3.org/TR/UNDERSTANDING-WCAG20. À l'heure où nous mettons sous presse, elle n'est pas encore tout à fait finalisée.

Tout le monde n'apprécie pas les résultats. Quelques jours avant l'adoubement officiel de WCAG 2.0, l'expert en accessibilité Joe Clark a déclaré que « les principes fondamentaux de WCAG 2 sont pratiquement impossibles à comprendre pour un développeur souhaitant rendre son site conforme aux standards ». Au lieu d'une nouvelle norme, il a recommandé à ses collègues de corriger les erreurs de WCAG 1 (www.alistapart.com/articles/tohellwithwcag2). Il n'est pas encore certain que WCAG 2.x incorporera les modifications recommandées par Clark. On ne sait pas non plus si WCAG 2.0 se répandra ou si les designers, développeurs et bureaucrates du monde en resteront à WCAG 1.0. Dans ce chapitre, nous nous consacrerons à des principes généraux d'accessibilité et à des points de détail de WCAG 1.0 et de la *Section 508* des États-Unis – en faisant quelques détours par le brouillon de travail de WCAG 2.0.

WCAG 1.0 propose trois niveaux d'accès standardisés : un niveau facile à atteindre (priorité 1), un niveau qui demande un peu plus de travail (priorité 2), et un niveau expert (priorité 3). WCAG 2.0 propose également trois niveaux. Ce choix illustre que l'accessibilité, à l'instar des autres formes de conformité aux standards évoquées dans cet ouvrage, forme un *continuum* ; ce n'est pas une question binaire de « tout ou rien ». Votre premier site CSS présentera peut-être une sémantique imparfaite, ou fera appel à un ou deux tableaux comme conteneurs de mise en page – mais l'important c'est d'essayer. De la même manière, un petit effort raisonnable suffira à tous ceux d'entre nous qui sont des novices en matière d'accessibilité pour mettre en place une conformité de priorité 1 ou s'en approcher. Ce faisant, nous rendrons nos sites disponibles à ceux qui en était auparavant privés.

Dans ce chapitre, nous clarifierons un peu la confusion, balaierons d'un revers de main tous ces mythes nébuleux qui perturbent des professionnels par ailleurs très au fait de leur art, et fournirons un petit catalogue d'accessibilité *appliquée* et de bon sens. Nous évoquerons aussi les outils qui vous aideront à injecter l'accessibilité dans vos habitudes de design, sans oublier d'en signaler les limites.

Aucun chapitre ne saurait couvrir entièrement l'accessibilité web. En fait, bien peu de livres se penchent sur le cœur du problème, même quand ils prétendent en traiter. Certains ouvrages consacrés à ce sujet contribuent même involontairement aux méprises des designers en matière d'accessibilité ou à leur hostilité envers ses méthodes. Deux ouvrages se démarquent toutefois du lot, et s'intéressent à l'accessibilité du point de vue des designers. Par conséquent, nous vous recommanderons ci-après de vous y pencher.

L'accessibilité telle que les livres la présentent

De nombreux livres traitant d'accessibilité, écrits avec les meilleures intentions du monde, soufflent pourtant le chaud et sentent le soufre, odeur qui n'inspire guère les designers. Trop souvent, ils ne présentent que des exemples affreux ou irréalistes de sites accessibles tout en donnant des conseils impossibles à suivre, comme « ne spécifiez jamais les tailles de fontes ». Certains auteurs sont hostiles à l'idée de design ; d'autres n'ont aucune expérience en matière de conception de sites commerciaux. Les designers qui se penchent sur ces ouvrages pourront en garder l'impression que l'accessibilité n'a aucun intérêt pour eux.

D'autres livres, bien documentés, relèvent d'une perception profonde et passionnée du problème. Ils conviendront aux fanas du sujet, mais ne sont pas recommandés pour les professionnels généralistes du Web, car ils ciblent des lecteurs souffrant d'un ou de plusieurs handicaps. Pour répondre à leurs attentes, ces livres détaillent longuement les différentes méthodes de saisie et comparent les mérites et les inconvénients des navigateurs de remplacement. Les designers valides, face à ces propos, risqueront de se sentir mal, voire de nourrir la crainte inconsciente d'être un jour affectés de tels handicaps. La peur de la cécité, de la paralysie et d'autres infirmités explique en partie le malaise qu'éprouvent certains designers à la pensée de l'accessibilité, et ce n'est pas de tels ouvrages qui les aideront à surmonter ces préjugés.

Nous vous recommandons les titres suivants :

- *Building Accessible Web Sites*, de Joe Clark (New Riders, 2002) – Non content d'être le meilleur et le plus complet des livres jamais rédigés en matière d'accessibilité web, *Building Accessible Web Sites* de Joe Clark est aussi l'un des plus intelligemment écrits : il allie esprit, opinions tranchées, et souci de vérité. Dans notre étrange spécialité, nous prenons connaissance de la plupart des nouveaux titres traitant de design et feuilletons de nombreux ouvrages consacrés à l'informatique. Peu sont complets, rares sont entièrement lucides, et il arrive très peu souvent que nous nous sentions pris en charge par un maître ès communication. Nous avons dévoré le livre de Clark de la première à la dernière page comme s'il s'agissait du dernier Harry Potter. Puis nous l'avons immédiatement relu. Non content de vous enseigner tout ce que vous devez savoir sur ce sujet, ce livre se laisse aussi lire avec grand plaisir. *Building Accessible Web Sites* couvre tout le domaine, des idées de base comme l'écriture d'attributs `alt` exploitables aux subtilités des légendes pour les contenus riches. Joe Clark, qualifié par le journal Atlantic Monthly de « roi des sous-titres », aligne 20 ans d'expérience dans le monde de l'accès aux médias, et cela se voit. Particulièrement qualifié, il guide le lecteur clairement et avec confiance du général au particulier, jusqu'aux plus infimes détails. Il propose des stratégies d'accessibilité étape par étape qui conviendront à toutes les contraintes budgétaires ou de temps, et son discours franc facilite la compréhension des lois et tord le cou aux idées reçues. Aussi sensible à l'esthétique d'un design qu'à son accessibilité, il montre qui plus est comment mener les deux de front. Comme dans le cas de *CSS par Eric Meyer* (voir le chapitre 9), nous vous recommandons ce livre les yeux fermés.
- *Constructing Accessible Web Sites*, collectif (Peer Information, inc. – anciennement Glasshaus, 2002) – Écrit par de nombreux experts du domaine dont Jim Thatcher, Shawn Lawton Henry, Paul Bohman et Michael Burks, cet ouvrage pratique est un magnifique condensé d'expertise regroupant les meilleurs articles des magazines de leur catégorie,

couvrant chacun un aspect particulier du puzzle de l'accessibilité de manière très documentée, détaillée et pratique. *Constructing Accessible Web Sites* comprend des éléments essentiels relatifs aux limites des logiciels pousse-bouton proposant d'évaluer l'accessibilité d'un site. Il évoque aussi les méthodes envisageables pour implémenter l'accessibilité dans les grandes entreprises, et propose des astuces détaillées pour écrire du Flash accessible. Contrairement au livre de Clark, il n'a pas un style unifié et un auteur unique, mais le chœur d'auteurs de cet ouvrage présente néanmoins de nombreux avantages.

Ces deux ouvrages sont indispensables sur l'étagère de quiconque s'intéresse sérieusement au design et à la construction web, possède des sites web, ou en dirige. Entre autres avantages, la lecture de ces deux livres vous aidera à oublier de nombreuses idées reçues aussi erronées que malheureusement répandues, et que nous allons de ce pas présenter.

Une confusion généralisée

Quand on leur parle d'accessibilité, de nombreux designers, développeurs et propriétaires de sites, par ailleurs raisonnables et éclairés, se mettent à cracher d'idiots aphorismes et lieux communs où il est question de servir leurs consommateurs. Informés des lois relatives à l'accessibilité telles que l'*U.S. Section 508* du *Rehabilitation Act*, ils sombrent souvent dans un état que nous ne pouvons que qualifier d'incontinence mentale.

Le génie s'en mêle

Sur bien des estrades, lors de présentations devant un parterre de professionnels, nous avons entendu de respectés collègues designers web évoquer l'accessibilité par des propos aussi ineptes que ceux-ci : « Nous créons des designs sophistiqués destinés à la clientèle haut de gamme qui forme la cible de notre client. L'accessibilité... euh... ne représente qu'une infime portion de notre marché, et... euh... peu importe à notre client de perdre cette poignée d'acheteurs. Ce que je veux dire par là, c'est que notre client fabrique des téléviseurs 16/9ème de haute définition. Ce n'est pas le genre de produits qu'un aveugle est susceptible d'acheter (rires). »

En fait, des aveugles pourraient fort bien acheter de tels produits pour un ami ou un membre de leur famille voyant, si le site leur permettait d'en lire les spécifications et leur donnait accès aux formulaires de commande en ligne. Qui plus est, l'écrasante majorité des déficients visuels utilisateurs du Web ne sont pas complètement aveugles, bien loin de là pour la plupart. Les populations nécessitant des méthodes d'accès spécifiques comprennent aussi bien des déficients visuels que des daltoniens ou des myopes légers, tous susceptibles d'acheter un téléviseur à écran large en haute définition.

Le « milliardaire aveugle »

Citons encore le cas des robots du web : ce sont eux aussi des utilisateurs aveugles ! Lors d'une conférence à laquelle nous avons récemment assisté, un orateur faisait remarquer que le moteur de recherche Google était le plus important utilisateur aveugle du Web : les recommandations qu'il énonce sous forme de résultats de recherche sont suivies chaque jour par des milliards de clients.

De bien des points de vue, le lectorat cumulé de Google fait de ce moteur de recherche un milliardaire aveugle. Combien de sites sont prêts à refuser des clients potentiels disposant d'un budget de plusieurs milliards d'euros ?

L'accessibilité ne relève pas que des déficients visuels

Les déficients visuels ne sont pas les seuls concernés par les questions d'accessibilité. Les handicapés moteur (partiellement ou complètement paralysés) peuvent eux aussi souhaiter acquérir un bon téléviseur, et préféreront pour cela faire leurs achats sur le Web plutôt que de se rendre dans un magasin classique. De nombreuses améliorations d'accessibilité ciblent ce groupe plutôt que celui que forment les cannes blanches et auquel on pense systématiquement dès lors qu'il est question d'accessibilité. Ces changements facilitent aussi l'accès à tous ces consommateurs non handicapés qui tenteront d'acheter un magnifique téléviseur en accédant au site à partir d'un Palm Pilot ou d'un mobile web.

En somme, le designer, le développeur ou le propriétaire de site qui déclare « Les aveugles n'achètent pas nos produits » n'a rien compris au problème, et il est complètement à côté de la plaque. C'est lui qui est aveugle à la véritable nature d'un public qu'il rejette inutilement, population comptant pourtant des millions de visiteurs valides qui auraient pu trouver son site sur un moteur de recherche s'il avait seulement daigné faire un effort pour se conformer aux directives d'accessibilité. Il n'est malheureusement pas le seul à mal comprendre la problématique de l'accessibilité et les populations qu'elle sert.

Idées fumeuses

Au fil des ans, nous avons entendu bien des déclarations peu inspirées franchir les lèvres de professionnels du Web par ailleurs fort sensés. Par exemple : « Écoute, mec : mon boulot, c'est designer. C'est-à-dire que je fais des trucs qui sont censés être beaux à voir. Comment est-ce que je peux créer ces designs pour des aveugles ? » (Réponse : la plupart des améliorations en matière d'accessibilité n'ont aucun effet sur l'aspect visuel du design. Elles s'inscrivent dans le balisage, sous le capot, et n'entament en rien la belle carrosserie de votre site. Écoute, mec : tes créations peuvent être à tomber par terre tout en étant accessibles.) Voir les figures 14-1, 14-2, 14-3.

« C'est le problème de notre client. S'il n'en parle pas dans le cahier des charges, ce n'est pas à nous de nous en soucier. » déclara un développeur senior de l'une des plus célèbres et des plus importantes agences web... peu de temps avant qu'elle ne dépose le bilan et qu'une petite

Figure 14-1

*Ce site (*www.spazowham.com*) respecte les directives d'accessibilité de la section U.S. 508. Difficile à voir, hein ? Impossible à voir ! Tout est là.*

entreprise d'Asie centrale n'en rachète les restes. Soit dit en passant, il avait tort de penser que l'accessibilité était le problème de son client.

« Section 508 ? Cela concerne le gouvernement. Nous ne sommes pas des fonctionnaires. » Ces propos sont ceux d'une agence de design dont le client avait été officiellement mandaté pour fournir de l'accès Internet.

« L'un des membres de notre comité se penche sur cette question. Il en sortira un livre blanc dans pas trop longtemps. » Un chef de projet senior du gouvernement des États-Unis nous a fait cette remarque un an après le vote de la loi *Section 508*.

« Ben, on est une agence Dreamweaver », nous confia cet autre designer, « toutes ces histoires d'accessibilité sont prises en charge dans la dernière mise à jour, pas vrai ? » Oui et non. Dreamweaver 8, et Dreamweaver MX avant lui, proposent de nombreuses améliorations en

Figure 14-2

*Malarkey (*www.malarkey.co.uk*) est très joli et satisfait les priorités 1 et 2 de la WAI.*

Figure 14-3

*Malarkey permet aussi aux utilisateurs présentant des besoins spécifiques de modifier le contraste de l'écran et la taille des polices dans les impressions (*www.malarkey.co.uk/Customise_this_site.html*).*

matière d'accessibilité, mais il vous faudra savoir comment les utiliser. La simple exécution du logiciel ne garantit en rien la création d'un site accessible, pas plus qu'un appareil photo de marque n'assure à coup sûr de superbes clichés.

Loi (des États-Unis) et mise en page

L'affolement était déjà à son maximum quand le vote de la Section 508 de l'U.S. Rehabilitation Act le fit monter d'un cran. (Remarque : nous abordons les choses dans cette section du point de vue des États-Unis, avec des exemples eux aussi américains. Toutefois, ces principes s'appliquent quels que soient votre emplacement géographique et les lois qui vous gouvernent. Dans la plupart des situations et des pays, les lois locales paraphrasent WCAG 1.0.)

La Section 508 impose la prise en compte des handicapés (qu'il s'agisse de personnes souffrant de handicaps moteurs ou de déficiences visuelles, nombreuses), et définit précisément ce qu'elle entend par « accessibilité ». (Indice : il ne suffit pas d'ajouter des attributs `alt` à vos images.) Quand on leur demande de s'en occuper, de nombreux professionnels du Web concluent que l'accessibilité implique des pages en texte seul ou un design « bas de gamme » et peu sexy. Ce n'est pas le cas.

Images, CSS, mises en page en tableaux, JavaScript et autres symboles du design web contemporain sont parfaitement compatibles avec une conformité à 508 : ils imposent simplement qu'on y accorde un peu plus de soin. Tout au long de ce chapitre, nous examinerons en partie ce qu'impliquent accessibilité et conformité à la Section 508, et explorerons manières intelligentes de procéder et outils disponibles pour mettre en place des sites conformes et beaux.

La Section 508 expliquée

La Section 508 (figure 14-4) fait partie du Rehabilitation Act de 1973, visant à mettre fin à toute discrimination envers les handicapés. Votée par le Congrès des États-Unis d'Amérique le 7 août 1998, la loi 105-220 (Public Law 105-220, Rehabilitation Act Amendments of 1998) a largement étendu les exigences d'accès de la Section 508 en matière de technologies. Ce texte concerne les ordinateurs, les télécopieurs, les téléphones, les distributeurs automatiques et les kiosques Internet, et tout équipement servant à transmettre, recevoir, ou stocker des informations. Elle couvre également de nombreux sites web.

La Section 508 est devenue une loi des États-Unis d'Amérique le 21 juin 2001. Elle concerne directement les départements et agences fédéraux, ainsi que les designers web qui travaillent pour eux. Cette loi s'applique également aux projets financés par le gouvernement et à tout état qui choisit de l'adopter, ce que beaucoup ont déjà fait.

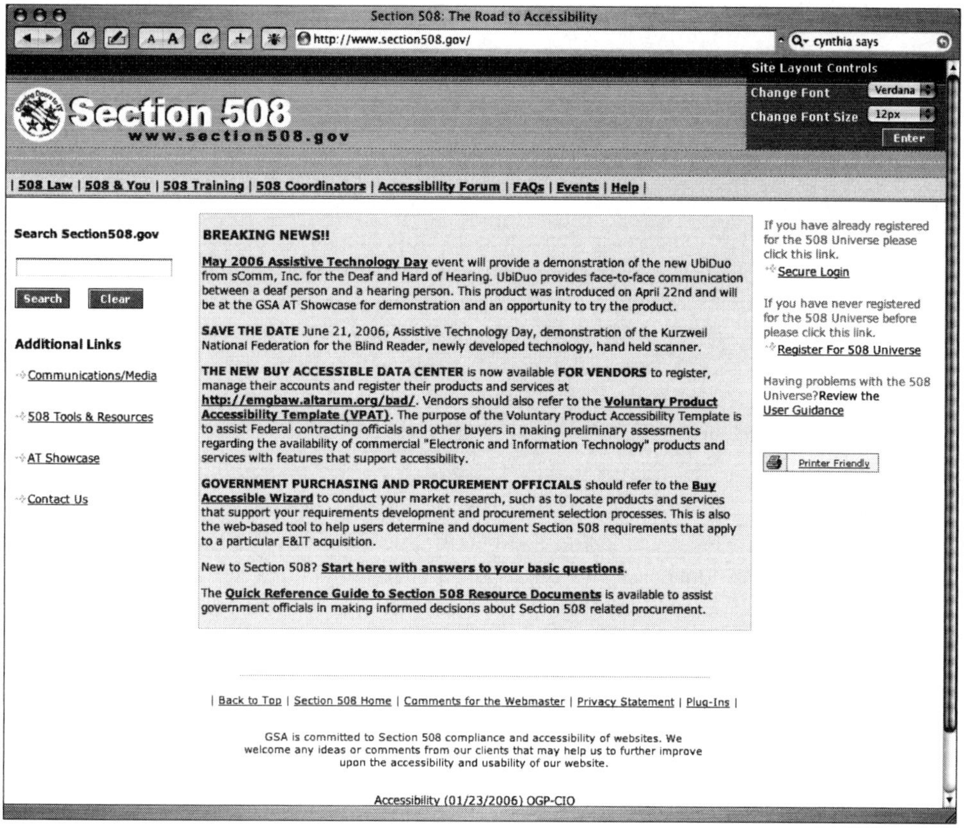

Figure 14-4

*Le site officiel de la Section 508 suit ses propres recommandations (*www.section508.gov*). Ce n'est pas le cas de tous les sites gouvernementaux, et ce n'était pas non plus son cas à l'origine. Remarquez en haut à droite les bascules de taille de fonte, inspirées du site A List Apart, et visant à contourner les limitations des navigateurs qui ne laissent pas leurs utilisateurs changer la taille du texte si celle-ci est définie en pixels. Voir le chapitre 15 pour en savoir plus sur les bascules de style.*

En quelques mots, la Section 508 concerne les secteurs suivants :

- Les départements et agences fédéraux (y compris l'*U.S. Postal service*, c'est-à-dire la poste américaine).
- Les livrables fournis par leurs sous-traitants.
- Les activités sponsorisées ou financées par le gouvernement fédéral.
- Les activités sponsorisées par les états qui ont adopté cette loi.

« Accès égal ou équivalent pour tout le monde »

La Section 508 impose à tous les sites web placés sous sa juridiction de fournir un « accès égal ou équivalent à tout le monde » (*equal or equivalent access to everyone*), y compris aux déficients visuels, malentendants, handicapés moteur, et aux personnes souffrant d'épilepsie photosensible.

Les problèmes de ces utilisateurs du Web vous surprendront peut-être. Par exemple, les petits textes dont il est impossible de changer la taille rendent la lecture impossible aux personnes à la vision limitée (voir la section relative à la taille des pixels au chapitre 13). Les boutons de navigation minuscules dotés de petites zones actives gêneront les déficients moteur. Les pages clignotantes ou avec des flashes pourront déclencher des crises dangereuses pour les épileptiques (David Siegel n'y pensait probablement *pas* quand il a écrit *Creating Killer Web Sites*, New Riders, 1997.) Cette liste n'est pas exhaustive. La loi répertorie de nombreux problèmes fréquents en matière d'accessibilité et propose des solutions possibles, sans rien imposer.

La Section 508 n'interdit en rien CSS, JavaScript, les images, ou même ces vieilles et déprimantes mises en page en tableaux. Elle n'empêche pas non plus l'imbrication de contenus riches comme les contenus Flash et QuickTime, pour peu que l'on suive certaines directives, détaillées plus loin dans ce chapitre. Évidemment, la plupart des sites conformes à 508 (ainsi que la plupart des sites conformes aux standards) auront meilleure allure dans des navigateurs récents que dans des programmes plus anciens. Cela ne pose aucun problème vis-à-vis de cette loi, car les utilisateurs du Web ont toujours la possibilité de mettre leurs navigateurs à jour en en téléchargeant la nouvelle version – rappelons que la plupart des navigateurs populaires sont gratuits.

Trouvabilité : la clé est l'accès

Le respect des directives d'accessibilité et des standards du Web n'a pas pour seul avantage de rendre votre site disponible aux millions de handicapés. Il vous permettra aussi de toucher des millions d'autres visiteurs potentiels, notamment les consommateurs employant des assistants numériques, des mobiles web, des navigateurs alternatifs ou des kiosques Internet, et d'en attirer encore plus grâce aux moteurs de recherche.

Un site accessible, proposant en particulier des textes riches en mots-clés, sans jargon, et convenant au public ciblé, aura des contenus trouvables. Ajoutez-y un balisage sémantique, et il attirera naturellement bien davantage de gens du segment visé.

Plus de visiteurs. Plus de lecteurs. Plus d'utilisateurs. Plus de membres. Plus de consommateurs. Tout cela semble parfait. Dans ces conditions, comment expliquer l'affolement et la réticence des designers, des développeurs et des propriétaires de sites face à la Section 508 et aux autres lois similaires en matière d'accessibilité ? Ces comportements sont en partie imputables à des idées reçues, qui pourrissent depuis longtemps tout débat sur le sujet. Tâchons de balayer quelques-uns de ces préjugés.

Tordons le cou aux idées reçues en matière d'accessibilité

Les préjugés recensés dans les pages suivantes ne forment qu'une petite partie de ceux qui hantent l'esprit de professionnels du Web, par ailleurs raisonnables et rationnels. Les contraintes du chapitre nous ont également obligés à limiter le volume de notre argumentation.

Mythe : l'accessibilité oblige à créer deux versions d'un même site

Faux. Si vous concevez dans le respect des standards du Web et suivez ses principes, votre site sera tout autant accessible aux lecteurs d'écran, à Lynx, aux assistants numériques et aux vieux navigateurs qu'aux navigateurs modernes et conformes. Standards et accessibilité se rejoignent dans l'idée qu'un seul document web devrait pouvoir servir tous les lecteurs et tous les utilisateurs.

Si vous travaillez exclusivement sous Macromedia Director ou Shockwave, nous reconnaissons qu'il vous faudra mettre en place une autre version de votre site pour vous conformer à la priorité 1 de la WAI ou aux directives de la Section 508. Si vos consignes évoquent l'accessibilité, travaillez dans le respect des standards et réservez Shockwave aux designs pour lesquels il est plus approprié. Sachez qu'il est désormais possible de rendre extrêmement accessibles les fichiers Flash et même PDF. Cependant, nous en laissons l'exposé du mode opératoire à un autre auteur.

Mythe : une version en texte seul satisfait l'obligation de fournir un accès égal ou équivalent

Faux. Les technologies capables de s'adapter au contexte ont fait bien du chemin, et tout ce qu'on trouve sur une page web conventionnelle peut être rendu au moins partiellement accessible, sans que cela n'altère visiblement la mise en page. (Rappelez-vous : tout se passe sous le capot.) Renvoyer des visiteurs handicapés sur un site en texte seul revient à supposer que les daltoniens sont complètement aveugles, ou que les handicapés moteur n'ont que faire des images. Cela suppose aussi que ces utilisateurs ne souhaitent pas faire leurs courses sur votre site de commerce ni participer à un forum de discussion en ligne. En résumé, l'approche texte seul ne satisfait personne. D'autre part, la création et le maintien de versions de vos pages en texte seul se révéleront plus coûteuses que la simple insertion dans vos fichiers de balises et d'attributs d'accessibilité.

Mythe : l'accessibilité coûte trop cher

Faux. Quel est le coût de création d'un lien permettant de sauter la navigation ou celui d'un résumé de tableau tel qu'évoqué au chapitre 8 ? Combien cela coûte-t-il de saisir un bref texte d'attribut `alt` pour chaque image d'une page en cours de création ? Tout cela ne prend que quelques minutes. À moins que votre coût horaire soit de plusieurs millions, le prix de la plupart des éléments d'accessibilité requis par la priorité 1 de la WAI ou par la section U.S. 508 sera négligeable, en particulier s'il vous évite des poursuites judiciaires pour discrimination. Et de tels procès peuvent s'avérer bien onéreux...

Pour une conformité de plus haut niveau, le travail spécialisé nécessaire pourra bien sûr coûter plus cher que ces tâches simples. Cependant, ce n'est pas toujours le cas. Ainsi, il n'est pas immédiat de sous-titrer des vidéos dans les formats Real, QuickTime, ou Windows Media. Mais cela ne représente pas nécessairement des tonnes d'heures ni un investissement démentiel. On trouvera un sous-titrage exécuté avec SMIL sur le site d'An Event Apart (figure 14-5). Cet exemple présente un extrait de la conférence de 2005, qui s'était tenue à Philadelphie. Il ne fallut à l'auteur et à Andrew Kirkpatrick que quelques minutes pour sous-titrer la vidéo d'Ian Corey, la rendant ainsi accessible aux sourds et aux malentendants. Coût : zéro. Joe Clark (encore lui !) propose un guide bien pratique sur la manière de procéder dans son article *Best Practices in Online Captioning* (www.joeclark.org/access/captioning/bpoc).

Sur les gros sites dont les contenus sont mis à jour par un service autre que le service de développement (le service éditorial par exemple), rendre accessible les textes revient souvent, tout simplement, à mettre à jour le système de gestion de contenu afin qu'il réclame certains attributs obligatoires. Sur un site dynamique, il pourra suffire pour cela de retravailler un peu les gabarits qui génèrent les pages à la volée. L'ajout d'attributs d'accessibilité aux formulaires, de résumés structurels aux mises en page par tableaux, et la réalisation d'autres ajustements semblables dans les éléments principaux du site représente un coût fixe, acquitté une fois pour toutes. Il sera rapidement rentabilisé par l'afflux de nouveaux consommateurs et les éventuelles économies en frais de poursuites judiciaires.

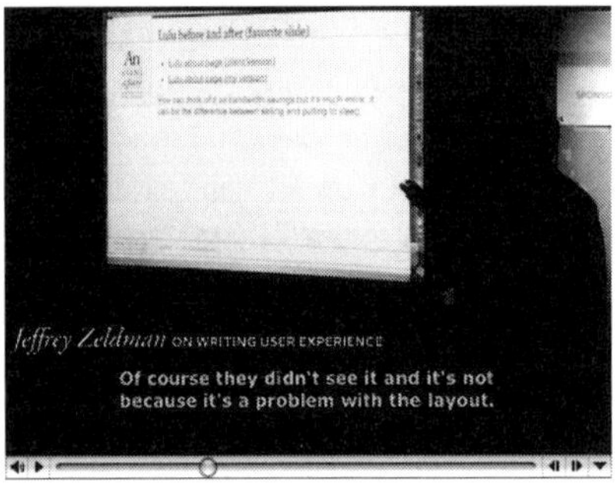

Figure 14-5
*Sous-titrer cette vidéo (*www.aneventapart.com/events/2005/philadelphia*) l'a rendue accessible aux sourds et aux malentendants. Cela n'a pris que quelques minutes et n'a rien coûté.*

Nous sommes trop occupés à perdre des millions pour dépenser quelques euros intelligemment

Nous avons un ami qui achète en permanence CD et DVD qu'il n'a pas le temps d'écouter ou de regarder. Il loue un atelier au cas où l'envie de peindre le reprendrait, bien qu'il n'ait rien crée depuis deux ans. Il est abonné à toutes les chaînes câblées, mais ne regarde jamais la télévision car il sort en boîte tous les soirs. La seule ombre au tableau de cette vie trépidante de consommateur idéal est une sourde douleur dans une molaire inférieure gauche. Cette rage de dents dure depuis deux mois mais notre ami « n'a pas les moyens » de voir un dentiste.

Vous penserez peut-être que son échelle de priorités est déréglée, mais cette attitude n'est pas si différente de celle de bien des entreprises. Ceux qui se plaignent des coûts de l'accessibilité sont les mêmes qui gaspillent des milliers d'euros en détections de navigateur, scripts conditionnels, CSS conditionnel, voire HTML conditionnel comme nous l'avons décrit au chapitre 13. Ils ne voient rien de mal à gaspiller de l'argent en produisant dix feuilles de style différentes pour prendre en charge autant de navigateurs, alors qu'une feuille de style CSS unique les servirait tous bien mieux. Au lieu d'installer un système de gestion de contenus libre tel que Drupal (www.drupal.org) ou un programme peu coûteux et conforme aux standards comme ExpressionEngine (www.pmachine.com), ils claqueront des millions sur une infrastructure obèse et propriétaire, crachant un balisage invalide, des URL peu intuitives, et qu'il faudra maintenir en permanence à l'aide de spécialistes coûteux.

Mais cracher quelques dollars pour l'accessibilité ? « Trop cher », disent-ils.

Parmi les entreprises qui prétendent ne pas pouvoir s'offrir les niveaux d'accessibilité même les plus élémentaires, nombreuses sont celles qui semblent avoir plein de fric pour les développements de back-office, le streaming, et du JavaScript inutilement complexe. Si ces dépenses sont jugées acceptables dans le cadre d'une activité commerciale normale, il faut mesurer à la même aune le prix négligeable (en comparaison) de l'accessibilité.

Mythe : l'accessibilité contraint à des designs primitifs et bas de gamme

Faux. Images, mises en page en tableaux, CSS, JavaScript, technologies côté serveur comme PHP et autres symboles du design web contemporain sont parfaitement compatibles avec une conformité à la priorité 1 de la WAI et à la section U.S. 508 ; il suffit pour cela de faire preuve d'un peu d'attention et de bon sens. Vous pourrez même recourir à des technologies dépendant de plug-ins comme Flash et QuickTime, pour peu que vous suiviez les directives qui les concernent (et que nous traiterons plus loin dans ce chapitre). Tous les sites produits par Happy Cog ces deux dernières années emploient des scripts DOM, des mises en page CSS, des images GIF et JPEG, etc., etc., etc. Ce qui ne les empêche nullement de réussir haut la main tous les tests de validation d'accessibilité disponibles en ligne. C'est aussi le cas de centaines sites de nos collègues, tels que Stopdesign.com ou Clearleft.com.

Attention : comme nous le verrons bientôt, la réussite des tests de validation d'accessibilité disponibles en ligne ne garantit nullement qu'un site soit vraiment accessible ou conforme. Ces logiciels de validation connaissent les limitations inhérentes à leur nature ; il faudra donc les compléter et les nuancer par une évaluation humaine. Toutefois, l'échec aux tests de la priorité 1 de la WAI ou de la section U.S. 508 est un signe de non conformité qui ne trompe pas.

Mythe : selon la Section 508, les sites doivent avoir le même rendu dans tous les navigateurs et clients

Faux. Comment cela pourrait-il être possible ? Naturellement, la plupart des sites conformes à 508 auront un meilleur rendu dans des navigateurs récents que dans d'autres plus anciens. Cela ne pose aucun problème vis-à-vis de la loi, car les utilisateurs du Web ont toujours la possibilité de mettre leur navigateur à jour en en téléchargeant la nouvelle version. Les contenus doivent être accessibles à Lynx, aux lecteurs d'écran, aux assistants numériques et autres clients. Le design visuel ne peut être rendu dans beaucoup de ces environnements, et il n'est pas nécessaire qu'il ait la même apparence d'un navigateur graphique à l'autre. Les méthodes anciennes permettant de créer des sites qui ont la même allure dans tous les navigateurs et sur toutes les plates-formes étaient en partie responsables du très grand nombre de sites web inaccessibles, invalides, et difficiles à maintenir.

Mythe : l'accessibilité ne concerne « que les handicapés »

Faux. Évidemment, la conformité aux directives d'accessibilité améliorera (ou dans certains cas, fournira tout simplement) l'accès au site aux handicapés lourds. Mais elle aidera également :

- Quiconque utilise des Palm Pilots, des mobiles web, et autres périphériques de navigation non traditionnels. Ce segment de marché croît de manière exponentielle : le temps d'écrire cette puce, cinq millions de Chinois ont visité un site web avec leur téléphone ;
- ceux qui souffrent de handicaps ou gênes temporaires (par exemple, des poignets cassés) ;
- ceux qui ont des problèmes de vision légers, qui peuvent être corrigés, notamment la classe d'âge vieillissante du baby boom (énorme portion de la population) ;
- ceux qui accèdent à des sites dans des conditions différentes de leur environnement habituel, par exemple via des kiosques Internet ou via ces navigateurs aux fonctionnalités limitées qu'on trouve dans les aéroports et autres lieux publics ;
- les propriétaires de sites préférant toucher l'une de ces catégories de visiteurs plutôt que de la renvoyer sur le site d'un concurrent ;
- les propriétaires de sites souhaitant tirer profit des moteurs de recherche, les plus importants de tous les « utilisateurs aveugles » (voir la section « Le milliardaire aveugle », au début du chapitre).

Mythe : Dreamweaver MX/Cynthia Says/LIFT/[Insérer ici le nom de votre outil] résout tous les problèmes de conformité

Faux. Ces outils peuvent aider, mais ils ne remplaceront jamais une expertise humaine. Le portail Cynthia Says (figure 14-6), gratuit, LIFT Machine de UsableNet (www.usablenet.com)

et LIFT pour Dreamweaver, payants, vous aideront à détecter des problèmes de conformité avec les priorités de la WAI ou la Section 508. Les éléments de LIFT repris dans Dreamweaver vous assisteront également dans vos tests, et vous encourageront à produire des sites plus accessibles. Mais tous ces tests et outils ne sont ni des remèdes miracle ni des solutions pousse-bouton. Voyez-les plutôt comme des assistants qui vous aideront à prendre de bonnes habitudes et à identifier des zones posant des problèmes spécifiques dans chacun de vos projets.

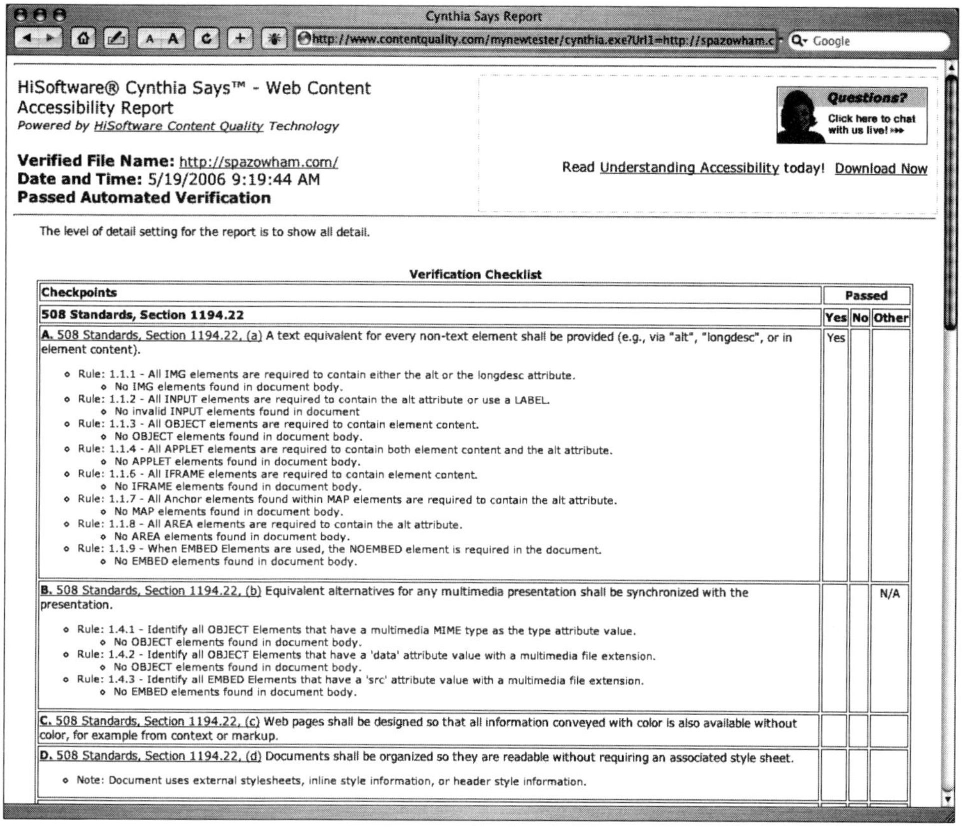

Figure 14-6

*Le portail Cynthia Says (*www.contentquality.com*) permet de tester la conformité d'un site avec les trois niveaux de la WAI et/ou de la Section 508. Ce service en ligne, gratuit et rapide, fonctionne très bien – pour peu qu'on ne prenne pas ses résultats pour argent comptant et qu'on n'oublie pas de les interpréter.*

Mythe : les designers sont libres d'ignorer les lois d'accessibilité si leurs clients le leur demandent

Cela reste à voir. Nous ne connaissons à ce jour aucun exemple de designer web jugé coupable d'avoir créé des sites inaccessibles. Mais le ministère de la Justice des États-Unis d'Amérique (U.S. Justice Department) a déjà poursuivi des architectes ayant violé le Americans with Disabilities Act, que leur client leur ait ou non demandé de « construire de telle manière ». Il est donc possible que des designers web soient un jour poursuivis pour des charges semblables. C'est notre travail de designers que d'éduquer nos clients (ou patrons) ; pas de les rendre responsables quand ils nous contraignent à faire n'importe quoi. D'autre part, *même* si le designer s'en sort, son obligation de conseil ne le force-t-elle pas à éviter à ses clients des ennuis avec la Justice ?

En 2006, des visiteurs aveugles ont traîné Target en justice, prétextant que son site web inaccessible violait les lois anti-discrimination (www.news.com/Blind+patrons+sue+Target+for+site+inaccessibility/2100-1030_3-6038123.html). Target s'en est sorti en révisant fissa ses pages web. Je ne voudrais pas être dans la peau du vice-président de Target qui avait donné son feu vert pour la version précédente, inaccessible. Ni dans celle du designer qui a reçu son coup de fil.

L'accessibilité élément par élément

Dans les sections suivantes, nous vous proposons des solutions pour mettre en conformité avec les recommandations d'accessibilité de la WAI (ou du gouvernement) les éléments généralement employés dans les pages web.

Images

Si vous omettez le texte des attributs `alt`, les utilisateurs de Lynx, de lecteurs d'écran et d'autres navigateurs ou périphériques alternatifs verront ou entendront le contenu `[IMAGE] [IMAGE] [IMAGE] [IMAGE] [IMAGE] [IMAGE]`, ou quelque chose de tout aussi inutile. Pour un exemple visuel, revenez à la figure 2-5 du chapitre 2. L'absence de textes de remplacement `alt` générera également une erreur d'accessibilité WAI et une erreur de validation XHTML. Recourez à l'attribut `alt` de l'élément `img` (www.w3.org/WAI/GL/WCAG20/checkpoints.html) pour décrire l'objectif de chaque image.

Votre ami, l'attribut alt vide

Dans le cas d'images dépourvues de sémantique telles que les images GIF d'espacement (qu'évidemment, vous n'utilisez plus...), employez `alt=""`, qu'on appelle encore attribut ou texte `alt` vide. N'aggravez pas les problèmes des utilisateurs avec des textes de remplacement `alt` inutiles tels que `alt="GIF d'espacement d'un pixel"` ou `alt="dégradé de couleur de fond pour cellules de tableau"`. Employez l'attribut `alt` vide en accompagnement des images visant à créer des effets de design purement visuels, sans signification ni sémantique.

Utilisez des attributs alt véhiculant du sens

Utilisez des attributs `alt` qui auront un sens pour vos visiteurs, pas seulement pour vous et vos collègues. Ainsi, sur un logo qui est aussi un lien permettant de revenir à la page d'accueil, vous écrirez `alt="Dupont et fils, page d'accueil"` et non pas `alt="dupont_logo_rev3"` ou `alt="logo Dupont et fils"`. Pour un déficient visuel, peu importe de savoir que l'image qu'il ne peut pas voir est un « logo » ; il est bien plus intéressant pour lui de savoir qu'un clic sur cette image le ramènera à la page d'accueil. Si cela vous semble indispensable, vous couvrirez vos arrières, par exemple, au moyen de l'instruction :

```
alt="Dupont et fils, page d'accueil [logo]"
```

Résistez aux logiciels d'assistance qui génèrent les attributs `alt` à votre place : la plupart du temps, ils construisent directement les textes de remplacement à partir des noms de fichiers :

```
alt="dupont_logo_32x32"
```

En somme, ne laissez jamais un robot prendre en charge le boulot d'un homme. En fait...

Ne confiez pas à des logiciels la réalisation de tâches à forte valeur ajoutée

Ce n'est pas parce que votre page satisfait les tests de conformité à la WAI ou à la Section 508 prévus par le portail Cynthia Says que vos attributs `alt` conviennent. Une page associant à chaque image un `alt="mickeymouse"` (ou un `alt=""`) pourrait satisfaire ces examens. Aucun logiciel n'est capable d'évaluer la pertinence de vos textes de remplacement `alt`. Et franchement, je n'aimerais pas vivre dans un monde où des programmes pourraient réaliser ce type de choses. Si vous ne savez pas de quoi je parle, revoyez les films *2001*, *Blade Runner*, *The Matrix*, *Minority Report* ou *The Music Man*. Bon, d'accord, *The Music Man* n'a absolument rien à voir avec tout cela, mais Robert Preston n'est-il pas génial dans ce film ?

La java des bulles d'aide (infobulles) alt

Certains des navigateurs les plus importants transforment à tort les attributs `alt` des images en bulles d'aide (tooltips) quand le curseur de la souris les survole. Bien que des millions d'utilisateurs du Web soient désormais habitués à ce comportement, c'est une très mauvaise idée pour bien des raisons. Pour commencer, le texte `alt` est un outil d'accessibilité, pas un outil à fabriquer des bulles d'aide sympas (l'attribut `title` pouvant parfaitement jouer ce rôle). Le W3C précise explicitement que le texte `alt` ne doit être visible que dans des situations où les images ne peuvent pas être visualisées :

> « L'attribut `alt` spécifie un texte de remplacement qui ne sera rendu que si l'image ne peut pas être affichée [...] Les clients doivent rendre ce texte de remplacement quand ils ne peuvent pas prendre en charge les images, ne prennent pas en charge un type spécifique d'image, ou sont configurés pour ne pas afficher les images. » (www.w3.org/TR/REC-html40/struct/objects.html#h-13.2)

Aucun navigateur ne devrait donc reproduire ce texte `alt` redondant, qui décrit ce que le visiteur non déficient visuel voit déjà parfaitement bien. C'est pourtant exactement ce que fait IE pour Windows, par exemple (figure 14-7) ; en cela, il ne fait que copier un comportement d'abord tenu par Netscape pour Windows. Ce n'est donc pas votre problème, à moins que cela vous incite à écrire des textes `alt` « créatifs » qui ne rempliront plus, dès lors, leur fonction première, à savoir simplement expliquer ces images à ceux qui ne peuvent pas les voir.

Figure 14-7
*L'emplacement du logo d'eBay laisse à penser qu'il s'agit d'un bouton cliquable pour revenir à la page d'accueil, mais ce n'est pas le cas (*www.ebay.com*). Son attribut* `alt` *(eBay logo) est pertinent mais redondant dans des navigateurs comme IE pour Windows qui le reprennent en bulle d'aide, même s'ils ne sont pas censés se comporter ainsi.*

Pas d'alt pour les images d'arrière-plan

Les débutants en accessibilité se demandent souvent s'il faut écrire des textes `alt` pour les images d'arrière-plan CSS (ou HTML). C'est une interrogation logique et valable, à laquelle la réponse est simplement « non ». Quand bien même le voudriez-vous, vous ne le pourriez pas : il n'y a pas d'attribut `alt` en CSS. (On ne trouve par exemple aucun attribut `alt` pour une image d'arrière-plan dans une balise `<body>`.)

Si une image d'arrière-plan véhicule un message important et absent du texte de la page – ce peut être le cas d'un document dont le texte se limiterait à « Il était honnête et sincère » avec comme image d'arrière-plan un portait d'Abraham Lincoln –, vous pourriez être tenté d'inclure les mots « Le président Abraham Lincoln » dans un attribut `title` de l'élément `body`, ou dans un attribut `summary` de tableau si vous utilisez les tableaux. En vous montrant encore un peu moins raisonnable, vous pourriez décider d'insérer ce texte explicatif dans une balise `noscript`, en partant de l'hypothèse que quiconque n'a pas accès aux images se trouve probablement dans un environnement incapable d'interpréter le JavaScript. Mais le mieux est sans doute de laisser complètement tomber cette idée. Une image de Lincoln avec les mots « Il était honnête et sincère » ? C'est vraiment n'importe quoi !

Apple QuickTime et autres médias de streaming vidéo

Quand un plug-in est nécessaire, spécifiez clairement un lien vers l'élément requis. Si vous utilisez une image pour définir un lien vers un plug-in indispensable, veillez à ce qu'elle dispose d'un texte `alt` approprié.

Vous rendrez plus accessibles les vidéos QuickTime (ou Real) en recourant à un outil de sous-titrage ou à un standard du Web tel que SMIL pour proposer des textes de description et des sous-titres équivalents à des pistes audio. Vous trouverez une introduction à SMIL pour les designers dans l'article « SMIL When You Play That » du magazine *A List Apart*, à l'adresse www.alistapart.com/articles/smil. Faites-vous ensuite plaisir avec l'article déjà mentionné, *Best Practices in Online Captioning* (www.joeclark.org/access/captioning/bpoc).

WGBH Boston est excellent pour fournir du QuickTime et du Flash accessibles (main.wgbh.org/wgbh/access). Joe Clark a encadré les travaux vidéo accessibles de BMW Films (www.BMWFilms.com). Malheureusement, cette séquence a disparu depuis, elle a été remplacée par des communiqués de presse.

Macromedia Flash 4 et 5

À une époque, Macromedia Flash ne proposait guère de fonctionnalités d'accessibilité (jadis, c'est même la société Macromedia qui produisait Flash, mais ne digressons pas). Macromedia Flash 4 et 5 proposent désormais quelques options d'accessibilité, telles que la possibilité de créer des pistes audio décrivant des boutons de navigation. Si vous ne pouvez pas passer à Flash 8, vous recourrez à ces possibilités pour fournir des solutions de remplacement en HTML.

Macromedia Flash MX et Flash 8

Sorti en avril 2002, Macromedia Flash MX proposait des fonctionnalités d'accessibilité grandement améliorées, notamment un mode compatibilité avec les lecteurs d'écran. Flash 8, qui date de 2005, développe encore les qualités de son prédécesseur (www.adobe.com/resources/accessibility/flash8). La plupart de ces innovations ne fonctionnent qu'en environnement Windows, car Flash utilise l'Active Accessibility de Microsoft pour communiquer avec les lecteurs d'écran.

Ces derniers, qualifiés parfois à tort de « navigateurs parlants » ou de « lecteurs de textes », sont des navigateurs qui lisent à haute voix les textes web. Actuellement, les améliorations en matière d'accessibilité de Flash sont comprises par les deux lecteurs d'écran leaders du marché, c'est-à-dire Window-Eyes de GW Micro (www.gwmicro.com) et JAWS de Freedom Scientific (www.freedomscientific.com/fs_products/JAWS_HQ.asp).

Flash se conforme désormais à plusieurs exigences dictées par la section U.S. 508, et notamment :

- le grossissement des contenus,
- la navigation sans souris,
- la synchronisation du son,
- la prise en charge de palettes de couleurs personnalisées.

Flash MX prend aussi en charge des fondamentaux de la section U.S. 508, dont :

- la possibilité de créer des équivalents en mode texte,
- la possibilité de minimiser le tort causé par des événements animés mal écrits,
- la possibilité de créer des versions accessibles des boutons, formulaires et étiquettes,
- comme dans le cas de XHTML, la possibilité de spécifier un ordre de tabulation pour assister dans leur navigation les utilisateurs sans souris.

L'ordre des tabulations est spécifié dans Flash MX en ActionScript, la version Macromedia d'ECMAScript. Voir plus loin la section « Conserver les tabulations : notre cher ami, l'attribut tabindex » pour en savoir plus sur la manière de spécifier l'ordre de tabulation en XHTML.

Aucune de ces améliorations ne fonctionnera si l'on n'apprend pas à s'en servir et à les intégrer dans le processus de création de contenus en Flash.

Autres astuces de conformité en Flash

Quand un plug-in est nécessaire, spécifiez clairement un lien vers l'élément requis.

Si vous utilisez une image pour spécifier un lien vers un plug-in indispensable, veillez à définir un texte `alt` approprié.

Si vous recourez à JavaScript pour détecter l'éventuelle présence de Flash, prévoyez un plan B, c'est-à-dire un lien clair menant vers l'élément requis, à l'intention de ceux qui n'ont pas ou qui ne veulent pas activer JavaScript. D'autre part, soyez sûr de ce que vous faites, pour l'amour du ciel ! Les cadavres des scripts cassés de détection de navigateurs et de plug-ins jonchent le terrain, et les utilisateurs du Web sont pris entre ces deux feux.

Comprenez qu'en dépit de vos efforts les plus acharnés et les plus sincères, certains utilisateurs ne pourront pas accéder à vos contenus Flash.

Couleurs

Si la couleur vous sert à véhiculer des informations (comme la possibilité de cliquer sur une portion de la page web), renforcez-la par d'autres méthodes (en représentant par exemple les liens en gras, ou bien en les soulignant). Si vous avez désactivé le soulignement sous CSS, envisagez d'afficher les liens en plus gras que le texte normal. Pour cela, évitez le gras sur tout texte qui n'est pas un lien, à moins que vous ne souhaitiez à tout prix perturber l'utilisateur daltonien de sorte qu'il ne puisse distinguer le gras qui cache un lien du simple gras. Si la différence entre liens et texte ordinaire est évidente même pour les daltoniens (c'est le cas, pour prendre un exemple extrême, avec un texte noir et des liens blancs), il ne sera pas nécessaire de la renforcer par du gras ou d'autres techniques de différenciation.

Évitez de faire allusion à la couleur dans votre texte. « Consultez la section en jaune pour obtenir de l'aide » est un conseil non pertinent pour les aveugles (ou les daltoniens). Créez des schémas de couleurs harmonieux et soignés. Certaines différences ne seront pas toujours apparentes dans certains types de daltonisme. Joe Clark consacre de nombreuses pages fort claires à ce sujet. On trouve son livre un peu partout, dans les bonnes librairies. N'oubliez pas de visiter www.vischeck.com, pour voir vos pages web avec les yeux de personnes souffrant de différents types de daltonisme.

CSS

Testez vos pages avec et sans feuilles de style pour vous assurer qu'elles sont lisibles dans toutes ces situations (figure 14-8). Ne vous préoccupez pas des modifications de design quand les feuilles de style sont désactivées, à moins qu'elles ne rendent votre site inutilisable.

Le balisage structuré véhicule du sens en l'absence de CSS

Si vous produisez du XHTML bien structuré, votre page fonctionnera mieux, même quand les styles seront désactivés ou inutilisables (figure 14-8). Les lecteurs « comprennent » le balisage sémantique avec ou sans CSS. Comme nous ne cessons de le répéter, mettez la structure en valeur et fuyez la divite. Un balisage semblable à celui qui suit n'aura que peu de sens en l'absence de CSS :

```
<div class="titre">Titre</div>
<div class="article">Texte</div>
<div class="article">Texte</div>
<div class="article">Texte</div>
```

Ne faites pas confiance à ce que vous voyez dans un seul navigateur

Écrivez du CSS valide et testez-le dans plusieurs navigateurs. N'écrivez pas du CSS non conforme qui fonctionnera par hasard dans un navigateur spécifique : le CSS bogué pourra rendre une page illisible. Tous les utilisateurs du Web ne savent pas comment désactiver CSS, encore moins comment remplacer votre CSS par des feuilles de style personnelles, fonctionnalité qui n'est pas encore prise en charge par tous les navigateurs à l'heure actuelle.

Prenez garde en définissant la taille du texte

Si vous spécifiez les tailles de textes en largeurs d'« m » ou en pourcentages, contrôlez l'apparence de votre site avec une taille de fonte plus petite (voir le chapitre 13). Évitez de définir les tailles de textes en pixels, car les utilisateurs d'IE sous Windows avant sa version 7 ne

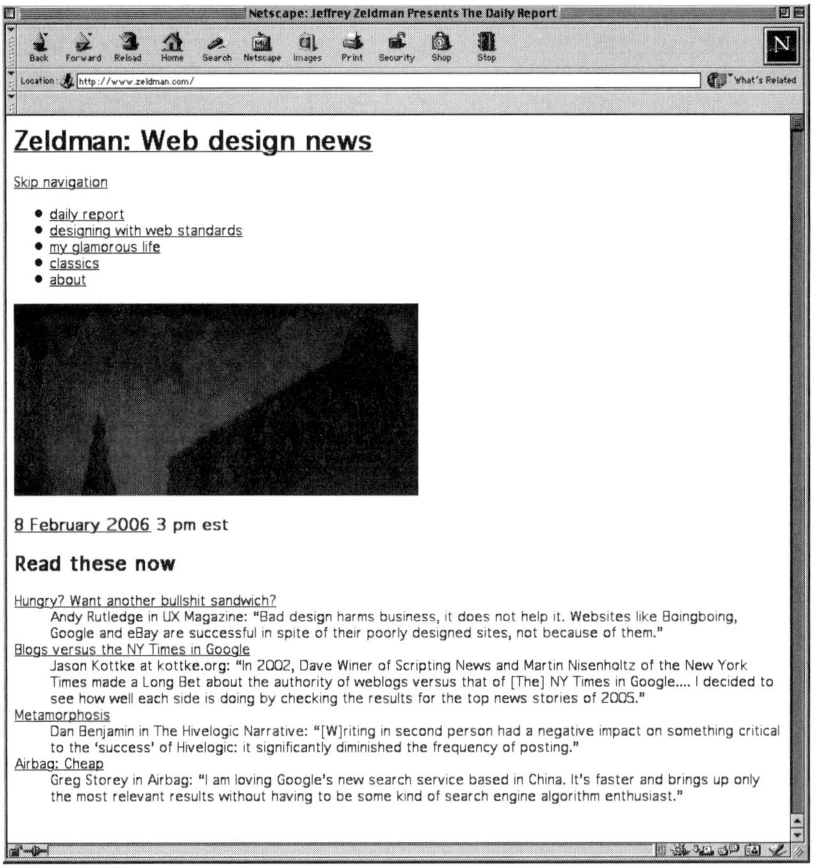

Figure 14-8
*Le site personnel de l'auteur, tel qu'il apparaît quand on y désactive les feuilles de style (*www.zeldman.com*). Pour contrôler cela, il suffit de masquer le CSS à Netscape 4.*

pourront pas les modifier (à nouveau, voir le chapitre 13). À tout le moins, utilisez des bascules de styles fonctionnant avec DOM ou avec l'interface du site de manière que les visiteurs puissent en changer les tailles des fontes (voir le chapitre 15).

Ne vous fiez jamais aux résultats des tests de validation d'accessibilité

N'estimez pas qu'un CSS est « sûr » pour la seule raison que la page réussit les tests d'accessibilité proposés en ligne. Ce peut être le cas d'une page utilisant des polices illisibles en 7 px.

Rollovers et autres comportements scriptés

Codez de sorte que les liens fonctionnent même en l'absence de JavaScript. Testez votre site en désactivant JavaScript dans votre propre navigateur.

Pensez aux utilisateurs dépourvus de souris

Les handicapés moteur peuvent utiliser des navigateurs comprenant le JavaScript – et ne s'en privent pas –, mais ils ne sauront pas toujours cliquer ou réaliser toute autre opération avec la souris. Prévoyez un code de remplacement pour cette catégorie d'utilisateurs :

```
<input type="button" onclick="setActiveStyleSheet(`default'); return false;"
onkeypress="setActiveStyleSheet(`default'); return false;" />
```

Dans l'exemple précédent, `onkeypress` est l'équivalent d'`onclick` pour les utilisateurs sans souris. Ces deux lignes de code coexistent paisiblement. Le code alternatif est invisible à l'utilisateur de souris. Certes, coder la même fonction de deux manières différentes alourdira votre page de quelques octets. Dans ce cas précis, la petite surcharge de bande passante est largement compensée par la possibilité d'accueillir des handicapés, au lieu de les sanctionner pour leur état de santé.

Employez noscript pour les utilisateurs sans JavaScript

Le journal The Daily Report du site zeldman.com recourt à du JavaScript dans un élément `form` pour proposer un accès aux pages précédentes. Ce code simple, légèrement allégé pour en garantir la clarté, est repris ci-dessous. Vous remarquerez l'emploi des deux attributs `onclick` et `onkeypress` pour emmener le visiteur sur l'URL d'une page précédente :

```
<form action="foo"><input type="button" value="Previous Reports"
  onclick="window.location='http://www.zeldman.com/daily/0103c.shtml';"
  onkeypress="window.location='http://www.zeldman.com/daily/0103c.shtml';"/>
...
</form>
```

Voilà qui conviendra parfaitement aux utilisateurs pourvus de navigateurs comprenant JavaScript *et* qui ne l'ont pas désactivé pour des raisons religieuses. Mais que se passe-t-il pour les autres ? Un simple lien placé dans un élément `noscript` suffira à les prendre en charge :

```
  <noscript>
    <p><a href="/daily/0103c.shtml">Previous Reports</a></p>
  </noscript>
```

Reprenons l'intégralité de ce code :

```
<form action="foo">
  <input type="button" class="butt" value="Previous Reports"
     onclick="window.location='http://www.zeldman.com/daily/0103c.shtml';"
     onkeypress="window.location='http://www.zeldman.com/daily/0103c.shtml';"
     onmouseover="window.status='Previous Daily Reports.'; return true;"
```

```
      onmouseout="window.status='';return true;" />
  <noscript>
    <p><a href="/daily/0103c.shtml">Previous Reports</a></p>
  </noscript>
</form>
```

Les lecteurs qui ne connaissent pas du tout JavaScript s'affoleront peut-être à la vue des lignes précédentes, surtout en les voyant imprimées dans un livre. Mais n'importe quel programmeur expérimenté vous confirmera que c'est l'enfance de l'art : tout designer est capable d'écrire ce type de code. Pourtant, et malgré son côté rudimentaire, ce balisage conviendra tant aux visiteurs « classiques » du Web qu'aux handicapés moteur, aux aveugles, aux utilisateurs de périphériques non traditionnels, et aux paranoïaques non handicapés dotés de navigateurs comprenant le JavaScript mais où ils ont désactivé ce langage.

Évitez ou, du moins, nettoyez les scripts générés automatiquement

Fuyez tout script produit par Dreamweaver ou GoLive, car ils font des hypothèses sur le navigateur et sur la plate-forme. À tout le moins, testez les pages ainsi produites dans des navigateurs moins répandus et où vous aurez désactivé le JavaScript.

Instruisez-vous

Accessibilité et comportements scriptés peuvent interagir de manières très complexes, dont une analyse complète sortirait du cadre de ce chapitre. Pour en savoir plus sur les méthodes de travail avec JavaScript, lisez les livres recommandés au chapitre 15, juste après celui-ci.

Formulaires

J'ai débuté ce chapitre en vous recommandant chaudement deux ouvrages. *Building Accessible Web Sites* consacre un chapitre complet aux tenants et aux aboutissants de la création de formulaires accessibles en ligne. *Constructing Accessible Web Sites* réserve lui aussi un chapitre entier à ce sujet. Cette coïncidence fera peut-être croire que cette problématique peut parfois se révéler bien épineuse. Et vous auriez entièrement raison.

Pas de panique. La plupart des tâches qu'il s'agit de mener à bien sont simples et directes, comme l'association de champs de formulaire à des étiquettes (on dotera ainsi la zone de texte d'un formulaire de recherche du nom Recherche, ou Search). Le problème, c'est que ces petits points de détail abondent, et les passer en revue sortirait du cadre de ce chapitre.

Quand vous aurez mis au point des formulaires que vous espérez accessibles, testez votre œuvre sous Lynx (lynx.browser.org) ou sous JAWS. Pour exécuter ce dernier, les utilisateurs de Macintosh plus anciens feront appel à Virtual PC (www.microsoft.com/mac/products/virtualpc/virtualpc.aspx?pid=virtualpc) ou à un PC véritablement compatible. Sur un Macintosh équipé d'une puce Intel, il faudra employer Bootcamp (www.apple.com/macosx/bootcamp) et un

CD de Windows. On pourra aussi faire appel à Voiceover (www.apple.com/macosx/features/voiceover), interface d'accessibilité incorporée à Mac OS X Tiger. Les utilisateurs de GNU/Linux seront heureux d'apprendre que la distribution SuSE 7.0 comporte un lecteur d'écran gratuit (www.hicom.net/~oedipus/vicug/SuSE-blinux.html) ; ils pourront également recourir à Speakup (www.linux-speakup.org/speakup.html).

Zones sensibles

Si c'est possible, et c'est généralement le cas, évitez les zones sensibles. En cas d'absolue nécessité, optez pour des zones sensibles côté client avec textes `alt`, et proposez des liens redondants en mode texte. Quant aux zones sensibles côté serveur de la vieille école, rejetez-les en bloc.

Mise en page en tableaux

Ne vous échinez pas là-dessus. Écrivez des résumés (`attribut summary`) de tableaux simples comme on vous l'a expliqué au chapitre 8, et utilisez CSS pour éviter de recourir à des tableaux profondément imbriqués, à des images GIF d'espacement, et à tout ce fatras qui a fait l'objet des chapitres 8 à 10.

Hé oui ! Malgré tout ce que vous avez pu entendre dire sur le sujet, l'utilisation de mises en page simples reponsant sur des tableaux ne pose pas de gros problèmes d'accessibilité. Ce type de mise en page n'est pas interdit par les directives de la WAI ou de la Section 508, et leur emploi ne vouera pas votre âme à la damnation éternelle. Bon, ce dernier point n'est pas une certitude absolue. Quoi qu'il en soit, les mises en forme en tableaux ne sont pas incompatibles avec la WAI ou la Section 508.

Des tableaux présentant des données

Identifiez les en-têtes des tableaux et utilisez un marquage approprié pour associer les cellules de données aux cellules d'en-têtes dans les tableaux comptant plusieurs niveaux logiques de titres de rangées et de colonnes. Dans un tableau présentant la distribution du film *The Music Man*, on trouvera par exemple l'en-tête de tableau *Acteur*, et les cellules *Robert Preston*, *Shirley Jones*, *Buddy Hackett*, *Hermione Gingold*, etc.

Un voyant employant un navigateur graphique verra sans peine le lien entre l'en-tête *Acteur* et la colonne de noms en dessous. En revanche, les utilisateurs de lecteurs d'écran auront besoin d'autres balises pour relier ce titre de tableau aux cellules de données qui lui sont associées. Consultez son code source à l'adresse www.w3.org/WAI/wcag-curric/sam45-0.htm pour observer de quelle manière le groupe WAI clarifie le lien entre les intitulés et les cellules de données qui leur en dépendent (figure 14-9).

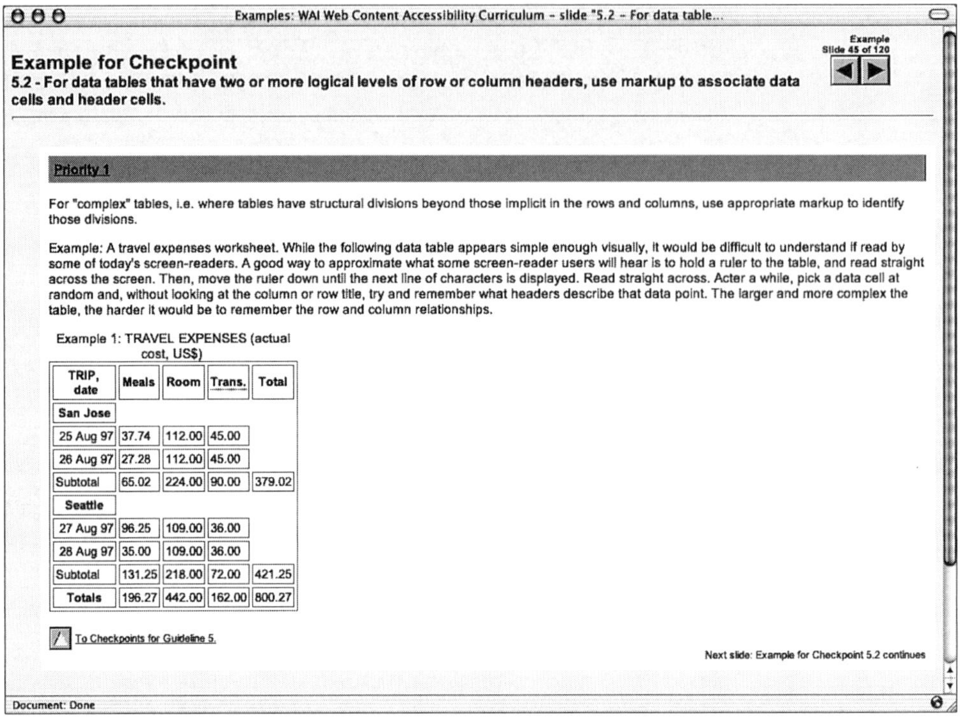

Figure 14-9

*C'est moche, mais ça marche : cette page d'exemple extraite de la Web Accessibility Initiative du W3C illustre une méthode pour associer les en-têtes aux cellules de données dans les tableaux complexes (*www.w3.org/WAI/wcag-curric/sam45-0.htm*).*

Cadres et applets

En aucun cas.

Éléments défilants ou clignotants

Dites-leur non. Pas un « non » mou, mais un « à aucun prix ! ». Vous n'avez peut-être plus utilisé de balises `<blink>` ou `<marquee>` depuis que vous étiez plongé jusqu'au cou dans un modèle FrontPage (à supposer que cela vous soit jamais arrivé), mais n'oubliez pas que le moratoire sur les éléments défilants ou clignotants s'applique également aux contenus Flash et QuickTime.

Les outils du métier

Si vous faites appel à un éditeur visuel pour créer vos pages web, divers outils et plug-ins peuvent vous assister dans cette quête de la conformité aux directives d'accessibilité :

- **Barre d'outils du développeur web pour Firefox** – Ce menu et cette barre pour Firefox, fabuleux et gratuits, proposent de nombreux outils de développement web. La plupart sont idéaux pour tester l'accessibilité d'un site. Déclenchez ou non les styles CSS ; désactivez temporairement JavaScript et les couleurs des pages, etc. Cela s'installe sur Firefox ou sur Mozilla, et sur toute plate-forme où ces navigateurs existent – notamment Windows, GNU/Linux, et Mac OS X.

  www.chrispederick.com/work/webdeveloper

- **Barre d'outils d'accessibilité web pour IE** – Cette barre d'outils, qu'on doit à l'équipe Accessible Information Solutions (solutions pour des informations accessibles, ou AIS) de Vision Australia, est gratuite, mais ses créateurs accueillent volontiers les dons. Elle fonctionne dans IE sous Windows où elle facilite les vérifications de divers aspects de l'accessibilité d'un site. Active ou désactive les styles CSS, remplace les éléments `img` par leur attribut `alt`, teste les images GIF animées pour savoir si leur fréquence peut déclencher des crises d'épilepsie photosensible, etc.

  www.visionaustralia.org.au/info.aspx?page=614

- **LIFT d'UsableNet** pour **Dreamweaver** – Déjà mentionné dans ce chapitre, LIFT, commercialisé par UsableNet pour Dreamweaver propose de nombreuses fonctionnalités, outre celle de vous assister dans la mise en conformité de vos pages. LIFT identifie automatiquement de nombreuses violations des consignes d'accessibilité (mais pas toutes). On en trouve aussi des versions indépendantes.

  www.usablenet.com/lift-dw/lift-dw.html

- **Dreamweaver 8** – Ce logiciel incorpore désormais de nombreuses fonctionnalités de LIFT. Il propose notamment un contrôle de validation 508 intégré, un guide de référence pour la Section 508, et des outils permettant d'ajouter des éléments d'accessibilité aux images, aux tableaux et aux cadres. N'oubliez pas : aucun outil ne détectera tous les problèmes ni ne remplacera avantageusement votre bon sens et votre expérience. Comme les marteaux et les clous, les outils n'aident que ceux qui savent s'en servir. Tout comme les œufs, le lait, et la farine...

- **Microsoft FrontPage intègre LIFT** – Le 9 juillet 2002, UsableNet annonça avoir intégré son produit LIFT à Microsoft FrontPage, outil de création web très répandu : www.usablenet.com/frontend/onenews.go?news-id=45.

  Cependant, comme indiqué au chapitre 4, FrontPage est un produit qui n'est plus soutenu par son éditeur, alors à quoi bon ?

On adore Cynthia

Que vous recouriez aux produits mentionnés ci-dessus ou que vous écriviez à la main comme un dur, un pur, un tatoué, vous prendrez le temps de vous intéresser au portail Cynthia Says (figure 14-6), déjà mentionné dans ce chapitre (www.contentquality.com).

Ce service rapide et gratuit testera n'importe quelle page en matière d'accessibilité, même si votre bon sens et vos capacités d'analyse seront mis à contribution pour les aspects les plus subtils. La WAI et la Section 508 reposent toutes deux sur une liste de contrôle manuelle pour assurer la conformité. Contrairement aux services de validation de balisage et de CSS du W3C, les tests de validation du portail Cynthia Says ne vous fourniront jamais de blanc-seing ni de liste d'erreurs à corriger. Il vous faudra interpréter ses remarques, et c'est là que réside toute la difficulté. Mais c'est aussi une expérience enrichissante, qui vous fera mériter votre salaire en vous transformant en designer, développeur, ou spécialiste du Web cultivé.

Nous n'avons pas le temps de décrire ici toutes les situations susceptibles de se produire en testant la conformité de votre site en matière d'accessibilité. Cynthia remplace Bobby, ancien service de test en ligne dont la mascotte était un joyeux policier britannique. Il fut acheté par Watchfire, qui transforma le programme en un outil appelé WebXACT, qui ne fonctionne pas bien. L'auteur ne connaît personne qui l'utilise. Lors d'une rencontre avec Bobby en 2002, une version hybride (tableaux et CSS) de zeldman.com avait satisfait le test de Section 508, mais l'approbation totale dépendait de l'interprétation de la liste de contrôle générée à cette occasion. Celle-ci comportait notamment l'élément suivant : « Envisagez de spécifier un ordre de tabulation logique parmi les contrôles de formulaires, les liens, et les objets. » (*Consider specifying a logical tab order among form controls, links, and objects*).

Conserver les tabulations : notre cher ami, l'attribut tabindex

L'attribut XHTML `tabindex` spécifie l'ordre de tabulation, c'est-à-dire l'ordre de navigation entre les contrôles de formulaire. Si aucun ordre logique n'est défini, c'est l'ordre d'apparition dans le code source XHTML qui prévaut. Ce n'est peut-être pas la manière la plus ergonomique de guider vos visiteurs à travers votre site, en particulier si votre contenu éditorial contient de nombreux liens ou des éléments de navigation complexes définis au début du balisage.

Comme Skip Navigation et `accesskey` (traités dans le chapitre 8), `tabindex` épargne aux utilisateurs de lecteurs d'écran les pires aspects de la navigation en série et leur permet de sauter rapidement vers les contenus qui les intéressent. Alors que Skip Navigation court-circuite de longues listes de liens et qu'`accesskey` propose (au moins théoriquement) des touches de commande pour accéder à divers composants de la page, `tabindex` fournit des raccourcis pour accéder séquentiellement à diverses portions de la page, un peu à la manière de l'index des chapitres d'un DVD, qui permet aux mordus du film de passer directement à la poursuite en voiture ou de revenir à la scène d'amour.

Sur les sites commerciaux, on testera sur un panel de véritables utilisateurs tout ordre de tabulation tel que décrit ci-dessous. Sur les sites personnels ou à but non lucratif, on ne dispose pas toujours de moyens suffisants pour ce type d'expériences. S'il est impossible de recourir à des testeurs, construisez un scénario utilisateur, déduisez-en un ordre de tabulation, et attendez des réactions de la part des visiteurs de votre site qui emploieront `tabindex`. Vous saurez alors si oui ou non vous avez fait le bon choix.

Établir un ordre de tabulation

La figure 14-10 illustre un bon vieux site hybride et présente l'ordre de tabulation avant toute utilisation de `tabindex`. Quand les utilisateurs pressés appuyaient sur la touche de tabulation, ils passaient d'un lien à l'autre en suivant l'ordre d'apparition de ces liens dans le balisage. C'était le comportement par défaut attendu (et quelque peu pénible). La figure 14-11 illustre l'ordre revu et corrigé après l'utilisation de `tabindex`, où chaque pression de la touche de tabulation emmène l'utilisateur là où il est vraiment susceptible de vouloir se rendre. Les nombres apparaissant sur les illustrations n'apparaissent pas sur le site ; ils n'ont été ajoutés que pour préciser l'ordre des tabulations.

Avant d'évoquer le balisage nécessaire (si simple qu'un débutant pourra l'employer), il convient d'étudier et de justifier l'ordre ainsi retenu. Ce n'est peut-être pas le meilleur choix, mais cet exemple illustre le type de processus que vous suivrez peut-être vous-même pour définir un ordre de tabulation explicite.

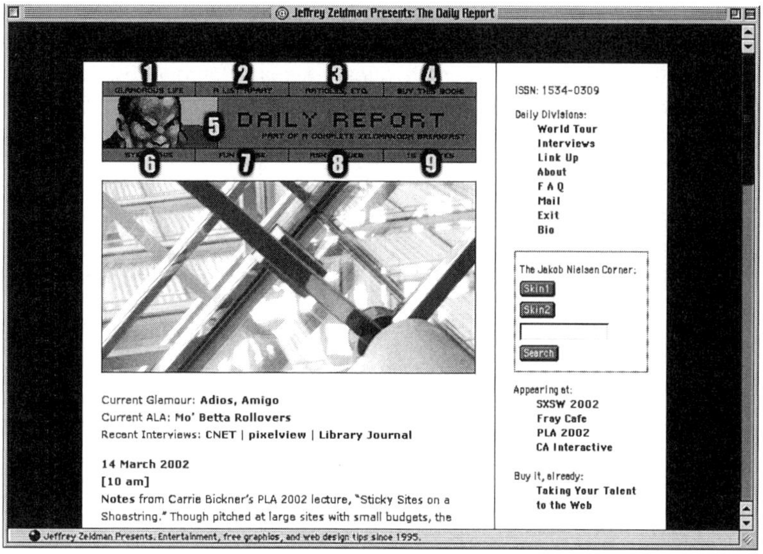

Figure 14-10
Le site hybride zeldman.com, *avant modification de l'ordre de tabulation au moyen de l'attribut* `tabindex`. *En appuyant sur la touche de tabulation, les visiteurs sont emmenés de lien en lien, suivant leur ordre d'apparition dans le balisage (*www.zeldman.com*). Les nombres ne sont pas intégrés au site ; ils n'ont été ajoutés que pour indiquer l'ordre de tabulation par défaut.*

Après nous être imaginés dans la situation d'un utilisateur dépourvu de souris et avoir réfléchi aux liens sur lesquels nous aimerions cliquer et dans quel ordre, nous sommes parvenus à l'ordre de tabulation suivant :

1. Le premier clic place les visiteurs sur l'en-tête de la page, le bouton d'accueil, de sorte qu'ils peuvent recharger la page si nécessaire, confirmer leur emplacement dans l'espace web, et surtout revenir en page d'accueil – où qu'ils se trouvent sur le site.

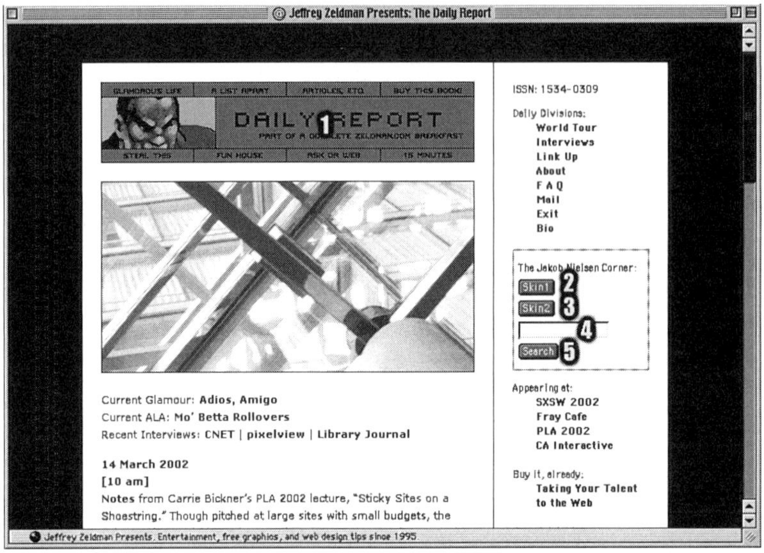

Figure 14-11
Après modification de l'ordre de tabulation, tout appui sur cette touche emmène le visiteur sur un composant du site qu'il est véritablement susceptible de vouloir atteindre. Les nombres en surimpression illustrent le nouvel ordre de tabulation mis en place ; l'aspect visuel du site n'a pas changé d'un iota. Ceux qui n'utilisent pas la touche de tabulation ne remarqueront donc aucune différence.

2. La deuxième tabulation emmène les visiteurs sur un bouton qui leur permet de choisir la taille de fonte et la feuille de style par défaut. Le fonctionnement de cette bascule de style, pilotée par DOM, sera détaillé dans le chapitre suivant. Elle vise à améliorer l'accessibilité en permettant aux visiteurs de modifier la taille et/ou la famille de la fonte, mais on peut l'employer d'une manière plus créative pour changer complètement l'aspect d'un site.
3. La troisième tabulation glisse sur un bouton auxiliaire proposant aux visiteurs d'opter pour une taille de fonte qui s'avérera peut-être plus lisible pour les déficients visuels, les utilisateurs de Windows ayant choisi une « petite » taille de texte par défaut (voir le chapitre 13), etc.
4. La quatrième tabulation sélectionne le champ de saisie du formulaire de recherche. En plaçant celui-ci assez rapidement dans l'ordre de parcours des visiteurs, nous leur évitons de parcourir des dizaines de liens inutiles.
5. La cinquième tabulation active le bouton de recherche (Search), ce qui permet aux visiteurs d'exécuter toute recherche demandée à l'étape précédente.
6. La sixième tabulation, non visible sur l'illustration, emmène les visiteurs sur le bouton *Previous Reports* au bas de la page (voir la section « Employez noscript pour les utilisateurs sans JavaScript »). Ce bouton donne accès aux anciennes pages, en ordre chronologique inverse.
7. La septième tabulation, également non visible sur cette illustration, emmène les visiteurs sur un bouton *Top of the Page*, ce qui évite à l'utilisateur toute opération de défilement. Elle se révélera très utile à ceux qui ne peuvent pas faire défiler les pages avec la souris.

Après ces sept premières étapes, les tabulations habituelles reprennent leurs droits, et les lecteurs peuvent donc visiter les liens restants dans leur ordre d'apparition sur la page.

Mise en place et tests

Il est facile de modifier l'ordre de tabulation. Nous nous sommes contentés d'affecter une valeur de **tabindex** à tout élément dont nous souhaitions modifier la priorité. Voici par exemple une version simplifiée du XHTML qui crée le bouton de taille de fonte par défaut, avant modification pour en améliorer l'accessibilité :

```
<form action="send">
    <input type="button" />
</form>
```

Voici le même bouton, après intervention sur l'ordre de tabulation (l'attribut ajouté apparaît en gras) :

```
<form action="send">
    <input type="button" tabindex="2" />
</form>
```

L'élément suivant de cette séquence était marqué **tabindex="3"**, son successeur se voyait doté de l'attribut **tabindex="4"**, et ainsi de suite. Rien de bien sorcier là-dedans.

Depuis ce changement, nous avons changé la maquette de zeldman.com une demi-douzaine de fois, et utilisé une mise en page en pur CSS et du XHTML sémantique. Vous pourrez néanmoins continuer d'observer les résultats de notre refonte de l'ordre de tabulation en expérimentant par vous-même via la touche **Tab** et en visualisant le code source de cette page à l'adresse www.zeldman.com/daily/1002a.html.

La plupart des corvées d'accessibilité sont tout aussi faciles à conceptualiser et à baliser. Un outil de vérification d'accessibilité en ligne suggère souvent de créer des raccourcis clavier pour les éléments de formulaire et de vérifier que la page est toujours lisible et exploitable quand on en a désactivé les feuilles de style. Plus vous vous familiariserez avec l'accessibilité, moins vous aurez besoin de ce type d'outils sur le Web. Plus vous implémenterez d'améliorations d'accessibilité, moins ces programmes vous en suggéreront.

Par déférence envers ce proverbe russe qui voit en la répétition la mère de l'apprentissage, nous conclurons cette section en vous rappelant une dernière fois que ce n'est pas parce que le portail *Cynthia Says* ne diagnostique rien de mal qu'un site n'est pas inaccessible. Faites appel à votre bon sens et à votre esprit critique, et lisez ces manuels d'accessibilité recommandés au début du chapitre.

Une page, deux designs

Après ce ravalement de l'ordre de tabulation, l'apparence de notre site n'avait en rien changé. Toutefois, il disposait dans un certain sens de deux designs d'interface utilisateur : l'un pour les utilisateurs de navigateurs graphiques traditionnels et naviguant à la souris, l'autre pour ceux qui tabulent (dans les navigateurs graphiques ou non). Ces deux méthodes coexistent pacifiquement, n'imposent aucune « version spéciale accessibilité » des pages, ni ne modifient le design visuel que reçoivent la plupart des visiteurs. (En revanche, si notre choix de couleurs avait rendu le texte illisible pour les déficients visuels, nous l'aurions corrigé – modifiant par la même occasion tout le design du site.)

Planifier l'accessibilité et y trouver son intérêt

Bien que de nombreux sites n'aient à ce jour aucune obligation légale d'être accessibles, cela sera peut-être le cas demain. Ce qui est sûr à propos des lois, c'est qu'elles changent continuellement. D'autre part, nous savons que les lois s'appliquent à nous tous, que cela nous plaise ou non. Faites bénéficier votre site des améliorations présentées ici, même si les lois actuelles ne vous y contraignent pas. Cela vous fera peut-être réaliser de grosses économies en redesign si ces textes devaient changer l'année prochaine. D'autre part, cette manœuvre anticipée pourra aussi vous éviter le coût de poursuites judiciaires pour discrimination (et l'atteinte à l'image de marque qui s'ensuivrait).

L'accessibilité vous sert

Après avoir soigneusement détaillé les raisons pour lesquelles de nombreux propriétaires de sites se découvrent un intérêt soudain pour l'accessibilité, hâtons-nous de préciser que la peur des procès n'est pas une bonne motivation pour inclure l'accessibilité dans vos méthodes de design. Ces améliorations ouvriront n'importe quel site à de nouveaux visiteurs : quelle création n'en n'aurait pas besoin ? Les utilisateurs exclus des sites concurrents auront tendance à vous témoigner une grande loyauté si vous les accueillez en corrigeant vos balisages comme nous l'indiquons ici. Si d'autres boutiques en ligne bloquent les handicapés et les utilisateurs de périphériques non traditionnels alors que *votre* site leur tend les bras, essayez de deviner chez qui ils feront leurs achats, et chez qui ils ne dépenseront rien ?

N'oubliez pas : plus votre site sera accessible aux handicapés et aux utilisateurs de périphériques Internet non traditionnels, plus ses contenus seront accessibles à Google, à AlltheWeb, à tous les moteurs de recherche reposant sur des robots explorateurs et à tous les annuaires susceptibles de vous envoyer des visiteurs. Inversement, moins votre site sera accessible, moins il recevra de trafic de Google et compagnie. A List Apart, zeldman.com, et la plupart des sites conçus par Happy Cog ces dernières années sont fort bien classés dans les résultats des moteurs de recherche. Non que nous ayons fait des choses alambiquées, mais parce que ces sites sont construits à l'aide d'un balisage sémantique et accessible.

Mon dieu : alors que nous cherchions à nous élever moralement, nous semblons ne justifier l'implémentation de l'accessibilité que par des raisons purement égoïstes. En voici deux dernières. L'implémentation de fonctions d'accessibilité pourra approfondir votre compréhension du design. La prise en compte d'éléments tels que l'ordre de tabulation vous emmènera peut-être au-delà d'une vision limitée à l'apparence et à ce qui se trouve en surface (aller au-delà du *look and feel*), pour vous faire plonger dans le royaume des utilisateurs satisfaits, du design de contingence, et de manière générale de l'ergonomie. Ce sont des questions que se posent de toutes manières les designers web, les architectes de l'information, et les spécialistes de l'ergonomie. L'accessibilité n'est qu'un autre point de vue dans la manière de construire au mieux des sites satisfaisant des besoins humains variés.

L'implémentation de fonctions d'accessibilité et le développement d'une stratégie de mise en conformité pourront affûter vos compétences en matière de développement et vous ouvrir de nouveaux horizons que vous n'auriez sans doute jamais suspectés. Une familiarisation avec les aspects de la WAI et les détails de la Section 508 (ou de tout autre standard d'accessibilité défini juridiquement) dopera votre compétence de designer web professionnel, placera votre agence web devant les autres en termes de développement intelligent et de compréhension du marché, et permettra à vos sites de toucher un public plus large que jamais. C'est ce que recherche chaque propriétaire de site, et ce pour quoi se battent tous les designers et tous les développeurs. L'accessibilité aidera vos visiteurs à atteindre leurs objectifs et vous permettra également de réussir les vôtres.

15

Travailler avec des scripts reposant sur DOM

Au commencement, Netscape créa JavaScript, et vit que c'était bien. Puis Microsoft engendra JScript, et ce fut différent. De vastes armées s'affrontèrent à la nuit tombée, et les flammes de DHTML menaçaient de tous nous engloutir. Le salut vint de la naissance d'un modèle objet de document standard (Document Object Model, ou DOM), dont la première manifestation fut baptisée DOM niveau 1 (Level 1) (www.w3.org/TR/1998/REC-DOM-Level-1-19981001). Et c'était vraiment une très bonne chose. Pour la première fois, le DOM du W3C proposait aux designers et développeurs web un moyen standardisé pour accéder aux données, aux scripts, et aux diverses couches de présentation qui composaient leurs sites.

Dans les années qui suivirent, le W3C continua d'affiner ses spécifications pour DOM. À la demande pressante du Web Standards Project (WaSP), les navigateurs en sont venus à prendre en charge presque toute la spécification DOM niveau 1, bien qu'ils diffèrent parfois dans leur implémentation. Dans ce chapitre, nous ferons la connaissance du DOM et en explorerons quelques applications simples dans le but de nous aider à créer des sites web accessibles et pensant avant tout à leurs utilisateurs.

Ce chapitre est l'un des plus courts, mais n'en concluez pas qu'il porte sur un sujet facile et léger. C'est même tout le contraire : il est si vaste et profond qu'il faudrait lui consacrer bien plus d'espace et de temps que nous ne le pouvons ici. Heureusement, deux bons livres viennent à la rescousse et constitueront d'utiles compléments :

Bibliographie de DOM

- *DOM Scripting: Web Design with JavaScript and the Document Object Model* de Jeremy Keith (Friends of ED, 2005). Très facile à lire, c'est le manuel du designer que nous avons toujours attendu. Après une gentille introduction présentant JavaScript et le DOM, et couvrant les meilleures pratiques émergentes, il enchaîne sur toute une série de projets aussi esthétiques qu'utiles. Chacun enseigne aussi bien comment trouver la solution que la manière de la réaliser. Un chapitre d'exemple publié en ligne (www.domscripting.com/book/sample) illustre l'agréable manière dont le livre s'adresse à ses lecteurs. L'auteur est l'un des fondateurs de Clearleft, agence britannique spécialisée dans les designs reposant sur les standards. C'est aussi un membre du Web Standards Project, dont il co-dirige avec Dori Smith (www.dori.com) l'équipe spécialisée dans les scripts DOM, appelée DOM Scripting Task Force (www.domscripting.webstandards.org).
- *The JavaScript Anthology: 101 Essential Tips, Tricks & Hacks* de James Edwards et Cameron Adams (SitePoint, 2006). On y trouve des centaines de manières de contrôler le comportement des pages web à l'aide de JavaScript (c'est-à-dire en utilisant le DOM). Cet ouvrage place l'accent sur les meilleures pratiques apparues ces dernières années dans le monde des scripts conformes aux standards – telles que les améliorations progressives (ciblant les utilisateurs dépourvus de JavaScript) et les scripts non intrusifs (où il s'agit de séparer les aspects de structure et présentation de ceux du comportement ; voir à ce sujet l'encadré suivant). Un chapitre traitant de JavaScript et d'accessibilité présente un intérêt particulier. On trouvera aussi dans ce manuel plein de bonnes choses sur la manière de construire des applications web à l'aide d'Ajax. James Edwards et Cameron Adams sont des codeurs indépendants travaillant respectivement au Royaume-Uni et en Australie.

Ces livres montrent comment les scripts peuvent jouer un rôle essentiel dans la création de sites accessibles et conformes aux standards. La suite de ce chapitre fait un rapide tour d'horizon du sujet à l'intention des débutants.

Écrire des scripts non intrusifs

La section « Bibliographie de DOM » mentionne la pratique des « scripts non intrusifs » (également appelée « JavaScript non intrusif » ou encore « scripts DOM non intrusifs ») comme une mode émergente des développements reposant sur les standards. L'idée est simple : il s'agit de séparer le comportement des pages des deux autres couches du développement web, c'est-à-dire la structure et la présentation. Les scripts non intrusifs se distinguent des publicités surgissantes (pop-ups), des nouvelles fenêtres imposées et autres changements de taille subis, ainsi que de tous les gadgets JavaScript du moment qui font apparaître subitement des contenus au nez d'un utilisateur qui n'a rien demandé. L'objectif est de servir l'utilisateur dans la discrétion. Il s'agit de compléter une structure de balisage déjà sémantique et accessible et de proposer des solutions de remplacement aux utilisateurs ou appareils dépourvus de JavaScript.

Écrire des scripts non intrusifs (*suite*)

L'équipe DOM Scripting Task Force du Web Standards Project y voit les bénéfices suivants (domscripting.webstandards.org/?page_id=2) :

- Avantage **ergonomique** : un effet créé par un script DOM non intrusif n'attire pas l'attention de l'utilisateur. Il améliore le site de manière si naturelle que les visiteurs l'emploient sans même y penser.
- Avantage dit de l'**échec silencieux** : un script DOM non intrusif n'attire pas non plus l'attention de l'utilisateur quand il échoue. Il ne produit jamais de messages d'erreur, même dans les vieux navigateurs. Il commence par demander « Ce navigateur propose-t-il les objets dont j'ai besoin ? » Si la réponse est négative, il s'efface discrètement.
- Avantage d'**accessibilité** : les fonctionnalités élémentaires de la page ne dépendent pas d'un script DOM non intrusif. Si celui-ci ne fonctionne pas, le document remplit toujours son office et véhicule ses informations par son balisage, ses feuilles de style et/ou des scripts côté serveur. L'utilisateur ne remarque jamais qu'il manque quelque chose.
- Avantage de **séparation** : un script DOM non intrusif ne se fait pas remarquer par les développeurs web travaillant sur d'autres aspects du site. Tous les codes JavaScript sont maintenus séparément, sans polluer les fichiers dédiés à tel ou tel langage (XHTML, PHP, JSP, etc.)

Pour en savoir plus, lisez l'article de Bobby van der Sluis intitulé « Ten Good Practices for Writing JavaScript in 2005 » (www.bobbyvandersluis.com/articles/goodpractices.php).

Qu'est-ce qu'un DOM ?

Qu'est-ce *donc* que DOM ? Si l'on en croit la présentation qu'en fait le W3C à l'adresse www.w3.org/DOM, le DOM est une interface indépendante des navigateurs et des plates-formes qui permet « à des programmes et à des scripts d'accéder dynamiquement aux contenus, à la structure et au style des documents et de les mettre à jour. Le document pourra faire l'objet d'un traitement complémentaire, dont les résultats pourront être réintégrés dans la page présentée. » En termes simples, le DOM permet de manipuler d'autres composants standards de la page (feuilles de style, éléments XHTML, et scripts). Si votre site était un film, XHTML en serait le scénariste, CSS le directeur artistique, les langages de scripts prendraient en charge les effets spéciaux, et le DOM jouerait le rôle du réalisateur, qui contrôle toute la production.

Une manière standardisée pour que les pages web se comportent comme des applications

Bien que programmer une telle utilisation sorte du cadre de cet ouvrage, l'aspect le plus excitant de l'interactivité pilotée par le DOM est sa capacité à reproduire le fonctionnement des logiciels conventionnels. Un utilisateur pourra par exemple trier les données présentées sous forme de tableaux en cliquant sur des en-têtes, comme il le ferait dans une feuille de calcul Excel ou dans le Finder de Macintosh (l'application Macintosh qui sert à trier, copier, déplacer, changer le nom, effacer, et manipuler de mille manières encore les fichiers et les répertoires présents sur les bureaux).

Ces dernières années, la possibilité d'imiter en DOM les logiciels traditionnels a provoqué une explosion du développement d'applications web conformes aux standards, avec ses nouveaux produits et son excitation générale – ainsi que quelques mots creux à la mode. Cependant, tout cela n'est pas survenu du jour au lendemain.

Les développeurs ont d'abord exploité l'interactivité de DOM pour émuler des logiciels sur le seul poste client – c'est-à-dire sur le disque dur du visiteur (figures 15-1, 15-2 et 15-3). Manipuler les données côté client fonctionne même en cas de rupture de la connexion Internet – avantage appréciable à une époque où les forfaits haut débit n'étaient pas encore si répandus. Cela allégeait aussi la charge de travail du serveur. De manière plus intéressante, ces premières démos de DOM ont apporté quelque chose de nouveau au royaume du HTML : la possibilité de réagir à une action de l'utilisateur sans devoir rafraîchir la page. Le terrain était prêt pour accueillir « Ajax ».

Les démonstrations semblables à celles des figures 15-1 à 15-3 étaient modestes, mais leurs applications gigantesques. Cela prouvait que Flash n'était pas nécessaire pour interagir sans à coups sur le Web. Dans la première édition, l'auteur prédisait l'avènement d'une nouvelle ère d'applications formidables satisfaisant bien des besoins ou envies inédits. Quelques années plus tard, le Web ne lui avait toujours pas donné raison, et cette prédiction prenait l'allure d'un sushi pas frais.

C'est alors que Google a présenté Gmail (mail.google.com), une application de courrier électronique rappelant celle de tout un chacun, mais un peu moins puissante. Cela n'avait pas d'importance : elle était estampillée « Google », encore en phase « bêta », et il fallait être « invité » par quelqu'un pour pouvoir la « tester ». Les spécialistes du marketing comprendront sans peine le côté génial de ce dispositif. En ce qui nous concerne, Gmail reposait sur CSS, XHTML, JavaScript et le DOM, avec aussi quelques trucs de Microsoft.

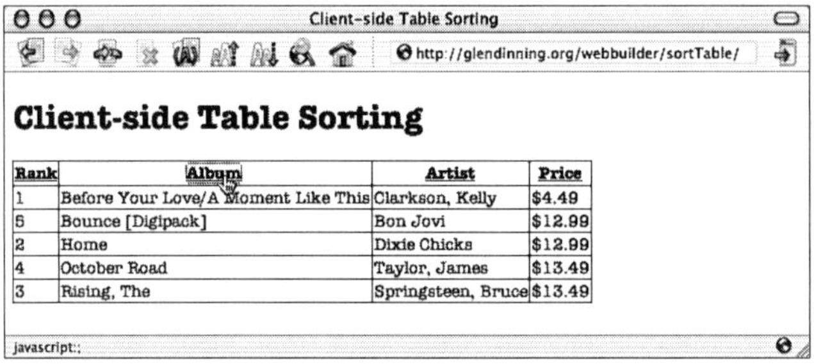

Figure 15-1
*Le DOM permet aux pages web de se comporter comme des applications de bureau. Dans cette démonstration proposée par Porter Glendinning début 2002, les données sont triées par titre d'album lorsque l'utilisateur clique sur l'en-tête Album (*www.glendinning.org/webbuilder/sortTable*).*

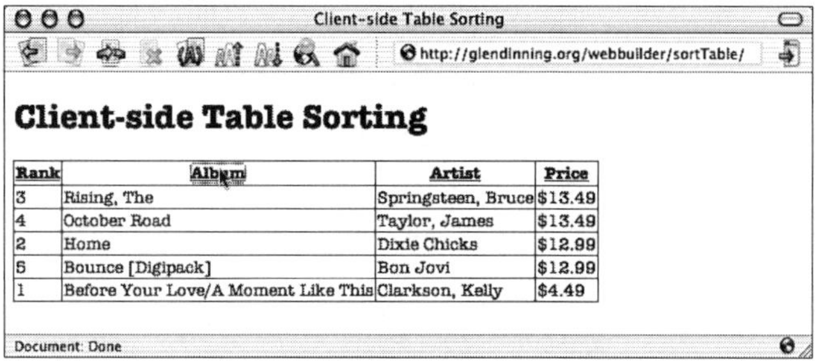

Figure 15-2

Un nouveau clic sur cet en-tête renverse l'ordre de tri. Le nouvel ordre apparaît immédiatement sur la page d'origine, sans nécessiter le recours à une page de résultats.

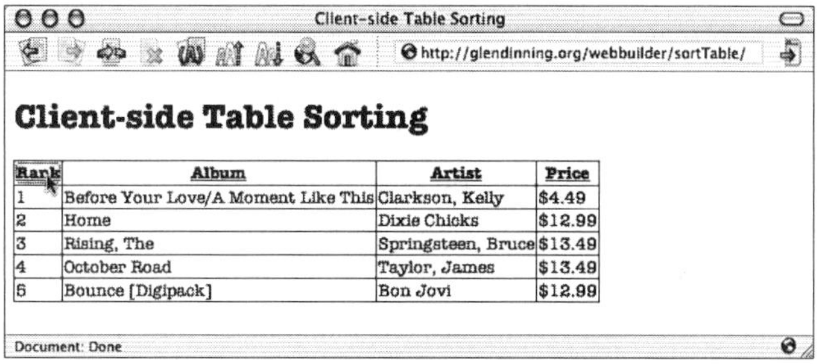

Figure 15-3

Un clic sur l'en-tête Rank *(classement) trie à nouveau la liste par ordre numérique, à nouveau sans charger de nouvelle page, ni nécessiter de traitement ou de contact client/serveur. Vous trouverez d'autres démonstrations du DOM en ligne à l'adresse* glendinning.org/webbuilder, *et pourrez les étudier ou les télécharger.*

Avant qu'on puisse reprendre ses esprits, le Basecamp de 37signals (www.basecamphq.com) avait remplacé Microsoft Project en tête du hit-parade des outils de gestion de projet pour les professionnels du Web. M. Garrett a ensuite publié sa réflexion sur Ajax (voir chapitre 4). C'est ainsi que l'interactivité à base de DOM est devenue la nouvelle lubie à la mode depuis... disons, Gmail.

La prise en charge du modèle DOM

À quelques différences près, le DOM du W3C est pris en charge par tous les navigateurs suivants :

- Netscape à partir de sa version 6.
- Mozilla à partir de sa version 0.9 (comprenant notamment Firefox et Camino).
- IE pour Windows à partir de sa version 5 (ce qui comprend naturellement IE 6 pour Windows).
- IE pour Macintosh à partir de sa version 5.

- Opera 7 (et, dans une certaine limite, les versions antérieures jusqu'à Opera 4).
- Kmeleon (mais certaines portions du DOM manquent ou sont un peu « décalées »).
- Safari (étant donné qu'il repose sur KHTML, lui aussi souffre de l'absence ou du « décalage » de certaines portions du DOM).
- Konqueror (avec certaines omissions : il est impossible de changer la valeur d'un nœud de texte. Toutefois, si vous ne savez pas ce que cela signifie, cela ne vous manquera pas ; il n'est donc pas besoin de vous faire du mouron sur ce point.).

Les navigateurs modernes prennent également en charge XMLHttpRequest (fr.wikipedia.org/wiki/XMLHttpRequest), une technologie Microsoft permettant aux serveurs de répondre aux requêtes des utilisateurs sans devoir rafraîchir la page web.

À part quelques navigateurs obsolètes, qui avons-nous encore oublié ? De nombreux périphériques de poche et les mobiles web ne prennent pas encore en charge le DOM, et ce ne sera jamais le cas des navigateurs en mode texte comme Lynx. Dans bien des cas, vous pourrez compenser cette carence comme vous le faites pour les environnements non JavaScript (car vous continuez à le faire, n'est-ce pas ?).

Pour prendre en charge les périphériques ne comprenant pas le DOM, suivez les instructions que voici :

- Utilisez des éléments `<noscript>` pour fournir une autre méthode d'accès (par exemple, un lien hypertexte en lieu et place d'un bouton sophistiqué).
- Testez votre site sous Lynx, comme nous l'avons expliqué au chapitre 14 relative à l'accessibilité et à JavaScript.
- Servir de vrais liens avec `return false` plutôt qu'avec des « liens » `javascript:` cassés qui ne mènent nulle part, comme dans `<a href="javascript:" ...>`.

S'il-te-plaît, DOM, ne leur fais pas mal

Prendre en charge les appareils incompatibles avec DOM et leurs utilisateurs à travers des scripts non intrusifs n'est pas qu'un comportement à la mode relevant de l'état de l'art ; c'est la seule chose sensée à faire dans la plupart des cas. C'est encore plus vrai sur les sites de contenus, les sites interactifs traditionnels, et ceux qui associent informations et interactivité. Cela concerne donc la plupart des sites, et notamment le vôtre.

Que dire des développeurs travaillant sur une application dite « Web 2.0 » et nécessitant l'activation de JavaScript et la prise en charge du DOM sur le navigateur ? Un programme ignorant sa technologie ne sera pas plus à l'aise face à un script DOM qu'une poule devant un couteau. Dans cette situation particulière, la solution consiste à détecter la conformité DOM. Le cas échéant, on servira un contenu alternatif ou une page web différente.

En matière de détection automatique, la conformité DOM n'est pas tout à fait comparable au modèle du navigateur. Cette dernière méthode, complexe et peu fiable (par exemple, Opera se fait souvent passer pour IE), doit être mise à jour en permanence. Elle suppose un monde dépourvu de standards, où chaque navigateur doit être géré d'une manière particulière. Savoir si l'appareil consultant un site web est capable d'interpréter le DOM est en revanche une procédure simple et binaire : la réponse est oui ou non ; c'est clair et net. Un script de détection de cette capacité n'a pas vocation à évoluer, car il est agnostique en matière de navigateurs.

Si un navigateur signale qu'il ne comprend pas le DOM, on peut renvoyer son utilisateur sur une autre page web – ou lui proposer des contenus différents, à travers par exemple une solution de middleware (ou logiciel médiateur) comme PHP.

Comment ça marche

Dori Smith, du Web Standards Project, a inventé début 2001 la technique de détection du DOM pour implémenter la campagne de mise à jour des navigateurs (évoquée au chapitre 4). On peut toutefois l'employer dans *n'importe quel* but et, dans la plupart des cas, cette méthode remplacera avantageusement les scripts de détection de navigateurs, complexes et quasiment impossibles à maintenir.

Cette détection du DOM fonctionne très simplement. Après avoir créé une page valide, insérez le script suivant dans l'élément `<head>` de votre document ou à un endroit quelconque d'un fichier JavaScript (`.js`) lié :

```
if (!document.getElementById) {
    window.location =
        "http://www.un_site.com/une_page/"
}
```

où `un_site.com` désigne votre site web et `/une_page/` un document alternatif dont Netscape 4 ou tout autre navigateur ou périphérique non compatible DOM pourra interpréter le contenu. Cette page alternative pourra faire appel à JavaScript pour reproduire le comportement de la page standard, ou, mieux encore, proposer des contenus dépourvus de scripts et accessibles à n'importe quel navigateur. Elle pourra aussi se contenter de demander à l'utilisateur de télécharger Firefox ou tout autre navigateur conforme, afin de pouvoir profiter de sa nouvelle application « Xmail Beta ».

Cette approche « mettez à jour dès maintenant », dépassée et très intrusive, déplaira aux utilisateurs de Netscape 4 qui sont coincés par de stupides politiques internes à leur entreprise. Mais si les applications complexes fondées sur le DOM forment une part importante de votre site, voire en sont la raison d'être (ce qui est par exemple le cas de l'auteur du prochain Gmail ou Basecamp), vous n'aurez d'autre choix que de conseiller au visiteur de revenir muni d'un navigateur conforme au DOM. Sur ce type de site, la détection du DOM protège les utilisateurs de contenus que leur navigateur ne peut pas gérer, tout en leur donnant la possibilité de revenir pour en profiter après un téléchargement gratuit.

Si vous créez déjà des pages dynamiques ou conditionnelles dont les composants varient en fonction des clients, vous pourrez recourir à cette détection du DOM pour servir les éléments appropriés aux navigateurs non compatibles. Elle pourra grandement simplifier votre gestion de contenus : au lieu d'envoyer un type de contenu à Internet Explorer 5 pour Windows, un autre à Internet Explorer 5 pour Macintosh, un autre encore à Internet Explorer 6, un autre à Netscape 6 etc., etc., etc., vous pourrez vous limiter à deux types de contenus : DOM et non DOM.

Variantes de code

Dans un fichier `.js` global, ce code ressemblerait à celui présenté plus haut. Il est préférable de recourir à un fichier `.js` global car cela réduit la charge de travail, économise la bande passante grâce aux mécanismes de mémoire cache, et facilite la séparation du comportement et de la structure des pages web en stockant clairement balisage et scripts chacun de leur côté.

Si vous insérez ce script dans une page spécifique, vous le placerez entre les balises `<head>` et `</head>`. Dans les documents XHTML 1.0 Transitional (ou dans les documents XHTML 1.0 Strict servis sous forme de `text/html`), ce script se présenterait comme suit :

```
<script type="text/javascript">
<!-- //
if (!document.getElementById) {
    window.location =
        "http://www.un_site.com/une_page/"
}
    // -->
</script>
```

Dans les documents XHTML Strict servis sous forme de `text/html`, vous pourrez recourir à un fichier `.js` global ou insérer le code suivant :

```
<script type="text/javascript">
// <![CDATA[
if (!document.getElementById){
    window.location =
        "http://www.un_site.com/une_page/"
}
    // ]]>
</script>
```

Pourquoi ça marche

La détection du DOM est une bascule qui produit un résultat binaire, aussi simple qu'un interrupteur marche/arrêt. `getElementById` étant une méthode DOM, les navigateurs conformes passent sans dommage à travers. En revanche, les navigateurs incapables de comprendre cette fonction ne sont pas compatibles DOM et suivront la redirection indiquée, aboutissant ainsi à une page dont ils pourront comprendre le contenu.

Les redirections JavaScript désactivent le bouton de retour, ce qui n'est pas très sympathique. Mais vous n'êtes pas obligés de faire suivre la détection du DOM d'une redéfinition de `window.location`. Vous pouvez spécifier à la suite toute commande dont vous estimez qu'elle sert au mieux les intérêts de vos utilisateurs.

Pourquoi c'est cool

Nul besoin de créer, de tester, et de mettre à jour continuellement un long script de détection de navigateur. Plus besoin de tester les chaînes d'identification émises par les clients : il suffit désormais de tester à la place la connaissance d'une spécification du W3C. Super clair, super simple, et aussi super économique.

Tous les navigateurs qui réussissent le test de détection étant par définition compatibles avec le DOM, il est possible de leur communiquer tout le JavaScript qui vous passe par la tête ou dont vos applications web super géniales ont besoin. Les possibilités de JavaScript sortent du cadre de cet ouvrage, mais il est impossible de clore un tel chapitre sans proposer un exemple d'interactivité DOM aussi utile que sympa.

Bascules de style : faciliter l'accès, offrir un choix

Nous évoquions au chapitre 13 l'impossibilité de fournir des fontes sur le Web sans s'aliéner au moins une partie des visiteurs potentiels. Nous nous lamentions alors qu'après 16 ans d'évolution du Web en tant que média, les pixels y représentaient encore la méthode la plus fiable pour définir des tailles de fontes – pourtant, c'est aussi la plus gênante pour les utilisateurs d'IE pour Windows. Et si vous pouviez proposer à vos visiteurs plusieurs approches en matière de fontes ? Et pourquoi pas, tant qu'on y est, leur donner la possibilité de modifier la mise en page par la même occasion ?

Si l'on en croit CSS, c'est possible. CSS permet non seulement d'associer toute page web à une feuille de style par défaut (persistante), mais aussi à des fichiers CSS *alternatifs*. Dans l'intérêt d'améliorer l'accessibilité aux documents, ces feuilles de style alternatives pourraient proposer des fontes plus grosses ou une palette de couleurs plus contrastée (figures 15-4 et 15-5). Elles pourraient également modifier complètement l'apparence du site dans une optique que l'on appelait autrefois la « personnalisation par l'utilisateur ».

Le W3C recommande que les navigateurs fournissent à leurs utilisateurs un moyen de choisir n'importe lequel de ces styles alternatifs ; conseil que suivent scrupuleusement les navigateurs reposant sur Gecko, comme Mozilla Firefox et Netscape à partir de sa version 7. Mais ce n'est pas le cas de la plupart des navigateurs. Les avantages des feuilles de style alternatives, tant du point de vue de la créativité que de celui de l'accessibilité, auraient donc fort bien pu rester lettre morte. Mais en 2001, Paul Sowden, développeur web alors encore adolescent, a résolu le problème en exploitant le fait que ces feuilles de style alternatives, comme tout autre composant des pages web, sont accessibles au DOM.

Figure 15-4
*Déjà mentionné au chapitre 7, le site des Kansas City Chiefs développé par Happy Cog (*kc.happycog.com*) fait appel à un sélecteur de style utilisant DOM pour permettre aux utilisateurs d'en changer les tailles de polices et les images d'arrière-plan.*

Dans un article publié par *A List Apart* et qui a fait date, www.alistapart.com/articles/alternate, Sowden a créé un fichier JavaScript (www.alistapart.com/d/alternate/styleswitcher.js) permettant aux visiteurs de charger d'autres styles en cliquant simplement sur un lien, un élément de formulaire, ou tout autre élément interactif. Après avoir expliqué le fonctionnement de son programme, il l'a diffusé sous forme de logiciel libre.

Des dizaines de milliers de développeurs ont depuis utilisé ce code pour résoudre des problèmes d'accessibilité ou explorer des effets créatifs. La bascule de styles de Paul Sowden, publié sur *A List Apart*, a notamment inspiré l'admirable *CSS Zen Garden* de Dave Shea, déjà mentionné au chapitre 4. Non contents de finasser sur les tailles de polices et de changer le look (*skin*) des pages, les bascules de styles peuvent encore piloter des « agencements zoomés » (www.alistapart/com.lowvision) à l'intention des mal-voyants (figures 15-6 à 15-8).

Figure 15-5
Le même site, avec un texte plus gros et un motif de fond plus simple et plus contrasté.

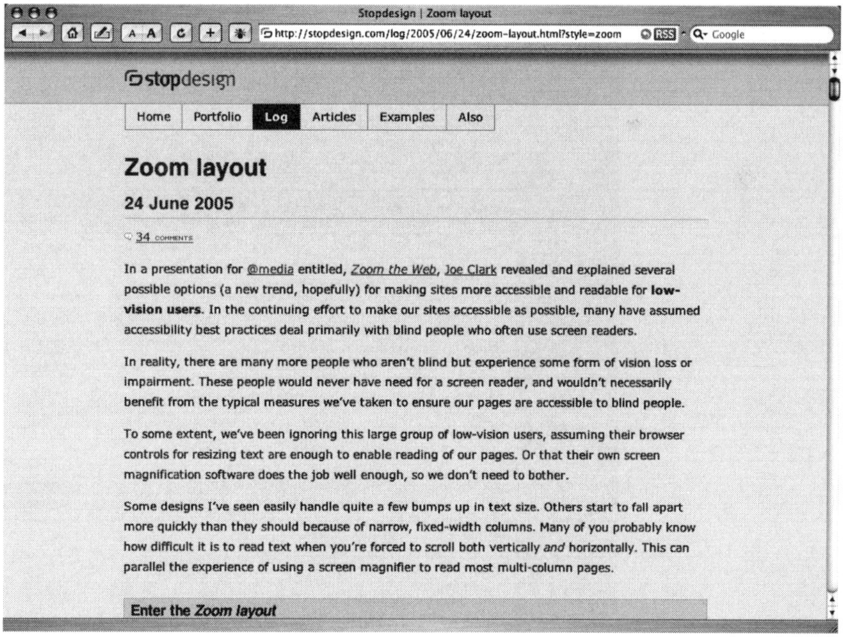

Figure 15-6
Agencement zoom numéro 1 du site Stopdesign de Douglas Bowman (www.stopdesign.com /log/2005/06/24/zoom-layout.html?style=zoom).

Figure 15-7

*Agencement zoom numéro 2 du site Stopdesign de Douglas Bowman (*www.stopdesign.com/log/2005/06/24/zoom-layout.html?style=zoom2*). En réalité, M. Bowman change de styles grâce à une technologie côté serveur, sans recourir à un sélecteur proposé par A List Apart. Ces zooms étant toutefois les plus jolis que l'auteur ait trouvés, c'est ceux qu'il a choisi de présenter.*

.

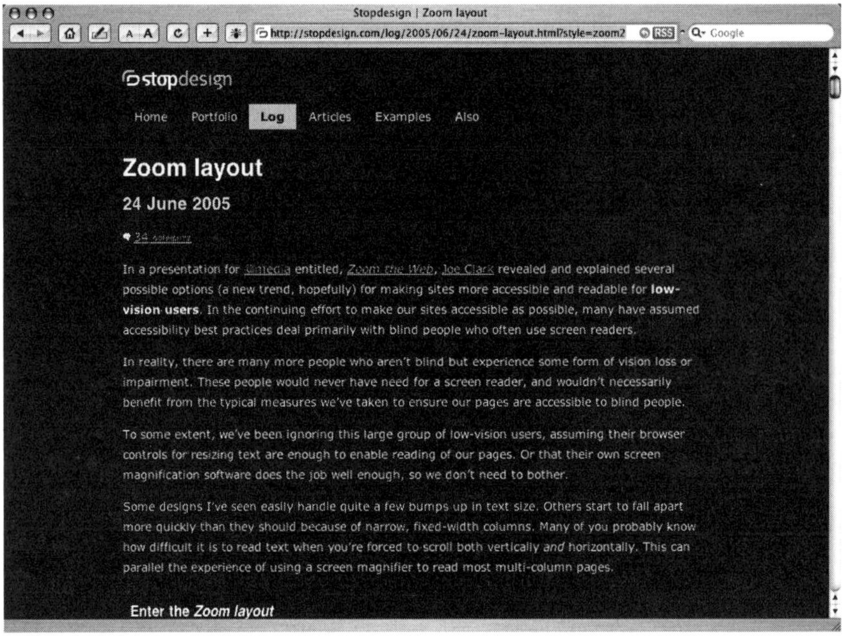

Figure 15-8

*Stopdesign, vu sans zoom (*www.stopdesign.com*)*

.

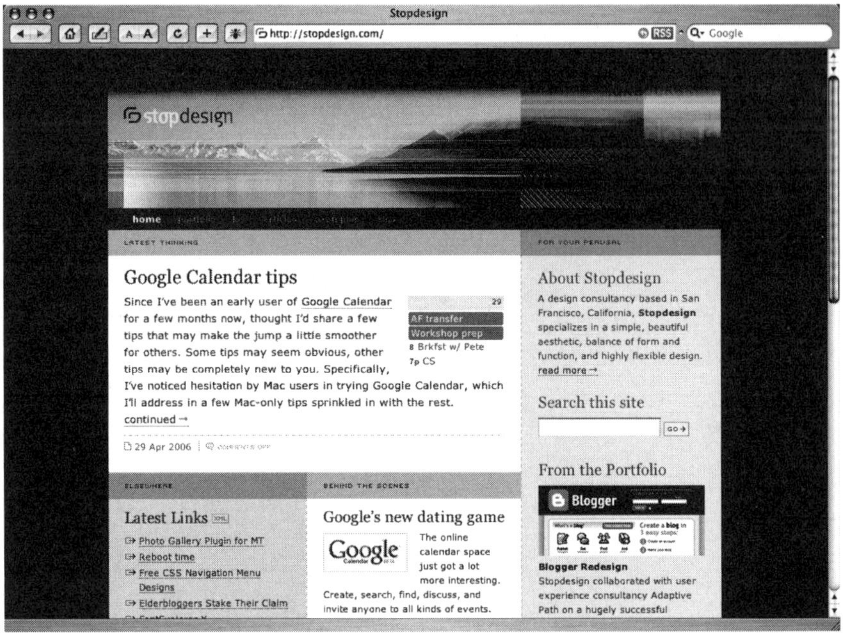

Comment en ferez-vous usage ?

Ce chapitre n'a fait qu'effleurer les possibilités du DOM et la manière dont il est exploité, d'une façon simple ou plus complexe, sur des sites commerciaux, personnels, ou publics. Vous pourrez l'employer pour créer de riches applications web, implémenter des effets créatifs, améliorer l'accessibilité, et bien plus encore. Dans les mains d'un programmeur expérimenté, le DOM permet de créer des logiciels conformes aux standards et qui fonctionneront pour quiconque dispose d'un navigateur moderne. Même les designers qui souhaitent se limiter au côté artistique du métier et détestent coder pourront s'en servir dans le but de fournir des options d'accessibilité sur leur site. Par conséquent, il ne faut pas se demander ce que DOM peut nous apporter, mais comment nous pouvons l'exploiter.

16

Redesign en CSS

Cet ouvrage s'achève là où presque tous les livres traitant des « standards du Web » qui l'ont suivi débutent : par une mise en page CSS. Le présent chapitre reprendra ce que nous avons appris dans les autres, et y incorporera quelques ingrédients nouveaux. En secouant vigoureusement tout cela, on obtiendra un site web plus proche du travail d'un véritable designer que de celui d'un amateur. À tout le moins, il distinguera clairement structure et comportement des aspects de présentation.

La première édition finissait elle aussi par un agencement CSS. À l'époque, les idées de design et les méthodes de construction présentées étaient nouvelles et rares. Presque personne alors n'utilisait les feuilles de style pour mettre en forme de « vrais » sites web. Nous explorions des territoires vierges, avec pour seules armes un rêve et le guide de poche d'Eric Meyer traitant de CSS.

Heureusement pour le Web et pour notre éditeur, la première édition rencontra suffisamment de succès, de sorte que les techniques mises en avant dans l'ancien chapitre 16 furent adoptées par le milieu ou remplacées par des méthodes meilleures encore. C'est ainsi que la méthode de remplacement d'image de Fahrner (*Fahrner Image Replacement*) a cédé la place à la méthode de Phark, plus accessible, décrite au chapitre 10 (voir à ce sujet la section « À propos de Phark et de Fahrner »).

Avant de plonger dans le design et dans le code, explicitons le cahier des charges.

Définition des pré-requis

Nous créerons une maquette pour zeldman.com, site personnel de l'auteur (figure 16-1). Il date de 1995 et fut tour à tour un magazine, un mémoire, et un weblog. Que l'on diffuse des contenus pour un public ou pour se faire plaisir, un site personnel est bien pratique pour tester des techniques CSS pas encore tout à fait mûres pour un projet professionnel – il peut s'agir d'un travail de commande ou du site web de son employeur.

Figure 16-1

*Il est ma, il est magni, il est magnifique : c'est Zeldman.com, tel qu'il apparaîtra quand on aura bouclé sa nouvelle maquette (*www.zeldman.com*).*

Les dix commandements

Voici les dix pré-requis les plus importants auxquels nous souhaitons nous conformer pour ce design :

1. Le site doit être aussi exploitable dans des environnements non graphiques que dans les meilleurs navigateurs dernier cri. Ses contenus et ses fonctions principales seront accessibles à tout navigateur ou périphérique.
2. Le balisage doit être du XHTML 1.0 Transitional valide et ne faire appel à aucun élément de présentation.

3. Le CSS doit être valide et aussi logique et compact que possible (voir les chapitres 9 et 10).

4. Pour satisfaire l'objectif consistant à fournir des contenus et des fonctionnalités élémentaires dans la quasi-totalité des environnements de navigation imaginables, le site s'efforcera d'être *accessible* sans problèmes, tant selon les termes de la section 508 que selon ceux de WCAG 1.0 (voir le chapitre 14).

5. Le site proposera une apparence et un comportement identifiables sans exploser la bande passante ni faire appel à des balisages obèses, des scripts complexes, ou autres images inutiles. Il ne gaspillera pas de ressources mais ne manquera pas pour autant de style.

6. La mise en forme tiendra confortablement sur un moniteur de 800 × 600 pixels et aura tout aussi belle allure sur des résolutions plus fines. Dans la plupart des cas, cela implique de centrer l'agencement. Nous recourrons donc à cette astuce, en y intégrant toutefois une petite bidouille inédite et créative (figure 16-2).

Figure 16-2
Le site tient confortablement sur une résolution de 800 × 600. Pour mieux attirer l'attention, il est légèrement décentré, la marge de droite étant un peu plus large que celle de gauche. Sur de plus grands écrans, comme celui de la figure 16-1, ce décalage est plus difficile à percevoir, mais laisse quand même sa marque, laissant une impression de site capricieux.

7. Les entrées du weblog (c'est-à-dire le contenu) attireront naturellement l'attention et seront donc présentées dans une colonne dont la largeur facilitera la lecture. Les autres éléments s'effaceront devant ces textes.

8. Pour faciliter davantage la lecture, le texte sera écrit gros (il pourra toutefois être plus petit que la valeur par défaut normalisée sur toutes les plates-formes). On pourra aussi en modifier la taille dans n'importe quel navigateur – même dans les versions d'IE sous Windows antérieures à 7.

9. Le design, sur le thème du printemps, sera d'un contraste plus faible que du texte noir sur fond blanc – mais proposera un contraste plus fort à ceux qui le souhaiteront. On utilisera pour cela des styles alternatifs, comme expliqué au chapitre 15.
10. Les éléments du cartouche de page, comprenant notamment les liens de navigation, auront une apparence agréable dans les navigateurs visuels – mais fonctionneront quand même dans les environnements non graphiques. Les visiteurs accédant au Web de manière linéaire (comme c'est par exemple le cas des utilisateurs de lecteurs d'écran) devront pouvoir passer directement au contenu des pages.

Certains de ces commandements visent à rendre le site facilement identifiable (c'est notamment le cas du neuvième), mais la plupart vaudront pour tout projet de design de site. De bon sens, ils devraient aller sans dire ; ils sont normalement aussi clairs que le fait qu'un vêtement doit être opaque. Pourtant, l'étrange croissance de l'industrie du Web a rendu ces idées loin d'être évidentes pour tous. Cela va donc mieux en le disant.

Conventions pour les noms de fichiers

Comme vous le verrez peut-être dans les pages qui vont suivre, dans notre manie d'économiser de la bande passante, nous nous efforçons d'employer des noms de répertoires courts : `/i/` au lieu de `/images/` ; `/j/` pour `/javascript/` ; et `/c/` pour `/css/` ou `/styles/`. Les noms de fichiers subissent le même sort. Ainsi, une bannière de Happy Cog s'appelle `hcban.gif` et non pas `happycog_banner.gif` (bannière de Happy Cog). Moins nous utiliserons de caractères, moins nous gaspillerons d'octets. Nous ne suivons pas toujours ces consignes à la lettre, mais nous nous y efforçons.

Couler les faux-dations

Pour bien comprendre ce qui va suivre, consultez la feuille de style à l'adresse www.zeldman.com/c/c06.css tout en visualisant le code source du site zeldman.com à proprement parler.

On commence par définir les principales portions de la page, auxquelles on attachera les images de fond adéquates pour mettre en place l'équivalent de colonnes. Tous les designers CSS procèdent de même, mais Dan Cederholm fut assez malin pour baptiser cette astuce. Consultez son article « Faux Columns » (fausses colonnes), publié chez *A List Apart*, pour en savoir plus (www.alistapart.com/articles/fauxcolumns).

```
  /* Divisions principales de la mise en forme */
body {
  text-align: center;
  margin: 0;
  padding: 0;
  border: 0;
  background: #ddb url(/i04/holder.gif) top center repeat-y;
```

```
  color: #663;
  font: small/18px "Lucida Grande", "Trebuchet MS", "Bitstream Vera Sans",
    Verdana, Helvetica, sans-serif;
  }

div#wrapper {
  color: #663;
  background: transparent url(/i04/wrapinner.gif) top left repeat-y;
  width: 742px;
  margin: 0 auto;
  padding: 0;
  text-align: left;
  }
```

La première règle centre la page pour IE sous Windows avant sa version 6 (`text-align: center`) et met en place le fond de teint (`#ddb`). Elle applique aussi la méthode de Fahrner simplifiée par mot-clé (chapitre 13) pour installer une petite taille de fonte de base, définit un interligne de 18 px, et met en place un dallage vertical de l'image `holder.gif` pour « tenir » l'agencement avec une couleur de fond intérieure qui court du sommet au pied.

La deuxième règle centre la page dans les navigateurs conformes (`margin: 0, auto`). Elle compense également la règle `text-align: center`, nécessaire au centrage de l'agencement dans IE 5.x sous Windows – précisant que le texte sera en fait aligné à gauche. Elle spécifie encore une largeur de 742 px pour la zone de contenu, et met en place un dallage vertical de l'image `wrapinner.gif` (figure 16-4) pour combler l'encadré vert qui s'étale du bas du cartouche au sommet du pied de page.

Figure 16-3
Large de 742 px et haute de 11, `holder.gif` *crée le conteneur le plus externe pour les contenus et ajoute une touche ombragée à droite.*

Figure 16-4
Large de 742 px et haute de 10, `wrapinner.gif` *surplombe* `holder.gif` *et remplit la marge verte qui court du bas du cartouche au sommet du pied de page*

Et voici à quoi le balisage ressemble :

```
<body>
<div id="wrapper">
```

Plus économe que les mises en forme à base de tableaux, pas vrai ? En réalité, le balisage comporte un élément supplémentaire qui sera nécessaire pour contrôler l'effet « vous êtes ici » dans le menu de navigation :

```
<body id="home">
<div id="wrapper">
```

Maintenant que nous disposons d'un léger fond de teint d'arrière-plan et d'un encadré de marge vert bourgeon, nous pouvons créer le conteneur du texte principal, auquel nous attribuerons une étiquette sémantique. Il flottera à gauche de la marge et recevra une largeur. Tant que nous y sommes, c'est le moment de compenser le bogue du flottant d'IE sous Windows évoqué au chapitre 12, et d'affecter à la zone de contenu une hauteur minimale de 800 px pour créer une belle page bien ouverte et en rejeter le pied à sa place, plus bas :

```
div#maincontent {
  float: left;
  width: 440px;
  padding: 0;
  border: 0;
  margin: 0;
  /* Fausse valeur de marge pour toutes les versions d'IE
     sous Windows, y compris IE 6.0 */
  margin-left: 6px;
  }

html>body div#maincontent {
  /* Valeur correcte pour les navigateurs qui ne souffrent
     pas des bogues d'IE sous Windows */
  margin-left: 12px;
  min-height: 800px;
  }
```

On attribue ensuite une largeur de 230 px à la marge et fait démarrer celle-ci à 472 px du bord gauche du conteneur :

```
div#sidebar {
  margin: 0 0 0 472px;
  padding: 0;
  width: 230px;
  border: 0;
  }
```

C'est le moment de styler le pied de page. La règle `clear: both` fait démarrer celui-ci après la zone de contenu principal et la marge, sous lesquelles il flotte. Nous simulerons des marges au-dessus et en dessous du pied de page grâce à des bordures `top` et `bottom` de 10 px de la même couleur que l'arrière-plan de la zone principale. On créera encore un subtil effet d'ombrage intérieur – plus proche en vérité d'une bordure `top` ultra-fine – en plaçant l'image `footshadow.gif` dans le coin supérieur gauche et en répétant celle-ci horizontalement.

```
div#footer {
  clear: both;
  border: 0;
  border-top: 10px solid #eed;
  border-bottom: 10px solid #eed;
  background: #cc9 url(/i04/footshadow.gif) top left repeat-x;
  color: #663;
  width: 700px;
  padding: 5px 0;
  margin: 10px 0 0 12px;
  }
```

Il est temps d'apposer un signe distinctif. L'icône de Zeldman (figure 16-5), que l'on doit à Stuart Robertson, sera placée en bas de page en exploitant l'élément de paragraphe qui renferme déjà le texte du pied de page. Cela évite le crève-cœur que constituerait un `div` supplémentaire, sans interprétation sémantique.

```
div#footer p {
  background: transparent url(/i04/author.gif) center left no-repeat;
  font-size: 11px;
  line-height: 18px;
  margin: 0;
  padding: 0 0 0 50px;
  }
```

Le lecteur attentif aura sans doute remarqué la fonte exprimée en pixels. Les versions d'IE sous Windows antérieures à 7 seront par conséquent incapables d'en modifier la taille – et ceci contredit l'un des dix commandements indiqués au début du chapitre. Pourquoi cela ? Les pixels fonctionnent mieux dans l'espace restreint de cette portion de la mise en forme. Le texte de pied de page évoquant les droits d'auteur et autres mentions auxquelles la plupart des lecteurs n'attachent guère d'importance, cet écart de conduite est acceptable ici.

Passons maintenant au cartouche de tête de page. Il s'agira d'un titre `h1`, placé hors de l'écran avec la technique de Phark :

Figure 16-5
L'icône de Zeldman (**author.gif**)*, conçue par Stuart Robertson* (www.designmeme.com)*, s'accroche à un élément* **<p>** *existant. Nous évitons ainsi la divite.*

```
h1 {
  text-indent: -9999px;
  margin: 0;
  padding: 0;
  border: 0;
  }
```

Dans les navigateurs visuels, on remplacera le texte du titre par un logo graphique (**logohed.gif**) large de 700 px et haut de 50. L'image du cartouche est transparente ; une règle de survol en remplace l'arrière-plan par un motif feuillu lorsque le pointeur de la souris passe sur le sommet de la page :

```
h1 a:link, h1 a:visited {
  display: block;
  width: 700px;
  height: 50px;
  background: #cc9 url(/i04/logohed.gif) top left no-repeat;
  margin: 0 0 0 12px;
  padding: 0;
  border: 0;
  }

h1 a:hover {
  background: #cca url(/i04/logohed.gif) top left no-repeat;
  }
```

République des bannières

Dans la première édition, ce chapitre présentait une méthode pour basculer d'une image à l'autre sans recourir à JavaScript, mais en utilisant des arrière-plans CSS activés par le passage du pointeur de la souris. On doit cette idée – surprise – à Todd Fahrner. Assisté par Porter Glendinning, l'auteur l'a expérimentée avant de publier le résultat de ses recherches ; on le trouve encore sur quelques anciennes pages de son site. Il déclencha ainsi une nouvelle industrie, et de nombreux adeptes des standards de par le monde se sont mis à implémenter des techniques de bascule d'images en CSS toujours plus astucieuses. Cette nouvelle maquette du site Zeldman.com profite ainsi de méthodes mises au point par des designers inspirés par la méthode originale de Fahrner ou ses variantes.

Commençons par nous pencher sur la première véritable amélioration de la méthode de Fahrner. Le rollover de Pixy utilise une seule image pour les deux vues (avec ou sans pointeur de souris), ce qui évite tout clignotement ou délai de chargement – inconvénients parfois observés quand on fait appel à deux images. Examinons les bannières situées au sommet de la marge (figures 16-6 à 16-8) :

```
<div id="banners">
<h5 id="alaban"><a href="http://www.alistapart.com/" title="A
  List Apart, for people who make websites.">A List
  Apart</a></h5>
<h5 id="hcban"><a href="http://www.happycog.com/" title="Happy
  Cog Studios. Web design, consulting, and publishing.">Happy
  Cog </a></h5>
</div>
```

Figure 16-6
Bascule d'images sans JavaScript. La bannière d'A List Apart (« `alaban` *») sommeille...*

Figure 16-7
... et se réveille.

Figure 16-8
Une seule image (`alaban.gif`*) rassemble ces deux états.*

Par souci de simplicité, nous ne nous intéresserons qu'à une seule bannière (« `alaban` »). La première règle remet à zéro remplissages et marges avant de placer un espace vertical de 10 px entre les bannières :

```
div#banners h5 {
  margin: 0 0 10px 0;
  padding: 0;
  }
```

Vient ensuite le truc de Phark désormais familier consistant à placer le texte hors de l'écran. La règle suivante indique au navigateur de réserver un espace large de 230 px et haut de 28 pour l'image remplaçant ce texte, créant ainsi une fenêtre où présenter cette image :

```
div#banners h5#alaban {
  margin: 0;
  padding: 0;
  text-indent: -9999px;
  width: 230px;
  height: 28px;
  }
```

Un placement de l'image par-dessus le lien d'ancre, dans l'esprit de la méthode de Fahrner, aurait fort bien pu trouver sa place dans l'édition précédente :

```
div#banners h5#alaban a {
  display: block;
  margin: 3px 0 0 0;
  padding: 0;
  width: 100%;
  height: 100%;
  text-decoration: none;
  background: transparent url(/i04/alaban.gif) top left  no-repeat;
  }
```

La règle suivante est surréaliste (et originale). Dans l'état `hover`, au lieu de remplacer `alaban.gif` par une image différente, on change la position de l'image actuelle par rapport à la fenêtre créée deux règles plus haut. On en découvre ainsi une portion jusque-là masquée, tout en cachant ce qui apparaissait auparavant :

```
div#banners h5#alaban a:hover {
  background: transparent url(/i04/alaban.gif) 0 -28px  no-repeat;
  }
```

En n'utilisant qu'une seule image au lieu de deux, la méthode de Pixy évite les temps morts et clignotements inévitables lorsque l'on remplace une image par une autre. Visualisée hors du contexte de cette page web, la « double » image révèle instantanément son secret (figure 16-8). Cette technique est détaillée davantage à l'adresse www.wellstyled.com/css-nopreload-rollovers.html.

Fahrner engendra Pixy, laquelle engendra *CSS Sprites* (www.alistapart.com/articles/sprites), variante encore plus sophistiquée que l'on doit à Dave Shea, et qu'il expose si bien qu'il est inutile de le paraphraser. Contentons-nous de signaler que ses sprites CSS animent la barre de navigation de zeldman.com, où ils sont responsables des effets de survol et de positionnement de type « vous êtes ici » (figures 16-9 et 16-10). Nous reproduisons ci-après, à l'intention des lecteurs curieux, et sous forme indentée pour le rendre plus lisible, le charmant balisage de cette barre de navigation :

```
<div id="globalnav">
      <ul id="menu">
           <li id="dailymenu"><a href="/" title="Web design news and info since ↵
              1995.">daily report</a></li>
         <li id="dwwsmenu"><a href="/dwws/" title="The why and how of standards-↵
              based design.">designing with web standards</a></li>
           <li id="glammenu"><a href="/glamorous/" title="Episodes and ↵
              Recollections.">my  glamorous life</a></li>
          <li id="classicsmenu"><a href="/classics/" title="Entertainments and ↵
              experiments."> classics</a></li>
          <li id="aboutmenu"><a href="/about/" title="Fun facts.">about</a></li>
      </ul>
</div>
```

Figure 16-9
Fahrner engendra Pixy, laquelle engendra CSS Sprites, responsable du comportement de la barre de navigation...

Figure 16-10
... de ses effets de survol et « vous êtes ici ».

Dans le code source disponible sur www.zeldman.com/c/c06.css, la ligne `/* Primary nav */` marque le début de cette partie. On la comparera à l'original, qui se trouve à l'adresse www.alistapart.com/articles/sprites.

Les finitions

Un chapitre comme celui-ci ne peut évidemment pas traiter de tous les aspects de la mise en forme. Certaines améliorations d'accessibilité concernent les éléments `form`, et notamment le formulaire de recherche. Nous n'avons pas non plus évoqué notre vieil ami Skip Navigation, ni le « contrastomètre » (www.zeldman.com/contrast), sélecteur de styles d'*A List Apart* (voir le chapitre 15) exploitant l'interactivité de DOM pour permettre aux lecteurs d'opter pour un texte plus sombre ou plus clair. Pour cela, ils choisissent une feuille de style parmi la principale et deux variantes, une plus sombre (`darker.css`) et l'autre plus claire (`lighter.css`). Évoquons encore toutes les petites règles qui s'interpénètrent et contrôlent la taille, l'interligne, les marges, les remplissages, les indentations, la couleur, le style, et parfois l'espace entre les lettres des divers éléments textuels. Vous pourrez découvrir tous ces aspects par vous-même en visitant le site zeldman.com.

Nous avons créé une mise en page CSS sans tableaux, sans une once de balisage de présentation ni la moindre trace de ces idées aberrantes consistant à fournir à chaque navigateur un fichier CSS différent. Le site se charge rapidement, a la même allure et le même comportement dans tous les navigateurs modernes, et sera accessible à tout périphérique Internet. Il satisfait nos dix commandements et quelques autres encore. Notre chapitre s'achève ici ; le design et les contenus du site continueront naturellement à évoluer. Mais cela est une autre histoire, et il faut maintenant penser à vous prendre en main et à réfléchir aux histoires que vous souhaitez raconter.

Bibliographie des standards du Web

Nous reproduisons ici la liste des ouvrages recommandés dans cette deuxième édition.

Accessibilité

Building Accessible Web Sites, Joe Clark (New Riders, 2002).

Constructing Accessible Web Sites, divers auteurs (Peer Information, Inc. – anciennement Glasshaus, 2002 ; deuxième édition révisée en cours de réalisation par Friends of ED).

CSS

CSS précis et concis, Eric Meyer (Éditions O'Reilly, 2001).

CSS par Eric Meyer : Donnez plus de place au CSS dans la conception de vos sites Web ! (CampusPress, 2005).

More Eric Meyer on CSS, Eric Meyer (New Riders, 2004).

Bulletproof Web Design: Improving flexibility and protecting against worst-case scenarios with XHTML and CSS, Dan Cederholm (New Riders, 2005).

CSS Mastery: Advanced Web Standards Solutions, Andy Budd (Friends of ED, 2006).

Stylin' with CSS: A Designer's Guide, Charles Wyke-Smith (New Riders, 2005).

Le Zen des CSS, Dave Shea, Molly E. Holzschlag (Éditions Eyrolles, 2005).

Le DOM

DOM Scripting: Web Design with JavaScript and the Document Object Model, Jeremy Keith (Friends of ED, 2005).

The JavaScript Anthology: 101 Essential Tips, Tricks & Hacks, James Edwards et Cameron Adams (SitePoint, 2006).

Index

R

S

T

U

V

W

X

Y

Z

Imprimé en France. - JOUVE, 11, bd de Sébastopol, 75001 PARIS
N° 413311G. - Dépôt légal : Novembre 2006